U0857902

走進中國
科技殿堂

请您循着中国科技的长河，开始我们的文明之旅……

现在，我们把开启科技宫殿之门的钥匙交给您，

您想开阔视野，增长见识，培养自己热爱科学、勇于探索、敢于创新的精神吗？

以及在西学东渐背景下所作出的回应和为追赶世界科技潮流所进行的不懈求索过程。

描绘出科学家探索自然奥秘，造福华夏的奋斗经历，

本书以全景式眼光，生动地勾画出了中国科技成长壮大和发展演变的轨迹，

成就辉煌，举世瞩目，对人类文明产生过巨大影响。

中国的科学技术有着自己的发展道路，

走进中国科技殿堂

◎高奇 等编著

山东大学出版社

图书在版编目（CIP）数据

走进中国科技殿堂／高奇编著．—济南：山东大学出版社，2014.7
（中华文明之旅）
ISBN 978-7-5607-5064-4

Ⅰ．①走…　Ⅱ．①高…　Ⅲ．①科学技术—技术史—中国
Ⅳ．① N092

中国版本图书馆 CIP 数据核字（2014）第 134848 号

中华文明之旅丛书——走进中国科技殿堂

编　著：高　奇　楼蔚文　韩　卿　姚丽萍　耿爱英
刘旭东　肖　宏　沈士梅　李徐周　高桂丽

策划编辑：刘旭东
责任编辑：马　新
美术编辑：牛　钧
版式设计：王　钧

出版发行：山东大学出版社
社址：山东省济南市山大南路20号
邮编：250100
电话：市场部（0531）88364466
经销：山东省新华书店
印刷：山东华鑫天成印刷有限公司
规格：720毫米×1000毫米　1/16　137.75印张　3048千字
版次：2014年7月第1版
印次：2014年7月第1次印刷
定价：480.00元

目录

第一章 石器时代的科技萌芽

原始社会是人类社会发展的最初阶段，这是一个漫长而艰难的阶段。这一时期，原始人类靠自己的劳动和智慧从生物界中独立出来，并逐渐发展成为世界的主人。工具的制造是原始技术启始的标志，其中石器是人类最早制造的工具，根据石器打制的水平，可把原始社会划分为旧石器时代和新石器时代。

在原始社会，人类征服自然界的物质基础十分薄弱，常常慑服于自然界的强大威力，因而，这一时期科学技术的萌芽和发展非常缓慢。从使用简单的石块、木棒，到开始打制精良的石器再到弓箭的发明；从生食自然界中的瓜果肉类到学会使用火再到人工取火；从狩猎到剩余动物的豢养，再到畜牧业的发展；从采集植物瓜果到农作物的种植，再到耕作方法的提高；无不经历了上万年、几十万年甚至几百万年的漫长岁月。在这个时期，由于没有现成的经验和科学知识可以借鉴，所以，一切经验知识和技术都是在原始人类艰苦的劳动实践中萌芽的。工具的制造与火的使用，农业、畜牧业、手工业的起源，原始医药水平的提高，交通工具和居所的建造等都是科学知识与技术萌芽的表现，都给自然界打上了越来越多的人为烙印。

但是，原始社会的科学技术又是同原始宗教等交织在一起的。尤其是在漫长的旧石器时代，一切自然现象在原始祖先的眼里是那样的神秘莫测，以至于设想出有一种神秘的力量在统治着世界，而人类在其面前无能为力，只有依靠祭祀和占卜来上通神灵。原始科学与技术就是在这样的蒙昧混沌中艰难地成长着，并奠定了最初人类社会的科学知识与技术的基础。这是人类理性曙光的初现，它昭示了那大放异彩的科技发展的未来。

一、石器的制造

北京人制造工具 中国历史博物馆

自从人类祖先勇敢地走出森林，直立于平原的那一刻起，就开启了人类独特的生活方式。这种亿万年来任何生物都不曾有过的漫漫求索，起始于石器的制造。严格来说，人类区别于动物的根本特征就在于能够制造工具。石块，这种在自然界中司空见惯的原料，经过人类的打制，便赋予了它人类的印记。300万年前，人类伴随着打制石器进入了旧石器时代，经过漫长的探索，在距今约1万年前，人类终于迈进了以磨制石器为标志的新石器时代。

三棱尖状器 旧石器时代 山西丁村出土

在旧石器时代，自然界赋予人类的最简单又现成的材料便是石料了，人们可以从河滩湖滨拾取砾石，或从地面上选择母岩风化后留下的坚硬脉岩和结核，然后通过相互敲击打制成所需要的工具。虽然在漫长的工具制造演变历程中，人们逐渐学会了使用木棒或骨棒对石器进行修整，创造出压制法（用骨、角、硬木等来压制所需工具），制造出比较精细适用的石器，但是这一时期石器的普遍特点是表面较为粗糙。旧石器时代的石器工具主要有砍砸器（用来砍树木、做木棒），刮削器和尖状器（用来加工猎物和采集植物根茎），石球、石矛、石镞（用来狩猎），等等。考古家发现了大量属于旧石器时代的石制器物，最早的是生活在距今约170万年前的元谋人遗留下来的。此外，在蓝田人（约80万年前）和北京人（约50万年前）的遗址中也都发现了属于旧石器时代的打制石器。

在经历了约300万年的探索之后，到了新石器时代，人类在石器制作技术上取得了很大的进步，主要体现在对石料的选择、切割、磨制、钻孔、雕刻等许多方面。在材料的选择上，人们逐渐掌握从地层开采石料的技术，山西怀仁鹅毛口、广东南海樵山的石器制作场遗址，都说明在新石器时代早期，中国古代先民们就已经开始用人工开采的石料制作石器了。在磨制方面，人们学会了在砾石上依靠水和沙子磨制石器的方法。磨制石器与打制石器相比，前者形制更加准确合用，用途趋向

砍砸器
旧石器时代 湖北大冶石龙头出土

石球 旧石器时代 山西许家窑出土

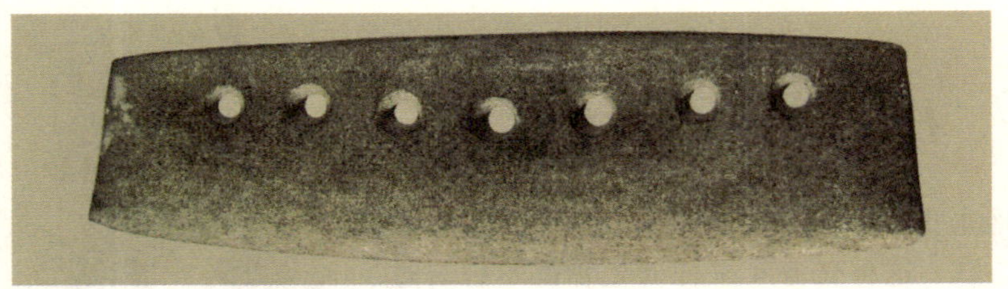
七孔石刀 新石器时代 江苏南京北阴阳营出土

专一，许多石器的刃部也更加锋利。磨制石器方法的出现，也成为划分新石器时代和旧石器时代的标准。在石器穿孔技术方面，考古发现，新石器时代已发明了钻穿、管穿和琢穿三种方式。穿孔技术的产生，使复合工具的制造成为可能，石器工具能够比较牢固地捆绑在木柄上，便于使用和携带，从而大大提高了劳动效率。制作工艺的进步，使石器制作达到更加精细的水平，形式也是多种多样。这一时期，出现了石镰、石锄、石犁、石臼、石杵、石斧等农业工具，具有划时代意义的箭镞，也是这一时期的发明。

穿孔石斧 新石器时代 上海青浦出土

伴随石器制作技术的进步，工具制作原料的选择也由简单的石块与木棒的组合，扩展为多种形式。整个石器时代，还出现了用骨、角、蚌等材料制成的器具。河姆渡遗址出土的骨器就有：耜、镰、哨、箭、镞、锥、鱼镖、角锥、针、管状针、匕、棒、器柄、凿、笄梭形器、蝶形器、靴形器、牙饰、角饰等，用途涉及农业、狩猎、捕鱼、纺织、缝纫、装饰等各个领域。山顶洞人的遗址中有磨光的鹿角，钻孔的石珠、牙齿、海蚌壳、鱼骨等。特别值得一提的是骨针的发明使人们能够用它缝制皮衣抵御风寒，这是人类在同大自然的斗争中掌握主动的重要标志之一。

总之，石制工具的不断改进，提高了社会生产力，使原始社会的生产和生活日益丰富，古人开始逐渐从山间洞穴走向辽阔的平原，开启了人类文明崭新的一页。

骨镖

二、弓箭的发明

弓箭发明的具体时间已无从考证。传说，黄帝的第五子挥，在一天夜观弧星时，看见弧矢九星形状就像是天上的巨弓，矢镞正对着天狼星，挥从中受到启发，于是创制了弓箭。后来，挥被赐姓“张”，官职弓正，监管制造弓箭。当然，这只是神话传说中弓箭的由来，而弓箭的真正发明则是古人在长期的社会生活实践中不断总结经验的结果。山西朔县峙峪旧石器时代人类生活遗址考古发掘表明，早在28000多年前中国就已经有了弓箭。

原始弓箭的结构与现代弓箭大致相似，主要由弓、弦和箭三部分组成。由于弓和弦需要有弹力，因而原始弓箭一般由纤维材

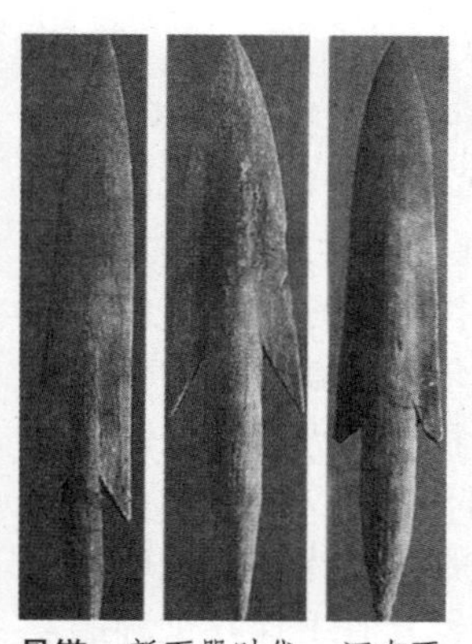
骨镞 新石器时代 河南贾湖出土

料制成。经过长期的埋藏，弓箭的大部分都已腐烂，考古中发现的遗留物只剩下箭镞。山西朔县峙峪考古发掘出的就是属于旧石器时代的石制箭镞，它制作比较粗糙，通常箭镞的一端是锋利的尖头，另一端的两侧经过加工稍窄一些，形成镞座。随着制作技术的提高，新石器时代的箭镞制作已较为精细，这时的箭镞有了石制和骨制两种。箭镞除了有锋利的箭头外，一般尾部还带铤（凸出可安杆的部分），具有双翼和倒钩。此时的弓箭射程更远，杀伤力更大。骨制箭镞的形式也是多种多样，就河姆渡遗址出土的骨制箭镞来看，仅外形就有柳叶形、斜铤形、圆铤形等多种形式，以适用于不同的狩猎活动。

后世的试弓定力 《天工开物》插图

弓箭的发明与使用，对原始人类的生活和生产具有重大意义。通过使用弓箭，人类可以在很远的距离，安全而有效地打击猎物，这不仅保护了人类自身的安全，也促进了狩猎生产的发展；既为古人获得丰富的食物提供了保障，也为原始畜牧业的建立打下了基础。尤其在古代战争中，弓箭是一直被使用的重要武器。弓箭的使用，不仅体现了人类的生产生活范围已扩展到更为广阔的空间，也在一定层面上体现了人类对简单机械原理的模糊认识和实际应用的水平。

从技术史的角度看，弓箭的发明也可以称得上是一次意义重大的技术革命。马克思认为，机器一般具有三个要素：发动机、传动机构和工具机。相对于弓箭而言，人拉弓弦时施加的外力，起了动力和发动机的作用；拉开的弓弦收回，将箭射出，是传动的过程；箭镞射到猎物或敌人身上，则是工具作用的表现。因此，从这个意义上考察，弓箭是人类最早发明的机器。

三、火的使用

自然界产生火的原因很多，干旱、雷电、火山爆发等都有可能产生出天然火。而人类对火的认识也经历了由恐惧到使用天然

北京人用火后的灰烬

火，再到人工取火的过程。火的使用、保存和管理，是人类当时需要掌握的最为重要的事情，它使人类的生存和生活方式焕然一新。在元谋人和蓝田人的生活遗址中发现了最早用火的遗迹，在元谋人生活遗址的地层中发现的大量炭屑和烧骨，说明元谋人在170万年以前就已经学会了用火。最能表明原始人使用和管理火的状况的是周口店的北京人。在他们居住的洞穴中，考古学家发现了几层燃烧过的灰烬，最厚的一层灰烬有6米高，说明篝火在这里燃烧的时间很久，同时表明古人已经具有了保存火种的意识和能力。北京人采用篝火的方式管理火种，不停地向燃烧着的火堆投放木柴，以保持火种的延续，有时也用灰土覆盖，使其阴燃。

人工取火在很大程度上体现着人类文明的进步，标志着人类对火的真正控制。人们在加工燧石时会看到火花，钻木、锯木、刮木时会感到木头发热，甚至还会看到烟火，因此，人工取火可能与古人制造工具、武器的过程有关。中国古代曾把火的发明归功于“燧人氏”，似乎也证明了这一点。当然，“燧人氏”可能不是一个人，而是一个较早开始人工取火的部落。《韩非子·五蠹》中说燧人氏曾“钻燧取火，以化腥臊”。实际上，人工取火是远古劳动人民长期实践经验的总结，取火过程中经常用到的“钻、摩、锯、压”等方法都是实践技巧的凝结。除上述的取火方法之外，《庄子·外物篇》中还有“木与木相摩则燃”的记载。敲击石块的取火方

猿人用火图

法，在当时也是可能的，中国历史上就有关于某些地方长期使用火刀敲击火石产生火花，点燃艾绒的取火记载。直到20世纪40～50年代，中国的一些少数民族依然保持着原始人工取火的痕迹，如黎族的钻木取火法、佤族的摩擦生火法、傣族的压击取火法、德昂族的锯竹生火法等。就这样，生生不息的火种从远古一直延续到现今，照亮着人类进步的每一个脚印。

火的使用是人类社会发展到一定阶段的产物，也是人类生活方式发生崭新变化的开始。火的使用给人以光明和温暖，改变了人类“茹毛饮血”的生活习性。这不仅防止了野兽对人类的侵害，而且促进了人的大脑和体质的进化。借助火，原始人制造工具的水平进一步提高，防身、狩猎和农垦等方面的能力得到了增强。火的使用堪称是人类技术史上一项伟大的发明。

四、农业的起源

原始农业是由古人的采集活动发展而来的，是人类社会发展到一定阶段的必然产物。我们的祖先在长期采摘植物果实的过程中，观察、掌握了一些野生植物的生长规律，于是开始了人工栽培植物的大胆尝试。到了新石器时代，伴随着工具制造水平的不断提高和农具的普遍应用，植物栽培范围越来越广，品种也越来越多，这为原始农业发展成为独立的产业奠定了基础。考古发现，早在七八千年前，中国就已经具有了一定水平的原始农业，中国是世界上出现农业最早的国家之一。

神农教稼图

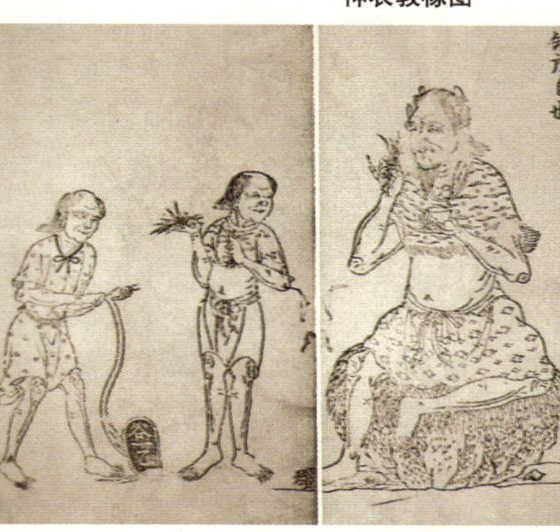

瑞谷图 清

中国是世界农作物起源中心之一。由于气候、土壤特点和植物资源等不同原因，中国形成了两个截然不同的农业中心：一个是黄河流域，一个是长江流域和华南各地。据考证，黄河流域是耐旱农作物（如粟）的发源地。古书中曾有“神农之时，天雨粟，神农遂耕而种之”的记载。粟也就是平常说的小米，它最早是由野生的狗尾草培育而成的。在河北武安磁山遗

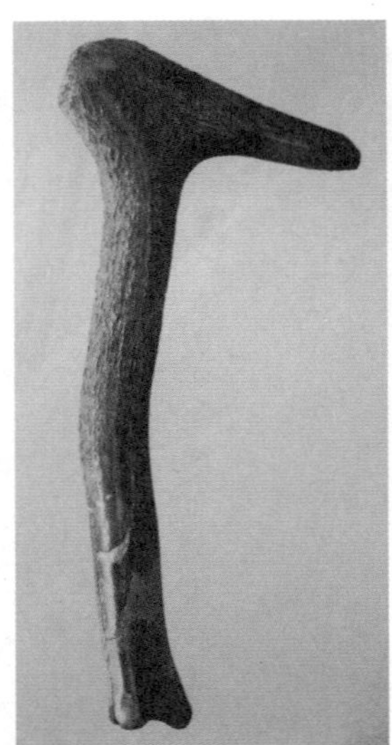
鹿角锄 新石器时代 陕西客省庄出土

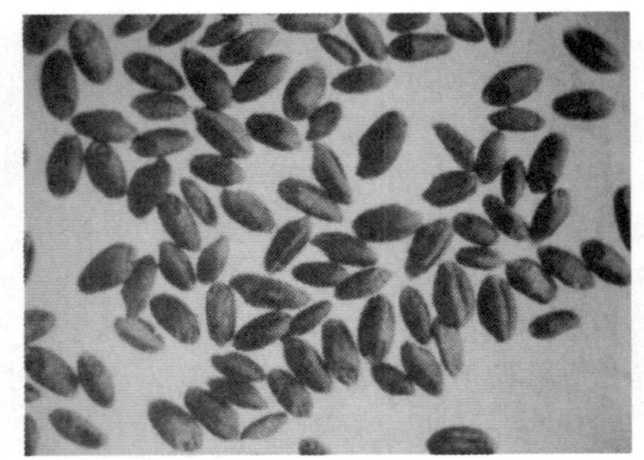
小麦粒 新疆孔雀河出土

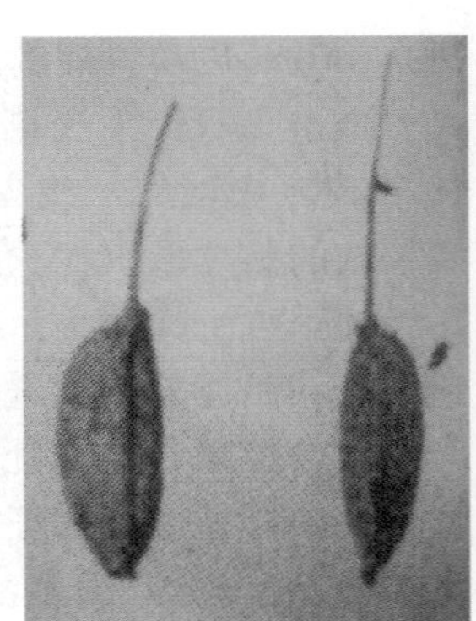
稻粒 浙江余姚河姆渡出土

址发现的88个储存粮食的窖穴，里面贮藏的全部都是粟，距今有7100多年。这是中国出土年代最早的粟，也是世界上最早的粟。直到今天，还有许多国家在大面积地种植粟，据说全部是由中国传入的。可以说，粟的培育与种植是中国古代劳动人民对世界文明作出的一大贡献。在长江流域和华南地区，栽培的主要农作物是水稻。最具代表性的考古证据，是在浙江余姚河姆渡遗址地层中发现的堆积厚度达40~50厘米的稻谷、谷壳、稻秆和稻叶等遗留物，数量巨大。这比享有“世界上最古老的稻谷”美誉的泰国奴奴克塔遗址出土的稻谷，还要早几百年。可见，早在7000多年前，中国长江中下游地区的原始居民就已经完全掌握了水稻的种植技术，并把水稻作为主要的粮食来源。除此之外，大量的考古发现还证实，早在六七千年前，白菜、芥菜、大麻、苎麻、花生、芝麻、蚕豆、葫芦、菱角以及一些豆类作物，在中国也已经开始种植。

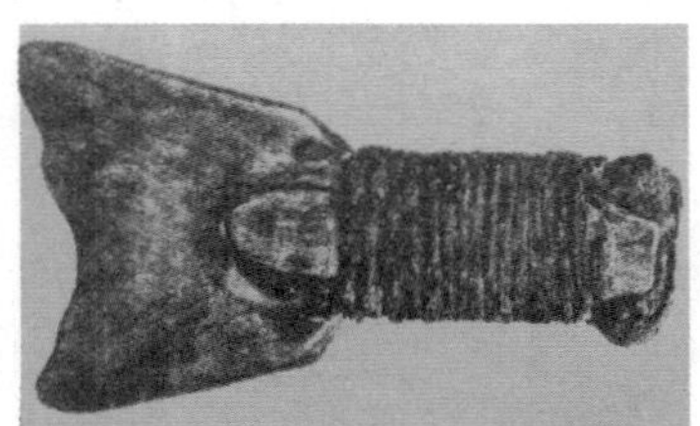
骨耜 河姆渡出土

石镰 新石器时代 河南密县出土

石镐 新石器时代 江苏邳县出土

三孔石犁 新石器时代 上海松江出土

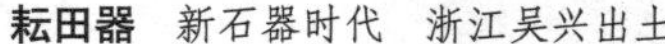

耘田器 新石器时代 浙江吴兴出土

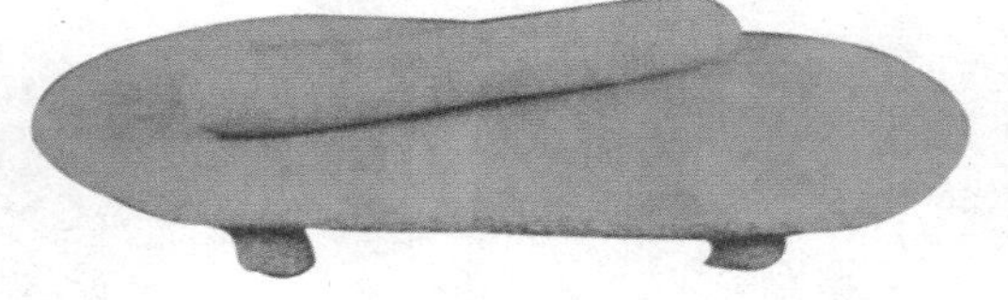

石磨盘 新石器时代 河南沙窝李出土

随着农作物的广泛种植,原始农业的耕作技术得以不断提高。最初是放火烧山、开垦荒地的“火耕”阶段，然后是“锄耕”或“耜耕”的“熟荒耕作制”阶段。在后一阶段，人们学会了在几块地上轮流倒换种植的农业技术，不仅提高了农业的产量，而且使人们过上了安稳的定居生活，这对整个人类社会的发展和进步起到了不可估量的作用。在这一阶段，日益完善的农业工具为耕作技术的提高创造了条件。在磁山遗址里，发现了许多农业生产工具，如石铲、石镰、石磨盘和石磨棒等，从土地开垦到农作物收割以及谷物加工等系列工具一应俱全，为我们描绘了一幅生动的原始人的生活画卷。

随着农业种植技术的进步，以及人们对自然界认识水平的提高和对自然规律运用的逐步成熟，最初的水利排灌技术产生了，这使原始社会的生产力得到了更为显著的发展，也是当时生产力已达到较高水平的体现。可靠的考古证据则是在河北邯郸的涧沟发现的两眼深约7米的水井。在黄河流域至今还流传着大禹“疏九河”、“尽力乎沟洫”的故事和伯益发明凿井技术的传说。

北京人背鹿像

五、畜牧业的起源

畜牧业是由原始狩猎活动发展而来的。随着原始狩猎手段的提高，特别是弓箭、网罟、陷阱、栅栏等狩猎工具的运用，狩猎的效率大为提高，猎物常常出现盈余，于是对那些暂时不需要食用，而又能存活下来的动物来说，驯养成为可能，渐渐地就产生了“拘兽以为畜”的驯养方法，这就是原始畜牧业的起源。

狗可能是人类最早驯养的动物。一般认为，家狗的驯养最早出现在15000年前，中国众多的考古遗址中，在人

陶猪

猪纹黑陶长圆形钵 新石器时代 河姆渡出土

类遗骨旁发现的许多狗骨化石证明了这点。狗之所以成为人类最早驯养的动物，据推测，这与古人类当时的生活环境和生存状况密切相关。原始人所居住的山林洞穴，往往有凶猛强壮的野兽出没，无爪牙之利的人类时刻面临着生存的危机，于是寻找“助手”成为必需。与此同时，由于寻食的需要，史前的犬类动物与狼、豺有了进一步的分化，它们经常在人类生活的洞穴附近出现，相比较而言，这类动物不那么凶猛，生性温和、顺从和群居，更易于和人类“交往”。在某种意义上说，是出于共生的需要，原始人便开始通过各种方式接触犬类动物，并对它们进行了成功的驯养，使其为人类服务，于是，狗成为了人类首先驯养的动物。当然，也有另外的一种可能，即家狗是由幼狼和幼豺直接驯化而成的。总之，家狗从被人类驯养开始，万余年来成为人类最好的动物朋友之一，法国著名古生物学家居维叶就曾把狗誉为“人类最出色、最完美的战利品”。

中国也是世界上最早饲养猪的国家之一。原始狩猎工具的进步使猎物不断丰富，为了储存食物，体态较为庞大且容易猎取的野猪成为最佳候选，原始人便开始修建篱笆，驯养捕获的野猪。河姆渡遗址出土的一只小陶猪，体态介于野猪与现代家猪之间，说明中国早在七八千年之前就有养猪的历史。养猪一直是中国农业生产的主要副业，几千年来，凡是从事农业生产的氏族部落，都曾饲养过猪。

除此之外，考古中还发现了早期水牛、羊、马、鸡、鹿等的骨骼。在游牧民族生活的地区，考古发现较多的是牛、羊、马的骨骼，猪骨很少。在黄河上游的甘肃、青海、宁夏等地的考古发掘表明，当时已出现了适于放牧的羊群。所有这些都表明后世所说的“六畜”在约四五千年前都已被驯养，而且成为人们生活中不可或缺的一部分。

畜牧业与农业相伴而生，二者使人类逐渐改变了对自然的依赖状态，开始依靠自己的活动来获得相对稳定的衣食来源。这是人类继使用火之后的又一重大进步，它不仅改变了人们的生产方式和生活方式，而且劳动产品的剩余，使少数人占有剩余劳动成为可能，这对后来的社会进步与分化起到了至关重要的作用。

六、制陶

陶器是新石器时代工艺技术水平的代表性器物，是农耕文化发展到一定阶段的产物，也是人类发明史上的重要成果之一。

鸮鼎 新石器时代 陕西太平庄出土

据推测，在远古时期，为了使一些木制或枝条编制的容器能够放在火上烧烤，人们往往在它们的外表涂上一层湿黏土，在烧烤的过程中逐渐发现，有时容器里层的木质被烧掉了，而外面的黏土却变得坚硬起来，甚至即使不衬上木制容器，也能烧制出器皿。这种偶然现象的频繁出现，促进了人们对陶土的进一步认识，经过长期的探索和实践，人们逐渐总结出了烧制陶器的方法，陶器就此而发明。陶器的制造技术由生疏到成熟，经过了一个漫长的发展过程。早期的陶器制造是将黏土和沙简单混合后进行烧制，制成的陶器质地粗糙，极易破碎。到了新石器时代晚期，陶器制作已成为较成熟的手工行业，甚至有专门的氏族控制陶器的生产。当时的制陶工艺，主要有以下几个步骤：

第一步，洗陶，即过滤掉陶土中的杂质。有了洗陶工序后，制出的陶器质地明显细腻。新石器时代晚期，"泥质陶"、"细泥陶"，甚至高岭土烧成的"白陶"都相继出现。

第二步，制坯。早期制坯是用手捏成坯，或用泥条盘筑而成。木制陶轮发明后，就把坯料放在旋转的陶轮上进行制作和加工，"轮作法"应运而生。这种方法不仅提高了制坯的效率，而且产生了规整美观的圆形陶器。

白陶封口鬶 新石器时代 山东莒县出土

彩陶双连壶 新石器时代 河南大河村出土

第三步，装饰。新石器时代晚期，陶器装饰已有许多方法。例如，在陶坯尚未干透时，将其表面打磨光滑，烧制成"磨光陶"；或是在陶坯表面画上各种颜色的花纹，制成彩陶。还有在烧陶的过程中，利用渗碳的方法，

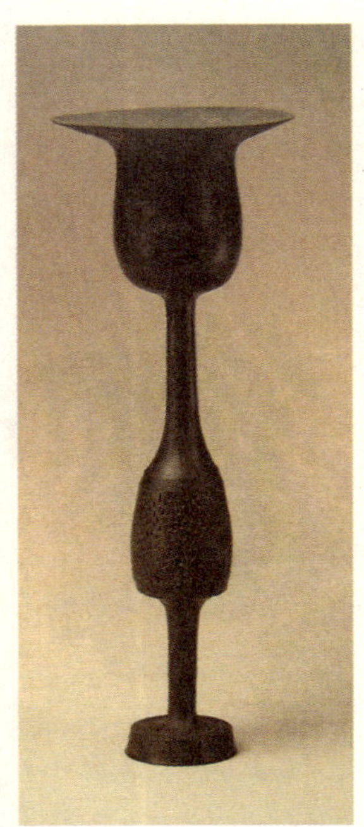
蛋壳黑陶高柄杯　新石器时代　山东日照出土

烧制出纯黑色的黑陶。

第四步，烧制。新石器时代晚期，陶窑大量出现。当时的陶窑一般分为半地下式的横穴窑和竖穴窑两种，由火口、火膛、火道、窑室等组成。与早期露天烧制陶器相比，陶窑烧制火力大、陶器受热均匀。据考证，当时烧制温度可达1000℃以上，制成的陶器品质比较优良。

中国早在1万年前就已经掌握了陶器制造工艺。江苏溧水县神仙洞遗址和江西万年县仙人洞遗址就曾发现红褐色的陶片。在中国新石器时代遗址中陶器是最常见的遗物，当时的陶器多为用来蒸煮、储藏食物的日常生活用品，也有一些是生产工具，如陶制纺轮、陶刀、陶锉等。同时，制陶业也逐渐发展成为和农业密不可分的行业，古语曾有“神农耕而作陶”的传说。可以说制陶作为手工业的前身，是继畜牧业从农业分化出来之后的又一次社会大分工。

伴随着制陶技术的发展，中国古代的制陶工艺逐渐达到了相当高的水平，许多陶器都堪称珍贵的工艺品。山东龙山文化的精美黑陶，器壁薄如蛋壳而坚硬异常，厚度仅1～3毫米，在当时生产力极低的条件下，竟能制造出如此精美的器皿，实在令人惊叹！此外，华县太平庄出土的鹰鼎，宝鸡北首岭的船形壶，北首岭与临潼姜寨出土的细颈壶及壶上所绘鹰鱼画面，临汝阎村出土的鹳鱼石斧图等，都形象生动，造型别致，无不使后人对祖先们的智慧和才能感到骄傲和自豪。

骨梭　新石器时代　山东大汶口出土

七、养蚕与原始纺织技术

中国是世界上最早开始养蚕纺丝的国家，已经有5000多年的历史，而且在相当长的时间里，是世界上唯一生产蚕丝织物的国家。一直到汉代以后，随着东西方经济、文化的交流，中国的丝织技术才在世界各地流传开来。

嫘祖像

传说养蚕及纺丝技术是由远古时期黄帝的妻子嫘祖发明的。当她偶然看到野蚕在桑树上不断吐出比头发还细的丝时，就设想如能利用这些丝线制作衣服，该有多好。于是，嫘祖就把桑树上的野蚕带回家驯养成家蚕，利用蚕吐出的丝，制成又软又轻的绸子。后来，她又把这项技术传给周围的人，于是养蚕纺丝技术便开始在各地传播开来。因此，在中国人们一直把嫘祖奉为养蚕业与纺织业的“蚕神”。在使用蚕丝之前，主要是利用野生麻类和其

陶纺轮 半坡出土

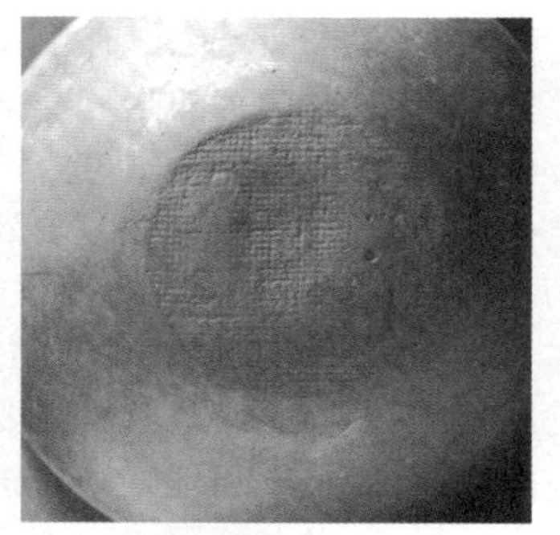
陶器底部的麻布纹 新石器时代 陕西半坡出土

陶蚕蛹 新石器时代 河北正定出土

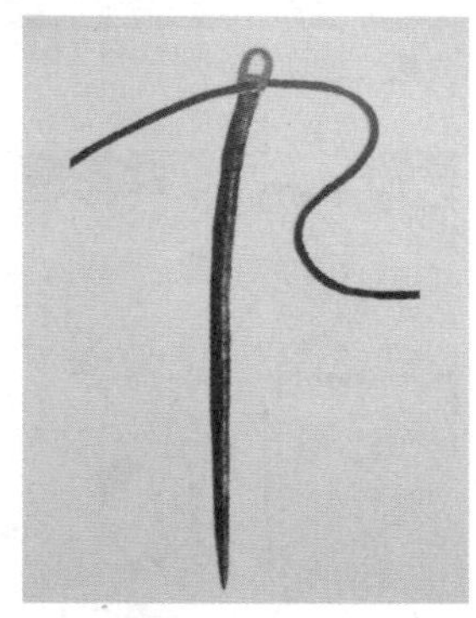
山顶洞人使用的骨针

他植物的纤维纺布制衣。据考证，先人们大约在六七千年前开始纺纱织布。最初的材料主要是野蚕丝。大约经过两千多年的探索，家蚕才开始出现。在山西的仰韶文化遗址（距今5000多年）中，发现了一个半截的蚕茧；在浙江吴兴的钱山漾遗址（距今4000多年）中发现了一段家蚕织的丝带和一小块绢片。这是中国最早养蚕纺丝的直接物证。

原始的纺纱技术一般有两种：一种是“搓捻续接法”，即完全用手将纺织的纤维搓捻并连接起来；一种是“纺坠纺纱法”，即用原始的纺织工具（纺坠），将纤维加捻与合股。纺坠的出现是纺织技术的一大革命，在新石器时代的遗址中曾多次出土纺坠。当时有两种形式的纺坠：一种是在一根横棒的中间插放一根植物杆，另外一种是在一个圆盘状物体的中间插放一根植物杆，然后利用横棒或圆盘转动，使纤维抱和、续接。

关于原始的织造技术，普遍认为是在旧石器时代的编席以及结网方法基础上发展起来的。蚕丝织造最早是完全用手进行编结，西安半坡遗址出土的陶片上印有绞缠法制作的痕迹。后来，出现了原始的机织工艺，即利用原始腰机和引纬的骨针进行织作。河姆渡遗址曾出土包括管装骨针、木刀、小木棒在内的一些原始纺织机的部件和引纬工具，说明中国的织纱技术在远古时代就已达到了一定水平。

陶屋 大汶口文化

八、原始建筑

《易经·系辞》中说：“上古穴居而野处。”《韩非子·五蠹》也曾记载：“有圣人作，构木为巢，以避群害，而民说之，使王天

穴居

有巢氏构屋图　清

下，号之曰有巢氏。”可见在远古时代，人类的居住方式为穴居和巢居两种，这与早期人类生存的自然环境是密不可分的。到了新石器时代，人类还是以挖穴和构巢为主要建居方式，但是在技术上达到了更高的水平。

穴居是指通过挖筑洞穴而形成的居所，是北方较干燥地区的主要居住模式，主要有两种形式，即横穴式和地穴式。横穴式房屋是在黄土地带的台地断崖上挖洞穴，它可以满足遮阴、蔽雨、防风和御寒的要求。黄土高原地区非常适于制作这种居室，所以数千年来一直延续着，并逐渐演化成为现在的“窑洞”。地穴式房屋主要挖筑在没有山梁断崖但地势较高的地方，最早的是全地下式穴居，这种穴居极易被雨水浇灌、淹没或被虎狼等凶猛的野兽侵占。于是，后来又出现了地面建筑，即用墙体与屋顶组成的空间。半坡遗址发现的就是这种半地穴式房屋，其形状一般是方形或圆形的，深50～100厘米，房屋中部有一根或四根对称的中柱，房顶是方锥形或圆锥形的，中柱和架椽用葛藤类绳索固定，屋顶中间留有排烟孔，房屋的穴底、墙壁和屋顶内外都涂有草筋泥。由于这种建筑方式也适用于广大的平原地区，因此逐渐成为中国古代以土木混合结构为主的建筑传统。其中的构架、墙体和斜坡屋顶，逐渐成为中国传统建筑的基本形式。

巢居在南方的湿热沼泽地带较为常见，干阑式房屋是巢居形式的代表。它以木桩作基础，形成架空的干阑式结构，然后在上面建造长方形或椭圆形的房屋。河姆渡遗址就发现了这种干阑式建筑，用于建筑的木桩大都深入地下40～50厘米，主要的承重木桩则深入地下达1米左右，其楼板距地表约80～100厘米。干阑式建筑最突出的成就是带有榫卯的木

沧源岩画

构件，在河姆渡遗址发现的榫卯就有六种之多。榫卯的使用，使房屋结构更加牢固，这种木构技术至今仍在广泛使用。由此可见，距今7000多年前，中国的木作手工工艺和建筑技术就已经达到了很高的水平。

远古时期建筑技术取得的进步是多方面的。在龙山文化遗址就发现了用于建造城墙和台形基址的夯筑技术以及使用土坯垒墙的方法。这种建筑技术不仅开辟了筑城的历史，还为此后高大宫殿的建筑创造了条件。同一时期还出现了错缝砌墙及用细黄泥为黏合料的做法；为防潮而在居室地面以下设置隔水层或平铺木板（条）的措施；用石灰石烧制石灰作建筑材料的技术，等等，所有这些对于中国建筑业的发展都产生了深远的影响。

九、原始交通运输工具

原始交通运输工具的诞生与发展，得益于原始农业、畜牧业和手工业的发展。因为随着生产的发展，人与人之间的交往与物质的交换日益增多；同时伴随着人类活动范围的扩大，长途远行成为人们面对的问题，从而促使交通运输工具的产生和发展。根据人们生活环境的不同，原始交通运输工具主要从两个方向发展：一是陆路运输工具，一是水路运输工具。

船形彩陶壶 新石器时代 陕西北首岭出土

车辆是陆路运输的主要工具。车的最初产生得益于滚木、轮子和轮轴的发明，因为轮子和车轴是车辆最基本的构件。与现今车轮不同的是，最原始的车轮是没有轮辐的一块圆木，称为“辁”。轮子与轮轴的发明奠定了车辆发展的基础，原始车辆则成为了后世车辆的雏形。现在考古确定最早的车辆是商代的一辆兵车，该车结构合理，说明当时的制作技术已相当成熟。

船舶是水陆运输的主要工具。据考证，原始的船舶主要有三种：独木舟、木筏和竹筏。木筏、竹筏的制作工艺较为简单，只要把一根根的木头或竹子并列捆绑在一起即可。独木舟的制作相对较为复杂，首先要选取较为粗大的树干，然后把有用的部分用泥土包裹起来，不用的部分则用火烧以便其炭化，最后用石斧、石刀砍削而成。由于木头和竹子极易腐烂，因此在河姆渡遗址中仅仅发现了独木舟的残片。另外，考古学家在河姆渡、杭州水田町和钱山漾遗址还发现了大量的木桨，形式与后世木桨相似，这是人工制作的早期船舶推进工具。关于独木舟的发明者，现在已很难考察，大体上可以说，居于水边的古人都有可能成为独木舟的发明者。同车辆相比，船的发明不仅促进了人类社会的交流和沟通，还扩大了人们从事渔业捕捞活动的范围，增强了人类战胜和抵御自然的能力。

十、原始医药

中国医药的发展历史非常悠久，千百年来已经形成了其独特的医疗原理和极具民族特色的医疗机制。原始先祖在同疾病的不屈不挠斗争中创造了原始医学，虽然水平非常低下，并常常伴随有迷信等因素，但在原始时期那样恶劣的条件下，它对人类的生存和繁衍起了至关重要的作用。

原始时期用于内科的药物主要分为植物药、动物药和矿物药三种类型。植物药是人类最早发现的药物。原始人类经常会误食一些有毒的植物，造成中毒，甚至死亡。随着经验的积累，原始人类逐渐能区分无毒植物和有毒植物，将无毒植物作为食物，将有毒植物制成毒药，作为别用。后来，原始人类发现某些食用植物甚至某些有毒植物也能缓解病痛，治疗疾病。通过在实践中反复的比较和鉴别，人们对植物药性的认识不断深入，开始对植物药进行较系统的探索。同时，伴随着狩猎范围的扩大，人类在食用肉类食物时，逐渐发现动物的脂肪、血液、内脏、骨骼、甲壳等，有的也具有治疗疾病的作用，从而掌握了一些动物药知识。矿物药则是伴随着人们对矿物认识的加深，逐渐了解到某些矿物也具有一定的治疗性能之后采用的。

采药图 宋

原始外敷药物的知识则是与狩猎和寻找食物的活动分不开的。人类在狩猎、寻找食物的过程中，往往要和野兽搏斗或与其他部族争斗，外伤在所难免。受伤后，他们就会随手将树叶或草茎等敷在伤口上，以期减轻伤痛，慢慢地发现某些植物的叶、茎能加速伤口的愈合。许多外敷药物就是这样被认

神农氏尝百草

识的。最初治疗体表出血的方法也是在摸索中掌握的。受伤出血时，人们发现用手压迫伤口周围能止血，把某些植物捣烂敷在伤口上也能使血液快速凝固。

原始社会的医疗工具主要的还是石器。当原始人类遇到伤痛时，便从随处可见的石块中挑选尖锐的来刺激身体的某些部位，以期转移病痛。到新石器时代时，人们已经能够制造医疗工具——砭石，用它来刺击身体，达到治病的目的。另外，原始人类在烤火时发现一些植物燃烧产生的热气有缓解病痛的效果，这就是原始的“灸法”。其中艾叶是灸法的主要原料，它易于加工和贮藏且资源丰富。上述经验的积累，最终诞生了最具中国特色的治疗方式——针灸治疗。

砭石 新石器时代

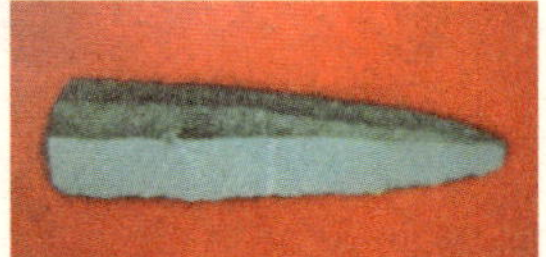
石刀 新石器时代

骨针 新石器时代

原始社会与医药有关的人物主要有：传说中的人类始祖伏羲氏，他一直被后世尊奉为医药学、针灸学的始祖；神农氏炎帝，传说中他最早教人类种植五谷，也遍尝百草发现了草药治病原理，被尊奉为中药学的始创者。《神农本草经》就是以神农的名字命名的，它是中国第一部论述药物的著作；黄帝与其臣雷公经常研究探讨医药，从而创立了医药学。黄帝是最早传授人类医学知识的人，雷公则精于针术。中国现存最早的医学典籍——《黄帝内经》中的某些篇章就是以黄帝与雷公讨论医药的形式写成的。此外，还有岐伯、桐君、鬼臾区、俞跗、少俞、伯高等，他们都是原始医学的先驱人物，为原始医学的发展作出了重要贡献。

伏羲氏

总而言之，原始医药的产生与发展是中国医药学发展的启蒙时期，这是一个精华与糟粕并存的极其漫长的历史过程。在原始社会晚期诞生的巫术，对当时的医药学产生了很大影响，甚至到殷商、西周前后，巫术在中国医药学中仍占据着显要的地位。所以，研究中国原始社会的医药学，不能忽视巫医、巫术，应对其进行客观全面的科学考察，正确评价其在中国医学发展史中的作用。

大禹塑像

十一、大禹治水

黄河，这条孕育古老华夏文明的母亲河，不仅给予了祖先们富饶的土地，而且深藏着千年的水患。远古时候，人们在防治黄河水患，开发利用黄河方面，做了大量、长期而卓绝的工作。

在古代传说中，炎帝后裔共工是治水的开拓者，他当时所采用的主要是“壅防百川，堕高堙庳”（《国语·周语》）的治水方法，但收效甚微。随后鲧又致力于治水，他还是以不断加高堤岸的老方法来防止水患，“鲧障洪水”（《国语·鲁语》），但是九年治水，徒劳无获，水患依然。后来，舜又任用鲧的儿子大禹继续治水，并给他派了助手——共工的重孙四岳。大禹吸取了以往治水的经验教训，一改传统的“堙堵法”，采用新式的“疏导法”，即顺势深挖疏通河道，引导河水。此外，还凿开了三门峡附近的黄河“砥柱”，分流河水，并修建了由贝丘向南的引水渠与漯河分引河水。大禹招集各个部落的百姓劈山、挖土、伐木、疏通河道，三过家门而不入，十年如一日，最终征服了黄河，治好了水患，完成了舜交给的任务。大禹治水的故事天下闻名，大禹则以治水英雄的形象为人们世代传颂。

大禹劝人灌溉

从大禹治水的传说可以看出，原始社会末期已经掌握了基本的灌溉技术，并且具备了相当大的规模。人们不仅防水治水，同时也利用水利，在农业生产中不再是完全靠“天”吃饭，有了一定的主动权。流淌不息的黄河水，为炎黄子孙提供了更为丰厚的物质条件，孕育了悠久而蓬勃的华夏文明。

十二、科学知识的萌芽

远古时期，在多个领域出现了科学技术知识的萌芽，这是中国科学的肇始。在距今6000多年前的仰韶文化和马家窑文化遗址中出土的彩陶上，刻有各种各样的符号，这可能就是中国文字（数字）的最初形式。另外，原始人类对于数和几何图形已经有了基本的认识，并能应用于生产生活实践中，古代人的“结绳记事”及能够制造石斧、骨针、弓等各种形状的工具就是明显的例证。在原始社会晚期，人们已经创造出了画方圆、直线的简单工具和方法，出现了最早的规矩等，这些都凝聚着数学知识的元素。

原始社会生产生活的实际需要促进了人们对自然界运动规律的认识和运用。石器是原始人类主要的生产工具，在制作石器的实践中，掌握了成熟的打磨技术和石料特质方面的知识；原始人类运用简陋的钻孔技术在石器上打孔，然后插入木棒制成复合工具，达到方便、省力的目的，这合理地运用了杠杆原理；狩猎用的石矛符合基本的力学原理；仰韶文化遗址出土的小口尖底瓶合理地运用了平衡原理。此外，新石器时代出土的土鼓、石磬、陶钟、陶制埚等乐器表明原始人类已掌握了一定的声学知识。

伏羲女娲图

火的利用是人类文明开端的重要标志之一，原始人类最早利用的是从自然界中取得的火，此种火“取之不易，存之不久”。后来，人类发明了钻木取火，这是人类历史上第一次成功地运用了“摩擦生热”原理。另外，制陶、酿酒、染色、鞣皮等技术的出现标志着原始化学知识已经萌芽。

由于生产生活及原始崇拜

小口尖底瓶

的需要，人类很早就把目光投向天空，观察日月更替、季节变化，以确定时间和季节，并以日出为东、日落为西，以每天日影最短时太阳的方向来定南北方向。还将天象与植物生长规律、动物活动规律相联系，萌生了最初的天文学、气候学知识。

陶器上的日月山图

在人类文明发展史上，农业的出现使人类有了固定的食物来源，过上了定居生活，而且农业生产还促进了相关科学知识的萌芽。原始人类在种植作物和放牧过程中，积累了大量的生物学知识；在区分可食用和不可食用动植物的过程中，人们发现了一些动植物的药用功能，萌生了医药学知识；农田的丈量和产品的分配，使人们积累了数学知识……可见，农业生产是人类文明发展和进步的巨大动力。

我们所了解的关于原始社会科学知识的萌芽，考古发掘是一个方面，千古流传下来的传说也可作为一大见证。在传说中，原始部落首领往往被神化，群体的发明会被归结为他们的创造，如仓颉造字、嫘祖养蚕、隶首作算数、容成造历、黄帝发明黄钟等，但这些都表明我们的祖先在很早的时候便对某些科学技术进行了研究。

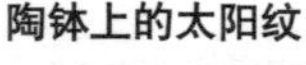

陶钵上的太阳纹

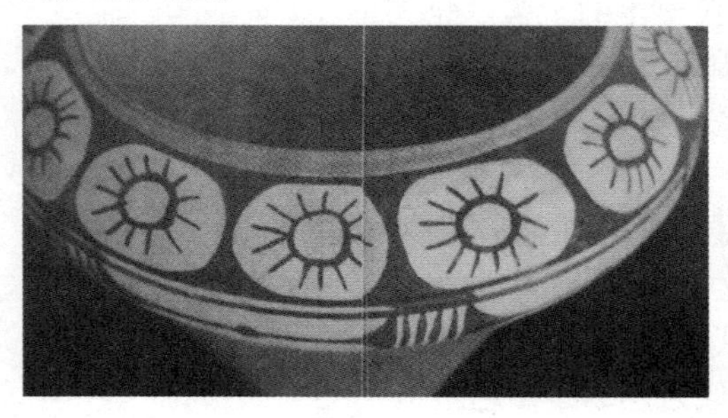

可以看出，在原始社会，人们对于科学知识的掌握还处于萌芽状态，是片面的和幼稚的，但科学技术正是从这些萌芽开始才逐渐成长为参天大树，从而改变了人与自然的关系，改变了人类的历史命运。

第二章 青铜时代的科技幼苗

大约从公元前21世纪至公元前770年，是中国奴隶制社会由兴起到繁荣，最后逐渐衰落的时期。在这漫长的历史时期，相继出现了夏、商、西周三个王朝。这一时期的科学技术在原始社会的基础上有了巨大进步，在世界文明史上占有重要地位。

青铜器具是这一时期最具代表性的标志物，因此这一时期也被称为“青铜时代”。青铜冶铸业是当时最重要、也是对社会发展最具促进作用的手工业部门，它的发展经历了草创、形成、鼎盛和普及四个阶段。青铜器的普遍使用使人类社会进入了一个比石器时代生产力水平更高的发展阶段，迎来了辉煌灿烂的青铜文明。

农业在当时已经成为主要的生产部门，统治者对农业生产的重视以及大批奴隶的集体劳作，使农业得到了较快的发展。耕作方式已开始由夏商时期的粗放型农业向成熟农业过渡，到了西周时代不仅垄作和休闲轮作制得以盛行，牛耕、施肥、人工灌溉等技术也已开始应用。在土地所有制以及管理方面还制定了严格的制度。此外，伴随着农业的发展，粮食出现剩余，用谷物酿酒成为可能，中国成为世界上最早掌握酿酒技术的国家之一。同时，圈养牲畜促进了“去势术”的发明。

天文学方面，夏代已有了世界上最早的天象观测记录。《夏小正》是中国现存最早的一部具有丰富物候知识和天文知识的著作。历法上，夏历是依据太阳的运行规律制定的纯阳历，殷历则发展成为阳阴合历，商代开始采用干支记日法，西周时则出现了“三旬”的概念。数学方面，中国在这一时期发明了十进制记数法，发现了勾股定理；医药学方面，出现了专科化分类；交通运输方面，奚仲改造马车，使中国成为最早发明和使用马车的国家；纺织业已开始有了丝、麻、毛纺织的分类；制陶技术的改进，促进了瓷器的出现；酒曲的发明和使用，使中国酿酒行业独具一格。

总之，夏商西周的科技进步，促进了中国早期国家的形成和发展，成就了青铜文化的辉煌，为此后科学技术的发展开辟了道路。

一、青铜冶铸技术

铜爵 夏 河南偃师二里头出土

司母戊方鼎 河南安阳出土

青铜是铜、锡、铅等元素的合金，因为色青，故称青铜。它具有熔点低、易于浇铸和比纯铜硬度高的特点，用其制造的工具比石器更为锋利和耐用。使用青铜制作生产与生活器具的时代称为“青铜时代”。5000多年前，中华民族的祖先们就掌握了青铜铸造技术，夏代时已初具规模，商周时达到了鼎盛。现已发掘出土的夏商周三代青铜器数以万计，品种齐全，包括礼器、乐器、车马器和生活器具等。青铜器非常精美，具有很高的艺术价值。青铜器是奴隶社会的文化艺术和科学技术水平的反映。

青铜冶铸工艺是在石器加工和制陶技术基础上发展起来的，根据青铜器铸造方式的不同，一般把青铜工艺的发展分为四个主要阶段：草创期（主要用石质或泥质范铸造简单的小件器物）、形成期（主要用陶范熔铸大鼎）、鼎盛期（用先进的分铸法铸造大量精美的青铜礼器、兵器、车马器和生活用具等）和普及期（陶范熔铸技术推广普及）。

人们在自然界寻找石料的过程中发现了天然的铜（即红铜），尔后在烧制陶器的过程中发明了铜的冶炼技术。但是在最初冶铸铜器时，常常碰到难以排除铜矿中的锡、铅等杂质的情况，然而人们发现由此得到的所谓青铜却比纯铜的熔点低、硬度高，于是就自觉地进行青铜的冶铸。伴随着冶炼技术的提高，又出现了先炼出铜再加入锡、铅进行冶炼以得到青铜的方法。之后经过摸索和实践，人们创造了比例法制青铜技术，即先分别冶炼出铜、锡、铅或铅锡合金，然后再根据需要按照一定的比例混合。用比例法炼制的青铜，成分更加稳定，还可以根据所制造器物的性能要求进行不同的成分配比，冶炼过程更容易控制。

四羊方尊

随着青铜冶铸技术的成熟，开始大量使用青铜制作器皿与工具，社会随之也进入了青铜时代。一般认为夏朝是青铜器时代的开始，商代达到鼎盛。商代的青铜器大多是按照一定的铜、

青铜人头像 商 四川三星堆出土

钩连雷纹鼎 西周

锡、铅比例铸造的，而且已经采用分铸法来铸造青铜器，重达875公斤的司母戊大方鼎便是典型的成品。其具体分块是，鼎身的边用八块外范、鼎底用四块外范、鼎足用三块外范，内外范之间垫有小铜块，范的外围再填上泥土加固以防止浇注铜液时产生的力将范胀开。司母戊大方鼎的成功铸造，充分体现了当时青铜制作的工艺水平。另外，湖南出土的四羊方尊也是分块陶范技术的成功典范。西周中期以后，由于分块陶范熔铸技术的发展，青铜冶铸的规模和地区分布都在不断扩大，青铜器进入了广泛应用阶段。

从历史上看，虽然中国对于青铜的利用晚于其他文明古国，但从加工红铜到制造青铜所经历的时间却很短，并迅速跨入先进行列，创造出举世闻名的青铜文明。

二、耕作制度及技术

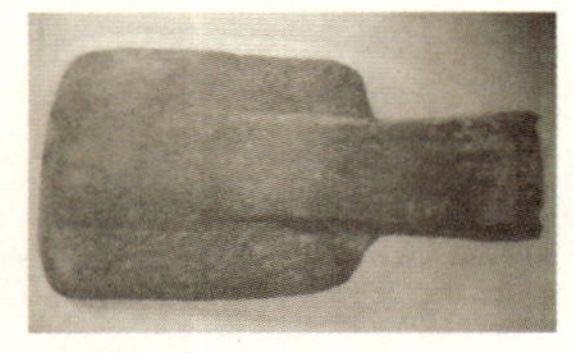
商代铜铲

耒 商 江西新干县出土

铜镢 商 河南郑州出土

耕作方式的变迁推动着农业的发展。原始社会时期，农业的主要耕作方式是撂荒制，包括生荒耕作制和熟荒耕作制两种形式。生荒耕作制是指在一块新地上耕种一年后便不再连续耕作，进行抛荒，抛荒期限由农作物成熟时间的长短等多方面因素所决定。生荒耕作制中使用的工具主要是刀、斧、竹木棒等。熟荒耕作制是指在一块新地上连续耕作若干年后进行抛荒，过若干年后再继续开垦耕作。熟荒耕作制中使用的工具主要是耒、耜、锄等。休耕制是在熟荒耕作制的基础上演化而来的一种轮种轮休制度，能在更短的周期内有次序地恢复地力，从某种意义上说，它仍属于熟荒耕作制。休耕制是西周时期主要的

汲水具 西周

耕作方式。在《诗经》和《周易》中都有关于菑田、新田和畬的记载。菑田指的就是休耕中的土地，新田是指过了休耕期后重新耕种的田地，而畬则是耕种后第二年的田地。菑田、新田和畬的出现，表明了以三年为一周期的休闲耕作制的盛行，这是农业技术进步的一个重要标志。伴随着农具的进一步发展，大面积的农田耕种成为可能，在寻求单田增产的要求下，促成了连作制的产生。连作制是在同一块田地上连年耕作，这种耕作方式自春秋战国以来一直被广泛使用。连作制标志着农业耕作方式的成熟。

始于商朝、盛于西周的井田制是中国奴隶社会比较成熟的土地制度。因田地纵横交错，酷似“井”字而得名。井田制规定，周王拥有全国所有的土地，奴隶主可世代享用周王所分封给他们的土地，但不能转让与买卖，每年要向周王纳贡。奴隶主可再将土地分配给自由民或奴隶耕作，通常一个成年男劳动力可以分得最好的土地百亩（相当于现在的30多亩）、中等的田地二百亩或次等的田地三百亩。一般而言，经过三年的开垦才能使荒地变成较好的田地：第一年除草，第二年施肥，第三年组织劳动力整平田地、开挖沟渠等。

夏商西周在耕作技术方面取得了许多重大进展。其中，垄作的出现便是一个重大进步。垄作即是指在耕作时开沟起垄，这有利于排涝。纵横井田中的沟渠可用于排水和蓄水，排水可以防止土地盐碱化，蓄水则可以在干旱时浇灌庄稼，这便是原始的灌溉系统，这对于提高农作物的产量起到了重要作用。商代出现的牛耕技术，也代

稷播百谷图 清

井田沟洫图 《农政全书》插图

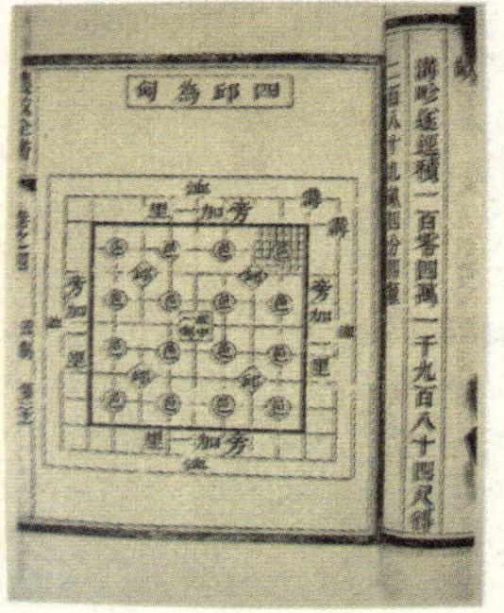

周穆王八骏图

表了一种新的生产力，但奴隶主宁愿让奴隶们拉犁耕地，也舍不得用牛耕地，阻碍了牛耕的推广。对于农作物的选种，播种时已注意选择问题，多选择饱满、色泽光亮的种子。不同品种的作物也有了早播和晚种的区别。另外，还发明了多种除草的方法，掌握了一些病虫害的防治方法，如烟熏等。人们还通过向田里施肥，来使土地的生产力得以保持和增强，出现了多年连续耕种的“不易之田”。

三、畜牧兽医的进步

夏商西周时是畜牧业快速发展的一个时期。早在夏代，畜牧业就已专门化。商代的畜牧业兴旺发达，占卜祭祀时大量使用牲畜，一次就能用去上百头牛，甚至更多。周代时，畜牧业在社会生产中已占据重要位置，根据放牧牲畜种类的不同，划分出不同的牧场，并且有了组织严密、分工细致的牧政等管理制度。商周时期，马匹的用途非常广泛，在战争、狩猎和交通运输中是不可缺少的，并有专人负责马的放牧、饲养和保健等。当时牧马业在畜牧业中的地位显而易见。这一时期，人们也开始驯养大象、鹿、鸭、鹅等其他动物。

随着农业的发展，大量土地被用来种植农作物，畜牧范围在一定程度上受到了限制，在农业地区圈养牲畜成为普遍的方式。圈养对畜牧技术提出了更高的要求，商代已出现了生产饲料的部门，开始用粮食来喂养牲畜。商周时期，家畜的繁育技术已经出现，其中，马的繁育技术已经趋于成熟。例如“五月颁马”法（将雌、雄马分群放牧）和“中春通淫”法（仲春合群配种），这两种

玉鹿
西周　河南三门峡出土

象尊　西周　陕西宝鸡出土

鸭形盉　西周　河南平顶山出土

方法既控制了牲畜的交配与生育季节，达到了保护孕畜的目的，又对养育幼马有益。为了保证牲畜繁殖的数量和质量，还注意掌握牝马与牡马的适当比率，并对那些不适于作种马的雄马“去势”（阉割）。这说明当时的畜牧技术已达到了较高的水平。

配种图 魏晋壁画

“去势术”又称“阉割术”，即割去牲畜的生殖器。一般是给马去势，但也被用于其他家畜和家禽，只是名称各不相同：给马去势称骟马，给牛去势称宦牛，给鸡去势称镦鸡，给猫去势称净猫等等。去势后的动物有专门的名称，如去势后的牛为犍、去势后的狗称猗等。一般而言，去势主要是针对雄性家畜，但在商代甲骨文中有对小母猪卵巢（俗称“桃花”）摘除的记载。史料中对马去势记载得最为详细，《夏小正》中就有关于“攻驹”的记载。给马去势的方法主要有火骟和水骟两种。火骟法是用滚烫的烙铁烙断马的两根输精管，并以烙铁的热量给断处止血；水骟法则是通过反复按压和捻搓马的输精管，使输精管从最细处自行断裂。去势后的牲畜成长快且体型肥大，性情温顺，易于饲养。去势术的发明和运用，提高了饲养牲畜的经济效益，进一步推动了畜牧业的发展。可以说去势术是夏商周时期畜牧兽医学上的最大成就。

阉割术 汉画像石

商周时期出现了专业兽医，比如有专门治疗马病的“巫马”，为良马保健的“趣马”等。另外，还区分了“疗兽病（内科）”、“疗兽疡（外科）”。

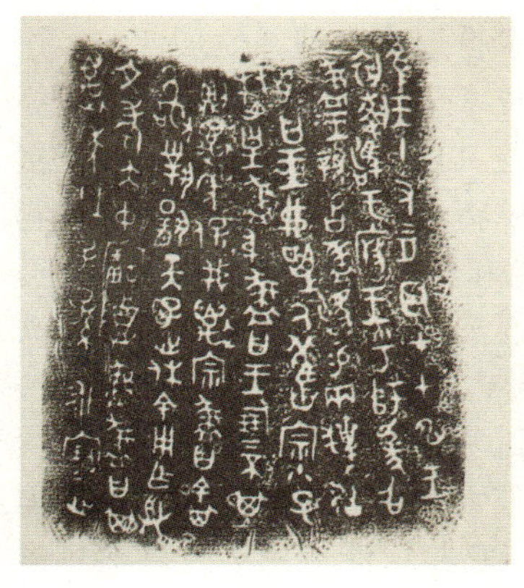

驹尊及执驹礼铭文 西周

工匠　清

四、百工及瓷器、酒、马车的发明

原始社会分化出来的手工业，在经历了千百年的发展之后，到奴隶社会已经初具规模。夏朝和商朝的青铜冶铸和制陶业发展迅速，各种作坊大量涌现。又经过一千多年的发展，到周代时，手工业种类更多，分工更细，除了前面提到的青铜制造业和制陶业外，纺织业、建筑业、制车业等众多行业纷纷登场，号称“百工”。

夏商西周时期，纺织业发展很快。纺织品主要有丝织品、麻织物和少数的毛纺品三大类。丝织品通称为“帛”，它轻细色艳，周代士大夫们钟爱以帛制衣，并有铭文记载当时丝织品曾作为赏赐和馈赠的礼物。在西周中后期，则出现了用不同彩丝线织成的有花纹的“锦”，这标志着丝织品工艺跃上了一个新台阶。麻织物在夏商时期已相当普遍，其制作也较为规范，通常依据用途和穿戴者身份而制成不同等级的麻布；并对麻布的粗细和宽窄进行严格的限制。麻纺织品的原料取自大麻、菅草等植物的韧皮部分，通过沤浸或煮沸脱胶使之成为白色柔软的纤维，用于纺织。妇女是麻纺业的主要生产者，从麻类作物的收割直到纺纱织布都由她们完成。毛纺品比丝、麻织品有更好的保暖性和耐用性，所以备受人们青睐。皮革制品的用途在那时也非常广泛，武士的盔甲、武器、生产工具及车辆的绑缚组装和牵引都要用到它。在周代还设立了专门管理纺织的机构，组织纺织品的生产。

西周玉蚕

随着纺织技术的发展，染色技术也逐步出现并发展起来，这使纺织工艺锦上添花。当时的染色技术分浸染和画染两种：浸染是把纺织品浸入溶有染料的液体中使其着色；画染是把染料直接涂在纺织品上。染料分植物染料和矿物染料。植物染料是从植物中提取，如从茜草和紫草中提取紫色和红色、从皂角中提取黑色。为提高植物染料的着色度，染色时需加椿木灰、明矾、铜盐和铁盐等媒染剂。矿物染料直接来源于天然矿物，如染红色的赤铁矿、朱砂，染蓝色的石青，染黑色的绿矾等。

菱格纹灰陶鼎　夏　河南郑州出土

制陶技术在夏商周时期也有了很大进展。陶器不同于象征国家权力、贵族财富和地位的青铜器，它被广泛应用于百姓的日常

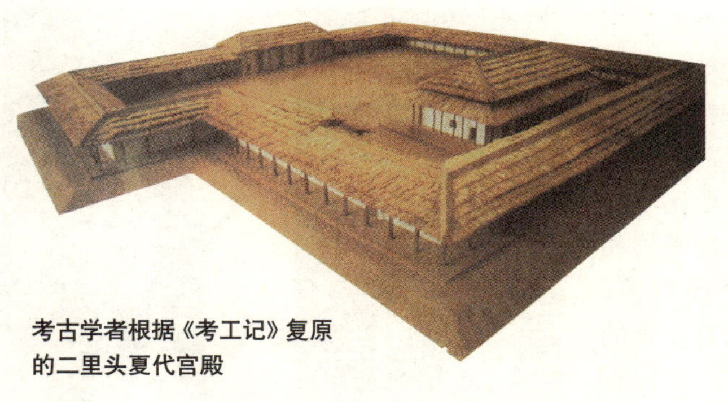
考古学者根据《考工记》复原的二里头夏代宫殿

生活当中。其中，灰陶分泥质灰陶和夹砂灰陶，有烧制这两种灰陶的作坊，而且经过形制、纹饰上的不断改进，制出的灰陶已相当精美，连王侯贵族也乐于使用。在烧制白陶时，匠人们运用青铜器艺术手法刻画白陶的纹饰，使白陶更显华丽和珍贵。釉陶的出现可谓是制陶工艺的重大进步，它质地坚硬，敲击有铿锵之声。釉陶是用高岭土作胎，再施以青色釉制成。商代中后期，人们已开始有意识地配制釉料，为瓷器的出现奠定了坚实的基础。

兽面纹白陶双系尊 商 河南安阳出土

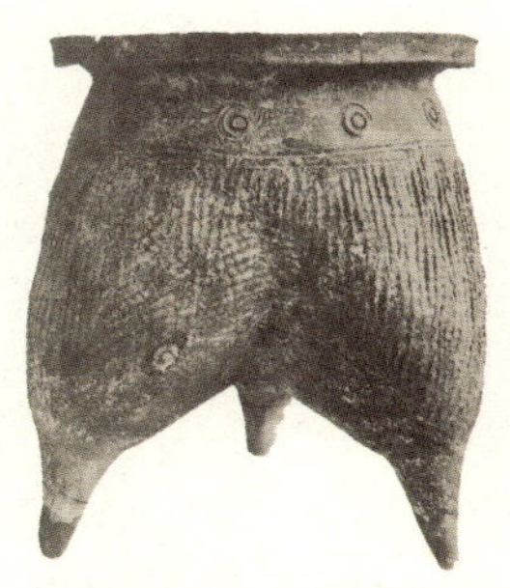
绳纹灰陶鬲 商 河南郑州二里岗出土

建筑业在综合各类手工业技术成果的基础上，有了较快发展。青铜建筑工具的使用、陶制水管和瓦的发明、夯土技术的出现都是建筑技术进步的表现，夏商城墙都是夯土建筑。同时，丝织品也用于建筑装饰。这一时期，除平房外，在雨水较多的地区出现了高层建筑。另外，社会生产力的提高使奴隶主贵族能在同一时间里集中较多的劳动力为他们修建宫室，宫室的营造设计已比较成熟。

青釉尊 商 河南郑州二里岗出土

瓷器是中国古代的伟大发明之一，也是中国源远流长的古老文明的重要象征之一。瓷器的制造脱胎于陶器的制作，一般用高岭土、长石、石英等原材料作胎，在胎表面再施以高温玻璃质釉。瓷器的出现与陶器制造、青铜铸造技术的发展密不可分，因为它的产生依赖于三项与之相关的技术突破。一是对高岭土的选用。新石器时代晚期，人们就开始用高岭土烧制精美的硬陶，这为瓷器的发明创造了前提条件。二是釉陶的发明，即在陶器表面涂抹灰黄或青灰的薄釉，从而克服了陶器质地较为粗糙、易吸水、易污染的缺陷。三是高温控制技术的应用。青铜铸造技术在制范与烧成温度的控制方面，为瓷器的产生做好了准备。考古家发现，周代大型熔铜炉的炉温高达1200℃，已经达到烧制瓷器的炉温。

青釉弦纹豆 商 江西吴城出土

最早出土的瓷器是在商、周遗址中，一般以碗、盘、罐、瓮等居多，也称为“青釉瓷”。这种瓷器的烧成温度一般在1100℃～1200℃，比后来成熟的烧瓷温度偏低，而且温控技术比较差，使

青釉双系罐 西周 浙江衢县出土

得胎的烧结程度很不相同，胎与釉的结合较弱，容易剥落。同时，由于选料不够精细，成品质地比较粗糙，但与同期陶器相比要细腻坚硬得多。作为中国瓷器发展的肇始，这时的“青釉瓷”已不是陶器，而是陶器向瓷器过渡的产物，因而，一般称其为原始瓷或原始青瓷。瓷器历经千余年的发展，到汉朝时，烧制技术已相当成熟。浙江古越州一带出土的大量东汉瓷器，胎坚质细，色泽青翠，釉层较厚，胎釉结合紧密，烧制温度已达到1300℃，与现在成熟的青瓷制品很相似。瓷器出现后就逐渐替代陶器、青铜器及其他器具，成为人们日常生活的一个重要组成部分。

铜爵（酒器） 夏 河南偃师二里头出土

斝（酒器） 商 河南郑州出土

酣身荒腆图

中国是世界上最早掌握酿酒技术的国家之一，有着悠久的酿酒历史。据考证，早在六七千年前的新石器时代，中国就已经开始用谷物酿酒。

酒最初是由食物或储备的粮食受潮发酵而来。因此，农业生产较为发达，粮食出现剩余是酒发明的前提条件。在中国，最初酿酒时是用一种称作“糵”的发了芽的谷物。新石器时代晚期，酿酒业已非常盛行，此间出土的文物中有不少酒器，如爵、斝、盉、高脚杯和小壶等。进入夏商时代，谷物酿酒更为普遍，技术也不断提高。出土的这一时期的青铜器，十有七八都是酒器，而且制作精美，种类繁多，足以证明当时贵族阶层酿酒、饮酒风气之盛。周代是酿酒技术日渐成熟的时期，已设有官吏“酒正”、“浆人”，总结记载了酿酒的过程与经验。在《周礼》中，第一次提出了酿酒的“五齐”与“六必”。“五齐”是指酿酒的五个阶段，依次为：“泛齐”，是从发酵开始，产生二氧化碳气体，把部分谷物冲到液面上来；“醴齐”，是指逐渐有淡淡的酒味；“盎齐”，是指产生更多的气

泡，还发出一些声音；“醍齐”，是指酒色由黄到红的改变；“沉齐”，是指气泡停止，糟粕下沉，酿造完成。“六必”指的是酿制好酒的六个基本要素：一是选用的谷物必须清洁；二是曲蘖的投放必须及时；三是酿制的环境必须洁净；四是用水必须清澈无味；五是酿制器具必须精良；六是酿酒温度必须控制得当。“五齐”和“六必”反映了当时酿酒的精湛技术和丰富经验。

后世的制酒工艺图 明

尤其要提及的是酒曲的发明和使用，它是中国特有的酿酒方法。用谷物酿酒需要经过糖化和酒化两个过程：糖化是指粮食中的淀粉转化为葡萄糖的过程；酒化是指葡萄糖转化为酒精和二氧化碳的过程。酿酒使用的“蘖”，只能实现糖化的功能，酒化则要依靠“曲”来完成。曲是一种长有微生物的谷物，它既含有使淀粉糖化的丝状毛菌，又含有促

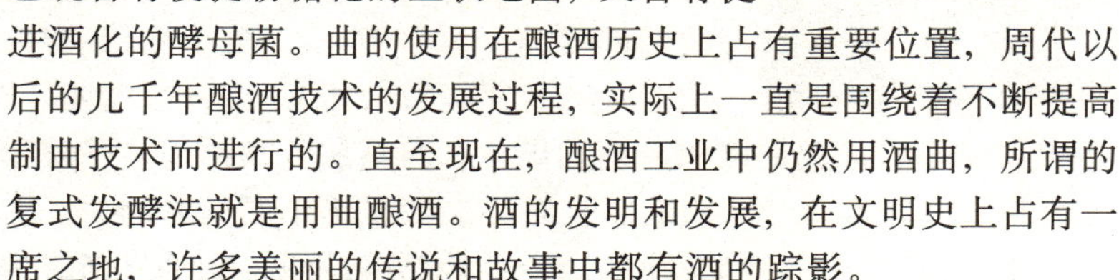

进酒化的酵母菌。曲的使用在酿酒历史上占有重要位置，周代以后的几千年酿酒技术的发展过程，实际上一直是围绕着不断提高制曲技术而进行的。直至现在，酿酒工业中仍然用酒曲，所谓的复式发酵法就是用曲酿酒。酒的发明和发展，在文明史上占有一席之地，许多美丽的传说和故事中都有酒的踪影。

中国是世界上最早发明和使用马车的国家，这不仅是由于中国有着辽阔的内陆地区，而且伴随着奴隶社会的发展，人们的交往无论是在频繁程度还是在范围上都有了空前扩大，远距离的陆路交通运输工具急需得到改进，于是世界上最早的马车便在中国夏朝时产生了。

传说马车的发明者是夏禹时的“车服大夫”奚仲，他在其封地薛（今山东枣庄）创制了世界上第一辆用马牵引的木制车辆，其形制类似于甲骨文中“车”的象形字。虽然奚仲所制的马车实物至今未曾发现，但《管子》一书中有关于奚仲马车的记载：“奚仲之为车也，方圆曲直，皆中规矩准绳，故机旋相得，用之牢利，成器坚固。”奚仲设计制造的马车结构合理，各部件都采用一定的制作标准，因而驾驶起来十分灵便，且坚固耐用。马车的发明，极大地改进了古代中国的交通状况，也促进了道路设施的发展，商王朝修建了通向四方的大道，而周王朝则对道路的维护和管理有了系统完善的措施。同时，马车的使用，扩大了地区间的联系和

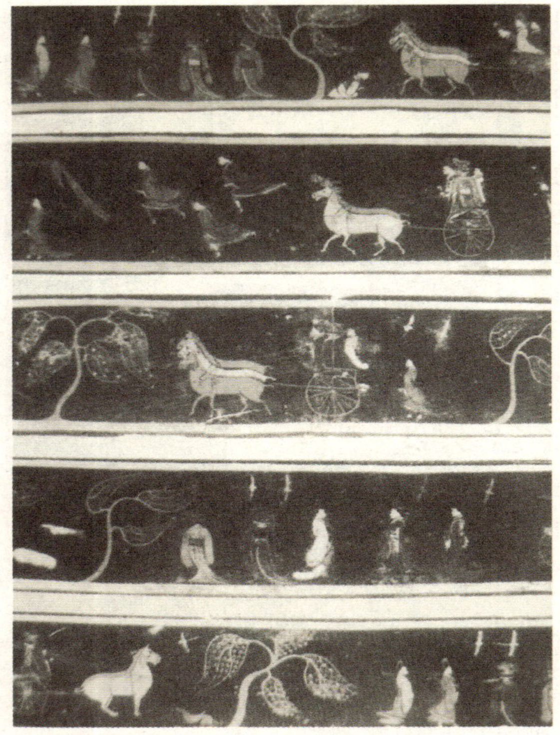
后世的车马出行图
战国漆画

商贸运输活动，促进了各地文化的交流。马车的创制在中国和世界交通史上占有举足轻重的地位。

商代造车技术达到了更高的水平。那时的车辆一般是独辕车，单辕上曲，车衡横置在车辆的前端，并绑缚有双轭用来驾马，车厢（舆）横长，车门开在车厢后面，车轮高大，轴长，轨距宽，轴和辕在车厢下作十字相交，靠凹凸槽连接。这种车平衡性较差，又没有扶手，遇到颠簸，车上的人很容易掉下来。因此到西周时，人们发明了带扶手的曲衡车。商代车辆主要以马为动力，往往是双马驾车。商末周初，出现了四马驾车的情况。周代独辕车在结构上有所改进，车马配件也更加完备，许多关键部位开始使用铜构件，如变木辖为铜辖，轭上包铜饰等。驾车的马也由商代时的两匹（骈）增加到了三匹（骖）、四匹（驷），甚至六匹（六骓）。因一般驾四匹，故以“驷”为计数马匹和车辆的单位，四马加一车称为“一乘”。制作一辆车，要木工、金工、皮革工、漆工等不同工种的分工合作才能完成。因而，制车业的综合性非常强，制车水平是当时生产水平和工艺水平高低的集中体现。

五、商周计数法和商高定理

甲骨文中的数字

伴随农业、手工业、建筑、土地测量和历法制定等发展的需要，夏、商、周三代的数学知识和计算技能有了较大进步，并且已经达到相当科学的程度。

商代的陶文和甲骨卜辞中已有很多记数的符号，用个、十、百、千、万的数字和十进位制来记数。甲骨卜辞中还出现了“奇数”、“偶数”和“倍数”的概念。所谓十进位制就是数学中所讲的“逢十进一”、“退一还十”原则。据考证，中国在新石器时代晚期已出现十进位制的萌芽，商周时期开始普遍使用，到春秋战国已熟练地应用于计算当中。在甲骨文中已能用13个数字记录10万以内的自然数。中国古代的记数法主要是十进制的，这大概

与人手都有10个手指有关。巴比伦和古埃及有六十进制的记数法。中国古代虽没用过这种记数法来计算，却也用六十甲子来记日。十位进制是中国古代人民对世界科学的伟大贡献。印度到7世纪才开始使用十进位制，后经阿拉伯传入欧洲，演变成今天全世界通用的阿拉伯数字：1，2，…… 李约瑟曾在《中国科学技术史》中对中国商代记数法予以很高的评价："总的说来，商代的数字系统是比古巴比伦和古埃及同一时代的字体更为先进、更为科学的。"

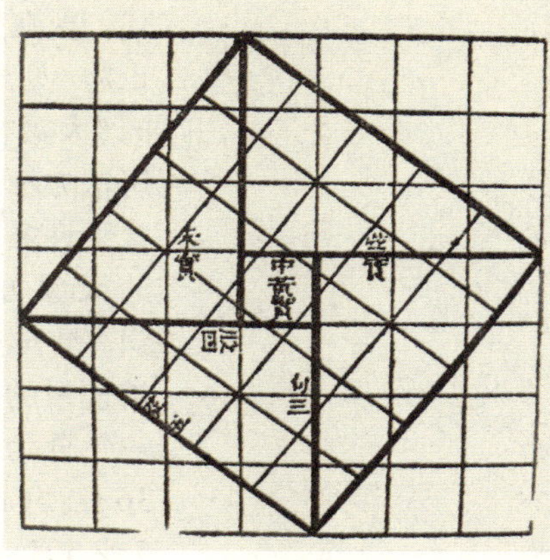

《周髀算经》中对勾股定理的证法

商高定理也称"勾股定理"，来源于在战国末年到汉代成书的《周髀算经》。据记载，商高是一位周朝大夫，擅长数学、天文学。《周髀算经》中记述了商高与周武王之弟周公姬关于割圆之法的问答。在问答中，商高说："折矩以为句（勾），广三，股修四，径隅五。"商高这段话的意思是说：当直角三角形的两条直角边分别为3（短边）和4（长边）时，径隅（弦）则是5。也就是后人所说的"勾三股四径（弦）五"。由于勾股定理的内容最早见于商高的话中，所以人们就把这个定理称作"商高定理"。关于商高定理的最初发现者，已不可考究。《周髀算经》中同样引用商高的话说："故禹之所以治天下者，此数之所由生也。"就是说勾三股四弦五这种关系是在大禹治水时发现的。春秋时，另一位古代数学家陈子进一步发展了勾股定理。在测日论题中，提出了"以日下为勾，日高为股，勾股各自乘，并而开方除之，得邪（斜、弦）至日"的方法，这是明确的"勾方+股方=弦方"的完整表述。在西方，古希腊数学家毕达哥拉斯发现了勾股定理，这比商高晚了500多年，比陈子也晚了一个世纪。

《夏小正》书影

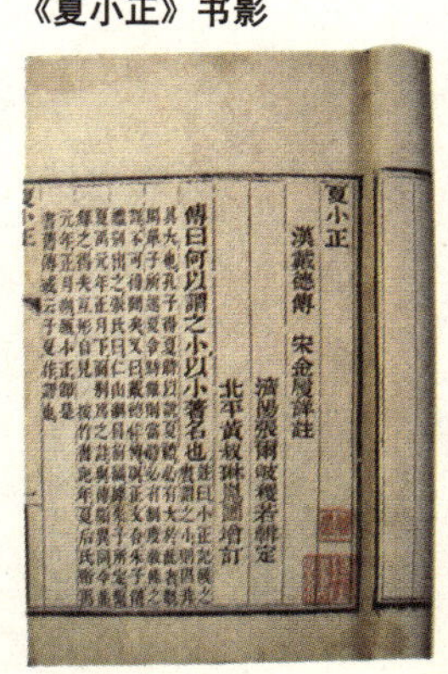
夏小正

漢戴德撰 宋金履祥注

濟陽張爾岐稷若輯定

北平黃叔琳崑圃增訂

六、《夏小正》及商周天文历法

中国是农业大国，一向非常重视天文历法，古代对天文历法的研究和应用曾闻名世界。早在夏朝就出现了历法，规定一年为366天，精确度与现代相差无几，当今的农历又称为"夏历"，就是因为其源于夏朝。《夏小正》乃是反映夏代历法水平的代表作，是一部中国最古老的关于天文历和物候历相结合的著作。

《夏小正》仅有400余字，但其凭借着丰富的天文学和物候学知识，在古代天文学和农学领域占据着重要位置。它的成书时间至今仍有争论，有人认为它写成于夏代，也有人认为它成书于战国时代。现在发现的《夏小正》，见于西汉戴德编的《大戴礼记》。在天文历法方面，《夏小正》包含了许多夏朝时期积累的天象方面的科学知识，是自夏至战国一直被使用的历法。书中把一年分为10个月，每月36日，年终另有多余的5或6日。《夏小正》中的月份是一种十月太阳历，也就是一种与月相无关的纯阳历。书中还首次出现了含有冬至和夏至意思的记载：“五月，时有养日；十月，时有养夜。”在物候知识方面，《夏小正》详细记载了夏朝时期自然界中的动植物与环境条件变化间的关系，记述了一年中每个月的星象、物候、气象以及所宜从事的农业和政事等，对促进古代农业生产的发展具有重要意义。例如，书中有关正月的天象、气象、物候以及农事活动的记载如下：

周代乡村生活图 明·周臣

〔天象〕鞠则见，初昏参中。斗柄悬在下。

〔气象〕时有俊风，寒日涤冻涂。

〔物候〕启蛰，雁北飞，雉震呴；鱼涉负冰，囿有见韭；田鼠出；獭祭鱼；鹰则为鸠，柳稊，梅杏杝桃则华；缇缟；鸡桴粥。

〔农事活动〕农纬厥来，弄率均田，采芸。

即是说，正月时节的天象，在天空中可看到鞠星，黄昏时则参星在南，北斗七星的斗柄朝下。气象是和风徐徐，寒意消退，冻土消融。物候为冬眠的动物苏醒，大雁北归，野鸡鸣叫求偶。水温上升，鱼在薄冰下浮游，园圃中韭菜长出嫩叶，田鼠出来活动，水獭捕捉鱼类，鹰去鸠来。柳树长出花絮，梅杏山桃开花，莎草结实，鸡开始产卵。农事活动包括修理农具，整理田界，为土田的

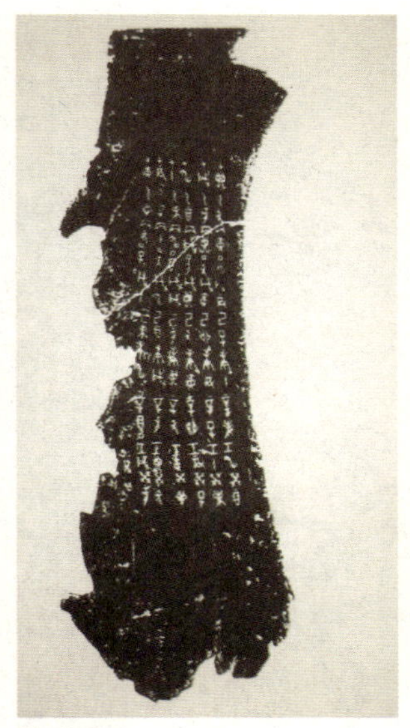

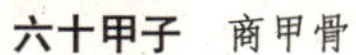
六十甲子　商甲骨

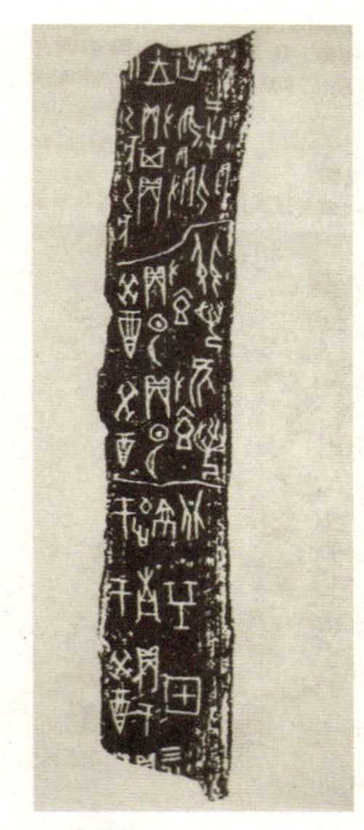
日食甲骨

月食甲骨

耕作分配劳力，采摘祭祀用的芸菜。

《夏小正》记载了古代丰富的气象知识，如三月“越有小旱”，四月“越有大旱”，七月“时有霖雨”等自然规律，以及大量的动植物观察记录。书中曾提到了淮、海和鱼鳝（扬子鳄）等，由此推断，当时观测的物候可能是淮河至长江沿海一带的情况。

至商朝时，天文历法知识开始向深度和广度拓展。商代历法（又称“殷历”）是阴阳合历，以太阳的回归年长度来记年、以月亮朔望变化来记月。把一年分为12个月，大月定为30天，小月定为29天，两月的平均值基本等于月亮运动的周期，再用设置闰月的办法来调整年与月之间的不符。这种阴阳合历在中国一直沿用了好几千年，形成了具有中国特色的历法体系。商代还创造了用10个天干名（甲、乙、丙、丁、戊、己、庚、辛、壬、癸）配12个地支名（子、丑、寅、卯、辰、巳、午、未、申、酉、戌、亥）的“干支记日法”，组成甲子、乙丑、丙寅……六十干支，又叫“六十甲子”，60日一循环。商代已开始较正规的天文观测，在商代的甲骨文中就有关于世界上最早的日食、月食和新星的记载。

周公测景台

西周仍把一年分为12个月，但已有了

“旬”的概念，将每个月分成上、中、下三旬，每旬10天。对每天时间的划分也比商代更加量化，把每天分为12个时辰，用十二地支来记时，从半夜算起叫子时，依此类推。周代还发明了确定朔日及冬至、夏至等节气的圭表测影法，周公还建立了观景台，集中了一批天文学家在这里长期观测天象。

夏至致日图

很显然，夏商周的天文历法在诸多方面都代表了当时世界的最高水平。但有趣的是，商朝崇拜的至高无上的神是上帝，周朝则提出一个新的主宰——天。天命思想对中国的天文学产生了直接的影响，致使天文学成为宫廷之学。商周时代的观天制历工作往往由巫、祝、史、卜等来管理。奴隶主贵族为了维护自己的统治，更是竭力鼓吹“天命观”。因此，当时的天文学是与占星术一起发展起来的，带有着浓厚的神秘色彩。

七、中医中药

夏商西周三代的医药卫生活动是在巫卜活动中逐渐产生和发展起来的。夏代巫卜盛行，商代时祖先崇拜更是隆重，巫和医混为一谈，直到西周后期，医与巫才开始逐渐分离，医药学得以独立。巫与医分离后，慢慢地出现了专职医生，产生了崭新的医学理论。随之，巫卜神职人员也就逐渐失去了对医药的控制，医药学的发展具有了良好的基础。

商代出现了既医病又从事相关管理事务的医官。到周代，医官有了具体分类：食医（专门负责合理饮食的医生）、疾医（相当

甲骨文中关于齿病、虫病的记载

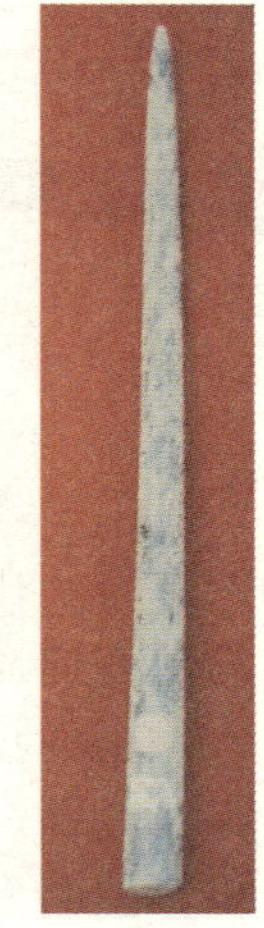

玉石针 商周

于现今的内科医生)、疡医(相当于现今的外科医生，专治脓疡、溃疡、金创、骨折等疾病)、兽医(医治牲畜、家禽疾病)，这是后来医学分科的基础。周代时，还出现了较为完整的医政组织和严格的考核制度。朝廷根据医术的高低将医官分为五级，不同级别的医官享受不同的俸禄，这种考核制度不仅有利于促进医生提高医术，而且对推动医学的发展也具有积极作用。另外，周代时医生对诊断治疗疾病的过程进行了记录，出现了原始病历，这对于总结医疗经验教训具有非常重要的意义，为后来中医学的发展提供了难能可贵的经验材料，保证了中医学自始至终一脉相承，也标志着周代医学的发展达到了一个新水平。

殷墟甲骨文中表示人体部位的首、耳、目、鼻、口、齿、项、手、肱、臀、足、膝、趾、眉、腋等字表明商代对人体构造已有所认识。到了周朝，人们对人体的认识已由体表深入到体内脏腑器官，通过解剖对器官的结构有了了解，对生理的认识也日益深化。

在疾病治疗方面，殷墟出土的与医学有关的甲骨文表明，殷商时期对人的某些疾病已进行了比较细致的分类，并依类开药治病。周代继承和发展了殷商的诊疗知识，对疾病的认识更加深入，分类也更具体、更科学，在给病人诊治的过程中排除了迷信成分，完全以病人的内外症状为基础进行诊断。在诊断过程中已初步涉及“望、闻、问、切”的方法，这为日后中医诊断学的发展创造了条件。

殷商时期治疗学上有许多发明和创造，其中有两项在中医药史上占有举足轻重的地位。一是将酒用于医药，酒不仅是宴饮时

青铜刀 西周

挖耳勺 西周

伊尹像

的饮料，在医药学上还被用作兴奋剂（少量）和麻醉剂（大量），酒还有通血脉、养脾气、厚肠胃、润皮肤、去寒气、制药剂、消毒杀菌的功效。古代医生治病时常借助酒力减轻病人的痛苦或增强药效等。二是发明了汤剂，汤剂是中药的重要制剂，据说是由伊尹创制发明的。伊尹是商汤王的宰相，原为厨师，精于烹调和医学。当然，汤剂的创制和发明绝非是伊尹一人的功劳，而是无数先民长期实践积累经验的结果。

殷周时期，食疗受到重视。《周礼》中有这样的记载："春时有首疾，夏时有痒疥疾，秋时有疟寒疾，冬时有咳上气疾，以五味、五谷、五药养其病。"其中的"五药"指的是草、木、虫、石、谷，这些在日常饮食中便可获得。在外疗方面，灸法治病在殷商时已比较普遍，针砭治病在西周时有所发展。另外，在疮疡痛肿、刀伤的治疗方面也积累了丰富的经验。这表明，当时的疾病治疗既有"内治"，也有"外治"；既有药治，也有食养，医疗手段已是相当丰富。

第三章 铁器时代降临时的科技奠基

公元前770年，周平王迁都洛邑（今河南洛阳），东周开始。东周分为春秋和战国两个历史时期。春秋时期的诸侯国达一百多个，几经战争和兼并，各国兴衰不一，齐桓公、宋襄公、晋文公、秦穆公和楚庄王先后称雄，史称“春秋五霸”。到了战国初期，仅剩齐、楚、燕、韩、赵、魏、秦七国，这就是历史上的“战国七雄”。公元前221年，秦始皇灭六国统一了中国，至此，长达五个多世纪之久的春秋战国时期才宣告结束。

春秋战国是中国科技知识进一步积累与奠基的重要时期。就技术方面来说，冶铁技术有了重大突破，铁器的推广使用，都江堰、郑国渠等大规模农田水利灌溉工程的兴建，以及精耕细作技术的形成，极大地推动了农业生产的发展。在这种情况下，一家一户的小农生产成为可能，私田数量不断增加，并逐步瓦解了井田制，奴隶社会开始向封建社会转变。另外，各诸侯国为了自强，纷纷推出奖励耕战、重视农桑的变法政策，进一步推动了农业技术的发展。与此同时，手工业也取得了很大进步。手工业技术更为规范，分工更加细致、科学，出现了冶铁、煮盐、漆器等新的生产部门，织染技术、皮革加工、土木工程等也有较大发展。春秋末期的《考工记》是一部手工业“百科全书”，共记载了30多项手工业生产的设计规范和制造工艺，是当时最具代表性的百工技艺著作。

农业生产发展的需要，加快了天文历法的步伐。春秋时期制定了第一部阴阳合历——“四分历”，并采用“十九七闰”法来处置闰月问题；战国时期的历法中已有二十四节气，还出现了世界上最早的石氏星表。这一时期，各地的商贸往来频繁，相互间的联系和沟通随之加强；地学方面的知识不断丰富，涌现出了许多地理学著作，如《山海经》、《禹贡》等。医学得到了很大发展，当时的《黄帝内经》是中国现存最早的中医学理论著作，它在整体观、腑脏经络、阴阳五行、病因病机、养生预防等方面都有着突出的成就，成为中国传统医学的经典。此外，《墨经》是几何学、力学、光学等科学知识的系统总结，体现了当时诸多领域的科学知识水平；《尔雅》记载了明确的动植物分类系统，是中国古代动植物学方面的巨著。

总之，春秋战国时期所取得的科技成果在中国科技史上占有重要地位，为秦汉及其后的科技发展奠定了坚实的基础。

一、铁器时代到来

中国用铁的历史，可以追溯到3000年前。最早使用的铁是陨铁，陨铁也称为“铁陨石”，是陨石的一种，含铁量非常高。最先是将陨铁直接锻打加工成器具，或与青铜混铸成可用器具。然而，陨铁资源非常稀少，不能广泛使用。后来，人工冶铁技术的产生才使铁的广泛应用成为可能。中国人工冶铁技术的出现不晚于春秋，《国语》中曾提到齐桓公“美金以铸剑戟，试诸狗马；恶金以铸锄斲劚，试诸壤土”。这里“美金”指的是青铜，“恶金”指的是块炼铁。

中国古代高度发展的青铜冶铸技术为人工冶铁技术的产生与发展奠定了坚实的基础。春秋时，人工冶铁的产品主要有两种：块炼铁和生铁。块炼铁是铁矿石与木炭在高温炉中直接接触而产生的，含碳量较低，但含杂质较多，质地软，并且每次冶炼完后，只有破坏炉膛才能将炼好的块炼铁取出。块炼铁不仅产量低，而且难以加工铸造成型制比较复杂的器物，以上这些因素决定了块炼铁的应用受到限制。

铁真正得以广泛应用是在生铁冶铸技术出现以后。冶铸生铁时首先将铁矿石和木炭放在高大的高温炉内（1150℃～1300℃）熔炼，在高温条件下，铁矿石（各种铁的氧化物）与还原剂木炭及其燃烧物一氧化碳发生还原反应，析出金属铁，液态铁从炉底流出，再将液态铁浇灌到各种型制的模具中就能铸造出型制比较复杂的铁器。生铁冶铸在春秋末年的民间炼铁作坊中就已经开始了。生铁的最大特点是可铸性强，故又称为“铸铁”。有了生铁冶炼技术，铁制工具在生产中的应用就更加广泛了，极大地提高了生产效率。从整个世界科技发展的角度来看，春秋战国时期的生铁冶炼技术，是世界冶铁史上的一个重大突破，并且在此后的一千多年里一直处于世界领先地位。然而，生铁在析出时不可避免地吸附了一定量的碳（约3%），这使得炼出的生铁质地硬脆，锤锻易坏，铸造性能虽好，但强度和韧性不足，只能用来铸造一些粗笨的东西。

干将莫邪铸剑　清 · 任伯年

为了弥补生铁的缺点，增加其强度和韧性，春秋战国之际，劳动人民又发明了生铁柔化术，炼出了品质更

铁镬　战国　河南辉县出土

铁五齿耙　战国　河北易县出土

铁口锄　战国　湖南长沙出土

高的可锻铸铁。铸铁柔化术的基本原理是退火处理铸铁，即通过热处理使铸铁脱碳柔化。“柔化”时先将生铁铸件高温加热，过一段时间后再慢慢冷却，这样生铁便成为了可锻铸铁。“柔化”能适当降低生铁的硬度和脆性，相应地增强了其可塑性和冲击韧性。冶炼可锻铸铁过程中的退火处理分为两种：一种是低温退火，经过这种处理所炼出的铸铁称为白心可锻铸铁，有较好的耐冲击性；另一种是高温退火，其退火温度高，退火时间长，经过这种处理后的铸铁称为黑心可锻铸铁，具有较高的硬度和强度。柔化技术既保持了生铁可铸性的特点，又增强了铸件的强度和韧性，大大延长了铁器的使用寿命，推动了生铁的广泛应用，从而加快了铁器取代青铜器的步伐。因此，生铁柔化术在冶金史上具有划时代的意义。随着劳动人民实践经验的积累，战国时人们又掌握了块炼铁固态渗碳制钢方法和淬火技术，更进一步促进了社会生产力的发展。

欧洲等国虽然在块炼铁应用上早于中国，但生铁冶铸技术却比中国晚了1900多年，直到14世纪才出现。可锻铸铁的出现则更晚于中国。

春秋战国时期，铁制工具已在农业生产中大量使用，并成为主导农具。从大量的考古发现中可以看出，当时的农具中铁制农具所占的比例已高达50%以上，而冶铁业的兴起正是这一时期铁制农具得以广泛应用的主要原因。战国中后期，冶铁的生产规模不断扩大，冶铁业已成为当时手工业中最重要的部门之一，并且涌现出了许多著名的冶铁中心，如宛（今河南南阳）、邓（今河南孟县东南）、邯郸等。

总之，冶铁术的进步推动了铁制农具的广泛使用，使生产力水平得到了进一步提高。当时，百家争鸣，学术繁荣，科学技术也蓬勃兴盛起来，为以后的科技发展奠定了坚实的基础。

《考工记》书影

考工记 上篇

江夏郭正域撰

二、《考工记》及合金配比规则

春秋末年，随着手工业生产的发展，手工业技术更加规范，内部分工更加细致，也更加科学，《考工记》就是在这样的背景下编成的。《考工记》是齐国人记录手工业技术的一本官书，作者的具体情况不详。此书对当时的车辆、兵器、礼乐诸器、青铜器的制作、纺织加工、宫室建造等作了详细的记载，另外，还记载了部分数学知识。

制车轮 汉画像石

在车辆制造方面，《考工记》中记载了一套相当完整的车辆制造程序及制作规范。车轮的制作是车辆制造中的关键一步，《考工记》中仅对车轮的制造就记述了十条技术要求，即“两轮尺寸、质地应相等，结构应坚固，轮子大小应适中，车轴材料要坚固耐用，转动要方便”等。另外还记述了车轮的检验手段，包括用精细的校准轮来校正车轮的圆度，用平整的圆盘来平整轮子的平面，用悬线来测度辐条笔直与否，把轮子放在水中看它沉浮是否一致来判断轮子各部分是否均衡，等等。在考古中发现，出土的商周时期的车辆大都存在用材比例不合理、重心偏高等缺陷，而《考工记》中记载的车辆制作工艺完全克服了以上问题，并制定了车辆制造的基本准则，这反映了春秋时期车辆制造技术的高超。制车业是一个复杂的手工业部门，涉及各种类型的工匠，《考工记》把造车的工匠——“车人”也加以细分，制造车轮、车盖的叫“轮人”，“舆人”制作车厢，“辀人”专制曲辀，“鞄人”负责制作各种车部件的革带和马的鞴具等，还有“攻金之工”负责铸造各式各样的铜饰品，“设色之工”专管绘画纹饰、髹涂油漆等。

汉李广射箭图

合瓦形编钟 春秋
河南徐家岭出土

在兵器制作方面，《考工记》中主要记载了弓箭的制作方法，对弓箭制造中的各个环

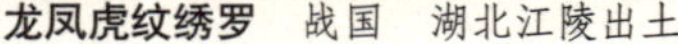

龙凤虎纹绣罗　战国　湖北江陵出土

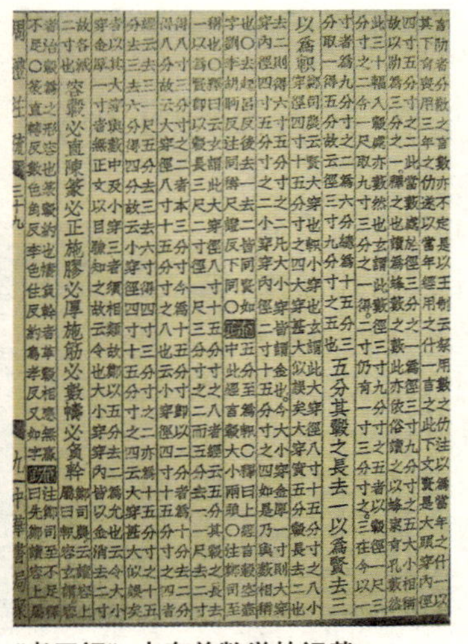

《考工记》中有关数学的记载

节都作了十分细致的技术规定。比如在弓干的制造方面，对如何增加弓干的弹力、如何提高射速、如何加固和保护弓体等问题都作了非常有益的探索。在礼乐诸器方面，《考工记》中主要记载了有关钟、鼓、磬等乐器的制造方法。更为可贵的是，该书还探索研究了影响以上乐器发音的要素，并得出了相关结论，诸如钟声是由钟的震动产生的，钟声的音频和音质与钟的厚薄、形状、大小及材料中的合金成分有关等，这充分显示出这一时期人们在乐器制造技术及音律知识方面所达到的较高水平。

在纺织加工技术方面，《考工记》中主要记载了练丝、染色和皮革加工等技术。练丝工艺已使用碱液处理技术，其工艺流程是将丝麻布帛放在呈碱性的楝木灰和蜃灰汁里浸泡，这样能使丝麻脱净丝胶从而易于染色。在染色技术方面，《考工记》中记载了套色法，即先把一种或多种不同色彩的染料溶解在容器里，然后再把丝麻分几次浸入容器中，这样就能得到某一颜色不同深度的近似色或其他各种新的颜色，这种染色方法在近代染色手工业中仍有所运用。在制革方面，《考工记》中记载了有关皮革质量的鉴定及加工缝制方法。

铜方壶　春秋　山西侯马出土

在宫室建造方面，《考工记》主要记载了城市和宫室的规划及设计方法。在总结了夏商周城市建筑经验的基础上，提出了“匠人营国，方九里，旁三门，国中九经九纬，经涂九轨，左祖右社，面朝后市”等一系列有关城市及宫殿的规划及设计规范，对后世的建筑规划产生了深远的影响。

《考工记》在记述车辆、箭镞的制造工艺时还涉及到了分数、角度等数学知识，可见当时数学知识的发展水平及其对于技术发展的重要性。《考工记》一书共记载了30多项手工业生产方面的设计规范和制造工艺，汇集了春秋以前手工业中的技术规范，这不仅规范了当时的手工业生产，而且对后世的手工业生产也具有指导作用。《考工记》是一部中国古代极具实用价值的技术著作，是一部手工业“百科全书”。

曾侯乙编钟

春秋战国时期，是青铜冶铸技术的完善期。春秋时期，出现了错金、错银、嵌红铜等几种主要的青铜铸造新工艺。越王勾践和吴王夫差用的青铜宝剑在地下埋藏了2500多年后，表面花纹依然清晰可辨，充分展现了当时青铜冶铸技术的高超和加工工艺的精湛。到了战国时期，已开始综合使用浑铸、分铸、失蜡法、铜焊、锡焊、红铜镶嵌等多种青铜冶铸新工艺，从而改变了原先采用较为单一的陶范铸造法的局面。这些新工艺的应用使得青铜铸件纹饰纤细清晰、外表精致美观，具有极高的实用价值和观赏价值。例如，湖北随县曾侯乙墓出土的编钟就是采用浑铸法，将多块范、芯紧密套合，一次浇铸而成的。整套编钟有64枚之多，其中最大的甬钟竟用了七八十块范和芯，是这一时期青铜业的辉煌与成就的见证。

鸟形铜鼎　春秋　河北唐山出土

中国青铜技术达到成熟的一个重要标志是青铜合金配比规则的出现，即按照青铜器的不同用途和性能要求，配置不同比例的青铜合金。青铜有铜锡合金、铜铅合金、铜锡铅合金之分。在长期青铜冶铸的实践中，特别是在商周时期冶铸基础上，人们逐渐掌握了合金成分、性能和用途之间的关系，通过人工控制铜、锡、铅的比例，从而获得了性能、用途各异的青铜器件。关于合金配比与制作方法，在《考工记》中作了细致说明：“金有六齐。六分其金而锡居一，谓之钟鼎之齐。五分其金而锡居一，谓之斧斤之齐。四分其金而锡居一，谓之戈戟之齐。三分其金而锡居一，谓之大刃之齐。五分其金而锡居二，谓之削杀矢之齐。金、锡半，谓之鉴燧之齐。”在这里，“金”指的就是青铜，“齐”是合金的称谓。经后世

越王勾践剑　吴王夫差剑

《考工记》中关于“六齐”的记载

攻金之工築氏執下齊冶氏執上齊鳧氏爲聲㮚氏爲量
段氏爲鎛器桃氏爲刃金有六齊六分其金而錫居一謂
考工記 卷上 十四 關中叢書
之鐘鼎之齊五分其金而錫居一謂之斧斤之齊四分其
金而錫居一謂之戈戟之齊參分其金而錫居一謂之大
刃之齊五分其金而錫居二謂之削殺矢之齊金錫半謂
用錫宜多於斧斤故四分其金而錫居一凡此皆上齊
者也大刃則戚揚之屬施之斬砍防其易缺故三分其

青铜器铸造

嵌错铜壶花纹中的采桑图 战国

技术考证，大体上反映了合金配比规律，是世界上最早的合金配比的经验性总结。

在《考工记》中还记载了鉴定青铜质地是否纯的方法，这就是火焰颜色判定法。书中写道，在冶炼时，“黑浊之气竭，黄白次之；黄白之气竭，青白次之；青白之气竭，青气次之；然后可铸也”。从近代技术的观点看，原料中所附着的碳氢化合物先燃烧，会产生黑浊的气体；随着炉温的升高，原料中所含的氧化物、硫化物等杂质会产生黄白、青白的气体，到只冒青气时，说明杂质已基本除去，青铜已炼成，可以浇铸了。这是冶金史上关于火焰颜色鉴别的最早记载。

三、鲁班和墨子

鲁班（前507—前444），本姓公输，名班（有时也写作“般”或“盘”），因为他是鲁国人，故世人常称其为鲁班，是春秋战国之交著名的土木建筑家和军事技术家。鲁班出生于工匠世家，自小就同家人一起参加过许多土木建筑工程，使所学的知识有机会在实践中运用，掌握了各种木工手艺。据记载，鲁班的妻子云氏也是一位出色的手工工匠，她发明了伞。

民间传说中的鲁班赵州桥

鲁班非常善于从日常生活的点滴小事中汲取灵

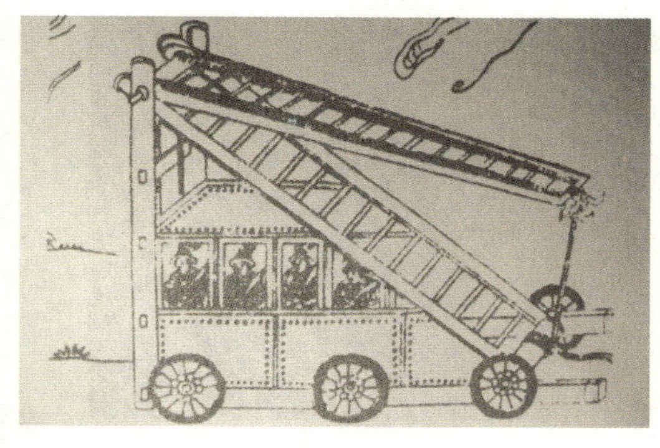
攻城云梯

感、总结经验，由此发明了不少木工器具。据传鲁班发明锯是源于这样一个小故事：有一次鲁班上山伐木，不小心被一种野草划破了手。他摘下一片野草叶子仔细观察研究，发现他的手是被叶子边缘的小齿所划破，心想如果用铁制作成齿状物可能会有更大的威力。于是在这片叶子的启发下，鲁班发明了锯。据说鲁班还发明了木工用的刨子，穿孔用的钻子、凿子，画线用的墨斗、曲尺等木工工具。

鲁班还擅长制造日常生活用具，石磨就是他发明制造的。在发明石磨以前，人们一般是用石头砸或放在石臼里用杵来捣的办法碾碎粮食，费时费力。鲁班经过长期观察后发现，把两块厚重的圆石表面凿成锯齿状，然后把锯齿面合起来，再用人力或畜力使它们转动，通过圆石上的孔把粮食放入磨里，这样就可把粮食磨成面粉了。石磨的发明，大大提高了碾米磨粉的效率，节约了大量劳力，成为两千多年来中国人碾米磨粉的主要工具，一些地区至今仍在使用石磨。

鲁班还是一位杰出的机械发明与制造家，他的许多发明都令人惊叹。他制造的锁，锁芯机关灵巧，必须用与之配合相当好的钥匙才能打开；他制造的“木马车”，由木人驾驶能够在路上自由行驶；他还制造过云梯帮助楚国攻打宋国；他用竹木制造的飞鸟，传说能在天上连续飞三天而不落。这其中的有些说法可能有所夸张，但鲁班的高超技艺对后世的影响由此可见一斑。

鲁班是历史上著名的能工巧匠和发明家，他的才能并不是与生俱来的，而是刻苦努力的结果。据传鲁班在雕刻一只凤凰时，因开始时不顺利而遭到别人的讥笑，他却毫不气馁，经过刻苦钻研与不懈的努力，终于雕刻出了栩栩如生的凤凰，使讥笑他的人无话可说，心服口服。关于鲁班的传说非常多，正是这些传说给我们勾画出了一幅具有卓越才能的鲁班像，其实这也正是中国人民勤劳、智慧和乐于助人的美德的写照。

墨子像

就在鲁班为楚国制造了攻城器械，准备攻打宋国时，另一位工匠出身的哲学家、科学家墨子日夜兼程赶到楚国去劝阻。他们当着楚王的面，各自施展本领，演示攻城、守城器械和战术，结果鲁班被墨子打败，一场战争就这样被阻止了。

墨子（约前468—前376），名翟，战国初期的著名思想家。相传墨子是宋国人，因长期居住在鲁国，故有人说他是鲁国人。墨子原来是一名工匠，有着高超的器械制作技术，在某些方面甚至

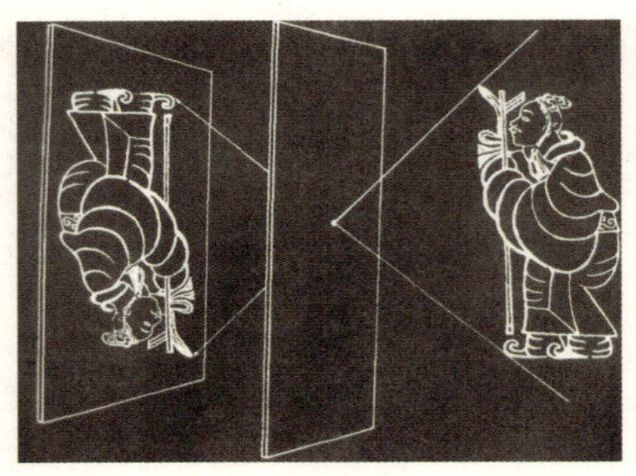
小孔成像示意图

超过了鲁班。墨子在学习儒家学说时发现儒家的礼仪太繁琐，于是另创了墨家学说。作为墨家学说的创始人，墨子的声望非常高。墨子及其门人的言论大都收集在《墨经》中，该书是墨家的代表性作品，其中的《经上》、《经下》、《经说上》、《经说下》及《备城门》等篇，主要记述了墨子等人在光学、力学、数学等方面所进行的探索与取得的成果。

墨子等人在光学方面取得了较大成就，在世界上首先对光的直线传播进行了科学解释，他们通过设计的小孔成像实验，得出了光沿直线传播的科学结论。此外，墨子等人还设计了多种试验，对凹、凸镜的成像原理进行研究，并对它们的成像情况进行了科学总结。在力学方面，墨子等人较为贴切地定义了力学领域中的许多基本概念，有的与现代力学中的定义极为相似。如《墨经》中说“力，形之所以奋也”，“动，域徙也”，就是说力是物体运动变化的原因，运动是物体位置变化的原因。墨子等人对杠杆原理也作过细致的研究，把杠杆一端悬挂的砝码称为“权”，另一端悬挂的物体称为“重”；把杠杆支点一侧的长度称为“标”，另一侧的长度称为“本”，并指出杠杆的平衡取决于两方面，一是加在两端的重量，二是“标”与“本”的长度关系，以此对力与力矩之间的关系作了定性说明。在数学方面，墨子等人的研究也成果颇丰。他们首次对点、线、面、体等几何概念进行了抽象概括，并给出了较为科学的定义。

运用杠杆原理的桔槔　《天工开物》插图

《墨经》中有关几何学的内容

墨子可以说是中国历史上第一位既重视实验又重视理论，并对科学技术各个领域进行广泛研究的科学家，同时又是一位提出一整套政治主张的思想家。墨子的“兼爱、非攻、尚贤、尚同、非乐、非命、节葬、节用”等政治观点，曾令许多人称道。可惜的是，这些政治主张在当时并未被社会所接纳，墨子在科学研究方面的良好开端也没有得到很好的

继承与发展，这不能不说是中国古代科学发展中的一大缺憾。

四、精耕细作技术的形成

春秋战国时期，铁农具的普及使大量荒地变为良田，良田数量激增。牛耕的推广使用，减轻了农业耕作负荷，提高了耕作效率。此时的农业生产已不再是完全“靠天吃饭”，人们已掌握了一些基本的耕作原理、原则及技术细节，强调因时、因地制宜，不断挖掘土地增产潜力，逐渐形成了一套较完整的精耕细作技术，农业生产力得到了极大提高。

这一时期，人们已掌握了土壤的一些性质，并对其改造和利用。《管子·地员》篇对土壤的性状和生产机能等作了详细阐述，并根据土壤的颜色、质地、结构、孔隙度、有机质、酸碱性等将土壤分为上、中、下三等，共18个类型，90种，这是有记录以来世界上最早的土壤分类体系。《地员》篇对不同地区地下水位情况也有所记述，并指出植物生长不仅受地形高低的影响，还与水的深浅有极大的关系。地形升高，地下水的水位与地表的距离增加，相应地，植物就会由中生植物变成旱生植物。《吕氏春秋》中的“任地”和“辨土”两篇探讨了对土地的合理利用，指出土壤的坚硬和黏合、休耕和连作、贫瘠和肥沃、紧密和疏松、湿润和干燥在一定条件下可以转化，人力作用可以改变土壤的性质，还强调整地要得法，耕种要及时。

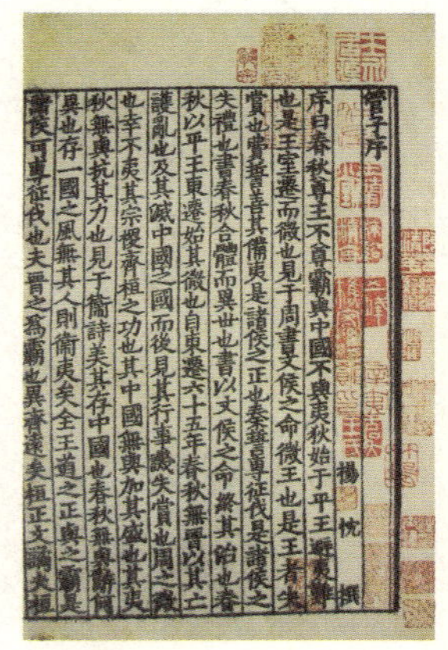
管子序
楊忱撰
序曰春秋尊王不尊霸與中國不與夷狄始于平王避夷狄
也是王室遷而微也見于周書文侯之命微王也是王者失
賞也晉書其備夷是諸侯之正也秦誓尊征伐是諸侯之
失禮也書春秋合體而異世也書以文侯之命終其始也春
秋以平王東遷始其微也自東遷六十五年春秋無晉以其亡
諸亂也及其滅中國之國而後見其行事譏失賞也周之衰
也幸不夷其宗禋齊桓之功也其中國無與加其盛也其夷
狄無與抗其力也見于衛詩美其存中國也春秋無與衛何
異也存一國之風無其人則衛夷矣全王道之正與之霸異
諸侯可尊征伐也夫晉之爲霸也異齊遠矣桓正文譎夫桓

《管子》书影

人们根据土壤性质的不同，采取不同的方法进行改良，使其更适合于农作物的生长，增加农作物的产量。其中以地养地，保持地力持久新壮的措施，可谓是中国古代农业技术中的一项杰出成就。“地力”一词已有两千多年的历史了，土地地力的好坏直接影响农作物的产量。劳动人民在多年的农业生产实践中积累了丰富经验，发现了多种维持地力长久不衰的方法。春秋时期，已有了不易之地（连种的土地）、一易之地（隔年休闲一次的土地）和再易之地（连续休闲二年的土地）的区分，并适时适量地对土地进行休耕，以有力地保持土壤的产粮能力。战国初期魏国的李悝大力提倡“尽地力”，倡导垦荒，主张竭力挖掘土地的增产潜力等。

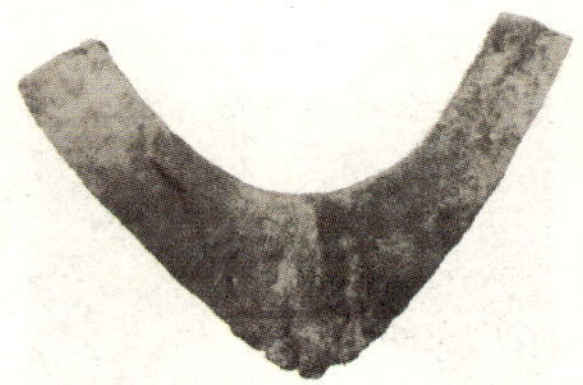
铁铧冠 战国 河南辉县出土

土壤一旦失去水分就很难恢复地力，这一问题一直困扰着农业发展。战国时期形成的抗旱保墒技术才使这一问题得到了基本解决。抗旱保墒主要是通过耕、耙、耱、锄等作业手段来实现的。当时人们已经掌握了“适时播种”原则，《吕氏春秋·审时》篇中

铁锄 战国 河北武安出土

后世的耨 《天工开物》插图

就谷、黍、稻、麻、豆、麦等主要作物适时播种的好处，以及失时（过早或过晚）播种的害处进行了详细探讨。其中以小麦为例，指出小麦若过早播种，则麦苗既易得病又易遭虫；若过晚播种，则麦苗会发育不良，影响产量。可见，农作物只有依时令适时播种，再配合恰当的耕作技术，才能获得理想的收成。此外，锄地也是当时中国农业技术中独具特色的一项创造，它不仅可以铲除杂草，还可以起到蓄水防旱作用，有助于农作物的生长。

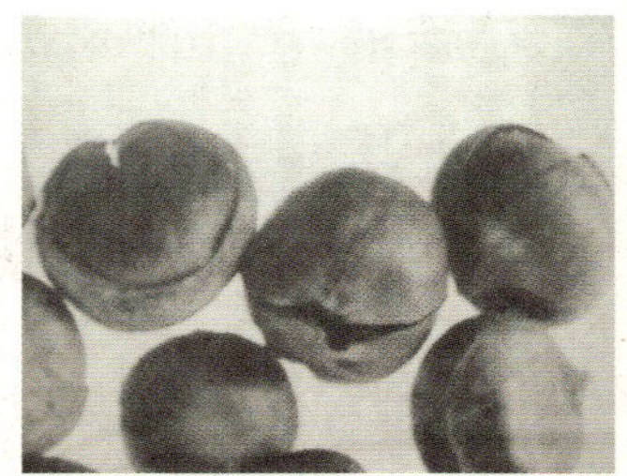
战国板栗 湖北江陵出土

中国传统的精耕细作技术在春秋战国时期已基本成型，以后的农学及农业生产技术的发展就是在此基础上经过不断的充实、完善和提高而实现的。

五、大型水利工程

农业和手工业的发展与水利工程建设密切相关，春秋战国时期的水利建设取得了很大成果，修建完成了芍陂、漳水十二渠、都江堰、郑国渠四个大型水利灌溉系统以及其他多项运河、堤防工程。其中芍陂和都江堰工程系统至今仍保存完好，还在继续发挥作用。

李冰石像

都江堰是一项至今都为世人所瞩目的大型水利工程，其设计者为李冰父子。秦国蜀守李冰学识渊博，精通天文地理，并对岷江的水文地质情况作过大量实地调查研究，获取了第一手资料，对如何开渠引水、灌溉农田有详细的了解。公元前256年，李冰父子经过精心规划和设计，调动了大量人力、物力和财力，修建了都江堰这一大规模的综合水利工程。

都江堰工程沿江而下主要由五部分组成，分别是百丈堤、都江鱼嘴、金刚堤、飞沙堰和宝瓶口。百丈堤是都江堰工程的起始。都江鱼嘴又叫“分水鱼嘴”，它利用灌县西北的江心洲，把岷江水一分为二，是整个工程系统中的分水工程，江心洲东面为内江，内江之水专供灌溉之用；江心洲西面为外江，是岷江的主流。都江

都江堰沙盘　选自《中国古代科技文物》

鱼嘴以下的长堤是金刚堤，长堤下段与内江左岸相对处有一低平地段，这是内江的泄洪通道。每当洪水来临，内江水便溢出围堰流入外江，确保了内江灌区的安全。由于内江中有弯道，江水经过时便产生环流，携带大量泥沙，于是在内江弯道凸岸修建有飞沙堰，使江水经过此处时可以向堰外排沙，从而减少流入宝瓶口的泥沙量。宝瓶口是由人力硬把石质的玉垒山劈成两半而成的，因为形状像瓶口而得名。宝瓶口主要用来控制内江水的流量，调节流入成都平原的水量，以确保农田灌溉。分水鱼嘴、飞沙堰、宝瓶口三者相辅相成，共同构成了一个完整的水利灌溉工程系统。

两千多年来，都江堰水利工程一直保证了成都平原近300万亩土地的灌溉，使成都平原享有“天府之国”的美誉。都江堰堪称水利史上的奇迹，李冰父子也因此受到世人极大的尊敬。

郑国渠是韩国的著名水利工程专家郑国设计的一个大型水利灌溉工程，整个工程的建成用了长达11年的时间，从公元前246年始建到公元前235年才竣工。据传，当时秦国日益强大，韩国是秦国的近邻，因为惧怕秦国入侵，就想出一个通过修建大型水利工程而使秦国疲乏的妙计，并派郑国前往担任此项政治使命。后来秦王发现了韩国的意图，想要杀死郑国。郑国不仅是一个技术高超的水利专家，而且胆识过人，极具远见。他对秦王说，关中沃野千里，只是雨水太少。关中东部是渭、洛二水入河处，三水交汇，地下水位高，一经蒸晒，地面出现盐碱，百里茫茫，寸草不生。如果能修一条长渠，引泾水灌溉，干旱自然解决。大渠虽能“为韩延数岁之命，而为秦建万世之功”。由于秦国连年干旱，军用粮草供应不足，秦兵无法继续东进，郑国之策正中下怀。秦王遂不惜耗费巨大资财，选精壮劳力，完成了这项造福万民的水利工程。

都江堰治水“三字经”

秦王尊重郑国的高超技术，以郑国的名字命名了修建成的大渠。

郑国渠位于渭水平原上，西起泾水，向东贯穿冶水、清水、浊水、沮水、漆水、洛水七条河流，全长150公里，非常壮观。其主干渠宽24.5米，渠堤高3米，渠深约1.2米。郑国渠的主干渠修建在渭北平原二级阶地的最高线上，这里的地势西北高东南低，整个主渠的平均坡降约为 0.04%，从而使整个水利工程自然地成为一个自流灌溉系统。这充分展示了当时测量地形与引水修渠的技术水平。郑国渠在横穿各条天然河流时，采用了原始的“立交”方法，这种方法能使各条水道相互隔开，从而避免了相互干扰。现在的一些水利工程仍使用这种“立交”方法。整个水渠引水口的选择是非常关键的，郑国渠的引水口选择在河流流速最大的泾河谷口，这可谓是“一举三得”：一是引水量大；二是水中富含高肥效的细泥；三是河水灌入农田后能使当地的盐碱地得到改良，适于种植作物。整个郑国渠无论是从测量、设计方面，还是从施工质量方面，都显示出了当时高超的科学技术水平。

秦国在相继修建了都江堰、郑国渠等大型水利工程后，农业生产得到极大改善，为秦国兼并六国从而统一中国打下了坚实的物质基础。公元前221年，秦始皇终于消灭六国，建立起了中国历史上第一个统一的封建王朝。

汉简九九

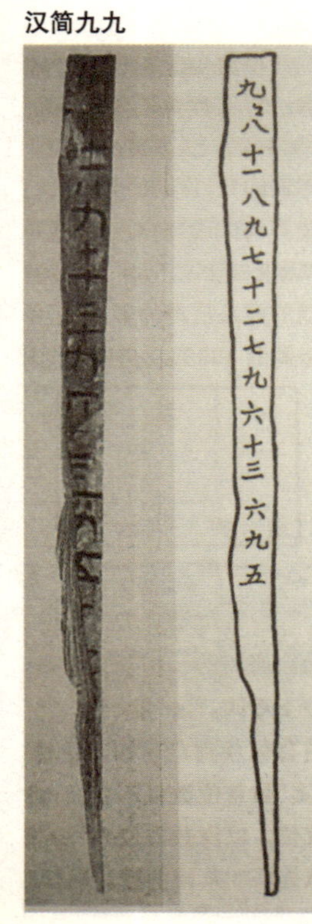

六、“九九歌”和筹算

“九九歌”就是我们现在使用的整数乘法口诀，这是中国历史上最早的数学用表。据记载，早在春秋时代，“九九歌”就已被人们掌握，并把口诀写在竹简和木牍上。在当时的许多著作中，都有关于“九九歌”的记载。最初的“九九歌”是从“九九八十一”起到“二二如四”止，共 36句。因为是从“九九八十一”开始，所以取名“九九歌”。大约在5~10世纪间，“九九歌”才扩充到“一一如一”。在13~14世纪，“九九歌”的顺序才变成同现在所用的口诀一样，从“一一如一”起到

齐桓公像

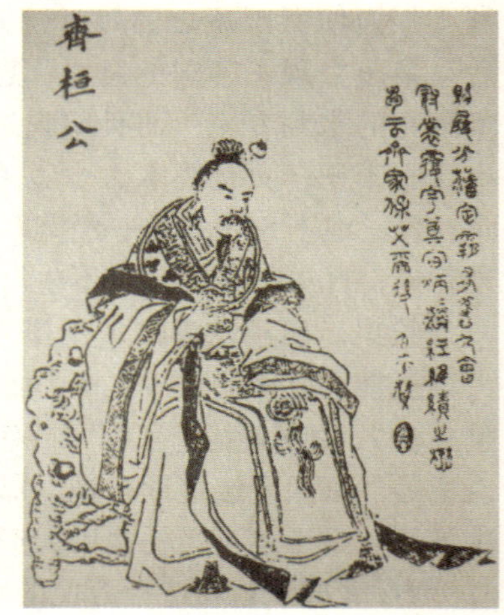

“九九八十一”止。关于“九九歌”，在韩婴的《韩诗外传》中有这样一个有趣的记载：齐桓公时招贤纳才，有一个人前来求见并自称会“九九歌”。齐桓公嘲笑他这不算本领，那人承认会背“九九歌”确实算不上什么大本领，但又说如果也能被以礼相待，还怕更高明的贤士不来应聘吗？齐桓公觉得这话很有道理，就把他接进了招贤馆，后来果然招来了很多有本事的人。

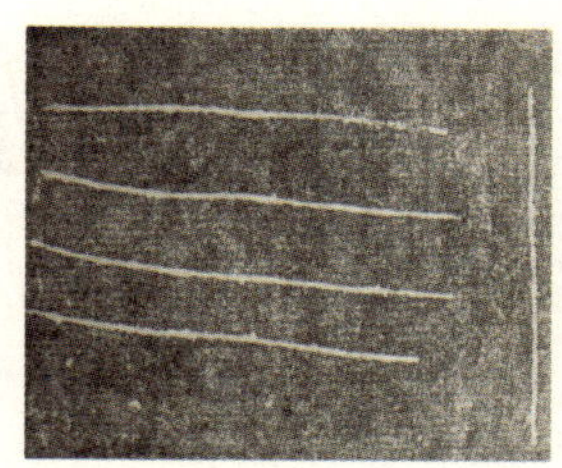
算筹符号 战国

算筹出现在春秋战国，是中国历史上特有的计算工具。它一般是用小竹棍做成，也有用木头、骨头或金属材料做成的。在筹算记数法中，可用纵横两种摆列方式来表示单位数目：

纵式：| ‖ ||| |||| ||||| ⊤ ⊤̄ ⊤̿ ⊤̿̄

横式：一 二 三 ≡ ☰ ⊥ ⊥̲ ⊥̳ ⊥̳̲

记数的方法是个位用纵式、十位用横式、百位用纵式、千位又用横式……纵横相间，遇零便空，如此摆出任意自然数。如2963就可以摆成 二 ⊤̿̄ ⊥ |||。后来的《夏侯阳算经》还把它归纳为几句口诀：

一纵十横，百立千僵；
千十相望，万百相当；
满六以上，五在上方；
六不积算，五部单张。

这种记数方法，逢十进一，遵循十进位制。用算筹进行计算叫做筹算。筹算的计算法则类似于现代的珠算，加减法要求首先将位数对齐，个位对个位，十位对十位，百位对百位，自左而右，由高位算起。乘法利用“九九歌”，方法与后世珠算的乘法相同。除法是将商数、被除数和除数依次摆成上、中、下三层而作计算。在珠算发明之前，中国一直用算筹进行数学的计算。因此，算筹与筹算对中国古代数学有着深远的影响。今天人们所说的“运筹帷幄”、“筹划”、“筹码”中的“筹”字，即来源于算筹。算筹是中国最早的计算器，但在筹算过程中，中间步骤无法保存，因此不易于检验，也会影响到逻辑推理的发展。

七、天文历法

古代统治者常常把日月食等天象的发生，看作是“上天示警”的征兆，所以对日食、月食及一些异常天象都有完整的记载。《左

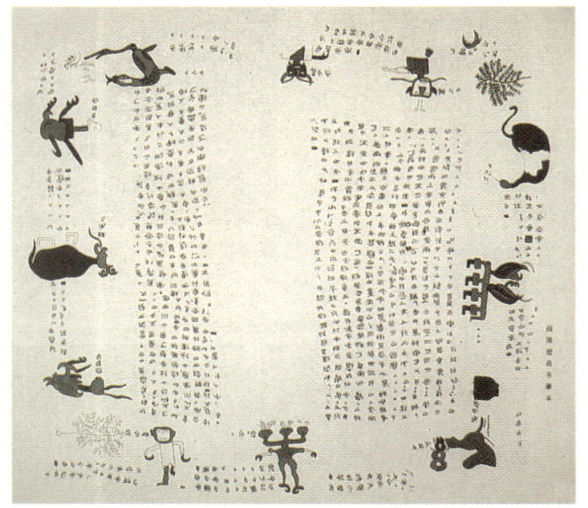
与历法有关的楚帛书　战国

传·庄公七年》所记，“鲁庄公七年，夏四月辛卯夜，恒星不见，夜中星陨如雨”，就是记载公元前687年3月16日发生的流星雨现象。这是世界上关于天琴座流星雨的最早记录。同样，对于一些明亮彗星的记载也有不少，最著名的就是关于哈雷彗星的记载。哈雷彗星是以英国天文学家哈雷命名的一颗彗星，它是一颗周期性彗星，以椭圆形轨道运行，每76年光临一次地球。中国早在公元前613年就有了哈雷彗星的记载。《左传·文公十四年》中写道：“秋七月，有星孛于北斗。”描述的就是哈雷彗星，这是世界上关于哈雷彗星的最早记载。从秦始皇七年（前240）起，到清宣统二年（1910），哈雷彗星共出现29次，中国每次都有极为详尽的记录。而西方最早关于哈雷彗星出现的记录是在公元66年，比中国晚了600余年。

随着社会的不断发展，特别是农业生产的发展，人们越来越重视“天时”的作用，从而推动了天文历法的制定。中国在春秋战国时代便制定了“四分历”，这是有记载以来的第一部阴阳合历。“四分历”集中体现了中国古代天文学研究的成果，标志着当时的历法正在逐步走向成熟。

编制阴阳合历时遇到的一个关键性问题是如何来设置闰月。春秋末年，人们通过长期的观测与探索发现，19个阴历年加7个闰月的天数几乎等于19个阳历年的天数，于是便制定了十九年七闰的历法。由于当时测定的回归年长度为365日又1／4日，因此称为“四分历”。欧洲的古罗马人在五百多年以后的公元前43年才开始采用与此回归年长度相同的历法——儒略历。战国时期，各诸侯国的历法大都是在“四分历”的基础上编制的，但各诸侯国的历法家在制定历法时对起算年份（历元）及每年开始的月份（岁首）的设置有所不同，于是便有了皇帝历、颛顼历、夏历、殷历、周历、鲁历六种历法，历

二十四节气

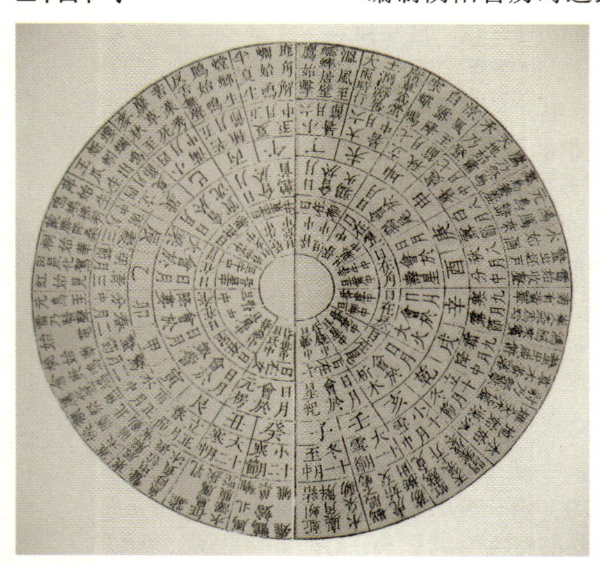

史上合称为“古六历”。

二十八宿漆木箱

二十四节气的设置是中国传统历法中所特有的，从冬至日开始，将一个回归年等分为24份，大约每15天设置一个节气，以反映太阳在黄道上视运动所经过的24个特定位置，从而可预测气候的变化情况。二十四节气是一种太阳历，依次为：立春、雨水、惊蛰、春分、清明、谷雨、立夏、小满、芒种、夏至、小暑、大暑、立秋、处暑、白露、秋分、寒露、霜降、立冬、小雪、大雪、冬至、小寒、大寒。在这二十四个节气中还可以再细分为“节气”与“中气”两种，自立春开始，单数为“节气”，双数为“中气”。在阴阳合历中一般将闰月安排在没有“中气”的月份中，这是中国古代在阴阳合历制定方面的又一个既科学又巧妙的创造。二十四节气起源于黄河中下游地区，至战国时期已基本齐备。

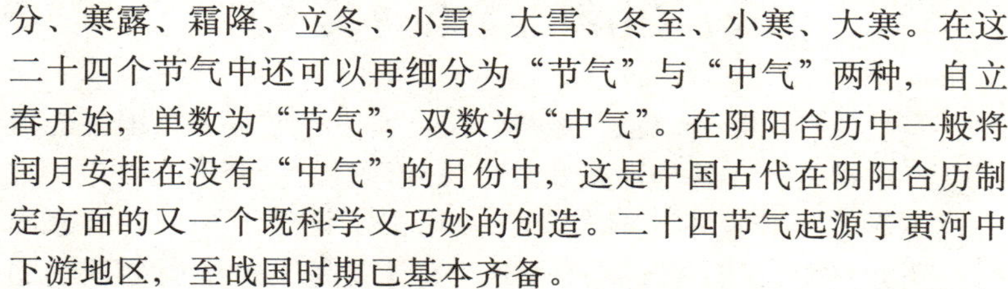

为确定日月五星的运行和天象发生的位置，古人将黄道附近的恒星划分为28组，即二十八宿。分别为东方七宿：角、亢、氐、房、心、尾、箕；北方七宿：斗、牛、女、虚、危、室、壁；西方七宿：奎、娄、胃、昴、毕、觜、参；南方七宿：井、鬼、柳、星、张、翼、轸。每一宿中选取一颗星作为这个宿的度量标志，称该星为距星，也就是我们称的天球二十八。二十八宿又称二十八舍，“宿”、“舍”有停留的意思，古人将二十八宿比作日月五星的“旅舍”。二十八宿的确立经历了一个很长的历史过程，到春秋中叶渐趋稳定。在湖北随县发掘的战国早期曾侯乙墓出土的一只漆箱盖上，就绘有二十八宿的全部名称。

唐代铜镜上的二十八宿

战国时代，天文测量与研究也获得了较快发展，天文学家辈出，其中齐国的甘德、楚国的唐昧、赵国的尹皋、魏国的石申等人在天文学方面都取得了卓越的成就。甘德（又称甘公）著有《天文星占》8卷。石申（又称石申夫或石申父）著有《天文》8卷。后来《天文星占》和《天文》被合编为世界上最早的天文学著作《甘石星经》。

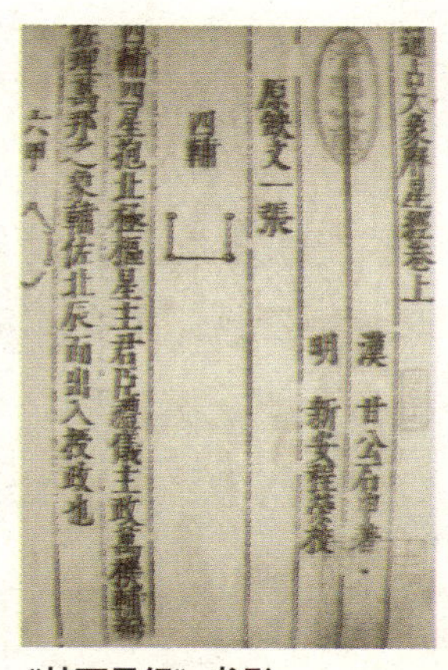
通占大象曆星經卷上
漢 甘公石申著
明 新安程榮校
原缺文一張
西輔

《甘石星经》书影

《甘石星经》对太阳系中的金、木、水、火、土五大行星的运行情况作了详细的记录，并首次使用定量化方式对行星的运行进行描述。以天空星座为参照，行星自西向东运行，叫顺行；反之，则叫逆行。《甘石星经》是第一部对行星逆行进行记录的天文学著作。《甘石星经》对恒星也作了许多极有价值的观测与记录。书中将天空划分成若干特定部分，并建立了一个统一的坐标系统。除当时已有的二十八宿之外，还划分了“中官”、“外官”，指出了各

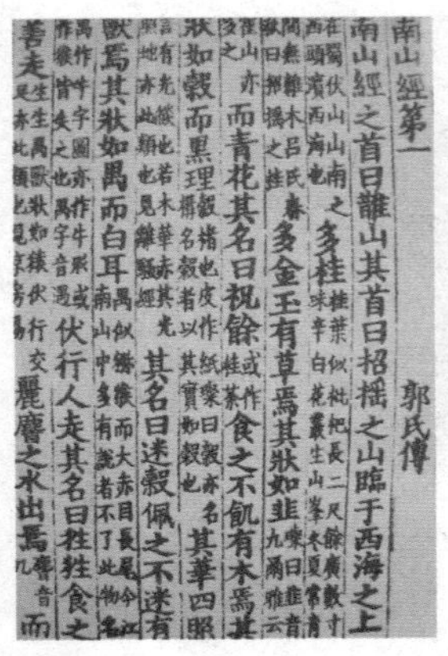
南山經第一　郭氏傳
南山經之首曰䧿山其首曰招搖之山臨于西海之上
多桂
多金玉有草焉其狀如韭
而青花其名曰祝餘食之不飢有木焉其
狀如穀而黑理其華四照
其名曰迷穀佩之不迷有
獸焉其狀如禺而白耳
伏行人走其名曰狌狌食之
善走麗𪊨之水出焉而

《山海经》书影

官所包含的恒星数量以及相邻各官之间的相对位置。《甘石星经》分官记录了800颗恒星，标明位置的恒星有121颗，这就是所说的“石氏星表”。另外，石申还对二十八宿距度（二十八宿距星间的赤经差）进行了测量。后世的天文学家在测量星体的位置及其运动时，大都要参照《甘石星经》中的数据。《甘石星经》无论在中国还是在世界天文学史上都占有非常重要的地位。

八、《山海经》和《禹贡》

春秋时期，社会政治、经济、文化水平不断提高，国家的疆域也日益扩大，在各个地区及各个民族间日益频繁的交往中，古人逐渐积累了丰富的地理知识，并用文字记录下来。春秋战国时代出现的名著《山海经》、《禹贡》等就是当时中国地理学的代表作。

《山海经》共分《山经》、《海经》和《大荒经》三部分。据考证，《山海经》各部分由不同的作者完成，写作时间也不一样。《山经》大约是在春秋末年写成的，而《海经》和《大荒经》是后来补上的。

《山经》又称《五藏山经》，根据所描述的不同区域分为《东山经》、《北山经》、《西山经》、《南山经》、《中山经》五篇，综合性地描述了黄河和长江流域及其以外的广大地区的地理特征，这是第一部对黄河和长江流域之外地区进行综合性描述的地理学专著。《山经》是《山海经》中最古老、最有科学价值的一部分，其中记述了很多地区的地形地貌特征，描述了火山、沙漠的特点，记

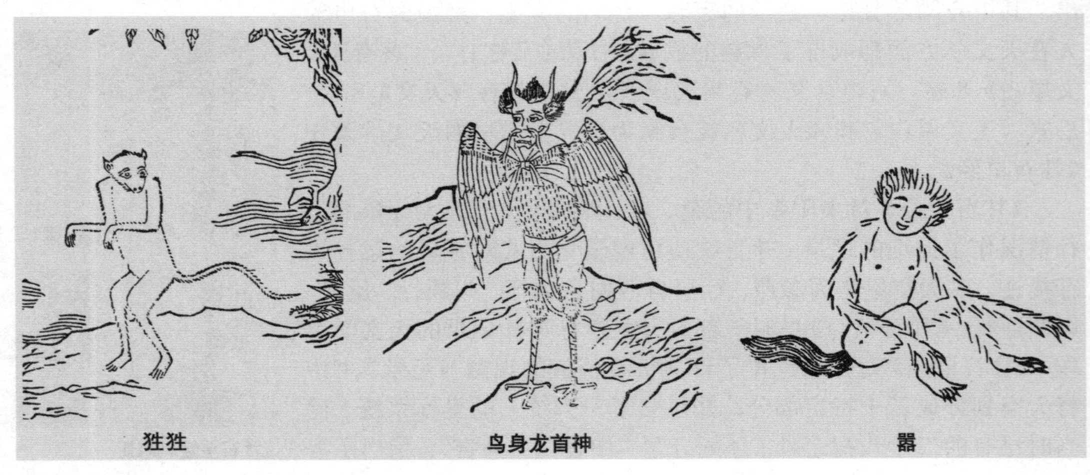
狌狌　鸟身龙首神　嚣

旄牛

帝江

狡

孰湖

何罗鱼

蛇身人面神

酸与

蛮蚳

青耕

羽民国

祝融

三身国

并封　天吴　烛龙（以上18图均为《山海经》插图）

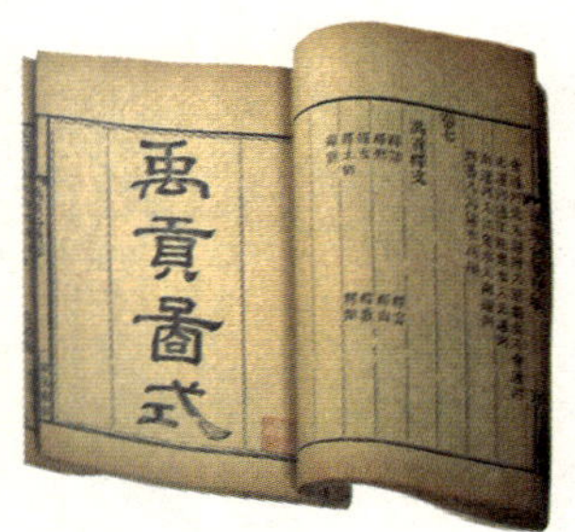
《禹贡》书影

录了各种金属矿产的分布及多种植物和动物的生长与生活习性等，能够较准确地反映各地的自然地理情况。《山经》中虽不乏离奇怪诞的内容，但还是为后世留下了宝贵的古代自然地理知识。《海经》分为内经和外经，共8篇。外经主要记述海外各国的奇人、奇事、奇物，同时也记载了一些如夸父逐日、刑天断首等古老神话传说；内经主要记述海内的奇事、奇物，同时也记述了朝鲜、匈奴、东胡等国家及民族的情况。《大荒经》中记述了大量的神话传说，主要有大禹治水、禹攻共工、黄帝战蚩尤等神话故事及女娲、烛龙、西王母等神话人物。

大约成书于春秋末战国初的《禹贡》详细记述了大禹治水后，各地向中央王朝进献贡品的法定制度，这也正是书名的由来。《禹贡》一书包括了大量行政、山岳、水文、土壤、物产、交通、民俗等方面的知识，所以被认为是中国古代文献中最古老的、最有系统性的有关地理观念的著作，无论在地理学知识方面还是在地学思想方面都比《山海经》有所进步。

禹贡九州图

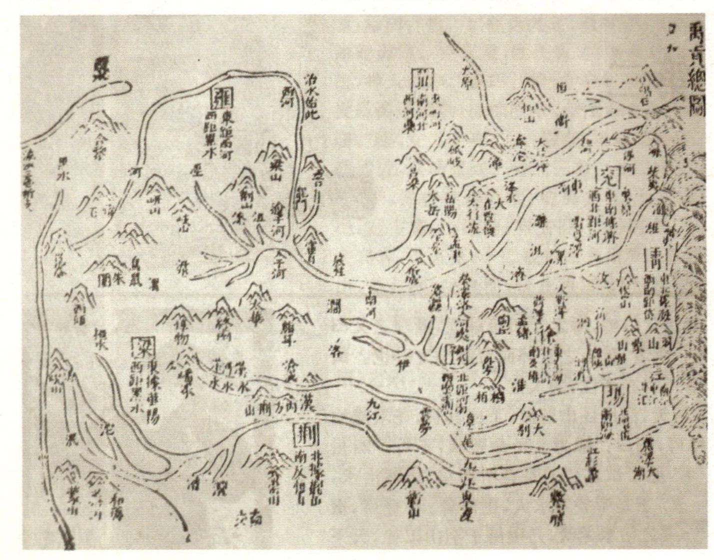

《禹贡》包括“九州”、“导山’、“导水”、“五服”部分。其中“九州”部分根据河流、山脉和大海的自然分界，把长江及黄河中下游地区分为冀、兖、青、徐、扬、荆、豫、梁、雍九州，这种划分体现了地理学中自然区划思想的萌芽，这在地理学上是非常有意义的。“九州”部分还根据土壤颜色和性状的不同，把土壤分为白壤、黑壤、赤埴坟、涂泥、青黎、黄壤、白坟、坟垆等类别，这种划分也具有一定的科学价值。《禹贡》中的“导山”和“导水”部分专门论述山岳与河流情况。“导山”部分的描述展现了中国地势的地理特点，山岭西部集中，东部分散；西部多高山，东部多平原。“导水”部分被认为是《禹贡》中地理知识的精华，该部分按照先北后南、先上游后下游、先主流后支流的顺序，对九州中弱水、黑水、黄河、汉水、长江、济水、淮河、渭水、洛水九条河流的水源、流向、流经地、支流及河口等情况作了详细描述，为后世留下了宝贵的水文地理资料。《禹贡》中的“五服”是此书的最后一部分，主要记述了政治方面的一些见解，反映了战国时期人民群众反对战争、向往和平以及改变诸侯割据分裂局面的强烈愿望。这也正是《禹贡》能把整个中国作为统一整体来记述的原因所在。

九、医祖扁鹊和医典《黄帝内经》

扁鹊（约前401—前310），中国春秋战国时期著名医学家，渤海郡鄚州（今河北任丘）人，本名秦越人。因他医术高超，妙手回春，所以人们把他比作传说中能使人“起死回生”的神医扁鹊，这一尊称一直沿用至今。

扁鹊像

扁鹊年轻时有幸结识了民间良医长桑君，之后便跟随他学医数十载。扁鹊不仅继承和发展了前人的医学理论和临床经验，而且结合自己的医学实践，总结出了一套比较系统的诊断方法——望、闻、问、切四诊法。这套方法成为中医两千多年来一直使用的传统诊断法，是中华文明的瑰宝之一。在四诊法中，扁鹊尤其擅长望诊和切脉。另外，他还熟练掌握了针灸、砭石、按摩、烫贴、手术、导引、汤药等治疗技术，并在治病过程中经常综合运用以上技术。扁鹊在为虢国太子治病时，首先在太子头部的“百会穴”上针灸，而后烫贴太子的两腋下，等太子慢慢苏醒后，又用汤药，调理了二十几天，太子最终完全恢复了健康。这一治疗过程便综合运用了

扁鹊针灸图　*汉画像石*

扁鹊针灸图（局部）

黄帝像

岐伯像

针灸、烫贴和汤药三种技术。

扁鹊不仅医术精湛，而且对医术精益求精。他治病讲究“随俗为变”，即根据不同地区的疾病情况研究有效的治疗方法。扁鹊在赵国看到妇女患病较多，于是便把研究重点放在妇科上，治愈了许多妇女的疾病；在秦国看到儿童的发病率较高，就重点钻研儿科，治好了许多儿童多发病。这一方面表明了扁鹊医术的全面与高超，内科、外科、妇科、儿科、五官科样样都精通；另一方面也说明当时医学分科的专门化已经达到了较高水平。

扁鹊医术高明，医德高尚，享有极高的声誉和名望，为后人所敬仰。他鄙视依仗权势、骄横跋扈、不讲道理、贪财害命之人，也反对迷信和巫术。扁鹊于周赧王五年（前310）到秦国行医时，秦国宫廷御医李醯嫉恨他的才能，将他杀害。扁鹊著有《扁鹊内经》等书，记录了他丰富的医学知识及临床经验，可惜书已经失传。扁鹊可以说是中医发展史上起着承前启后作用的医学家，对中国医学的发展产生了重大影响，因此被尊称为中医界的一代祖师。

《黄帝内经》是中国现存最早的中医学理论著作，它对秦汉以前的医学成就进行了全面的归纳与总结，极大地推动并影响了中国传统医学的发展。《黄帝内经》又称《内经》，主要是以黄帝与其臣子岐伯、雷公等论医的形式来进行叙述的，因此冠以黄帝之名。一般认为该书产生于战国时期，后又经历了秦汉诸多医家的整理和修补，成书于西汉时期。《内经》全书分《素问》和《灵枢》

《黄帝内经》书影

補注黃帝內經素問卷第二十三
啟玄子次注林億孫奇高保衡等奉敕校正孫兆重改誤
著至教論　示從容論
疏五過論　徵四失論
著至教論篇第七十五　新校正云按全元起本在四時病類論篇末
黃帝坐明堂召雷公而問之曰子知醫之道乎　明堂布政之宮也八窻四闥上圓下方在國之南故稱明堂夫求民之瘼恤民之隱大聖之用心故召引雷公問拯濟生靈之道也
雷公對曰誦而頗能解解而未能別別而未能明明而未能彰　言所知解但得法守數而已猶未能深盡精微之妙用也　新校正云按楊上善云習道

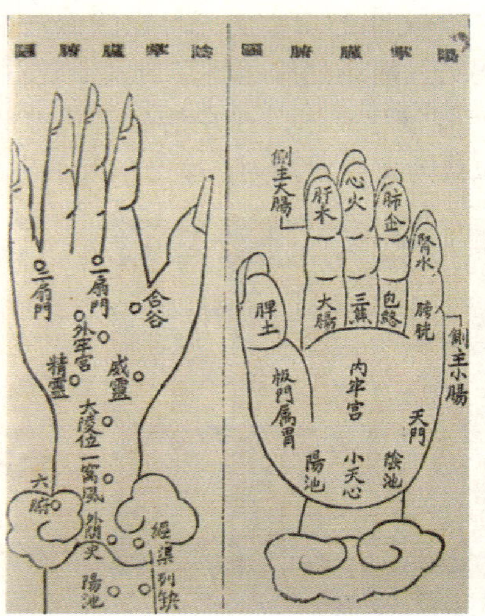

手掌脏腑图　反映人体五脏六腑在手掌的正、背面上的对应部位

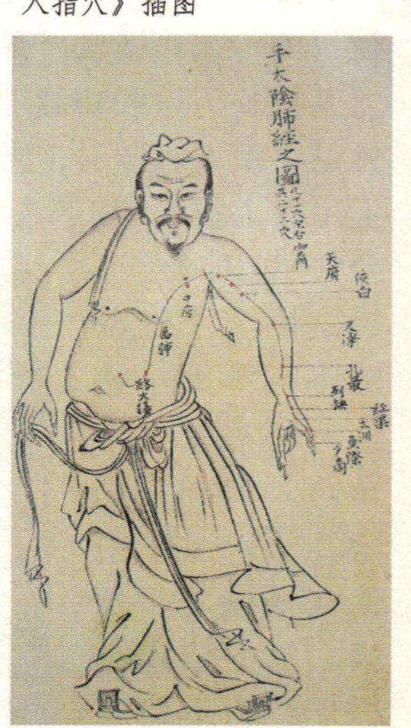

手太阴肺经　《凌门传授铜人指穴》插图

两部分，共18卷162篇。《素问》又名《黄帝内经素问》，共9卷81篇，内容侧重于探讨人体生理、病理、疾病治疗原则及人与自然的关系等。《灵枢》又名《灵枢经》、《针经》、《九墟》、《九卷》等，传统中医里将人的身体中属于阳的精气叫神，属于阴的精气叫灵，所以，《灵枢》侧重于研究与探讨人体解剖、脏腑经络、腧穴针灸等内容。

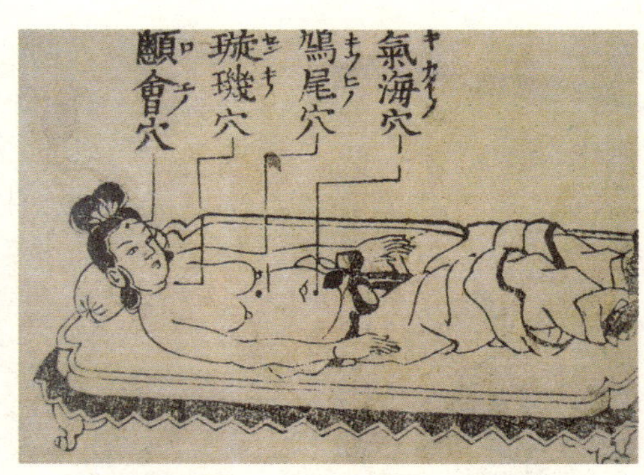

灸法穴位图　《黄帝明堂灸经》插图

整体观是中医学的一大特色。作为中国现存最早的中医学理论经典著作的《黄帝内经》，就十分重视整体观念。《内经》把人体各部分及人与天地自然都视为互相联系、内外统一的有机整体，认为如果人体某一部分发生病变，便会影响全身其他器官的状况；同时，全身状况的变化也会影响到局部的病理变化。

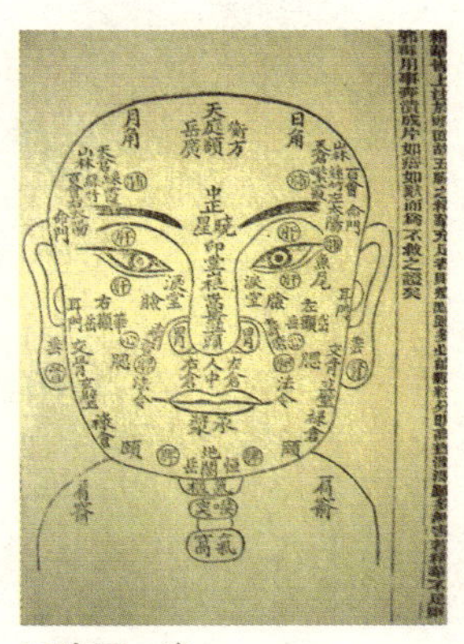

面诊图　清

在中医学基本理论中，脏腑和经络学说都是比较重要的内容，《内经》一书较系统全面地论述了人的五脏、六腑、十二经脉、奇经八脉等的生理功能及病理变化等。《内经》认为，五脏六腑是维系人体生命状态的重要器官，人体的经络在生理上是沟通脏腑及内外组织器官的通路，在病理上是传导病邪的通路，在治疗上是发挥药物性能和感受针灸的通路。《内经》的脏腑和经络学说是中医进行辨证施治的基础和依据，在中医学中占据着特殊的地位。

阴阳五行说是中国哲学中的重要思想，《内经》运用阴阳五行学说阐述和说明了人体构造和生理功能之间的关系。《内经》认为，人体由阴阳两个方面组成，若阴阳保持平衡，人体就健康；若平衡状况被破坏，人体就会发病。这可以说是中医学辩证思想的最初体现。《内经》在分析病因病机时，认为人发病的原因主要是由于人的精神状态、生活起居、外界环境和气候变化。如精神失常，会“怒伤肝”，“喜伤心”，“思伤脾”，“忧伤肺”，“恐伤肾”；如饮食不节、劳逸过度，自然界反常的风、寒、暑、湿、燥、火等等，会

《内经》切脉之图　清

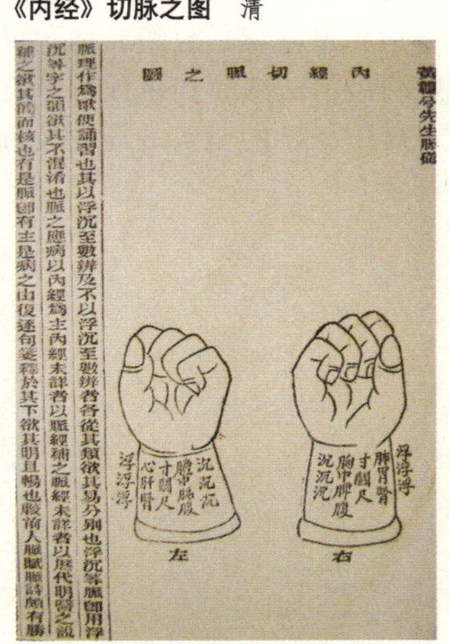

左右手脉图　清

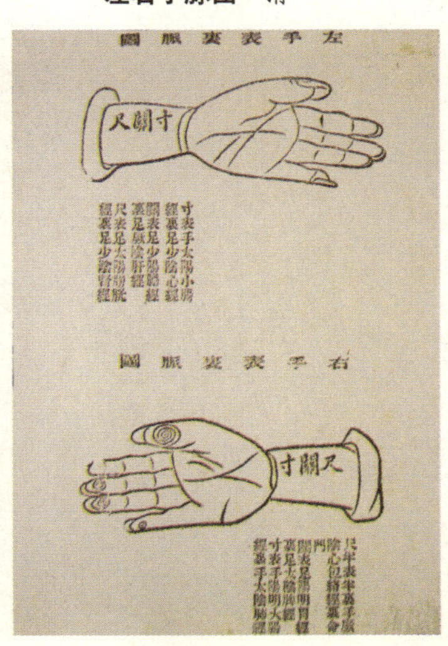

砭针 战国

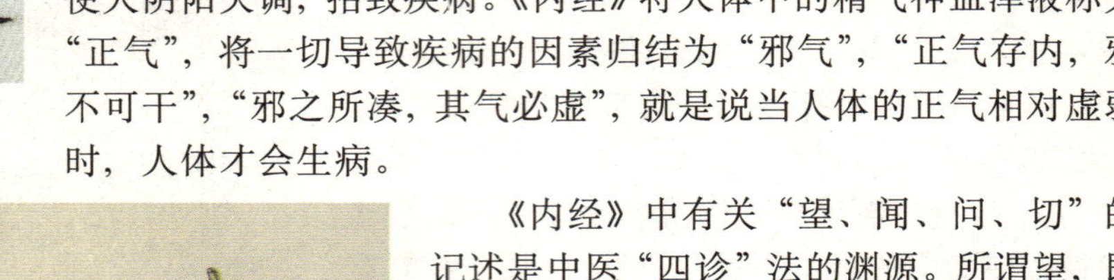

使人阴阳失调，招致疾病。《内经》将人体中的精气神血津液称为“正气”，将一切导致疾病的因素归结为“邪气”，“正气存内，邪不可干”，“邪之所凑，其气必虚”，就是说当人体的正气相对虚弱时，人体才会生病。

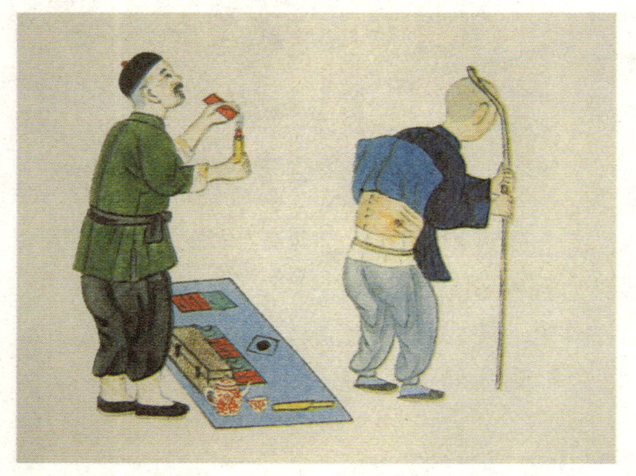

后世的膏药摊子

《内经》中有关“望、闻、问、切”的记述是中医“四诊”法的渊源。所谓望，即看气色；闻，即听声音、嗅气味；问，即询问病情；切，即切脉和切肤。关于切诊方面，开始时是十二经脉全切，后来发展为“三部九候法”，随后又有了更为简便的“寸口诊脉法”。《内经》中所提到的诊法原则一直被后世医生严守牢记，尊为典范。

在《内经》的治则中，《内经》强调早期治疗，提出“先治其标，后治其本”、“扶正祛邪”、“补虚泄实”、“阴平阳秘”等治疗原则，主张根据病机和病变来决定治疗方法，并记载了吐、下、内消、蒸浴、毒药、针灸、砭石、切开、导引、按摩、热敷、水疗法、灌肠法、穿刺放腹水法甚至截肢手术等治疗手段，以及汤、酒、丸、散、膏、丹等方剂及其用药原则。

《内经》中的养生预防学说是中医学关于保健与疾病预防思想的渊源。其中的预防是与养生相结合来论述的，“食饮有节，起居有常，不妄作劳”，“饮食自倍，肠胃乃伤”等观点早已深化为人们的保健习惯。

总之，《黄帝内经》使中医学由经验医学上升到了理论医学的层次，它在整体观、脏腑经络学说、阴阳五行学说、病因病理学说、疾病诊治法则和养生预防等方面都具有十分突出的贡献，奠定了传统中医学的坚实的理论基础，被历代中医大家奉为必读的医学巨著。

第四章 壮大成型中的秦汉科技

秦汉时期包括秦朝、西汉、新朝、东汉四个朝代，历时四百余年。公元前221年，秦灭掉六国后建立了中国历史上第一个统一的封建帝国。但是，秦朝残暴的统治，引发了农民起义，不久秦朝就灭亡了。公元前206年，刘邦建立汉朝，史称西汉。公元8～23年，王莽“乱政”建立新朝。25年，刘秀平乱，建立东汉。2世纪末，黄巾起义摧毁东汉，中国历史进入了魏、蜀、吴三国鼎立的时代。

两汉时期，形成了以农为本、独尊儒学的统治思想和文化，是中国封建社会发展的第一个高峰期，在科学技术、史学、文学、艺术等诸多方面，都取得了突出的成就。秦汉科技最显著的特点是科学建制完整、技术体系统一。在这一时期，传统的农、医、天、算四大学科体系框架已基本形成，冶炼、纺织、土木建筑、造纸、船舶制造等主要技术体系及风格也大体确立，从而为此后近两千年的中国科技发展确定了大方向。

农业方面，农作物栽培已全面注重精耕细作，确立和实施了许多有利于提高农作物产量的技术方法和措施，如综合栽培技术、选种育种技术、整地改土技术、施肥除草技术、轮作与间作及混作技术等。铁制工具得到普及，出现了新式的犁、耙、锄、耧车等农具，牛耕法被广泛应用。手工业技术方面，古代主要的冶铁技术已经出现；造纸术的发明及传播，引起了人类书写材料的一场革命，对文化发展和思想交流都起了重大作用，是人类文明进步的助推器；漆器工艺的高度发展、船舶技术的日臻成熟、水利工程的兴建等也都为后世技术的进一步发展开拓了道路。数学方面，《九章算术》的出现标志着中国传统数学体系的形成。天文学方面，天文仪器、天象记录、宇宙理论也更为丰富，并形成了独特的传统。医药学方面，战国时期的《黄帝内经》历经长期的修订和补充，到汉代已完全编定，它标志着中医理论的形成，至今仍是中医学的经典文献；西汉的药物学专著《神农本草经》奠定了本草学（药物学）的基础；东汉张仲景的《伤寒杂病论》提出的理、法、方、药兼备的辨证施治原则，极大地丰富了中医药学体系；东汉末年神医华佗发明的"麻沸散"，比西方麻醉药早了1600年左右。

一、铁器化和新耕作法

中国炼铁技术到秦汉时期趋于成熟,并取得了一些新的成就。秦汉时期矿石开采技术有了明显进步,从多处现存矿山遗址来看,当时人们已经有效地运用了竖井、斜井、斜巷等多种开采方式,并且井壁支护结构,井下通风、照明、排水设施,废层处理方式等都和现代技术接近;整个冶炼工艺过程逐渐完善,选矿、配料、入炉、熔炼、出铁等各工序的工艺和设备都有所改进;炼炉的炉型在逐步扩大,炉体形状也因用途不同有所差别;鼓风动力已由原先的人力鼓风发展到畜力鼓风和水力鼓风,出现了"马排"、"牛排"以及"水排"等鼓风设施。据记载,东汉初年的南阳太守杜诗就曾利用水排鼓风冶铁。人们在冶炼过程中,还掌握了多种配制和使用耐火材料的知识。

冶铁 汉画像石

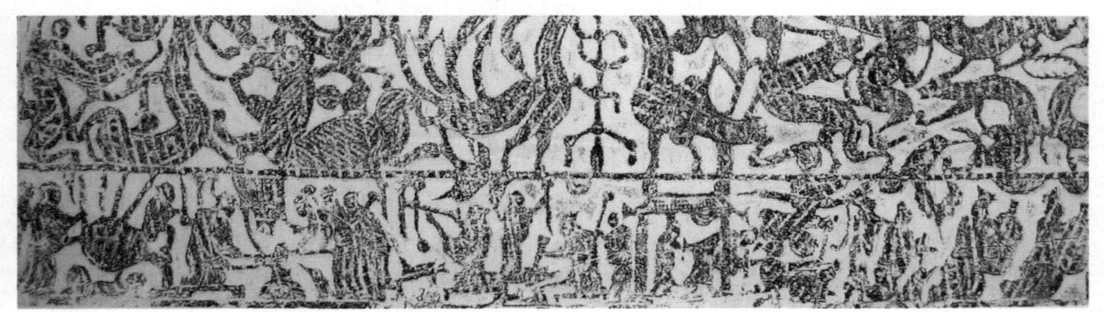

最能体现秦汉时期冶炼技术发展水平的是炒钢、百炼钢等工艺技术。据史料记载,中国在春秋战国时期已掌握了块炼铁的钢化技术。至西汉中后期,又发明了将生铁炒制成钢的炒钢技术,这一技术处于当时世界领先地位,欧洲人直到18世纪才掌握了此项技术。所谓炒钢就是把生铁加热到熔化或基本熔化以后,在熔池中加以搅拌或鼓风,借助空气中的氧,把生铁中所含的碳氧化掉,以获得含碳量较低的钢或熟铁制品。因在整个工艺过程中可以控制一些矿物及金属氧化物的成分,因此产品的质量也较好。炒钢技术推动了中国古代铁器的广泛使用,促进了社会生产力的发展,是炼钢史上的一次重大突破。东汉后期,在炒钢技术的基础上,人们以炒钢产

鼓风冶铁(上图局部) 汉画像石

执臿陶俑　汉

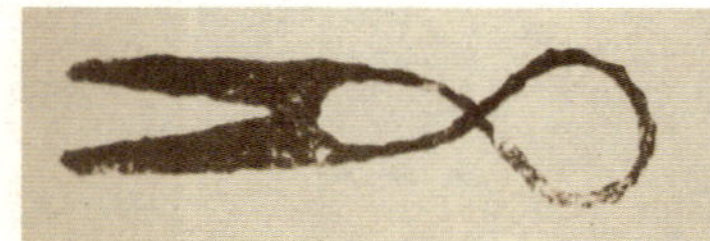
铁剪　汉

品作为原料，反复加热和折叠锻打，使产品中的碳和夹杂物减少、细化和均匀化，大大提高了钢的质量，这项技术被称为“百炼钢”。据记载，曹操曾命人用百炼之法为自己及其子孙打造了5把宝刀，其子曹植为此还专门写了一篇《宝刀赋》，描述了宝刀的制作过程。

随着冶炼铸造技术的成熟与推广，钢铁制品的使用范围迅速扩大，有力地推动了社会生产的发展。西汉中期以后，所生产的铁器如灯、釜、炉、锁、剪、镊、火钳、镰、锄、镬以及齿轮、车轴等急剧地增加，铁制兵器也逐步占据主要地位。东汉年间，在生产工具和兵器方面已完全实现了铁器化。

铁器的普及推动了传统农具的变革，不仅实现了农具的铁器化，而且还出现了许多新农具，如耦犁、耧车、飏车（风扇车）、翻车（龙骨车）等，这为农业技术水平的提高奠定了基础。“代田法”和“牛耕法”就是在此基础上产生的较为先进合理的耕作制度和技法。

相传，西汉农学家赵过（籍贯和生卒年代不详）发明了代田法，并极力推广了这一先进的农耕技术。汉武帝时连年征战，国库空虚，于是任命赵过为搜粟都尉，对农业技术进行改革，以增加粮食产量。赵过上任后，立即将其发明的代田法在黄河流域的干旱地区推广实行。连年耕作有损地力，影响作物产量，而代田法每隔一个生产周期就互换耕地垄和沟的位置，轮流进行耕种，相当于“间作制”，有利于保持地力。这是一种在连作制下也能保持地力和提高农作物产量的新型农耕方式。代田法的推广使用对恢复因连年征战而萧条的农业有一定的推动作用，也对后世农业技术的发展产生了深远的影响。

铁镬　汉

陶碓和陶风车　西汉

铁二齿耙　汉

赵过还改进了牛耕技术，这对于推广代田法非常有利。他在原有牛耕技术的基础上推广了耦犁及三脚耧等农具。汉代的犁较战国有了大的改进，不仅犁铧种类多，而且出现了保护犁铧的犁冠，特别是犁壁的发明更是意义重大，它能提高松土、翻土、碎土的质量，并且能把杂草埋在土下作肥料，同时还有杀虫的作用。赵过推广的耦犁是二牛挽一犁，也就是“两牛抬杠”式的，一人牵牛，一人按辕，一人扶犁，通过三人合作控制耕地的方向、下犁的深浅及保证垄沟的整齐。虽然所费人力较多，然而在当时人们驭牛技术不够熟练、铁犁尚不完备的情况下，它能够保证耕地的质量。耦犁的犁铧较大，深耕、翻土、培壅可一次完成，耕作效率较高。随着人们驭牛技术的熟练及活动式犁箭的出现，犁地一般只需要两牛两人或两牛一人或一牛一人即可。耦犁的出现，代替了人工操作的耒耜，使耕作方式有了实质性改进。三脚耧车是一种效率高、极具进步意义的播种机。它不但能同时播种三行，而且能一次性完成开沟、下种、覆盖的任务。现代的播种机与之相比，只是增加了压实工序而已。在当时的技术条件下，能够创制出如此先进的播种机，实在了不起。

耦犁图

铁犁　汉

汉武帝末年，为推广牛耕，县令、三老、三农等被召进京学习先进的农业技术，以便回去加以普及。牛耕法的广泛运用，有力地促进了中国古代农业生产的发展。此后，中国陆续有了保护耕牛、加速耕牛繁殖的各项政策。迄今，在许多地区发现了大量

牛耕　东汉画像石

三脚耧车模型

石磨　汉

汉代牛耕画像以及数量不菲、形式多样的犁具，这都反映了当时牛耕技术的推广程度。汉代牛耕法有利于加强土地的精耕细作，提高农业生产效率，使中国封建社会农业生产力水平跳跃式提高，对农业的发展作出了重要贡献。

后世的水碓　《天工开物》插图

西汉晚期，人们还发明了用水力作动力的水碓，这是一项领先于世界的粮食加工设备。水碓是由杵臼发展而来的，主要用于脱粒、舂米。水碓的一个主要部件是立式水轮，它通过一定的连动装置与碓头相连，水流冲击水轮转动，使之带动碓头进行舂米。水流小时，可用木板挡水，以增强水流的冲力。水碓的发明标志着当时人们对自然力的认识利用和机械技术都已达到了相当高的水平。

二、《氾胜之书》和《四民月令》

氾胜之像

中国是个古老的农业大国，古人在总结农业生产技术和生产经验的基础上，写成了许多农业专著。在汉代最有影响的是《氾胜之书》和《四民月令》。

《氾胜之书》是中国现存最早的一部农书，它是西汉后期农学家氾胜之的著作。氾胜之具有丰富的农业生产经验，汉成帝时，曾在关中平原指导人们种麦，获得丰收。《氾胜之书》的主要内容就是对关中地区农业生产经验和技术的记叙和总结。该书部分内容已失传，现仅存18篇，3700余字。在《氾胜之书》中，氾胜之将整个农业栽培分为趣时、和土、务粪、泽、早锄、早获六个过程，“趣时”是根据时令栽培；“和土”是力求土壤疏松，以利于作物

锄草 东汉画像石

拾粪 东汉画像石

生长；“务粪”要求及时施肥；“泽”为灌溉之意；“早锄”是指要及时耘耕除草；“早获”则要求人们及时收获。同时，书中还记述了当时农业生产技术多方面的新进展，总结了禾（谷子）、黍、麦、稻、豆、麻（大麻）和桑等农作物的栽培方法；提出了“母强子良，母弱子病”的种苗关系；根据关中地区春旱多风的气候条件，提出了整地应视雪情、雨情、旱情、季节早晚、土壤结构等不同情况，分别用“蔺”（镇压）、“掩”（掩压）、“平摩”（摩平）土地等方法，以达到改良土壤的目的；还在全面总结施肥技术的基础上，将施肥方法概括为基肥、种肥、追肥和溲种法等。此外，《氾胜之书》对中国古代农业中广泛运用的轮作、间作与混作等技术以及汉代流行的区种法进行了详细记述。

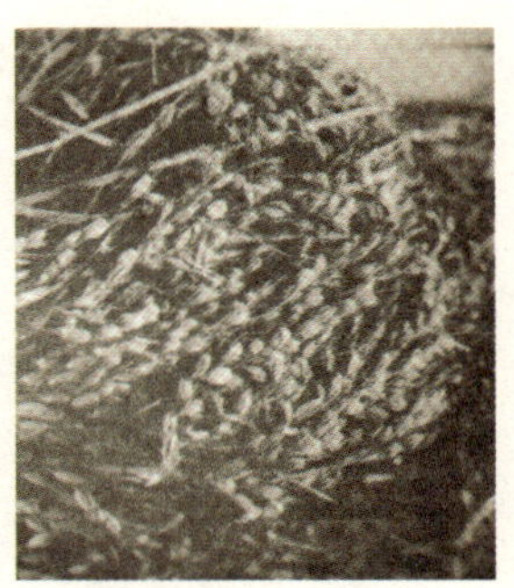

西汉稻穗 湖北江陵出土

《氾胜之书》反映了西汉时期较高的农业生产水平，其中所提出的大量的精耕细作、提高单位面积产量的农业生产技术和方法，极大地促进了中国古代农业的发展，对后世中国农业的发展方向产生了深远影响。

《四民月令》是东汉时期的崔寔所著的一本具有较大影响力的农书。崔寔，字子真，冀州安平人。“四民”是指当时的士、农、工、商，“月令”是一种书写体裁。该书涉及了大量农业生产和手工事务方面的内容，它按照一年十二个月的顺序，有计划地安排了一个庄园地主的家庭事务。书中的家庭事务主要包括三部分内容：一是家庭生产和交换（其中包括农时、大田、园圃、林木、畜牧、采集、蚕桑加工、籴卖等方面）；二是家庭生活（其中包括祭祀、医药养生、子弟教育、住房和器物的修缮、保藏等方面）；三是社

耕地 东汉画像砖

耱地 东汉画像砖

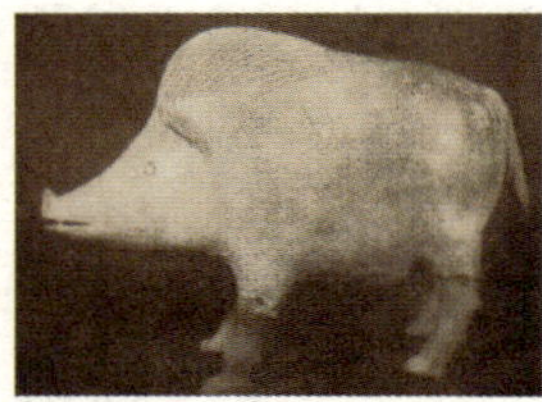
陶猪　东汉

会交往。在《四民月令》中，崔寔对每月的农业生产，包括耕地、播种、催芽、分栽、耘锄、收获、储藏以及蚕桑、畜牧、果树、林木的经营等，都进行了细致合理的安排。有些生产技术，如“别稻”（水稻移栽）和树木的压条繁殖等，则是首次被记载在农书中。

播种　东汉画像砖

《四民月令》反映了东汉时农业生产和农业技术的发展状态，以及当时以农为主，桑蚕、林木、畜牧等为辅的社会状况。尤其是《四民月令》中只以节令和物候为标准来安排农业、手工业的操作和生产，基本摆脱了古代月令所遵循的以“天人感应”为主的迷信特点，这是一个明显的进步。《四民月令》是农家月令的开创之作，在中国农学史上具有不可替代的地位。

三、纺织、盐井、漆器及建筑

秦汉时期，纺织技术有了很大的改进，提花技术、染色技术、麻纺织技术等逐渐成熟。纺织流程中各个环节（缫丝、练丝、纺丝、织造）的工艺水平已相当高了。当时的纺织业十分发达，据史料记载，皇帝出巡一次就往往要征用布帛500万匹。汉代的纺织品，在全国许多地方都有出土，其中精品不胜枚举。长沙马王堆一号汉墓出土了大量西汉初年的丝麻织品，其中绝大部分是丝织物，只有少量麻织物；还出土了锦、绮、菱纹罗等提花织物及许多凸版彩色套印的印花纱，足见那时植物性或动物性染料的品种已十分丰富。河北满城县西汉墓出土的“绢”，极其细密；新疆民丰县出土的东汉“万年如意

绒圈锦
西汉　长沙马王堆出土

“乘云绣”绮 西汉 长沙马王堆出土

纺织 东汉画像石

锦”，堪称汉锦的代表作，此地还出土了工艺水平很高的毛织地毯。这些都是秦汉纺织水平的见证。

纺织技术的进步均与汉代纺织机械的改善密不可分。汉代纺织机械可以分为纺车、织机、提花机三大类。纺车是纺线工具，当时已出现手摇纺车，纺线者一手转轮，一手捻线。纺车既可加捻，又可将线合绞，大大提高了纺线质量与速度。斜织机有一个用来穿引纬纱的两头尖的梭子。据考证，汉代时黄河、长江流域的人们织布时已普遍应用这种织机。斜织机的使用进一步提高了织造的速度，是织布工具的重大革新之一，这种织机被后世使用了许久。提花机据说是由汉昭帝时巨鹿人陈宝光之妻发明的，它也是从一般织布机发展而来的，但结构与功能更为复杂，能够织造出更为复杂的花纹。提花机的综片很多，纺织之前要根据所织图案，预先设计好纺织程序，然后牵提各不相同的综片，使经线处在待定的状态，然后穿梭引纬、打纬，织出预期的花纹图案。汉代提花机是机械织花代替手工刺绣的开始，虽然精美度远不及人工刺绣，但它仍是纺织业的一项重大技术改造。据记载，欧洲开始使用提花机的时间比中国晚了4个世纪，而且有学者认为是从中国传去的。

织锦

盐是人们日常生活的必需品。人类最初所用的盐是通过采集盐渍地上的盐霜而获得的。随着实践经验的积累，人们懂得了泉盐和池盐的差别，于是，盐区和水源充足的地方便成了人类群聚生活的首选场所。因此，上古文化最先形成的地方，常常也是取盐便利之处。人们利用天然盐泉或咸石、咸土蒸煮而得到的盐，产量微薄。直

井盐场　汉画像砖

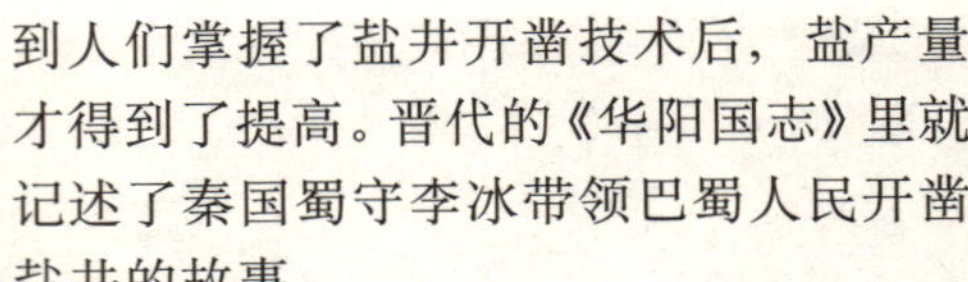

到人们掌握了盐井开凿技术后，盐产量才得到了提高。晋代的《华阳国志》里就记述了秦国蜀守李冰带领巴蜀人民开凿盐井的故事。

盐井与一般水井的形状不同，井口较细，只有碗口般粗，深度却惊人，浅的也有300米，深的可达近千米。开凿盐井时，一般先选择好开凿地点，然后挖坑，再用特制的钻机和钻头往下凿。凿到100米左右时，淡水会从裂缝处向盐井内渗，这时必须用木竹将淡水挡住，木竹实际上是形状似竹竿样的木制空心圆筒。之后，继续往下凿，凿到井底有盐水冒出为止。因盐井的井口较细，所以入井取盐水使用的都是用竹竿特制的桶，桶底是一块皮制圆形活板，桶插入井底后，盐水就会冲开活板进入桶里。往上提时，桶中的盐水压住活板，这样盐水就不会流出来了。等桶提上来后，把活板顶开，盐水便会流到水槽里。刚从井里汲取的盐水很浑浊，不能马上熬，须等澄清过滤后才行。熬制方法不同，所制的盐也不同，有巴盐、砖盐和雪花盐之分。巴盐水分少，容易搬运，但杂质较多。砖盐和雪花盐水分较多，但比较纯净。秦汉时期发明的盐井开凿和井盐制作技术，是人类文明的一大进步。

漆食盘　汉

漆器制造技术是中国古代的一项重大发明。漆器的主要原料是生漆（也称为大漆），有一种漆树能分泌天然的生漆汁液，漆液的主要成分是漆醇、漆酚，它具有高度的黏合性，接触空气后，

描漆兽首凤形勺　秦

漆钫　汉

云纹漆鼎　汉

由乳灰色渐变成栗壳色，干燥后会形成一层发光的黑色漆膜。将漆液涂抹到容器上所产生的这层漆膜，一方面使器物美观，另一方面使漆器的耐高温、耐潮、耐酸碱腐蚀性大大提高，对器物起到了很好的保护作用。

中国制造漆器的历史非常悠久。在新石器时代，先人们已经会制作由红漆和黑漆涂饰的食器、祭器等。河姆渡遗址出土了一个木胎漆碗，这表明中国在七千多年前已掌握了涂漆技术。春秋战国时期，人们已开始在漆器制造中使用桐油作为漆的稀释剂。桐油的使用，不仅降低了漆的成本，也改善了漆的性能，使漆更为多彩多姿。秦汉时期，漆器的制造技术有了进一步发展，漆器制作达到了相当高的水平。秦汉漆器采用木、皮、竹、金属、陶以及丝麻织品等为器料，经过旋挖、斫削、薄板卷合胶粘等方式的加工，制成器物的内胎，再加以髹漆成型。许多漆器制品不仅设计巧妙、结构合理，而且纹饰优美、镶嵌华丽。

秦汉时，随着漆器制造技术的提高和漆器的广泛使用，漆器的生产规模日益增大，漆器制造业相当繁荣。据记载，秦代已有官营的漆器制造作坊，汉代设有专门的工官经营和管理官营漆器作坊。漆器作坊中的分工也日益明确，工种有素工（做内胎）、髹工和上工（上油漆）、铜口黄涂工（在铜制附饰品上鎏金）、画工（描绘油彩花纹）、雕工（刻铭文）、清工（最后整修）、供工（负责供料）等。可以说，当时的漆器制造已经具有了现代工业生产流水线的工艺原型。漆器业的发展，使得漆器成为日常用品。长沙马王堆汉墓出土的文物，仅漆器就有700余件。王莽时期，仅常乐宫所用的漆盘，就数以千计。除生活用具以外，还出现了许多用漆器制成的兵器和乐器。

秦汉漆器的主要产地为巴蜀地区，其他地区也有不少官办和私办的漆器制造作坊。秦汉以后，随着陶瓷制品的发展，漆器逐渐被陶瓷制品替代。但漆器作为名贵的手工艺品种，依然受到人们的青睐。

秦汉时期，闻名于世的建筑物，莫过于长城。秦统一中国后，为防御匈奴，将先前各诸侯国为防卫而建造的长城连接起来，修成了万里长城。汉代时又有所扩展。长城用土或夹杂少量碎石夯

夯土墙 《尔雅》插图

甲第

筑而成，其中墙中还夹有纵横交错的芦苇层。修筑长城时多就地取材，因势建造，由几十万人用了十多年的时间才建成，工程浩大，气势雄伟。

秦汉时期，夯土和木结构相结合的高台建筑是当时主要的宫殿建筑形式，秦代修建的咸阳新宫、朝宫等都是在坚实的夯土台上修建的大型木结构建筑群。由此可见，秦时的木结构建筑技术已相当完备。到了汉代，砖结构技术有了明显的提高。

秦咸阳宫复原模型

在木结构技术方面，战国时期已出现“斗拱”结构。“斗”是斜方形垫木，“拱”是弯长形垫木。“斗拱”在别的结构形式中不常见，但却是木结构形式的一大特色。到汉代，人们的力学知识有所增加，“斗拱”结构又有了新发展，出现了直拱、人字拱、单层拱、多层拱等式样。汉代以后，中国宫殿房屋建筑以木结构为主体的形式便逐步确定下来。汉代还出现了多层木塔建筑以及其他形态的木结构建筑形式，足见木结构技艺的成熟。当时人们已较完备地掌握了选料、开料、防潮、防蛀和雕花、镂刻、开榫、铆接等工序和技术。“勾心斗角”一词便来源于那时的木结构建筑，是指在建筑中人们不依赖钉子，而是依靠木料上的凹槽进行木与木之间的衔接。中国古代匠人的聪明智慧可见一斑。

大瓦当　秦

“汉并天下”瓦当　汉

秦汉时期，砖的制造以及垒砌技术也取得了较大发展。中国早在西周时期已开始使用砖铺地。秦汉时开始规范化、模式化生产制造砖，当时被普遍使用的长条小砖，就是按照4：2：1的长、宽、厚比例制造的。秦汉时期还出现了许多新颖的垒砌技术，丰富了砖结构建筑的形式。

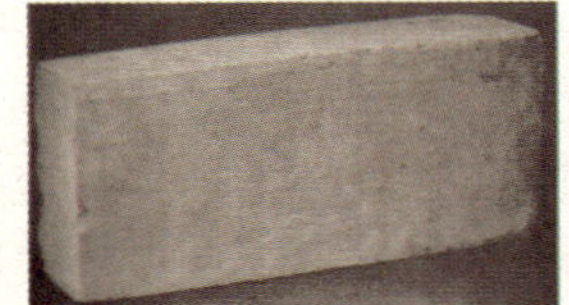
长方形条砖　秦

陶楼　汉

四、蔡伦与造纸术

造纸术是中国古代四大发明之一，是中国为人类文化的传播和发展所做的一项十分重大的贡献。

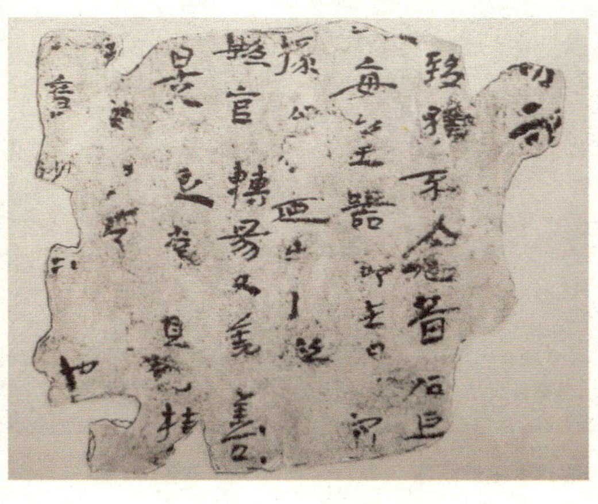

西汉字纸　内蒙古出土

早在造纸术出现之前，中国古代人民先是将文字符号刻画在石壁、陶器上，史称“陶文”；三千年前人们用龟甲、兽骨作为文字记载材料，称为“甲骨文”；还曾在青铜器上刻铸铭文，称作“金文”。春秋战国时期，又把文字刻写在竹片或木片上，称“竹简”、“木牍”。竹简、木牍资源虽丰，但书写时用量较大，抄写一部书通常要用数百上千根竹简、木牍，十分笨重，携带不便。据说汉武帝时，东方朔写一篇奏文用了3000枚竹简，不得不请两人抬着奏文上朝。与竹简、木牍同时流行的还有在帛上书写、作画的帛书，帛虽质地轻巧，但价格昂贵。以上这些记载文字的材料均难以推广使用。

为了适应社会经济及文化发展的需要，人们发明了植物纤维造纸术。据考证，造纸技术的发明与蚕丝生产息息相关。在质量较次的蚕茧制成丝绵时，需先把蚕茧煮烂，脱除蚕丝上的胶质，捣烂后放在篾席或竹筐上在水中反复漂洗，这一过程叫做“漂絮”。漂絮时，在篾席或竹筐上会残存一层丝絮，人们发现这种丝絮虽不坚韧但可用于书写。受此启发，经过长期摸索和实践，终于发明了用废麻、破布、旧渔网、树皮等为原料制造麻纸的方法。在这场书写材料的技术革命中，东汉蔡伦因其卓越的贡献而名留史册。

蔡伦（约61—121），字敬仲，桂阳（今湖南耒阳）人，是东汉时期一个极富创新精神的科技专家。他曾为宦官，在任尚方令（负责监制御用器物）期间，常亲临现场进行技术调查，对发展当时的金属冶炼及加工、机械制造工艺等起了很大的推动作用。

蔡伦对造纸术的革新作出了重大贡献。他在造纸选料和造纸工艺方面都作了改进，在选料时采用了树皮这一来源充足的原料，并且开始用石灰对纤维进行碱液烹煮。这是一项重要的工艺创新，它加速了纤维的离解速度，大大提高了产纸效率和纸张的质量。公元105年，蔡伦把用树皮、麻头、破布和旧渔网造成的纸献给了汉和帝。114年，蔡伦被汉安帝封为龙亭侯，故由他主持制造

蔡伦像

古代手工造纸图

的纸也被称为“蔡侯纸”。

蔡伦在造纸术推广方面的贡献也极为突出。元初元年（117），邓太后命令蔡伦对内廷所藏经传的校订和抄写工作进行监督。这批校订的经书，是朝廷提供钦定经传纸本的开端。校订完成后，蔡伦将所抄副本颁发给地方官员，由此形成了大规模用纸抄写儒家经典的高潮，纸本书籍也成了传播文化最得力的工具。从此，纸基本取代了简、帛而成为中国最主要的书写材料。

魏晋南北朝时期，造纸技术开始向国外传播。造纸术最先传到朝鲜和越南。大约在隋朝末年（610），由朝鲜传到日本。唐天宝十年（751），唐朝的一些造纸工匠把造纸术带到了阿拉伯。12世纪中叶，阿拉伯人又把造纸术传入欧洲。又经过四百多年，造纸术传到美洲。19世纪，澳洲也建起了造纸厂。这样，中国劳动人民发明的造纸术传遍了整个地球，为人类文明的进步做出了不可磨灭的贡献。蔡伦的名字也随着造纸术的传播而传遍了世界。

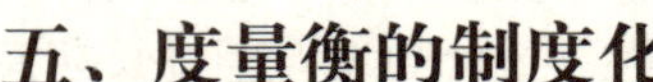

五、度量衡的制度化

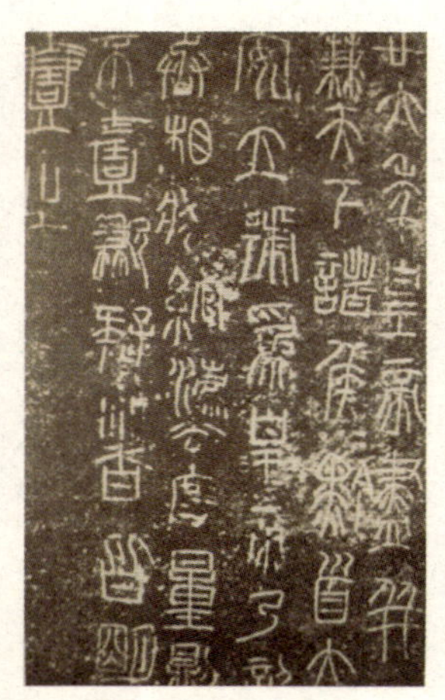

统一度量衡的铜诏版

度量衡在中国古代是指度量长度、容量、重量的单位及专门的器具。夏商周时期就有了度量衡制度，商代出现了骨尺、牙尺，西周王朝还选派官吏专门管理度量衡。秦王朝建立后，随即在全国范围内统一了度量衡。秦始皇颁布了统一度量衡的诏书，派官吏监制标准的度量衡器具并下发至全国各地使用，还订立了严格的度量衡管理和检验制度。通过这一系列有效措施，把秦国实行已久的标准（即1尺=23厘米，1升=200毫升，1斤=250克）推向了全国。度量衡往往是国家政权的象征，度量衡的统一对于巩固秦朝政权，推动国家经济、科教和文化的发展产生了深远的影响，为后世度量衡的制定奠定了基础。

秦朝的度量衡制度在汉朝继续使用，不过在制定度量衡的基

准时采用了更为科学的方法。《汉书·律历志》中收录了刘歆所作的“典领条奏”，详述了度量衡各单位的由来，可以说是有关中国古代度量衡制度最系统、最权威的著作。书中记载道：

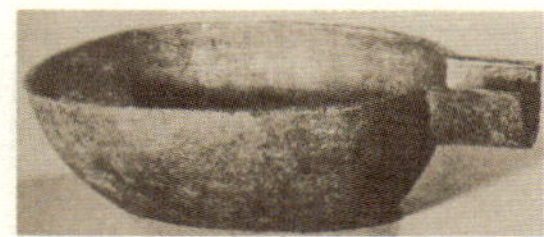

铜椭量　秦

铜权　秦

> 度者，分、寸、尺、丈、引也，所以度长短也。本起黄钟之长，以子谷秬黍中者，一黍之广，度之九十分，黄钟之长。一为一分，十分为寸，十寸为尺，十尺为丈，十丈为引，而五度审矣。……量者，龠、合、升、斗、斛也，所以量多少也。本起于黄钟之龠，用度数审其容，以子谷秬黍中者千有二百实其龠，以井水准其概。合龠为合，十合为升，十升为斗，十斗为斛，而五量嘉矣。……权者，铢、两、斤、钧、石也，所以称物平施，知轻重也。本起于黄钟之重。一龠容千二百黍，重十二铢，两之为两，二十四铢为两，十六两为斤，三十斤为钧，四钧为石。

新莽铜卡尺

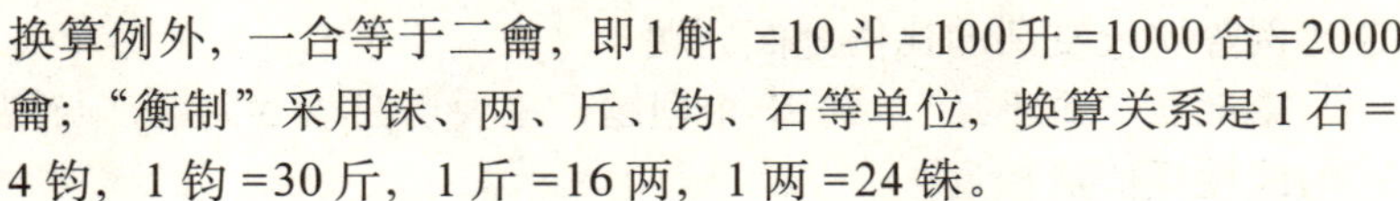

从上文可以看出，秦汉时期度量衡制度中的“度制”采用分、寸、尺、丈、引等单位，各级单位间都是十进位制，即1引=10丈=100尺=1000寸=10000分；“量制”采用龠、合、升、斗，斛等单位，各级单位间基本是十进制，不过龠与合之间的换算例外，一合等于二龠，即1斛 =10斗=100升=1000合=2000龠；“衡制”采用铢、两、斤、钧、石等单位，换算关系是1石=4钧，1钧=30斤，1斤=16两，1两=24铢。

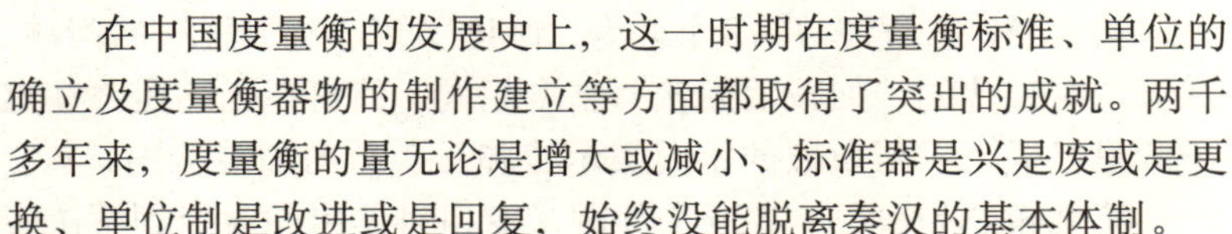

在中国度量衡的发展史上，这一时期在度量衡标准、单位的确立及度量衡器物的制作建立等方面都取得了突出的成就。两千多年来，度量衡的量无论是增大或减小、标准器是兴是废或是更换、单位制是改进或是回复，始终没能脱离秦汉的基本体制。

周公作九章之法以教天下图

六、《九章算术》

《九章算术》是中国现存最古老的一部数学专著，其成书时间和作者说法不一。据考证，该书源于先秦的“九数”，是经先秦至西汉初许多学者修改和补充后才完备起来的，其中包括西汉的张苍、耿寿昌等人，其成书时间在东汉初期的50~100年间。

春秋战国至东汉初期，社会变革巨大，经济发展较快，社会生产和生活的各个方面都对数学提出一些急需解决的问题。比如，在税收方面有按各种比例合理分配税收和摊派的问题，在大型水

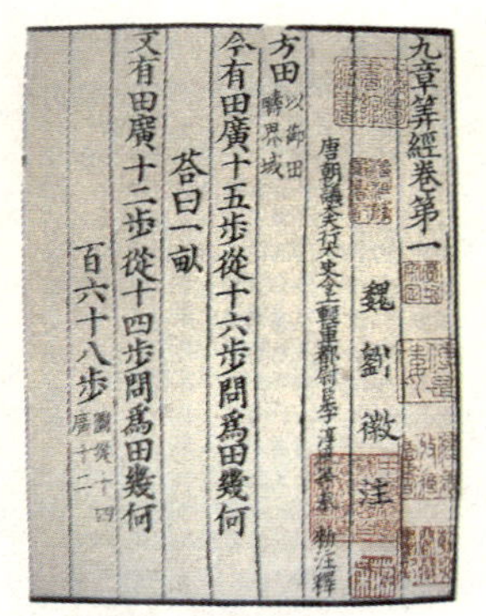

九章筭經卷第一　魏 劉徽 注

唐朝議大夫行太史令上輕車都尉臣李淳風等奉勅注釋

方田 以御田疇界域

今有田廣十五步從十六步問爲田幾何

荅曰一畝

又有田廣十二步從十四步問爲田幾何

荅曰一百六十八步 圖從十四廣十二

《九章算术》书影

利、土木工程方面有建筑物体积和土石方计算问题，在天文历法方面的计算要求则更加精密。《九章算术》就是从以上各类问题出发，选出了246个例题，并按照解题的方法和应用范围将其分为九大类，每一大类为一章。九章内容分别为：

第一章“方田”，共38个问题，主要是关于平面图形面积的量法及算法，如矩形、三角形、圆形、弧形、环形等田地的面积公式；分数的各种计算，包括加减乘除法、约分、通分，分数大小的比较及求几个分数的算术平均数，等等。

第二章“粟米”，共46个问题，主要是各种粮食交换之间的计算，讨论比例算法。

第三章“衰分”，共20个问题，主要讨论按等级分配物资或摊派税收的比例分配问题。

第四章“少广”，共24个问题，主要是由已知图形的面积和体积，求边长的问题。涉及到多位数开平方、开立方法则等。

第五章“商功”，共28个问题，讲述各种土石方和用工量的工程数学问题，主要涉及各种体积的计算，包括立方体、长方体、圆柱体、方锥体、圆锥体、楔形体等。

第六章“均输”，共28个问题，主要是处理行程和合理解决征税，以及一些与按人口征税有关的问题，其中还夹杂着复比例、连比例等比较复杂的比例分配问题。

第七章“盈不足”，共20个问题，主要研究盈亏问题，与现在的线性插值法相近。

第八章“方程”，共18个问题，讨论了解一次方程组的问题，其解法与现代的“加减消元法”基本相同。值得指出的是，在这一章里已提出了正负数的不同表示法和正负数的加减法则。

第九章“勾股”，共24个问题，专门讨论用勾股定理解决应用问题的方法。

中国古代数学有服务于生产实践和实际生活的优良传统，《九章算术》就是一个很好的例证。同时，《九章算术》在世界数学史上也占有重要地位，其中的分数、负数概念；开平方、开立方的法则；一次方程组、一般二次方程的解法等内容都达到了非常科学的程度。《九章算术》包括了现代初等数学中的相当一部分内容，它的出现标志着中国传统数学体系的形成。

《九章算术》对后来中国数学的发展产生了重要影响，它的写作体例成为后世数学著作模仿的样板，对它的注释和研究，导致了许多新的数学概念和成果发现。在盛极一时的古希腊数学走向衰落的时期，《九章算术》问世了，这标志着世界数学研究中心从地中海沿岸转移到了中国，此后千余年内世界应用数学都以东方为中心，主导着数学的发展，这是中国数学史上的骄傲。

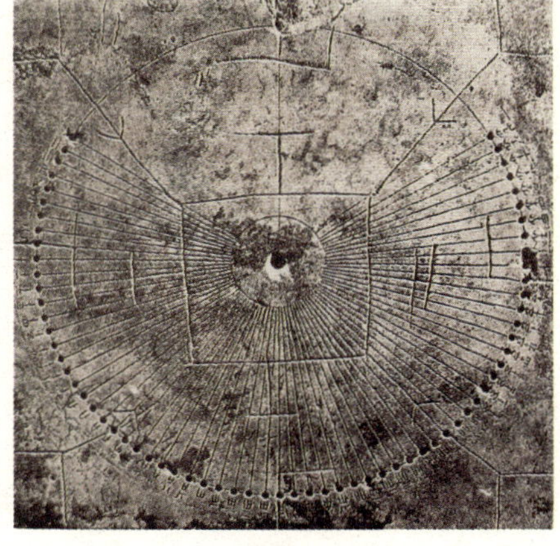
石日晷 西汉

七、天文观测和论天三家

中国古代用于天文测量的主要仪器有：浑仪、圭表和漏壶等。浑仪是有许多同心圆环的天体测量仪器，利用仪器中的窥管和圆环可以定位天体在天空中的位置。圭表由“圭”和“表”两部分组成，正午时表在圭面上投影的长度随季节的不同而变化，相应地，就可以通过测量投影的长度来确定节气。漏壶则是一种简陋的计时工具。

铜漏壶 汉

秦汉时期，人们发明和改进了许多天文仪器。史籍记载，西汉天文学家落下闳在制订《太初历》期间，改进了浑仪，用其重新测定了许多天文数据。东汉的民间天文学家傅安在浑仪上加装了一个黄道环。后来，张衡又在浑仪上装了地平和子午两环。东汉时期，漏壶也有了改进，出现了两级补偿式漏壶。浑象类似于现代的天球仪，古代浑天家用它来演示天球周日运动状况。张衡制作过机械浑象和水运浑象，这两种浑象的区别主要是动力系统不同。张衡在《浑天仪图注》中既阐发了他的浑天说思想，又详述了浑象制作的具体步骤，是制作浑象的说明书。

铜圭表 东汉

这一时期，人们还对一些天象进行了详细的记录。据《汉书·五行志》记载，西汉成帝河平元年（前28）三月出现过太阳黑子现象，当时的天文学家详细记录了太阳黑子的形状、大小、位置、出现时间等基本信息，这是世界上公认的最早的太阳黑子记录。此书中还有对哈雷彗星的细致记述：“元延元年七月辛未，有星孛于东井，践五诸侯，出河戍北，率行轩辕、太微，后日六度有余，晨出东方。十三日夕见西方……蜂炎再贯紫宫中。……南逝度犯大角、摄提，至天市而按节徐行，炎入蜂，中旬而后西去，五十六日与仓龙俱伏。”这段文字描述了哈雷彗星的运行路线、视行快慢以及出现时间等情况。除此之外，古代天文学家们对彗星形状也作了极为详细的描写。长沙马王堆三号汉墓出土的29幅彗星图显示，人们已经注意到彗星有多种形态，彗尾有长有短，有宽有窄，有直有弯；彗头分为彗核和彗发两部分。这与我们现在对彗星的观测和分类都是相近的。汉代时，人们对日食和极光现象也

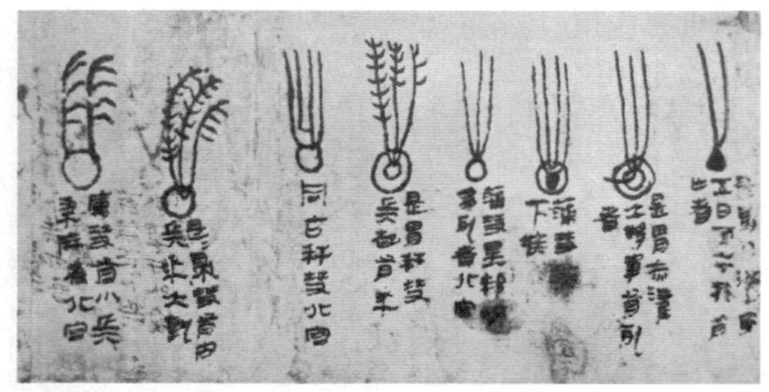

彗星图 汉代帛书

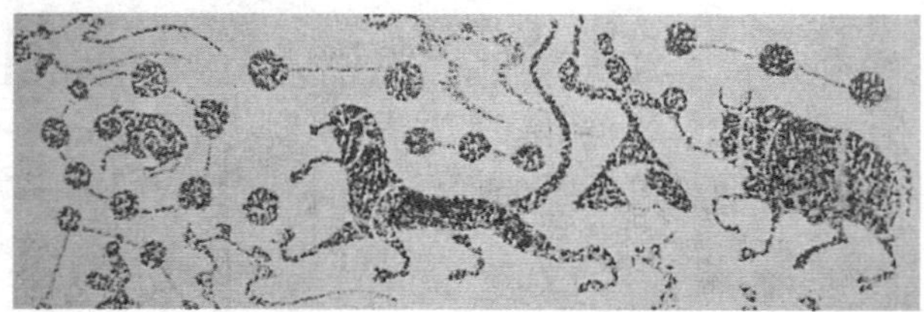

牛郎、织女星宿

扬雄像

有详尽记录。

在宇宙结构方面，自商周时就有所探索，秦汉时期获得了进一步发展，逐渐形成了三种宇宙结构理论：盖天说、浑天说和宣夜说，合称为“论天三家”。

盖天说是中国最古老的一种宇宙学说，在商周时期就有此学说的萌芽。盖天说认为，“天圆如地盖，地方如棋局”。其基本的宇宙结构观念是天在地上，地在天下，天覆盖着地。汉代时人们又将这一学说发展为“天象盖笠，地法覆盘”。就是说，天地都形如圆弓，且相互平行，其余天体皆附着于天盖，天盖永不停息地日日旋转，诸天体则随之东升西落。盖天说还用人眼睛的观测范围及太阳的远近关系，来解释地上昼夜的产生，白天太阳离得近，人看得到；黑夜太阳离得远，人看不到。春夏秋冬也是由于太阳在绕地旋转过程中，离地远近所决定的。盖天说以《周髀算经》为基础，引用了大量勾股定理的计算，赋予盖天说以数学化的形式，因此成为当时颇有影响的一个学派。但是，盖天说与许多天文现象不相符合，在扬雄提出“难盖天八事”之后，盖天说便衰落下去了。

秦汉时期的一些天文学家和学者并不赞同盖天说，在与之不断争论的过程中建立了浑天说。浑天说认为，天是一个浑圆的壳，天一半在地上，一半在地下。地位于天壳的内部，日月星辰随天壳转动，转到地下面时我们便看不见它们。还认为，圆形地面的中心就在阳城（今河南商水西南），此中心点与太阳之间的距离在任何时刻均是不变的。太阳在绕地旋转时，因露在地上时间长短不同便有了春夏秋冬之别。东汉著名天文学家张衡，就是根据自己的浑天思想制作了浑天仪，并准确演示、预示了一些天文现象的出现，从而进一步巩固了浑天说的地位。浑天说是后来一千多年的时间里在中国占统治地位的天文学说。

宣夜说的思想最早出现于春秋战国时代。东汉前期，郗萌对它作了较为系统的总结，并予以明确的表述。宣夜说认为，“天了无质”，“高远无极”，就是说天是没有任何形体的无限空间，日月众星都悬于空中，在气的作用下或动或静，有着自己的运动规律。

宣夜说中的这些观点，在现在看来都是相当先进的，但因当时的科学技术水平低下，这些思想缺乏科学的证明，因而这一理论并未被大多数人所接受。

八、张衡的伟大创造

张衡（78—139），字平子，河南南阳人，晚年曾做过河间相，又被称为张河间，是历史上著名的天文学家、地震学家、机械制造专家，也是一位卓有成就的文化巨人。

张衡像

张衡自幼喜爱读书，知识面非常广博。他年轻时以文学创作为主，创作了《二京赋》、《南都赋》、《扇赋》、《定情赋》等大量文学作品。《二京赋》是他的代表作，书中不仅铺陈了京都的气势、宫室林苑的壮美，也描写了许多民情风俗。其中“水能载舟亦能覆舟”的至理名言，流传至今。

安帝永初二年（108），张衡把精力转到了天文、历算等自然科学领域，对《太玄经》和《墨经》这两部著作进行了潜心研究。东汉元初二年（115），张衡出任太史令，主管天时、星历等工作，很快就于元初四年研制成功了巧夺天工的水运浑天仪。水运浑天仪以一个直径为4尺的大铜球为主体，这代表想象中的天球，一根铁轴贯穿球心，轴的方向就是天球运转的方向，亦即地球自转轴的方向。二十八宿和中外星官（星座）都刻在铜球外表面上，铜球的外面有地平圈、子午圈、黄道圈和赤道圈，天球一半露在地平圈之上，一半隐在地平圈之下，天轴在子午圈上。黄道圈和赤道圈形成24度的夹角，这与真实的黄赤交角度数（23°25′）十分接近。赤道和黄道上，均列有二十四节气，以冬至为起点，标刻成三百六十五又四分之一度，每度又分四格，太阳每天在黄道上恰好移动一度。张衡还巧妙地利用齿轮传动系统把浑天仪和漏壶联系起来，借用漏壶里水流的力量推动齿轮，带动浑天仪绕轴旋转。张衡发明的水运浑天仪曾准确地演示了洛阳地区星空的实况，引起了轰动。水运浑天仪向来被作为国宝，安置在灵台上。

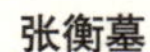

张衡墓

元初五年，张衡写出了天文学巨著《灵宪》。《灵宪》不仅反映了当时人们的宇宙观，而且在天体演化过程、宇宙的概念、行星运动速度等方面提出了自己独到的见解。关于天体演化过程，张衡在《灵宪》中写道：最早无天无地，整个空间由气组成；然后气产生分化，各种气混合、运

记里鼓车　汉画像石

转；最后这团元气逐渐清浊分开，形成天地。这种思想与后来德国的康德提出的星云说极为相似。关于宇宙问题，他在《灵宪》一书中将宇宙和天地区分开来，首次提出了“宇宙”的概念，而且认为宇宙是无限的，这在中国思想史上是一个卓越的创见。张衡在书中还探讨了行星运行的规律，指出行星运动快慢与距离地球的远近有关。

延光三年（124），张衡利用齿轮原理制造了指南车和记里鼓车。指南车为一木车，车上立一小木人，车子无论朝什么方向行使，小木人的手始终指向南方。记里鼓车分为上、下两层：上层有两小木人和一面鼓，车每行一里敲鼓一次；下层有两小木人和一铜钟，每行百里小人击钟一次。

地动仪模型
中国历史博物馆

东汉时期，中原一带地震频发，百姓损失惨重。张衡经过努力钻研，制成了地动仪，这是世界上第一台用来观测和记录地震的仪器。138年，该仪器成功地测到了几百里外的甘肃陇西发生的地震。地动仪用青铜制成，形状似古代装酒用的凸肚大酒樽。仪器的中心立着一根铜柱，铜柱很重，上粗下细，称为“都柱”。仪器的周围按东、东北、北、西北、西、西南、南、东南八个方向镶装有八条龙，每条龙的嘴里都衔着一枚铜球；在每个龙头的下方则蹲着一个抬头张口的铜铸蟾蜍，张开的大口正对着铜球落下的地方。都柱和八个龙嘴之间，由八个“曲横杆”相连，都柱的下面接触地面。当发生地震时，震源方向传来的地震波会触动都柱，于是原来衔在龙嘴里的铜球就会掉进下面铜蟾蜍的口中，发出响声，负责观测记录的人员就会知道地震发生的时间与方位。地动仪的发明表明了人类对地震的科学研究进入了一个新的阶段。

九、地图的出现

地图是对地理知识形象、准确的记录，它包含了测量、计算、绘制等多项技术。秦汉以前，就出现了绘制的地图，当时绘制、收藏地图多是为了行政管理和用兵打仗。后来，地图的绘制在社会

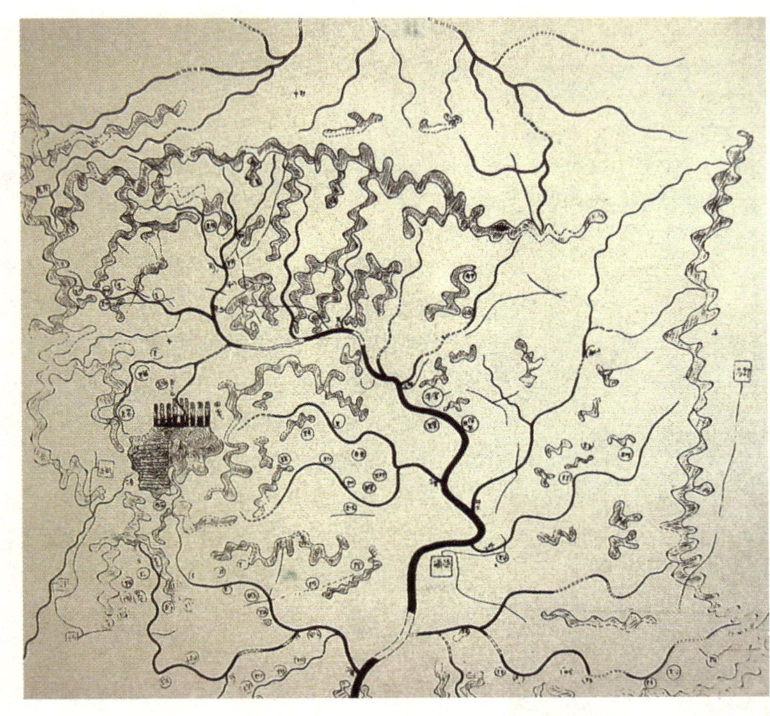
地形图复原图

政治、经济、军事等领域都起了非常重要的作用。

秦汉时期的地图称为“舆地图”，简称为“舆图”，“舆”含有尽载行事之意。秦汉地图广泛应用于土地疆界的评定、封建王朝的行政管理和军事战争。因此，秦汉地图的内容比较丰富，除了山、川、道路、州县之外，还包括田赋、户口、车乘等。

1973年，湖南长沙马王堆汉墓出土了三幅珍贵的彩色地图，展现了秦汉地图高超的绘制水平和较高的精确度。如此高超的地图绘制水平，得益于当时先进的数学知识和测绘技术。一方面，“勾股弦定理”、“重差法”等数学理论为测绘工作打下了较坚实的数学基础；另一方面，当时已具备的一些基本的测量仪器和工具，如测向司南和测距仪器等，为地图的精确绘制提供了技术条件。这三张绘制在帛上的彩色地图分别是长沙国南部的地形图、驻军图和城邑图。地形图按十八万分之一的比例绘制，长、宽各98厘米，图上标有山脉、河流、居民点和道路，几乎包含了现代地形图所有的基本要素。驻军图长98厘米，宽78厘米，是中国现存最早、内容最精湛的彩色军事地图。地图上除山脉、河流、居民点和道路之外，突出标示了九支驻军的名称、布防位置、防区界限、指挥城堡、军事要塞、烽燧点、防火水池等要素。此地图层次清楚，主体鲜明，被史学家称为中国古典专门地图珍品中的瑰宝。城邑图则绘有城垣和房屋等，类似于现代的城市平面图。马王堆汉墓三幅地图的出土，被世界地理制图界誉为

驻军图

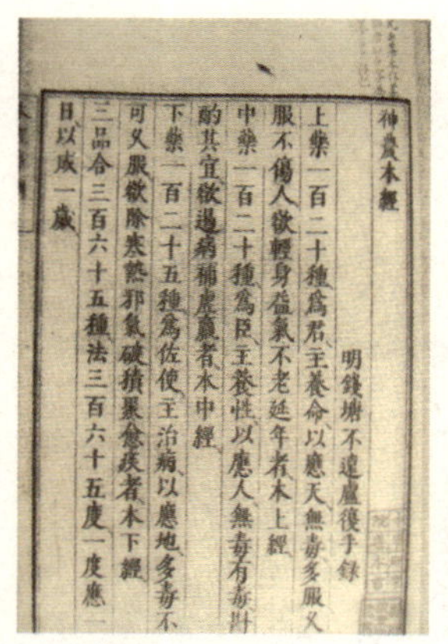

神農本經

明錢塘不遠盧復手錄

上藥一百二十種爲君，主養命以應天，無毒，多服久服不傷人，欲輕身益氣不老延年者本上經

中藥一百二十種爲臣，主養性以應人，無毒有毒，斟酌其宜，欲遏病補虛羸者本中經

下藥一百二十五種爲佐使，主治病以應地，多毒不可久服，欲除寒熱邪氣破積聚愈疾者本下經

三品合三百六十五種，法三百六十五度，一度應一日，以成一歲

《神农本草经》书影

药臼、杵　西汉

"惊人的发现"，它充分展现了秦汉地图的高超绘制水平和秦汉舆地学蓬勃发展的盛况。

十、《神农本草经》和《黄帝八十一难经》

《神农本草经》是中国现存最古老的一部中医药物学专著，它总结了战国秦汉以来的药物知识，对中草药进行了全面分析和系统分类，为中药学的研究和发展奠定了坚实的基础。

《神农本草经》一书共收录药物365种，其中动物类67种，植物类252种，矿物类46种。它以药物的性能和使用目的为依据把书中所列药物分出上、中、下三品。上品多属于滋补药物，一般无毒或毒性很小，共计120种；中品多属于既能治病、又能滋补虚弱的药物，有的有毒，有的无毒，共计120种；下品药物一般有毒，但能治疗疾病，共计125种。这种将药物"品性"和自然属性相结合的分类方法在古代中药史上尚属首次，它深深影响了后来中药分类学的发展。

《神农本草经》对每种药物和各种药物之间的关系作了详细的阐述。书中不仅记载了每一种药物的主治、性味、产地、采集时间、入药部分、药品别名等内容，还首次阐明了药物配伍原则，并明确提出了药方中所用主药和辅助药之间的"君、臣、佐、使"关系。强调君药为主药，臣药为辅药，只有二者配合使用才能得到理想疗效。书中还把上品药比作君王，中品药比作臣子，下品药比作佐使。这种理论对中医药学的发展产生了深刻影响。同时，书中还提出了药物"七情"理论。其中，"单行"指单味药的使用；"相须"指效用相近药物的配合使用；"相使"指性能和作用均不相同的药物按照主辅关系的配合使用；"相畏"指利用一种药物的某种作用被另一种药物抑制的原理，将这两种药物配合使用；"相恶"指两种不同的药物在配合使用时会相互抑制而使药效降低；"相

玉兔捣药　汉画像石

反”指两种药物在配合使用的过程中会生成原本不具有的毒性；“相杀”是指一种药物在与其他药物的配合使用中，其某些作用或毒性被另一种药物抑制或消除。

《神农本草经》还提出了药物的“四气五味”说，这种学说是人们在长期的医学实践基础上按照五行及阴阳原理对药物的另一种划分。“四气”指“寒、热、温、凉”，“五味”指“酸、咸、苦、辛、甘”。这一学说也成为后世对中药药性、药味进行分辨的一种理论依据。《神农本草经》一书中有许多理论都非常科学，对当时和后来药物学、中医学的发展都起了不可磨灭的作用。

《黄帝八十一难经》简称《难经》，许多学者认为它是对《内经》的补充与说明。书的作者及成书时间至今尚有争议，大约成于西汉末期至东汉之间。《难经》全书共3卷，主要以问答形式解释并讨论了中医学的81个疑难问题，所以称为《八十一难经》。

书中的前22难主要讲述脉学，介绍了脉诊的基本理论和脉学的基础知识。23～29难主要论述经络学，描述了经脉的流注始终、经络的长度、营卫度数、奇经八脉、十五络脉及其有关病症。30～47难主要论述脏腑学，介绍了脏腑的解剖形态、生理功能、营卫周行等。48～61难主要论述疾病，强调要以四诊、八纲为基础，以五行生克关系来辩证地阐明疾病的转变、预后。62～68难论述针灸腧穴，重点对五脏的募穴、俞穴治疗以及五俞穴的主治病症进行了深入的论述。69～81难主要论述针法，介绍了迎随补泻法、刺井泻荥法，补母泻子法、泻火补水法等多种针刺疗法，并提出因时制宜的观点。

《难经》提倡并完善了中医特有的“独取寸口”的脉诊体系。这一著作在《黄帝内经》的基础上，进一步发展了经络学说和脏腑中命门、三焦、七冲门（即唇为飞门、齿为户门、会厌为吸门、胃为贲门、胃下口为幽门、大肠小肠会为阑门、下极为肛门）等方面的理论和知识，反映了古代医家在解剖

后世的人体脉络图

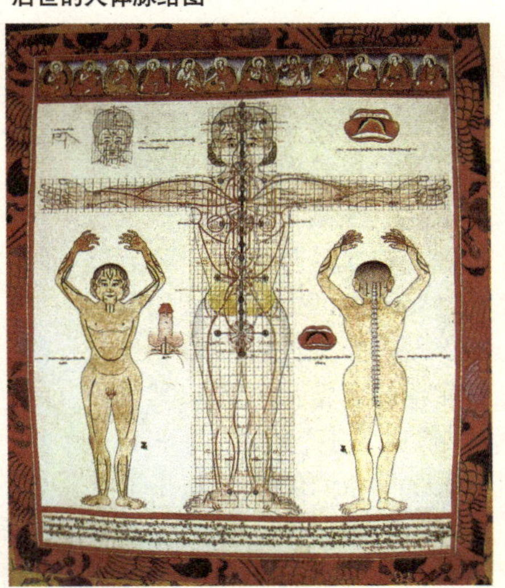

《五十二病方》 长沙马王堆出土

学方面的巨大成就。此外，《难经》中提出的“伤寒有五”的理论，对后世伤寒学说与湿病学说的研究与发展产生了一定的影响。《难经》中有许多《黄帝内经》所没有的理论，所以在中医经典著作中，《黄帝内经》与《难经》是并称的，由此可见其学术地位的重要。

十一、“医圣”张仲景和“神医”华佗

汉太医丞印

张仲景，名机，东汉南郡涅阳（今河南省南阳）人，中国古代伟大的医学家，被后世尊称为“医圣”。

张仲景生活的年代，社会动荡不安，瘟疫肆虐。东汉桓帝、灵帝、献帝时曾有多次大的瘟疫危害人间，成千上万的人被病魔吞噬。张仲景家族本为大族，人丁兴旺，族人达二百余人，但十年间，族中之人有三分之一因患疫症而死，其中死于伤寒者十之有七。此情促使他痛下决心，潜心研究医术，钻研伤寒病的治法。

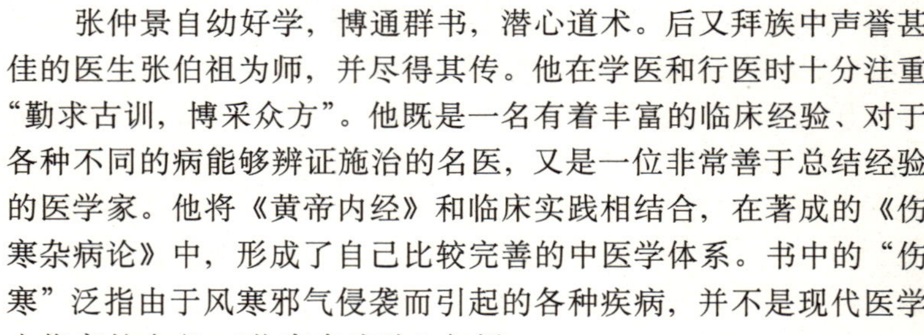

张仲景自幼好学，博通群书，潜心道术。后又拜族中声誉甚佳的医生张伯祖为师，并尽得其传。他在学医和行医时十分注重“勤求古训，博采众方”。他既是一名有着丰富的临床经验、对于各种不同的病能够辨证施治的名医，又是一位非常善于总结经验的医学家。他将《黄帝内经》和临床实践相结合，在著成的《伤寒杂病论》中，形成了自己比较完善的中医学体系。书中的“伤寒”泛指由于风寒邪气侵袭而引起的各种疾病，并不是现代医学中伤寒的含义。《伤寒杂病论》包括主讲伤寒病的《伤寒论》和主讲各种疑难杂病的《金匮要略》两部分。

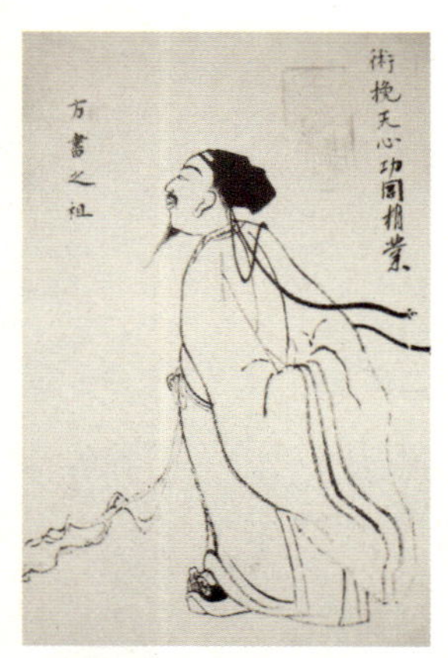

张仲景像　清

张仲景在行医中，尊崇科学，反对迷信。他对东汉时期的巫婆和妖道深恶痛绝，经常用医疗实效反驳巫术迷信。一次，他遇见一位因受刺激而时哭时笑的妇人，该妇女的家人要请巫婆为她“驱邪”。张仲景仔细观察她的病情后，告知其家人这是因“热血入室”所致，绝非什么“鬼怪缠身”，他给那妇人扎了几针，几天后病就好了。张仲景善于创新，发明了许多新医术。现代广

《伤寒论》书影　明刻本

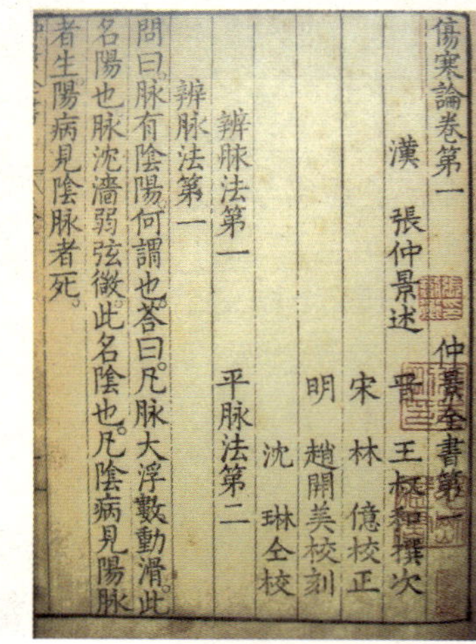

傷寒論卷第一　仲景全書第一
漢　張仲景述　晉　王叔和撰次
宋　林　億校正
明　趙開美校刻
沈　琳仝校
辨脉法第一　平脉法第二
辨脉法第一
問曰脉有陰陽何謂也答曰凡脉大浮數動滑此名陽也脉沈濇弱弦微此名陰也凡陰病見陽脉者生陽病見陰脉者死

泛使用的人工呼吸术就是他最早使用的，他用此法救活了一个上吊的人。他还发明了一种肛门栓剂通便法，至今仍为现代医学临床所采用。

张仲景在行医实践中发现，风寒邪气是逐步由人的体表侵入体内的，因此，在不同阶段应采用不同的治疗方案。提出要根据患者病情，找出病因，判断寒气入侵的程度，然后结合病人的体质、环境、季节等因素，综合考虑治疗方案，这就是张仲景的“辨证施治”。他还在前人成果的基础上发展了病因学说，首次提出“三因致病”的观点，认为“千般灾难，不越三条：一者经络受邪，入脏腑，为内所因也；二者四肢九窍血脉相传，壅塞不通，为外皮肤所中也；三者房室、金刃、虫兽所伤。以此详之，病由都尽”。

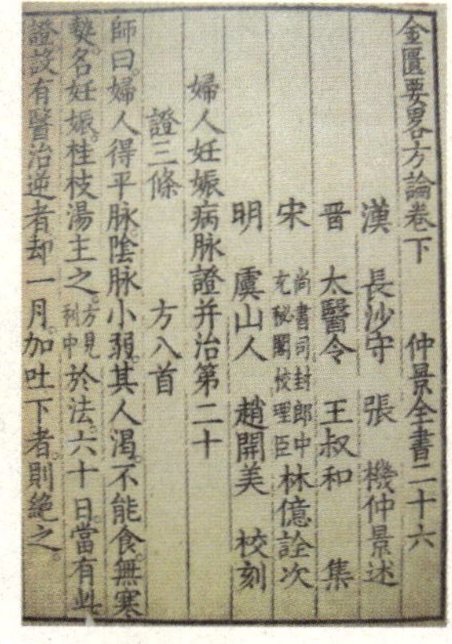

金匱要畧方論卷下　仲景全書二十六
漢　長沙守　張　機仲景述
晋　太醫令　王叔和　集
宋　尚書司封郎中充秘閣校理臣林億詮次
明　虞山人　趙開美　校刻
婦人妊娠病脉證并治第二十
證三條　方八首
師曰婦人得平脉陰脉小弱其人渴不能食無寒熱名妊娠桂枝湯主之方見利中於法六十日當有此證設有醫治逆者却一月加吐下者則絶之

《金匮要略》书影　明刻本

总之，张仲景的医学水平之高及对中国医学发展的贡献之大，都无愧于后世之人对他的“医中之圣，方中之祖”的评价。

华佗（145—208），字元化，豫州沛国谯县（今安徽亳县）人。华佗在内、外、妇、儿各科的临床诊治中创造了许多医学奇迹，是位一直被后人称道的杰出医学家。

华佗像

华佗的故乡谯县，自古就是一个药材的集散地，是久负盛名的药材之乡。华佗耳濡目染，对医药学产生了巨大的兴趣。他青少年时期，正是东汉皇权衰微、外戚宦官交替乱权之际，因军阀连年混战，致使民不聊生；疾病的肆虐横行，更增添了民众的疾苦。华佗目睹了官场的腐败和苍生的苦难，决心弃绝仕途，以医济世，矢志不移。华佗曾在徐州（今山东郯城西南）游学，拜名医为师。他学医非常努力，并且仔细研读《黄帝内经》、《黄帝八十一难经》、《神农本草经》等古代医学著作，还从扁鹊等古代名医的医疗实践中吸取大量营养，获得了渊博的医学知识。他很快就成了一位能诊治各种疾病的名医，被人们称为“神医”。

华佗为关公刮骨疗毒图

华佗在医学上最重要的贡

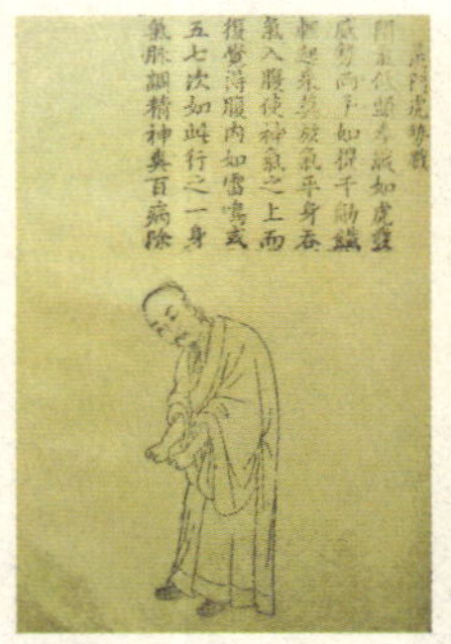

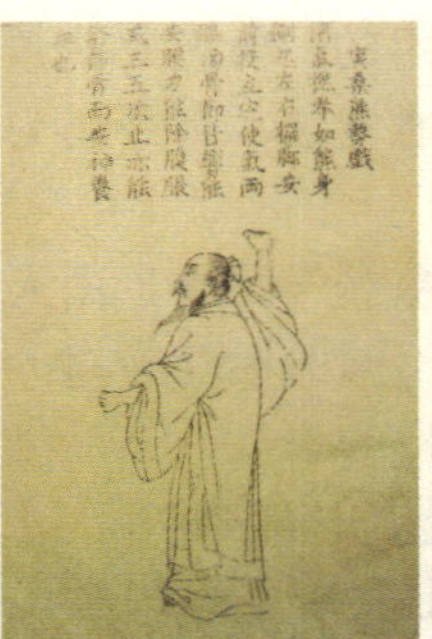
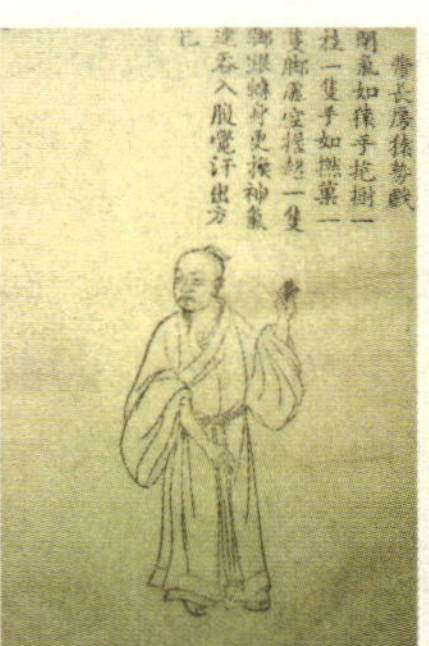

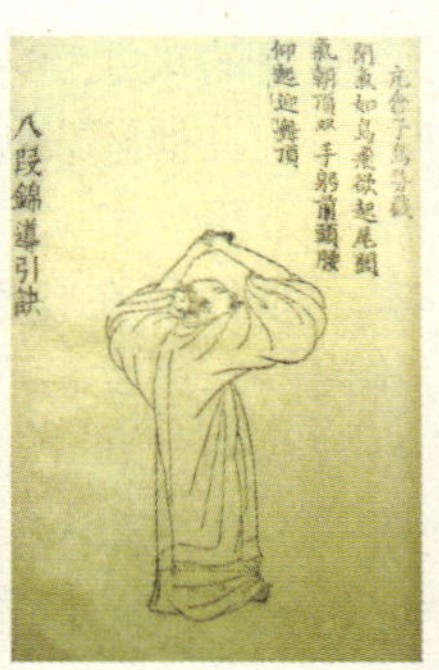

五禽戏图

治风疾神医身死 《三国演义》插图

献是发明了外科手术上使用的麻醉剂——“麻沸散”。他是中国乃至世界上第一个使用麻醉术的医生。华佗在为病人做手术前，首先让病人服用麻沸散，服用后能使全身麻醉，手术时不知痛。他用麻沸散挽救了很多人的生命。但可惜的是麻沸散最终失传了。华佗的针灸术也非常高明，每次针灸，他总是反复斟酌，挑选最有效的穴位，以达到最好的疗效。

华佗对疾病的预防也倾注了相当的精力。他认为经常进行体育活动，可以增强体质，预防疾病，延年益寿。于是华佗创造出一种叫做“五禽戏”的活动套路。所谓五禽，是指虎、鹿、熊、猿、鸟，五禽戏就是模仿这五种动物的动作和姿态进行活动。如模仿虎的扑动前肢动作，鹿的伸转头颈动作，熊的卧倒动作，猿的脚尖纵跳动作，鸟的张翅动作等，再配合以呼吸和自我推拿，是一套强身健体的好方法，对人们的健康非常有益。

东汉末年，华佗得罪了当时北方的统治者——曹操，曹操借故将其囚禁并杀害。由于各种历史原因，华佗没有留下专门的医学著作，这是中国医学的一个重大损失。

第五章 魏晋南北朝的科学技术

东汉末年的黄巾起义使腐朽的东汉政权开始瓦解，在乱世群雄的混战中，逐步形成了魏、蜀、吴三国鼎立的局面，史称“三国”。曹操统一中原后，魏国实力不断增强，逐渐吞并了国力相对较弱的蜀、吴两国。后来，司马氏篡夺了曹魏政权，改国号为西晋，结束了中国将近一个世纪的分裂状态。可是，经过短暂的统一后，中国又重归分裂。东晋退居江南，而北方地区则进入了“五胡十六国”时期。北方鲜卑族拓跋部所建立的魏国（史称北魏）政权的势力不断增强，最终于439年统一了中国北方地区。从此，中国进入了南、北两个政权对峙时期，史称“南北朝”。589年隋王朝建立，分裂的中国又获得了统一。

从三国经两晋至南北朝时期（也统称为魏晋南北朝时期），历时360多年，其间战争频频爆发，政局非常不稳定，除了西晋有过短暂的统一外，中国基本上处于分裂状态。因此，社会的政治、经济、文化等方面也大多在各自分立的政权中发展。在这段历史时期内，科学技术以其强大的生命力在曲折中进步着，有些学科甚至获得了突破性进展。

魏晋南北朝时期科学技术的发展主要表现为农业、机械、数学、天文历法、地理、医学等领域所取得的成就。农业方面，贾思勰的《齐民要术》最有代表性，它建立了较完整的农学体系，是当时最全面、最系统的农业百科全书。机械制造方面，马钧是最主要的代表人物，他发明了新式织绫机、龙骨水车、指南车、发石车等许多民用、军用机械；此外，其他新机械的发明也层出不穷。数学方面，刘徽的“割圆术”所体现的极限思想和曲直转化观念，是中国和世界数学史上的一大飞跃性进步；祖冲之计算的圆周率精确度之高，千年无人能超越。天文历法方面，东晋的虞喜发现了“岁差”，祖冲之把“岁差”应用到历法中，并编制了《大明历》。地理方面，西晋的裴秀创制了“制图六体”原则，规范了地图的制作标准，形成了中国古代地图学的基本理论；北魏郦道元的《水经注》是中国古代一部出色的综合性地理学专著。医学方面，王叔和的《脉经》规范和发展了脉学体系，是现存最早的脉学专著，他的“寸口诊脉法”一直沿用至今；皇甫谧的《针灸甲乙经》吸收了古代针灸学的精华，对针灸理论和技术进行了系统总结，是针灸医学发展史上的一个重要里程碑；陶弘景的《神农本草经集注》创立了新的药物分类原则及方法，规范了用药度量衡制，充实和发展了本草学。另外，在物理、化学等方面也取得了一定的成就。

一、贾思勰的《齐民要术》

贾思勰像

贾思勰，秦郡益都（今山东寿光）人，生卒年月不详，是北魏杰出的农学家。他于533年到544年间写成了闻名于世的《齐民要术》，是6世纪中国最完整、最系统、内容最丰富的农业百科全书，堪称世界农学史上的名著。

贾思勰在《齐民要术》中建立了较为完整的农学理论体系，因其论述全面，条理清晰，成为后人编纂农书的蓝本。从开荒到耕种，从生产前的准备工作到生产后的农产品加工、酿造与利用，从种植业、林业到畜禽饲养业、水产养殖业等各方面无所不包。《齐民要术》的主导思想就是强调天时、地利、人力在农业生产中所发挥的作用。“顺天时，量地利，则用力少而成功多。任情返道，劳而无获。”书中将不同作物的种植时间分上、中、下三时，将土地也分为上、中、下三等，认为即使同一作物也要因时因地采取不同的种植方式。这种通过天时、地利、人力的有机结合来论述精耕细作、合理经营的思想，对中国后世农业生产产生了极其深刻的影响。

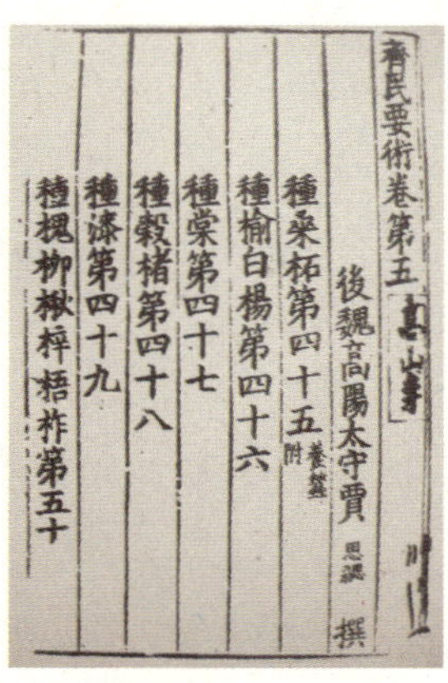

齊民要術卷第五

後魏高陽太守賈思勰撰

種桑柘第四十五 養蠶附

種榆白楊第四十六

種棠第四十七

種穀楮第四十八

種漆第四十九

種槐柳楸梓梧柞第五十

《齐民要术》书影　宋刻本

书中尤为有价值的具体内容是以下几点：在农作物栽培方面，总结了北方农民抗旱保墒的宝贵经验，形成了比较系统的旱地耕作理论；在选种育种方面，总结了劳动群众的育种经验，制定了比较明确的品种分类标准和一套较完整的选种、育种制度，并已初步认识到选择在品种形成中的作用；在土壤肥料方面，记述了绿肥轮作制，这是中国古代农民的重要创造；在果树蔬菜方面，相当细致地阐述了一套较成熟的果树嫁接技术；在农副产品加工方面，明确地指出了在制酱法中“黄衣”（即黄曲霉孢子）的作用，这是微生物学史上非常重要的发现，在酿酒业中已懂得用曲的滤

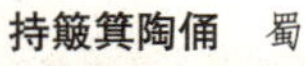

持簸箕陶俑　蜀

耕种图　魏晋砖画

耙地图　魏晋砖画

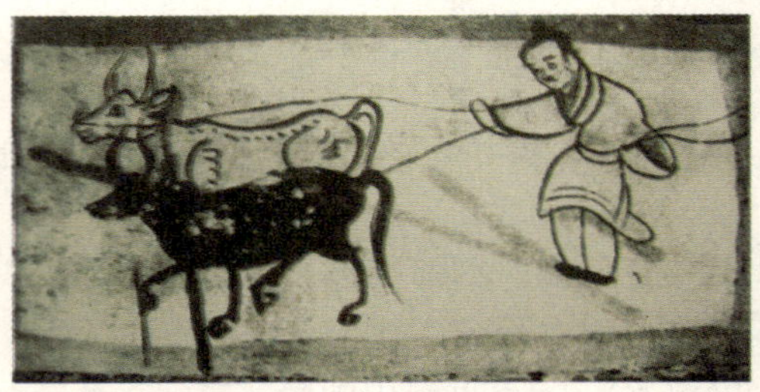
耱地图　魏晋砖画

液进行酿造，这表明当时人们对酶的作用已有了初步的认识；在畜牧兽医方面，总结了北方各民族的畜牧和家畜饲养经验，对种畜的繁育问题也有所阐述，还收集了兽医药方48种，治疗范围包括牲畜的外科病、传染病、寄生虫病和普通病等，这是中国有关兽医药学的重要记载。

《齐民要术》全书将近12万字，正文10卷92篇，序文和杂说各1篇，引述文献多达160余种。书中不仅包含有贾思勰对大量文献资料的引证，而且有许多他调查访问所得的资料和亲身实践经验的总结，还收集了许多农谚，内容丰富并极具说服力。贾思勰非常重视农业，大力主张并推行“以农为本”的政策，希望通过发展农业生产来确保社会稳定和实现国家富强。他的农学理论以其全面性、科学性和实用性的特色，对中国农业科学和农业实践的发展作出了重要贡献。

二、灌钢、制瓷、造纸

灌钢法大约起源于东汉末年，至南北朝时期已基本成熟。其制作过程大致为：将生铁与熟铁合炼，使先熔化的生铁中的碳向熟铁中扩散，并趋于均匀分布，从而增加熟铁的含碳量而成钢。灌钢法既可以使渣、铁分离，又能够以较高效率生产出高碳钢，这项技术不仅在汉代炒钢和百炼钢的基础上获得了突破，而且它的冶炼原理已与现代平炉炼钢较为接近。灌钢法在技术上曾长期居于世界最前列。关于灌钢法有确切文字记载的是南朝梁代陶弘景所著的《古今刀剑录》中所说的“杂炼生鍒作刀镰者”。北齐时著名的“宿铁刀”就是用灌钢法制造的，据传说，其刀锋利竟可以“斩甲过三十扎”。

伴随着灌钢技术的发展，淬火工艺也有了进步和提高。值得一提的是，鼓风技术有了长足的发展。当时已使用了用畜力代替人力的鼓风机——“马排”，但是它所耗费的畜力相当大，熔化一次矿石，往往需要上百匹马。三国时期魏国的韩暨改进了鼓风技术，他在冶铁工场中推广使用了“水排”（即水力鼓风机），从而提高了生产效率，加快了冶铁行业的发展。

这一时期，瓷器制造业发展迅速，已成为手工业的一个重要部门，瓷窑已颇具规模。在中国的很多地方，都大量出土过这一时期的瓷器。南北朝时期，南方仍以青瓷为主，北方则以白瓷驰名。南方的青瓷，胎质坚实，通体施釉且釉层较厚，表面往往呈现出青绿色。青瓷的颜色随瓷土中所含氧化亚铁的含量的增大而加深，所以，掌握好氧化亚铁的含量是成功烧制青瓷的关键。北方的白瓷以氧化钙作呈色剂，瓷土和釉中铁的含量越少则瓷器的白度越高。所以，白瓷的烧制对瓷土的要求相当高，需要有比较精细的瓷土筛选技术作保证。这一时期，除了在瓷土选择技术上的提高之外，在釉料的配置、烧制温度的控制、火候的掌握等方面，也积累了相当丰富的经验。黄釉、黑釉瓷器也在南北朝时期出现，这说明人们所掌握的瓷釉配制技术已经向多样化方向发展，为后来绚丽多彩的瓷器生产奠定了坚实的基础。

青瓷羊尊 吴

青釉牛形灯盏 东晋

三国两晋南北朝时期，造纸技术得到了进一步改善，纸的使用已非常普遍，纸张已经成为人们的主要书写材料。造纸术的革新和进步表现在多个方面：在原料上，已经开始用桑皮、藤皮造纸；在设备方面，开始使用活动式帘床纸模，大大提高了工效；在造纸流程中加强了碱性烹煮和舂捣；纸染色技术已经出现。贾思勰在《齐民要术》中就记载了防止纸张虫蠹以及给纸张染色的“潢治法”，即利用黄蘗染纸的技术，由于当时纸张的使用已较为普遍，因而这种方法很快就得到了推广。这一时期纸的加工工艺也越来越精细，不仅出现了品种繁多的加工纸和色纸，而且逐步形成了一套较完整的工艺体系，已与现代机器造纸工业中的各主要技术环节基本相似，可以说是现代造纸工业的初始形式。

青釉谷仓 西晋

青釉仰覆莲花尊 北朝

青釉博山炉 南朝

三、新机械的出现与大发明家马钧

三国两晋南北朝时期战争频发，不仅促进了兵器的发展，而且激发了大量新机械的涌现。仅仅在攻防器械方面，就出现了火车、发石车、钩车、蛤蟆车等多种形式，它们成为左右战争胜负的重要因素。在官渡之战中，曹操就曾利用发石车摧毁了袁绍的楼车。这方面著名的发明家主要有三国时的诸葛亮和梁朝的侯景。诸葛亮发明了连弩，其“以铁为矢”，“一弩十矢具发”，威力强大。侯景在制造攻城器械方面尤为突出，他曾制造过飞楼、撞车、登城车、钩堞车、阶道车、火车等攻城器械。

对鸟对羊灯树锦　南北朝

在纺织机械的改进与提高方面，主要是在手摇纺车的基础上发明了脚踏纺车和水力纺车。脚踏纺车是纺车制造史上的一次改革，它利用偏心轮和摆轴等机械原理来运作，用脚踏获得动力，转动绳轮传动锭子旋转。这较手摇纺车的纺织效率又提高了一步。

魏晋时最大的发明家要算马钧了。马钧，字德衡，魏国扶风（今陕西兴平）人。他出生于贫苦家庭，自幼勤奋好学，遇事善于钻研。他曾在魏国任小官吏，却因为人耿直、缺乏官场经验而得不到重用。马钧一生爱好机械研究，倾其所有精力改进、发明了许多民用、军用机具，是三国时代著名的机械制造家，与他同时代的文学家傅玄曾称赞他说“马先生，天下之名巧也。”

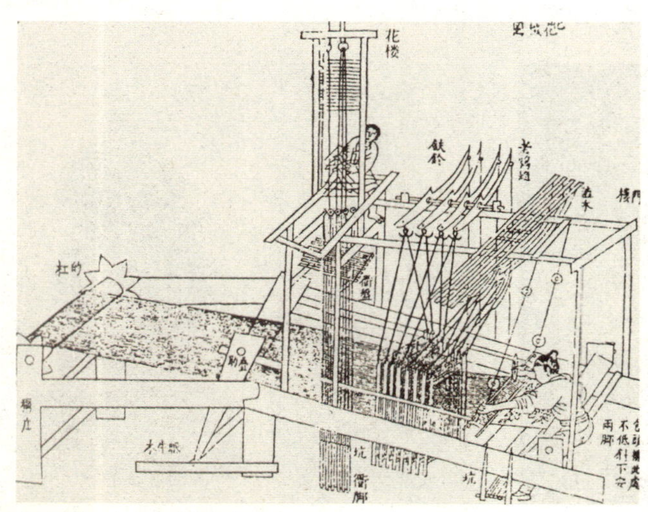

小花楼机《天工开物》插图

马钧最早的一项发明是新式织绫机（提花机）。绫是一种表面光洁的提花丝织品。在三国以前，只有用结构非常复杂且机型笨重的织绫机才能织出复杂、精美的花纹图案来。当时的织绫机主要有两种机型：一种是五十综（经线）的织机，一种是六十综的织机。它们分别要用50或60个蹑（踏板），即需要50或60个人同时踩踏才能进行织绫，而且踩踏动作需要协调一致，稍有不慎，就会产生次品。这种织机费时、费力、效率低。马钧经过反复研究、试验，重新设计了一种织绫机。他通过改造运动机件，增加了蹑与蹑之间的连接，把蹑的数量减少到12个。虽然这种织机仍然比较原始，但在人员比原来减少了七八成的情况下，生产效率反而比原来提高了四五倍，且织出的提花绫锦的花纹、图案奇特，花型变化多样，深受丝织行业的欢迎，并很快得以推广。新式织绫机的出现，大大加快了中国古代丝织业发展的步伐，为家庭手工织布机的发展奠定了基础。

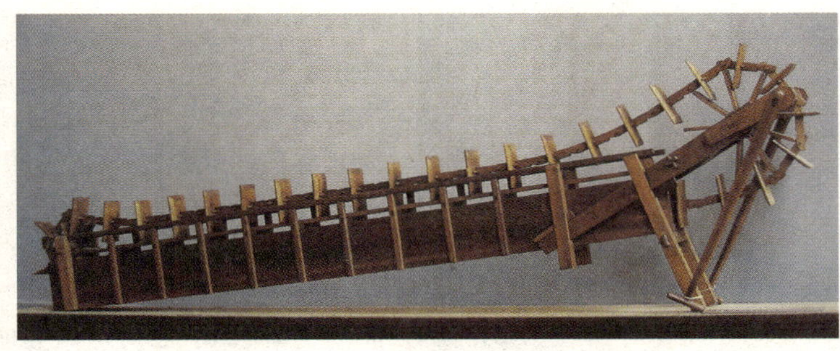
翻车 中国历史博物馆

马钧的另一项伟大发明是龙骨水车，也称为“翻车”。之前，在灌溉时，常常需要用人力将水从低处提升到高处，极为费力，效率也低。龙骨水车的出现彻底改变了这种状况。据记载，龙骨水车的车身是用散块木板拼成矩形长槽，槽两端各架一个链轮，以龙骨叶板作链条，穿过长槽，通过链轮的转动来带动链条运动。车身斜置在水边，下链轮和长槽的一部分浸入水中，岸上的链轮是主动轮，主动轮的轴较长，两端各带拐木四根，这充分运用了力矩原理。人靠在架上，踏动拐木，驱动上链轮，上链轮的运动带动叶板沿槽刮水上升，到槽顶端就将水排出，之后叶板再沿长槽上方返回水中。这样循环往复，就将河里的水引上了土坡。这种水车的操作极其轻便，连小孩也能转动，而且在雨涝时，还能将田里的水向外排，起到了调节旱涝的作用。龙骨水车是当时世界上最先进的生产工具之一，深受广大劳动人民的欢迎。直到20世纪，在中国农村某些地区，仍用这种水车灌溉。

翻车 《农政全书》插图

马钧还重新制造了指南车。在中国，指南车

指南车 中国历史博物馆

铜弩机 魏

的制造有着非常悠久的历史。早在东汉时期，张衡就已制造出精致准确的指南车，可惜到三国时已经失传。马钧在当时一无资料、二无模型的情况下，硬是靠着苦苦钻研，反复实验，运用差动齿轮的构造原理，终于制成了指南车。指南车在混乱的战场上显示了其重要作用，不管战车向何方驰骋，指南车上小木人的手始终是指向南方。

马钧研制的"水转百戏"充分证明了他在机械制造方面的天赋。当时有人进献魏明帝一种木偶百戏，可这种木偶是不能动的，明帝甚为遗憾，于是请马钧对其进行改进。马钧接受命令后没有多久，就成功地制造出"水转百戏"。他以水力推动木制原动轮旋转，再通过传动机构，使得各色木偶都运动起来，以达到表演的目的。这是中国古代木偶艺术中一项非常卓越的创造，也是马钧在机械传动设计与创造方面卓越才能的充分展现。

马钧的机械设计还包括了兵器制造。传说他曾改进了著名军事家诸葛亮发明的连弩。连弩是一种可以连续发射箭支的弩，诸葛亮的连弩每次可发数十箭，马钧对其改进后，使连弩的发射效果更佳。马钧还设计出一种新式的攻城武器——轮转式发石车。这种发石车利用的是一个木轮子，将石头挂在木轮上，然后通过机械带动轮子飞快地转动，把大石头接连不断地发射出去，给敌方造成巨大威胁。马钧发明制造的种种兵器，足以与当时的诸葛亮相媲美。

马钧在农业、手工业、军事等方面的发明创造非常之多，这在中国古代几千年科技文明史中是不多见的，堪称一代机械大师，他的功绩和美名也一直被劳动人民所传颂。

四、对煤、石油、天然气的认识与利用

在当今社会中，煤炭、石油和天然气是生产生活中三种重要的天然能源，而早在古代，人们就已根据当时对这三种能源的初步认识，将它们利用到了生产和生活之中。

中国是最早发现并开采和使用煤炭的国家。中国古籍中对煤炭的称呼主要有石涅、黑色脂、石墨、石炭几种。关于煤的记录最早是在《山海经》中："女床之山，其阳多赤铜，其阴多石涅。"此后的其他典籍中也有过相关记载。由此可见，在很早的时候，煤就已被应用于人们的日常生活之中。最为典型的例子就是曹操在

邺都（今河南临漳西）所建的“铜雀”等三座高台，其内就储存着多达数十万斤的煤。而到了南北朝时，煤已比较广泛地用于烧饭、取暖。

人们将煤炭用于生产中则更早一些。西汉时期已经开始用煤来冶炼铁，使冶炼铁在技术和规模上都有了长足的进步。最为典型的考古证明是在河南巩县铁生沟等地的西汉时期冶铁遗址中发现的高达4米左右的炼铁竖炉遗迹。魏晋时期用煤冶铁的明证则是北魏地理学家郦道元在《水经注·河水二》中记载的：“屈茨（今新疆吐鲁番地区）北二百里有山，夜则火光，昼日但烟，人取此山石炭，冶此山铁，恒充三十六国用。”用煤炼铁既可以得到比木炭更持久的火力，又可以得到更高的温度，是炼出好铁的重要保证。

采煤 《天工开物》插图

中国也是世界上最早开采和利用石油的国家，古代称石油为“石漆”、“石脂水”、“猛火油”、“石脑油”、“雄黄油”等。早在西周时期，劳动人民就已经注意到石油（或天然气）的燃烧现象，《易经》中有“泽中有火”的记载。《汉书·地理志》最早记述了石油性能和产地，书中写道：“高奴县有洧水可燃。”高奴县位于现今的陕西延安一带，洧水是延河的一条支流。晋代张华所著的《博物志》和北魏郦道元所著的《水经注》中也有关于石油的记载。这些记载都表明，中国古代人民对石油的性状已经有了一定的认识和了解，而且已经开始采集和利用石油了。

井火煮盐 《天工开物》插图

天然气是一种可燃性极强的气体，它最早是在开凿盐井的过程中发现的。晋朝常璩的《华阳国志》中有关于天然气的记载：“临邛县有火井，夜时光映上昭。民欲其火，先以家火投之。顷许如雷声，火焰出，通耀数十里。以竹筒盛其火藏之，可拽行终日不灭也……”这段文字描述了井中天然气的燃烧状况。人们还利用天然气（火井）煮盐，既大大节省了采薪运炭的劳力，降低了成本，又提高了产量，从而促进了井盐的大规模发展。

五、刘徽与《九章算术注》

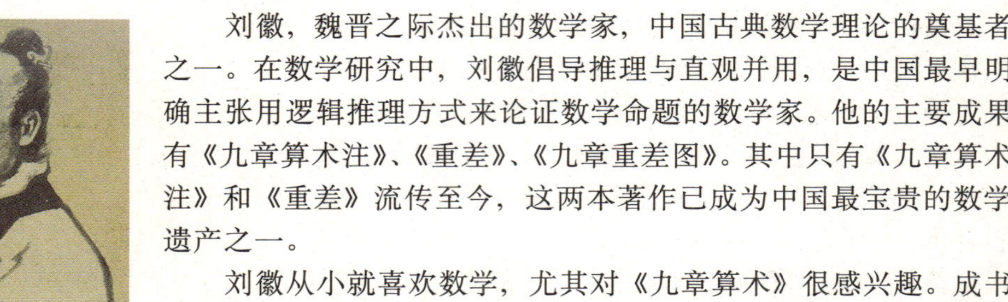

刘徽像 现代 · 蒋兆和

刘徽，魏晋之际杰出的数学家，中国古典数学理论的奠基者之一。在数学研究中，刘徽倡导推理与直观并用，是中国最早明确主张用逻辑推理方式来论证数学命题的数学家。他的主要成果有《九章算术注》、《重差》、《九章重差图》。其中只有《九章算术注》和《重差》流传至今，这两本著作已成为中国最宝贵的数学遗产之一。

刘徽从小就喜欢数学，尤其对《九章算术》很感兴趣。成书于东汉初期的《九章算术》，是中国数学史上的骄傲。但《九章算术》主要是以问题、方法、结论的形式来阐述命题，缺少必要的解释和说明，对所用的概念没有精确的定义，个别的公式尚有不精确或失误之处。于是，刘徽以严谨的科学态度，用既重视理论依据又讲究实事求是的研究方法，加之敢于批判古人理论的治学精神，对《九章算术》进行了准确而透彻的研究，最终把自己的研究心得编著成了闻名于世的《九章算术注》，此书囊括了他的主要数学成就。在《九章算术注》中，刘徽对《九章算术》的本文作了解释和逻辑证明，精辟地阐明了解题的各种方法和理论，更正了其中的个别错误公式，弥补了它的缺陷，使《九章算术》真正成为一部撼世的古代数学名著。

更为可贵的是，刘徽在《九章算术注》中还创造性地提出了许多新的理论，建立起了具有中国独特风格的古代数学理论体系。在书中，刘徽提出了“割之弥细，所失弥少，割之又割以至于不可割，则与圆合体而无所失矣”的“割圆术”观点，这实际上体现了古代的极限思想，而极限思想的提出是世界数学史上的一次伟大飞跃。正是从极限思想出发，刘徽在圆内接正六边形的基础上，依次计算出圆内接正12边形、圆内接正24边形、圆内接正48边形，直到圆内接正192边形的面积，然后运用“外推法”计算出了圆周率的近似值 3.14。刘徽提出的割圆术是求圆周率的正确方法，这种方法使中国的圆周率计算长期在世界上居于领先地位。值得一提的是，刘徽在求圆周率时使用的“外推法”，是现代近似计算的一种重要方法，这种方法的应用历史比西方早了许多年。刘徽在“割圆”过程中，反复运用了勾股定理和开平方计算，体现了当时这些数学知识的成熟程度。刘徽提出了十进小数概念，

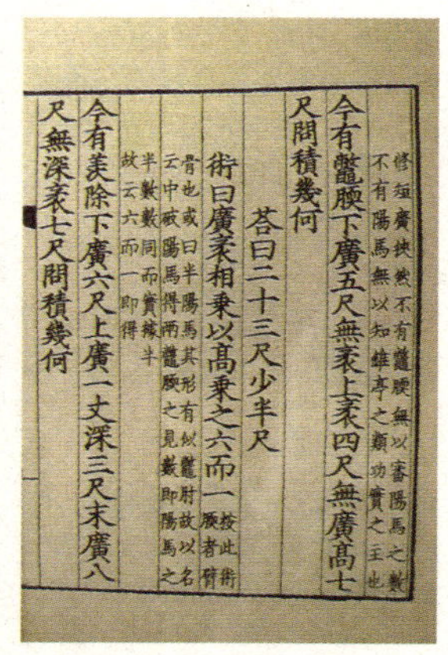

脩短廣挾然不有鼈臑無以審陽馬之數不有陽馬無以知錐亭之類功實之主也
今有鼈臑下廣五尺無袤上袤四尺無廣高七
尺問積幾何
荅曰二十三尺少半尺
術曰廣袤相乘以高乘之六而一按此術臑者臂骨也或曰半陽馬其形有似鼈肘故以名云中破陽馬得兩鼈臑之見數即陽馬之半數數同而實斄半故云六而一即得
今有羨除下廣六尺上廣一丈深三尺末廣八
尺無深袤七尺問積幾何

《九章算术注》书影 南宋刻本

并在世界数学史上最早用十进小数来表示无理数的立方根。同时，刘徽还改进了线性方程组的解法。此外，刘徽非常善于运用逻辑方法来进行数学推理，并提出“析理以辞”的数学证明方法，这使刘徽的注文具有了浓郁的理论色彩，也使原本缺乏分析的《九章算术》充实了起来。总之，经刘徽注释的《九章算术》，影响和支配了中国古代数学的发展长达一千多年，成为东方乃至世界数学的典范之一。

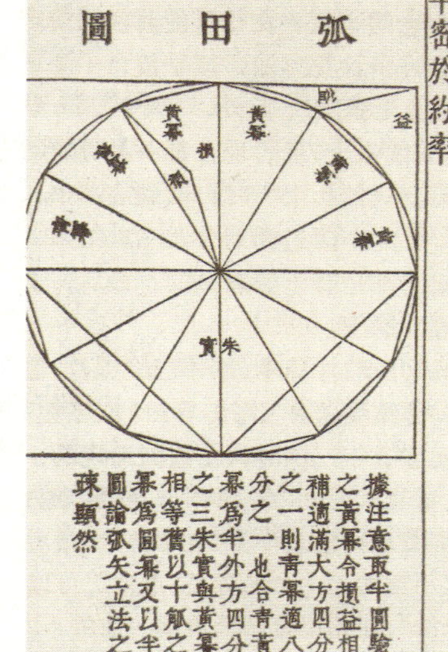

得徑七周二十二乃祖氏之約率非密率也淳風等以爲密率失其實矣徽率與祖氏之約率相較則徽率密於約率

弧田圖

據注意取半圓驗之黃冪令揭益相補適滿大方四分之一則青冪適八分之一也合青黃冪爲半外方四分之三朱實與黃冪相等舊以十觚之冪爲圓冪又以半圓論弧矢立法之疎顯然

刘徽求“π”的穷竭法

刘徽所著的《重差》，本来是编在《九章算术注》的第十卷，唐朝以后，该卷就单独发行了，并改名为《海岛算经》，被列入《十部算经》，成为中国古代测量数学的重要著作。在书中，刘徽精心选编了九个具有代表性的测量问题，其中第一个问题就是有关测量海岛的高度和距离问题。《海岛算经》中的题目都非常复杂，并且具有创造性和代表性，这反映了当时中国测量数学已达到的较高水平，为西方数学界所瞩目。刘徽一生都在刻苦探求数学知识，所取得的丰硕的数学成就，给中华民族留下了宝贵的数学财富。其高尚的品格和博学、严谨、创新的学术精神，更是后人学习的楷模。

六、中国剩余定理

南北朝时期的数学著作《孙子算经》，也是当时中国数学发展的一大成就。书中的中国剩余定理在世界数学界遥遥领先了十几个世纪。中国剩余定理在“韩信点兵”的故事中就有所体现。相传汉代刘邦的大将韩信在点兵时，为了不让敌人轻易知道自己部队的确切人数，就要求士兵报三次数，第一次按 1 至 3 报数，第二次按 1 至 5 报数，第三次按 1 至 7 报数，每次他只记下最后一个士兵所报之数，随后就能快速算出自己士兵的总人数。“韩信点兵”所用的计算方法，用现在数学术语来说就是“中国剩余定理”。

《孙子算经》书影　宋刊本

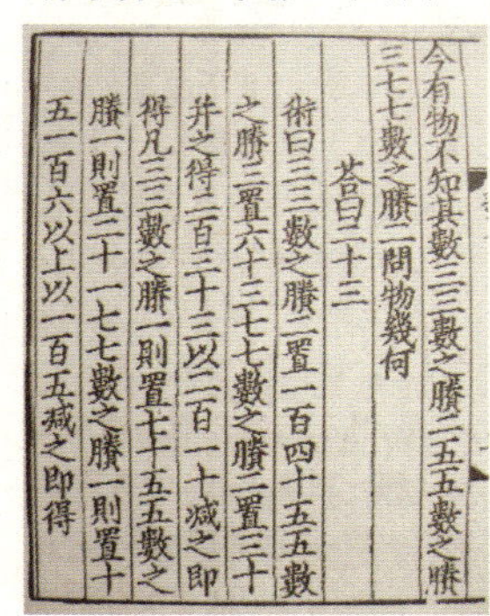

今有物不知其數三三數之賸二五五數之賸三七七數之賸二問物幾何

荅曰二十三

術曰三三數之賸二置一百四十五五數之賸三置六十三七七數之賸二置三十并之得二百三十三以二百一十減之即得凡三三數之賸一則置七十五五數之賸一則置二十一七七數之賸一則置十五一百六以上以一百五減之即得

《孙子算经》中的“孙子问题”或“物不知数”题目是关于中国剩余定理的最早记载。该题目的内容是：“今有物不知其数，三三数之余二，五五数之余三，七七数之余二，问物几何？”换句话说就是求一个被 3 除余 2，被 5 除余 3，被 7 除余 2 的数。显然，用现代数学语言来叙述的话，就相当于求方程组：

$$N=3x+2$$

N=5y 十 3

N=7z+2

的正整数解N，或者是解同余方程组：N=2（mod3）=3（mod5）=2（mod7）。其实，这是现代数学中求一次同余式问题。《孙子算经》中的算法是："三三数之，取数七十，与余数二相乘；五五数之，取数二十一，与余数三相乘；七七数之，取数十五，与余数二相乘，将诸乘积相加，然后减去一百零五的倍数。"列成现代数学算式就是：70 × 2+21 × 3+15 × 2−105 × 2=23。

魏晋南北朝时期，有些天文历算家已经能够求解比孙子"物不知数"更复杂的一次同余式，同时也掌握了计算一次同余式的方法。但确切地说，《孙子算经》及当时的天文历算中对"物不知数"问题的求解方法还有一些臆想，并没有上升到理论高度，也没有一套完整的计算程序。后来南宋数学家秦九韶在研究中提出了一套完整的求解一次同余式的方法——"大衍求一术"，从而奠定了他在世界数学史上的地位。秦九韶认为《孙子算经》计算"物不知数"问题的算式中有四个关键数字，即70，21，15和105，之所以关键是因为它们分别是：被5，7整除，而被3除余1的最小正数；被3，7整除，而被5除余1的最小正数；被3，5整除，而被7除余1的最小正数以及3，5，7的最小公倍数。后来秦九韶将这种算法命名为"大衍求一术"（简单地说，就是求一个数的多少倍除以另一个数，所得的余数为一），并给出了一次同余式组的一般求解方法。这种求解方法用现代数学式可表示为：

$$N=70 \times R_1 + 21 \times R_2 + 15 \times R_3 - p \times 105$$

其中p是整数。在古算书中编成的四句歌谣："三人同行七十（70）稀，五树梅花廿一（21）枝；七子团圆正半月（15），除百零五（105）便得知。"就是这种解法的形象解释。

直到18世纪，欧洲才开始对此问题进行研究。德国数学家高斯在1801年出版的《算术探究》中明确给出了一次同余式组的求解定理。1852年，英国传教士伟烈亚力把中国"物不知数"问题的解法传到了欧洲，立即得到推崇，并将一次同余式组的解法统一冠名为"中国剩余定理"。

七、祖冲之父子

祖冲之（429—500），字文远，南朝著名数学家、天文学家和机械发明家，原籍范阳郡遒县（今河北涞水），为了躲避战乱，迁居江南建康（今江苏南京）。祖冲之出生于天文世家，他的曾祖父、祖父和父亲对天文历法都很有研究。在家庭环境的熏陶下，他从小就对天文、数学有着浓厚的兴趣。祖冲之思维敏捷，勤奋好学，而且富有超常的探索勇气和创新精神，还特别重视实践经验，常亲自进行测量，以获得第一手资料。宋孝武帝曾送他到藏书讲学的要地——华林园学习，这是他科学研究生涯中的重要一步。后来，他离开华林园，从此步入仕途，曾先后担任南徐州（今江苏镇江）从事史、公府参军、娄县（今江苏昆山县东北）县令、谒者仆射（朝廷礼节官），到萧齐朝时已官至长水校尉（军队将领），享受朝廷四品俸禄。

祖冲之像

祖冲之在科学技术领域所取得的成就是多方面的，其中影响最大的是对圆周率的计算。祖冲之在刘徽计算圆周率方法的基础上继续进行推算，一直算到圆内接正24576边形，最终计算出了精确度相当高的圆周率近似值，准确到小数点以后七位数。在当时计算工具极为贫乏的情况下，他硬是靠着排列小竹棍，用简陋的筹算方法进行了如此繁杂的计算工作。可以说这一结果的获得是祖冲之艰辛劳动的结晶，充分体现了他一丝不苟的科学精神和百折不挠的治学态度，这种精神一直被科学界奉为典范。这一成果在世界上一直领先了一千多年。不仅如此，他还计算出圆周率的上限和下限，即圆周率在3.1415926至3.1415927之间，确定了误差的范围，这是史无前例的。为了方便计算，祖冲之还给出了圆周率的两个分数形式的近似值，一个是约率22 / 7，一个是密率355 / 113，这在世界数学史上也是首次。直到一千多年以后，德国人奥托和芬兰人安托尼兹才计算出密率，并称之为“安托尼兹率”。20世纪初，一些科学家曾建议把“安托尼兹率”改称为“祖率”。祖冲之还仔细研究过《九章算术》，对其中的计算公式和二次及三次方程式解法都有重要贡献，还和儿子祖暅一起通过反复计算推导出了球体体积公式。

祖冲之的科学研究成果非常多，著述也非常丰富，涉及内容十分广泛。他与儿子祖暅合写了数学专著《缀术》，他们父子的许多数学思想都体现在此书中。祖冲之父子在钻研了《九章算术》及刘徽的注述后，写成了数十篇修正《九章算术注》的专题论文，并将其附于书后，故称之为“缀述”。《缀术》在唐初曾被列入《十

部算经》，是学生的必修科目，受到了极大的重视。《缀术》还曾传到日本和朝鲜，很长时间内两国都规定太学生必须研读此书。但由于此书中的数学知识博大精深，内容深奥难懂，后来就被废置了，到了宋代就失传了。《缀术》的失传可谓是数学史上的一大损失，也正因为如此，祖冲之父子的许多数学成就不为后人所知。

祖冲之在天文历法方面也取得了辉煌成就。他经过反复地研究和计算，提出了每391年有144个闰月的新闰法，并推算出回归年的长度为365.24281481日，与现今测定的数据仅差46秒。祖冲之首次把岁差运用到历法中，并算出岁差为每45年11个月后退1度。祖冲之还根据他的观测研究，发现当时使用的《元嘉历》中存在着许多错误与不足，于是编写了当时最科学的《大明历》。宋孝武帝大明六年（462），祖冲之请求朝廷废除《元嘉历》，实行《大明历》，此举遭到皇帝宠臣戴法兴等人的强烈阻挠。这些墨守成规的老臣们认为改革历法有悖于祖制，天理难容，于是横加干涉。祖冲之以科学事实和客观规律为依据，写了著名文章《驳议》来同戴法兴等人据理力争。祖冲之主张搞天文研究，不能盲从于古人的迷信说法，而应以实际观测结果为准，并且还要运用严密的数学计算进行推理，才能得出科学结论。可惜的是，他在世时没能看到新历法的实行，直到他去世十年后，《大明历》才在其子祖暅的努力下于梁武帝天监九年正式颁布。

除了数学和天文历法之外，祖冲之还在许多方面有所建树。他设计制造了许多精巧的机械，曾重新设计并制造了失传已久的指南车；发明了利用水力作动力的水碓磨，这是当时世界上最先进的粮食加工机械；他制造了日行百里的“千里船”，在中国造船史上谱写了引人瞩目的一页。此外，他在乐律、棋艺方面有很深的造诣，在哲学、文学方面亦有很高的成就，著有《易、老、庄义》、《论语、孝经释》，还撰写了小说《述异记》10卷。他是历史上少有的博学多才之士。为纪念他的科学功绩，科学家把月球背面的一座环形山，命名为“祖冲之山”。

祖冲之的儿子祖暅，字景烁，也是南北朝时期著名的数学家和天文学家。他自幼好学，乐于探索，思考问题时竟能专注到充耳不闻雷声的境界。他继承了其父在科学研究上的优良品质，成为祖冲之科学事业的后继者之一。祖暅曾经担任过南朝的官职，后由于战乱，被北朝俘虏。即使在被囚期间，他也从来没有停止过科学研究，不仅给北朝的学者讲授数学，而且还与他们共同探讨天文学问题。祖暅在协助父亲推算球体体积公式时提出了“幂势既同，则积不容异”的原理，即“等高处横截面积相等，则二

个立体体积也相等”的等积定理，此定理后来被称为“祖暅公理”，这是他在数学领域中的一大贡献。祖暅精通天文历法，替父推行了《大明历》，他在天文研究方面也取得了巨大成就。祖暅曾亲自建造了八尺铜表来测量日影长度，还发现北极星与北天极不动处相差一度有余，并改进了当时通用的计时器——漏壶。祖暅的学术专著有多部，有史料记载的有《漏刻经》、《天文录》等，可惜均已失传。

魏伯阳炼丹图

八、炼丹术与化学

炼丹术是古代人们用来炼制“长生不老药”的方术，是与“点铜成金”的“炼金术”相伴而生的。炼丹术分为火法和水法两种。火法炼丹是通过加热用金属或陶瓷制成的丹鼎，使里面的物质化合、分解或升华以得到所谓的“仙丹”；水法炼丹是在由陶瓷制成的“华池”里利用一定性能的溶液使物质发生某些化学反应，以期得到所要的“仙丹”或“金品”。

炼丹术在中国有着很长的历史，中国古代的帝王都有长生不老的愿望，大都极力提倡炼丹术。秦始皇统一六国后，就曾派人去海上求“仙人不死之药”。中国炼丹术大约形成于西汉初年（前2世纪），有关这方面的最早文字记载见于《史记·封禅书》，说汉武帝因听信方士李少君的话，亲自祭灶，让方士炼制仙丹。淮南王刘安痴迷于炼丹，他曾组织宾客编写关于炼丹术的书。由于封建统治者的推崇，炼丹术才能够在中国长盛不衰。西汉时期出现了大量的炼丹术专著，如：《三十六水法》、《太清金液神气法》、《太清金液神丹经》、《黄帝九鼎神丹经》等。东汉的魏伯阳是当时著名的炼丹家，他写的《周易参同契》是世界上现存比较重要的炼丹术著作，该书对炼丹术进行了理论总结，对后世炼丹术的发展影响较大。

《三十六水法》书影

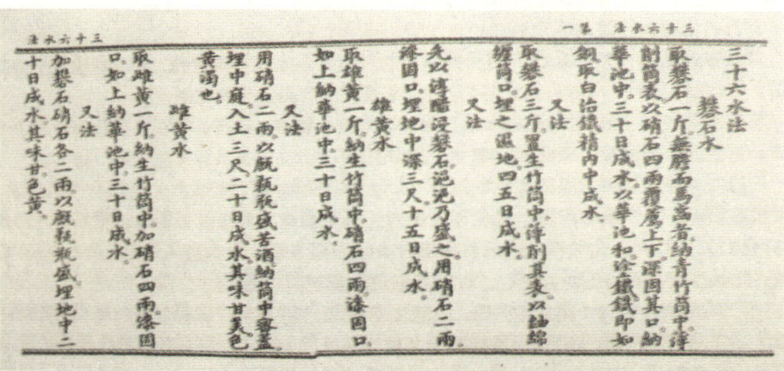

三十六水法
礬石水
取礬石一斤無膠而馬齒者納青竹筒中薄削筒表以硝石四兩覆薦上下深固其口納華池中三十日成水以華池和塗鐵鐵即如銅取白治鐵精內中成水
又法
取礬石三斤置生竹筒中薄削其表以紬綿纏筒口埋之濕地四五日成水
又法
先以淳醋浸礬石迅迅乃盛之用硝石二兩漆固口埋地中深三尺十五日成水
雄黃水
取雄黃一斤納生竹筒中硝石四兩漆固口如上納華池中三十日成水
又法
用硝石二兩以瓶瓶盛苦酒納筒中密蓋埋中庭入土三尺二十日成水其味甘美色黃濁也
雌黃水
取雌黃一斤納生竹筒中加硝石四兩漆固口如上納華池中三十日成水
又法
加礬石硝石各二兩以瓶瓶盛埋地中二十日成水其味甘色黃

三国两晋南北朝时期，炼丹术得到了进一步的发展，出现了著名的炼丹家葛洪和陶弘景。葛洪（284—364），字稚川，自号抱朴子，丹阳句容（今属江苏省）人，同时也是两晋时期著名的医药学

炼丹图 明 · 陈洪绶

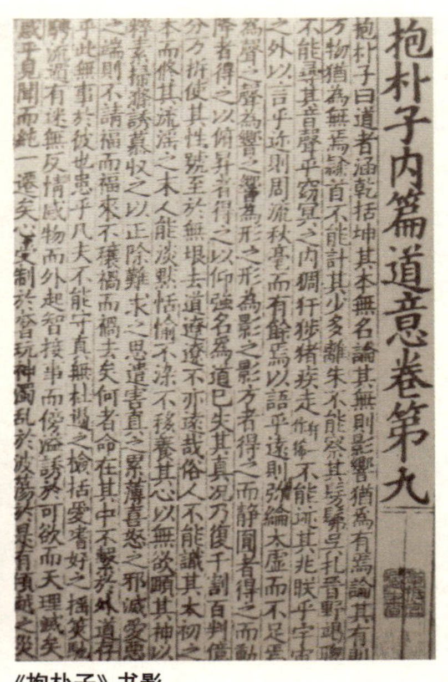

抱朴子内篇道意卷第九

抱朴子曰道者涵乾括坤其本無名論其無則影響猶爲有焉論其有則
万物猶爲無焉隸首不能計其少多離朱不能察其髣髴吳札晉野竭聰
不能尋其音聲乎窈冥之內猗狂猭猪疾走不能迹其兆朕乎宇宙
之外以言乎迩則周流秋毫而有餘焉以語乎遠則彌綸太虛而不足焉
爲聲之聲爲響之響爲形之形爲影之影方者得之而静圓者得之而動
降者得之以俯昇者得之以仰強名爲道已失其真況乃復千割百判億
分之析使其姓號至於無垠去道遼遼不亦遠哉俗人不能識其太初之
本而修其流淫之末人能淡默恬愉不染不移養其心以無欲頤其神以
粹素掃滌誘慕收之以正除難求之思遣害真之累薄喜怒之邪滅愛惡
之端則不請福而福來不禳禍而禍去矣何者命在其中不繫於外道存
乎此無事於彼也患乎凡夫不能守真無杜遏之檢括愛嗜好之搖奪馳
騁流遁有迷無反情感物而外起智接事而傍溢誘於可欲而天理滅矣
惑乎見聞而純一遷矣心受制於奢玩神濁乱於波蕩於是有傾越之災

《抱朴子》书影

家。他继承了早期的炼丹理论，并结合自己的实践经验加以发展，著有《抱朴子》一书。此书分内、外两篇，《内篇》主要阐述了道家思想和炼丹修道的方法，《外篇》主要叙述了葛洪自己的生平事迹。在《内篇》的“金丹”、“仙药”和“黄白”三卷中，详细讲述了炼丹术的内容。“金丹”篇主要讲述怎样利用无机物炼制所谓的长生药；“仙药”篇主要讲述植物性药物的药理作用；“黄白”篇主要是讲述炼制供药用的人造黄金和白银的方法。陶弘景（456—536），字通明，丹阳秣陵（今南京江宁）人，是南朝时期继葛洪之后的又一位著名的炼丹家，在炼丹化学和医药方面都取得了很高的成就。主要著作有《神农本草经集注》、《真诰》、《养生延命录》等。其中《真诰》讲神仙传授的真诀，《养生延命录》讲长生不老之术。

炼丹根源于人们能用药物治病，中国的炼丹家几乎都对医药有研究。他们吸取了劳动人民生产生活的丰富经验，并在采药、制药的过程中积累了大量的关于物质变化的经验知识，对中国医药学的发展起过一定的积极作用。然而，与近代科学相比，他们的最大贡献则是在化学方面的成就。

炼丹图

早在魏伯阳的《周易参同契》里就生动地描写了水银容易挥发、容易和硫磺化合的特性。并讲到水银在丹鼎中升华后“赫然还为丹”的过程。陶弘景在化学方面有许多开创性的思想，他认为水银“能消化金、银使成泥，人以镀物也”，黄丹为“熬铅而作”，胡粉为“化铅所作”，证明他已经认识了铅及其化合物之间的相互转化规律。陶弘景还提出用火焰颜色来鉴别钾盐存在的方法。

按近代化学的观点来看，中国古代炼丹家在

长期溶解金石药的实践中开创了化学史上的两大举措：一是把酸碱反应和氧化还原反应统一起来加以运用，即当时已发现将硝石和其他药物投入到酸性溶液中，便能分离出硝酸根离子，起到类似于稀硝酸的作用。另一重要化学发现是水溶液中金属的置换作用。葛洪观察到了“以曾青涂铁，铁赤色如铜……外变而内不化也”的现象。陶弘景把实验范围扩大到硫酸铜以外，发现鸡屎矾（碱式碳酸铜或碱式硫酸铜）的性质和曾青相似，可以用来“合（制造）熟铜”。

炼丹术尽管是一种伪科学，但是炼丹家们在炼丹实践中，认识到了物质变化的一些规律，并积累起了大量的关于物质变化的经验和知识，在人类早期化学实践活动中写下了厚厚一页。

九、地图学理论和《水经注》

中国古代的舆地之学真正成为一门学问，一般认为是从裴秀开始的。裴秀（223—271），字季彦，河东闻喜（今山西闻喜）人，西晋时期著名的地图学家。他出生于官宦世家，官至尚书令、司空等，为官期间积极为民办事，颇有政绩。他还主管过国家的户籍、土地、田赋以及地图的编制工作。裴秀博古通今，知识广博，特别是在地图绘制方面取得了巨大成就。

裴秀生活的晋代，地图的运用还不普遍。而且当时在制作地图时所考虑的要素比较少，既不设分率（比例尺），也不考证准望（方位），再加之较差的绘图技术，因而所绘地图十分粗糙，也不精确。裴秀曾经参加过多次战役，对精确地图的重要性比一般人有更深刻的认识。在他负责地图绘制工作后便开始系统研究先前的中国地图，并查对核实了各地的地理状况，在此过程中发现地理名著《禹贡》中记载的山川和地名大都已有所变动，可能误导使用者。鉴于此，他耗费数年精力，主持编绘了《禹贡地域图》18篇，这是世界上可考的第一部历史地图集。另外，他还缩制了巨幅的《天下大图》（晋地图），缩制后的名称为《地形方丈图》，绘制比例是1∶1,800,000，所绘山脉、都市、乡村的方位、大小等制图要素都标记得非常详细和精确，便于查找。

《晋书》中关于制图六体的记载

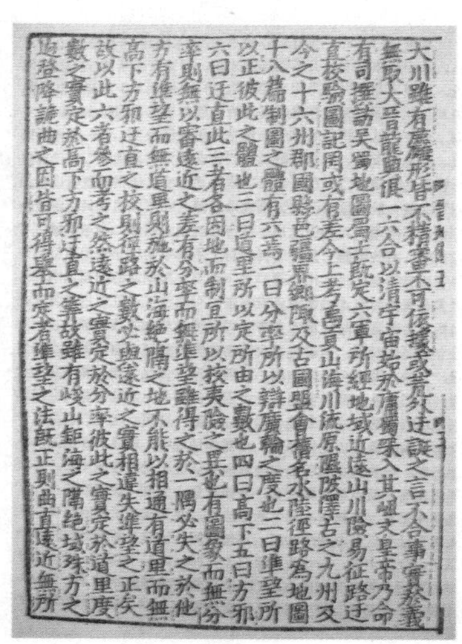
大川雖有麤形皆不精審不可依據或荒外迂誕之言不合事實於義
無取大晉龍興混一六合以清宇宙始於庸蜀采入其岨文皇帝乃命
有司撰訪吳蜀地圖蜀土既定六軍所經地域遠近山川險易征路迂
直校驗圖記罔或有差今上考禹貢山海川流原隰陂澤古之九州及
今之十六州郡國縣邑疆界鄉陬及古國盟會舊名水陸徑路為地圖
十八篇制圖之體有六焉一曰分率所以辯廣輪之度也二曰準望所
以正彼此之體也三曰道里所以定所由之數也四曰高下五曰方邪
六曰迂直此三者各因地而制宜所以校夷險之異也有圖象而無分
率則無以審遠近之差有分率而無準望雖得之於一隅必失之於他
方有準望而無道里則施於山海絕隔之地不能以相通有道里而無
高下方邪迂直之校則徑路之數必與遠近之實相違失準望之正矣
故以此六者參而考之然遠近之實定於分率彼此之實定於道里度
數之實定於高下方邪迂直之算故雖有峻山鉅海之隔絕域殊方之
迥登降詭曲之因皆可得舉而定者準望之法既正則曲直遠近無所

裴秀在编制《禹贡地域图》的过程中，粹取了以往制图学的理论精华，并改进了东汉的绘图方法。他在此图的序言中，提出了制图六原则，即“制图之体有六焉：一曰分率，所以辨广轮之度也。二曰准望，所以正彼此之体也。三曰道里，所以定所由之数也。四曰高下，五曰方邪，六曰迂直，此三者，各因地而制宜，所以校夷险之异也”（《晋书·裴秀传》）。也就是说，制图的原则有六条：第一是分率，即绘图时要恰当地选择比例尺；第二是准望，即要考证不同地点的相对方位；第三是道里，即要测量出两地之间人行道的距离；第四、五、六是说地形有高低、角度有方斜、道路有弯直，而在绘图时需要测量两地的水平直线距离，所以应该遇高取低，遇方（直角三角形的两个直角边）取斜（直角三角形的斜边），遇弯取直，这种计算方法实际上是将大量的几何学知识运用到了地图绘制中。裴秀认为在制作地图时这六条原则是缺一不可的，但也应有所侧重，有主有次，依情况而定。裴秀首创的这“制图六体”可谓是中国古代舆地学发展史上重要的里程碑，为地图编制的科学化奠定了基础，使得中国在3世纪就掌握了一套绘制平面地图的科学理论。这一理论对后世地图学的发展产生了重要影响，在世界地图史上占有重要的地位。

在地理学的进展中，这一时期已出现了专门记述水道的地理著作。三国时桑钦以水道为纲，写了《水经》一书，全书约一万字，系统地叙述了全国范围的水道情况，记述水系达137条，并描述了各水系的源头、所经地、入河口等内容。后来北魏著名地理学家郦道元的地理学名著《水经注》就是以《水经》为蓝本编成的。

郦道元（466或472—527），字善长，范阳涿鹿（今河北涿州）人，他博览群书，一生游历很广，每到一处就访察水道情况。在深入考证与研究《水经》的基础上，撰写了著名的《水经注》一书。《水经注》全书共40卷，约30万字，记述了1252条水系河道的源头、干流和支流等详细情况，以及流经地的土质、地形、特产、城邑、灌溉及其历史沿革。书中所涉及的地理范围相当广，东北到坝水（今朝鲜大同江），南到扶南（今越南、柬埔寨一带），西南到新头河（今印度河），西到安息（今伊朗）、西海（今咸海），

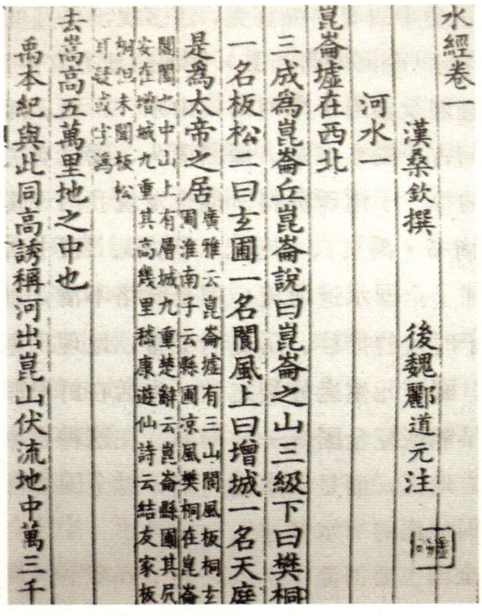
水經卷一　漢桑欽撰　後魏酈道元注
河水一
崑崙墟在西北
三成爲崑崙丘崑崙說曰崑崙之山三級下曰樊桐
一名板松二曰玄圃一名閬風上曰增城一名天庭
是爲太帝之居
去嵩高五萬里地之中也
禹本紀與此同高誘稱河出崑山伏流地中萬三千

《水经注》书影

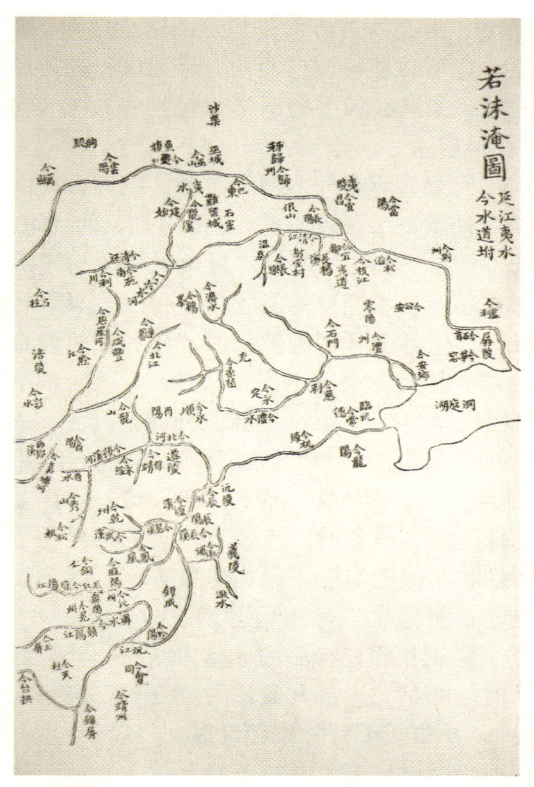

若沫淹图 《水经注》插图

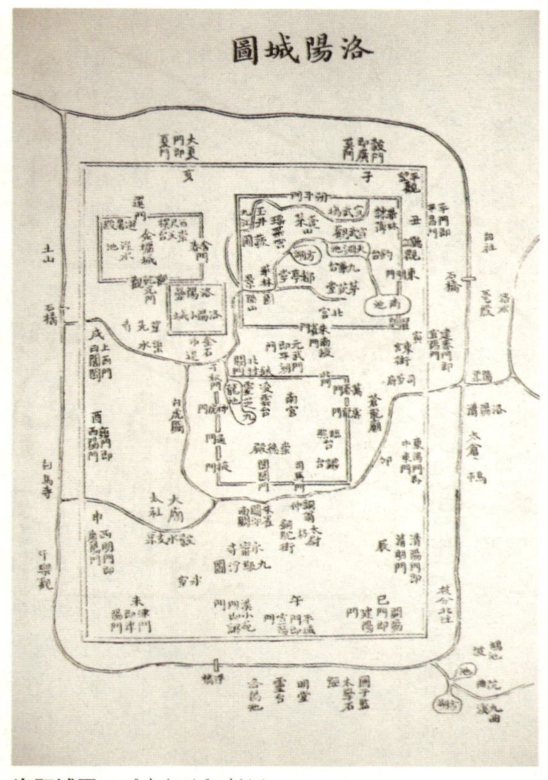

洛阳城图 《水经注》插图

北到流沙（今蒙古沙漠）。在那时就能对如此大范围的地理状况作详细的考证，堪称古代地理学的一次大飞跃。

十、四大医家及其医药学经典

王叔和像

王叔和，名熙，生于一个世代行医治病的家族。关于他的籍贯没有确切的说法，有人认为他是山西高平人，也有人认为他是山东巨野人。王叔和医术精湛，妙手回春，当时慕名前来求医的人络绎不绝，有王公大臣，也有普通百姓。王叔和对求医者有求必应，尽其所能，他救死扶伤的事迹在民间传为佳话，有“再世华佗”的美誉。

王叔和在医学上有两大突出贡献。一是修复了因战乱而损坏的《伤寒杂病论》。《伤寒杂病论》是张仲景编著的医学宝典，在医学史上具有非常重要的地位。王叔和是当时的太医令，他深知

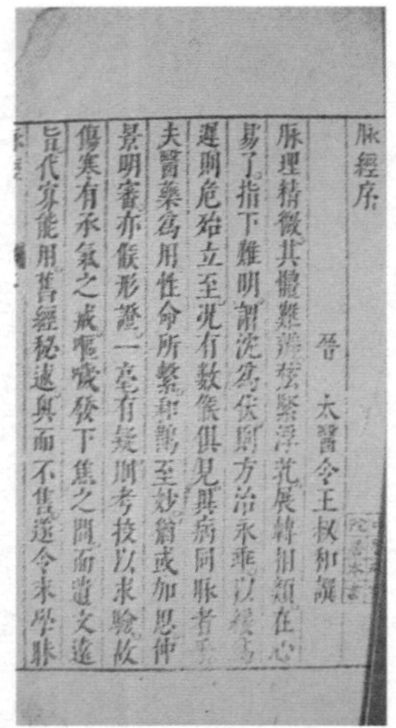
脈經序

晉 太醫令王叔和撰

脈理精微其體難辨弦緊浮芤展轉相類在心
易了指下難明謂沉爲伏則方治永乖以緩爲
遲則危殆立至況有數候俱見異病同脈者乎
夫醫藥爲用性命所繫和鵲至妙猶或加思仲
景明審亦候形證一毫有疑則考校以求驗故
傷寒有承氣之戒嘔噦發下焦之問而遺文遠
旨代寡能用舊經秘述奧而不售遂令末學昧

《脉经》书影

《伤寒杂病论》的重要作用，于是便苦心修复了这部医学宝典，恢复其原貌。《伤寒杂病论》之所以能够流芳百世，与王叔和的贡献是密不可分的。后世的医家如遇到棘手的医学问题往往参考《伤寒杂病论》，以求从中获得启示。

二是编纂了《脉经》，它是现存最早的脉学专著。中国古代医生在诊病过程中使用的一种重要手段就是脉诊，即“望，闻、问、切”四种诊病方法中的“切”，又称“切脉”。脉诊的历史可追溯到春秋战国时期，后来在逐渐积累经验的过程中获得了发展。相传扁鹊、华佗、张仲景等名医都十分擅长脉诊。王叔和在对魏晋以前的脉学知识加以总结的基础上编著出了《脉经》一书。该书共10卷，97篇。早在《内经》中，医家已把脉象分为十几种，王叔和在此基础上对脉学进行了更加详尽细致的研究，在《脉经》中他将脉象分为24种，如浮、沉、虚、实、滑、涩等，这基本涵盖了临床中常见的脉象。他还将各脉象的特点及所代表的症候作了详细的讲解，并对一些症状相似但实际不同的脉象进行了区分说明，用语通俗准确，便于后世医生学习和运用。

《脉经》中详细记载了经王叔和完善后的诊脉方法——寸口脉法。之前，医生在诊脉时用的是“三部九候法”，“三部”是指人迎（气管双侧的颈动脉）、寸口（手臂外挠侧动脉）、趺阳（足背动脉）；每部又有三候脉共计九候。诊病时，要对上述九脉一一诊断，过程繁琐而不便。王叔和在对“三部九候法”和《难经》中的诊脉法进行归纳整理和严密推演的基础上，发明了“寸口脉诊断法”。王叔和发现“寸口”脉能反映人的心肝脾肺肾等脏腑状况，根据病人寸口脉的脉象状况就可以基本确定病症。王叔和认为诊病时不能只看寸口的脉象，还要综合运用望、闻、问诸法，并结合病人的临床症状才可确诊。此外，还要根据患者的性别、年龄、体态特征、性格等因素的差别而灵活处理，不能脱离实际，循规蹈矩，而应该把脉学知识与实践相结合。王叔和的创新研究大大简化了脉诊程序。

脉象图　明

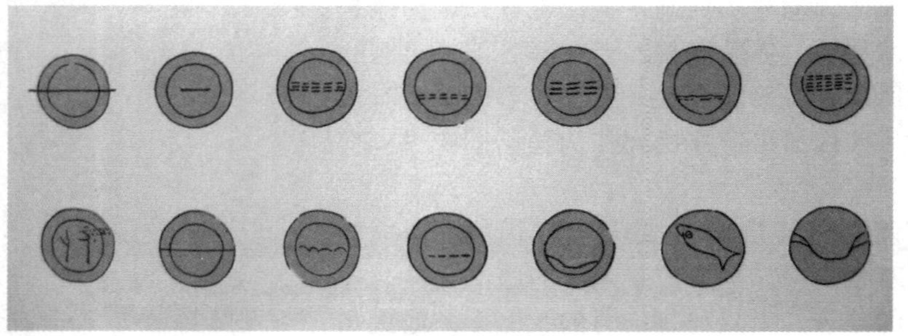

《脉经》是中医学中的脉学宝典，在中医学发展史上的地位十分重要。唐朝时，《脉经》曾是太医必须研读的医书之一，直到今天，传统中医诊病仍继续使用王叔和

首创的“寸口脉诊断法”。

皇甫谧（215—282），字士安，晚年自号玄晏先生，甘肃人，魏晋时期著名的学者和医学家。皇甫谧的叔叔无子，他就被过继给了叔叔。皇甫谧天资聪颖，可少年时却不喜欢学习，20岁时，在婶婶的感召之下才开始奋发苦读，从此便全身心地投入到了学问中，成为当时著名的学者，名声显赫，成就斐然。他博古通今，知识渊博，一心向学，无心涉足官场，皇帝多次召他入朝为官都被他婉言谢绝了。他的学术成就颇丰，为后人留下了多部文史方面的优秀著作，如《高士传》、《列女传》、《逸士传》、《玄晏春秋》等。

皇甫谧像

皇甫谧最大的成就不是在文史方面，而是在医学方面。他的医学天赋显露较晚，可谓是大器晚成。一开始他的主攻方向是文史，一个偶然的事件使他关注起了中医而且有了展现医学天赋的机会。皇甫谧在学术上刚有所成就时，却不幸患上了风痹病，医生们对他的病束手无策。无奈之下，他自己开始研读医书，希望能治好自己的病。皇甫谧研究了针灸、拔火罐、按摩等传统医疗方法，凭着自己的聪明才智最终医好了风痹病。病愈后，他继续研究，发现以前的针灸书籍深奥难懂，并且流传下来的很多书籍都是残篇，这更增加了学习的难度。为了改变这种状况，他一方面继续深入研究《内经》、《针经》、《明堂孔穴针灸治要》等针灸医书，吸取其中的精华；另一方面结合自己的亲身体会，准确把握了人体的脉络与穴位，经过不懈的努力，在他42岁时著成了《黄帝三部针灸甲乙经》。书中统一了经络穴位，并进行了准确定位，它是中国最早的针灸学专著，可称得上是针灸医学发展史上的重要里程碑。

《针灸甲乙经》书影

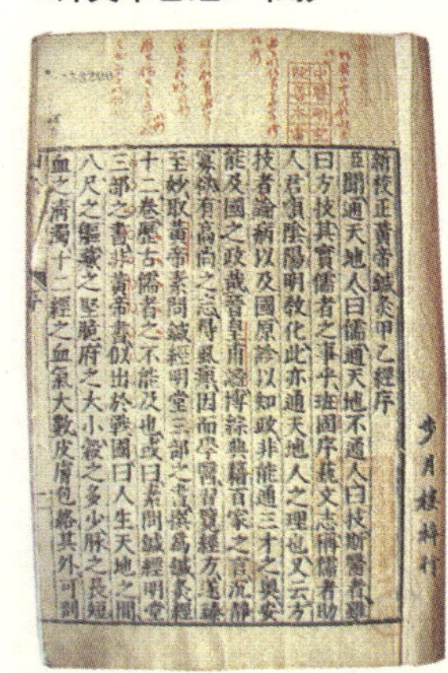
新校正黃帝鍼灸甲乙經序
臣聞通天地人曰儒通天地不通人曰技斯醫者雖
曰方技其實儒者之事乎班固序藝文志稱儒者助
人君順陰陽明教化此亦通天地人之理也又云方
技者論病以及國原診以知政非能通三才之奧安
能及國之政哉晉皇甫謐博綜典籍百家之言沉靜
寡欲有高尚之志得風痹因而學醫習覽經方遂臻
至妙取黃帝素問鍼經明堂三部之書撰爲鍼灸經
十二卷歷古儒者之不能及也或曰素問鍼經明堂
三部之書非黃帝書似出於戰國曰人生天地之間
八尺之軀藏之堅脆府之大小穀之多少脈之長短
血之清濁十二經之血氣大數皮膚包絡其外可剖
步月樓梓行

《黄帝三部针灸甲乙经》又名《针灸甲乙经》，世人简称为《甲乙经》，全书共12卷，128篇。此书在系统地整理和总结前人在针灸方面所取得的成就的基础上进行了大胆创新和发展，大致包括针灸学基本义理与治疗方法、临床医治两大部分。第一部分不仅系统论述了有关人体的生理、病理以及脏腑和经络理论，而且还对人体经络穴位进行了科学分类，并补充了许多以前并没有记载的穴位，对各个穴位进行了明确定位，对各穴的适应症、针法和禁忌症等也都作了条理清晰的详细描述。此外，它还对前人在针灸方面的谬误及不准确的地方一一作了纠正，如将“中脘”穴由

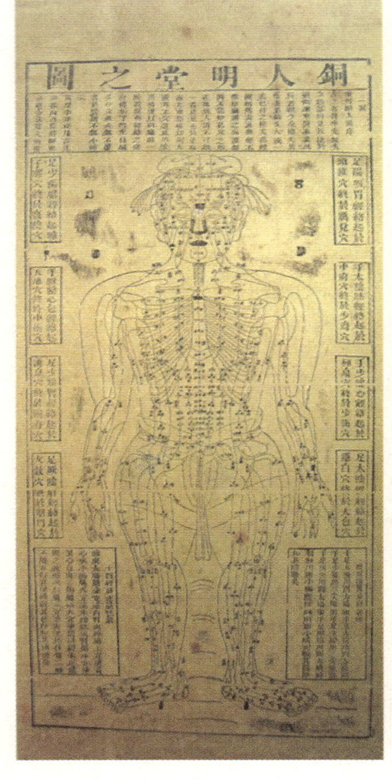

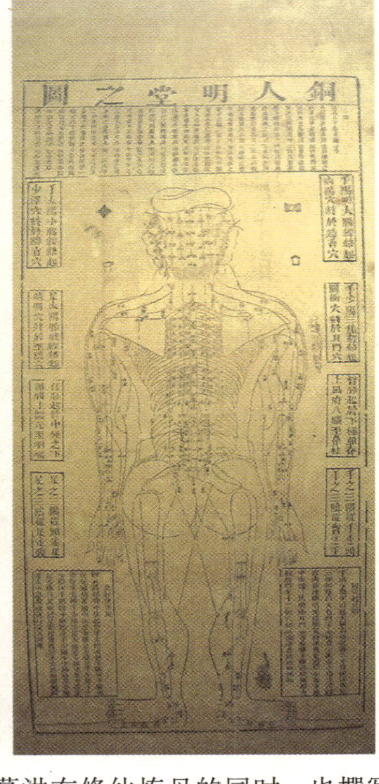

原来的脐上三寸改为正确的脐上四寸，使此穴在治疗胃病时能发挥其应有的作用；同时还记载了他自己编创的简单易学的取穴方法。第二部分分类记述了内科、外科、妇科、小儿科等的临床经验，为后人实际应用提供了丰富可靠的参考资料，具有极高的实用价值。

《针灸甲乙经》不仅涵盖了前世针灸学的精要，而且还有皇甫谧在为自己和他人治病时的经验总结。《针灸甲乙经》是中国针灸学发展史上承前启后的名篇，向来被许多国家的医学界参考使用。

铜人明堂之图（正背面） 明

葛洪在修仙炼丹的同时，也撰写了不少医学书籍。他晚年在罗浮山上编写了《玉函方》100卷。后来，为了便于携带，他又把书中实用部分缩编为《肘后救卒方》3卷。此书经梁朝陶弘景增补，改名为《肘后百一方》，后来又经金代杨用道等再行增补，更名为《肘后备急方》。《肘后备急方》是葛洪唯一流传于世的医学著作，全书共8卷，所收录的药方大都选用易得、有效、价廉的药物，而且使用起来也十分方便。书中还记载了热熨、蜡疗等简单的治疗方法，以及用大豆、牛乳、羊乳治疗脚气病的方法。葛洪对一些传染病的认识与记载是《肘后备急方》中最有价值的部分，如对天花作了最早的详细记述，他在书中还提到了马鼻疽和砂虱等传染性疾病。值得一提的是，《肘后备急方》中在讲到治疯狗咬伤时指出，可用疯狗脑浆治疗，其中蕴含了近代免疫学的基本思想，说明当时的医学家已经初步掌握了免疫的方法，这是极为可贵的。

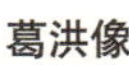

葛洪像

陶弘景一生著述颇丰，其中最有名的医药著作是《神农本草经集注》。陶弘景有着世代从医的家学渊源，自己也十分热衷于医学研究，因而他在医药学方面造诣极高。陶弘景的医药学著作非常多，《神农本草经集注》只是其中一本。《神农本草经集注》又

陶弘景像

简称为《本草经集注》，原书早已佚失，但其主要内容都能在《证类本草》和《本草纲目》中找到。此书是继《神农本草经》之后的又一部重要医药学文献，是对药物学知识的又一次系统总结。从成书时间上来看，《神农本草经集注》比前者晚了四个多世纪，因此，它的内容既是对前者的注释、补充，又是对前者的发展。陶弘景在整理医学典籍时，十分尊重原作，从不在原著上乱涂乱改，即使有补充，也是用不同的字迹写下自己的观点以区别于原文，如果要把新搜集到的药加入到《神农本草经》中，就用“黑”字写，而原书是用“红”字写的，这也是“本草赤字”、“本草黑字”之称的来历。他开创的这种注释方法，为日后注释家所遵循。

陶弘景编著的《神农本草经集注》主要有三方面贡献。首先，改进了药物的分类方法。陶弘景之前是按照《神农本草经》中的分类方法对药物分类的，即将药物分作六部三品。而陶弘景通过多年的研究认为这种分类方法存在着一定的弊端，不能准确区分药物的性能，且方法不易被掌握。于是，他提出了按照药物的自然来源和属性划分药物归属的方法，即将收录的药物分为玉石、草木、虫兽、米食、果、菜、有名无用（未经验证药性的药物）等七大类。这是中国古代中药分类史上的一次重大进步，在此后的一千多年里，这种分类方法一直被沿用。其次，首创了“诸病通用药”的分类体例，即根据不同药材所能治疗病症的不同，把药物分别纳

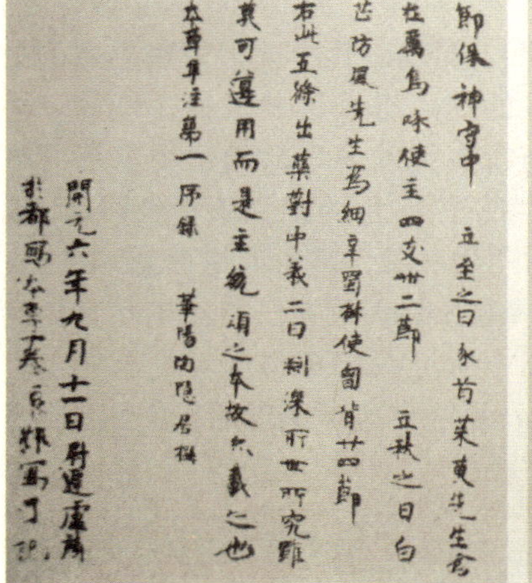

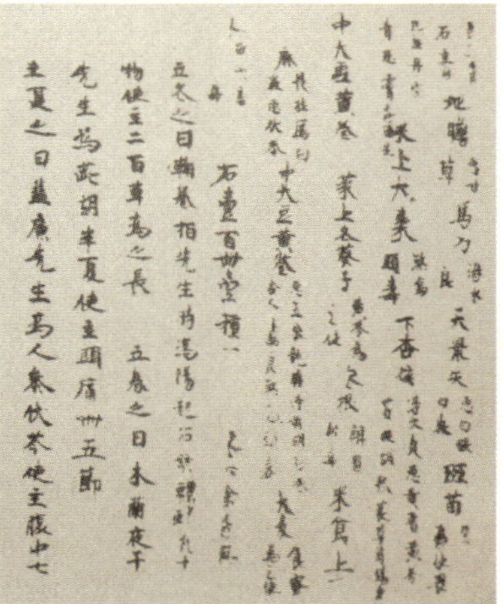

《本草经集注》 唐写本

入不同的病症项下进行介绍。这种方法在介绍药物时纵横交错，将药物分成了八十多类。这不仅为医生开处方用药提供了方便，而且也开创了后世按药物功用进行分类的先河。再次，整理和校订了730种药物。《神农本草经集注》7卷书中收录了《神农本草经》中的365种药物以及新增的365种药物，并对每一种药物的产地、采集时间、形态鉴别、炮制加工和储存方法以及临床应用都进行了极为详细的叙述，还纠正了《神农本草经》中的一些错误，对后世医药学的发展产生了积极的影响。

雷公像 清

最后再介绍一下《雷公炮炙论》。中药材一般取自自然界，有时药材会有毒或药效不够理想，为了克服这些问题，对药材进行加工制作是必要的，这种加工制作即“炮炙”，也可称为炮制。中药“炮炙”的历史是非常悠久的，积累的经验相当丰富。南北朝时期问世了中国第一部中药炮制专著——《雷公炮炙论》，它系统地总结并发展了以前的中药加工炮炙方法，推动了制药学的建立与发展。《雷公炮炙论》共3卷，收载药物300种，记述了17种炮制药品的方法，如炮、炙、煨、炒、煅、度、飞、伏、镑、曝、露等。其中关于一些生药的处理方法以现在的观点来看仍然是很合理的。书中特别重视药物真伪的鉴别，指出中草药有许多是形似而质不同，在用药前必须仔细辨认，确保与药方上的药物一致，避免误用而影响药力，或造成中毒。《雷公炮炙论》已有一千几百年的历史了，但书中所记载的药物加工炮制的过程和要求，大部分是符合科学道理的，许多炮制方法至今仍在使用。

修事云母法图

第六章 隋唐科技揽胜

581年，北周大臣杨坚夺取政权，建立了南北统一的隋朝。它标志着中国自西晋末年以来近三百年分裂局面的结束。隋文帝后期与隋炀帝前期，曾一度出现过社会富足稳定、科技长足进步的局面。618年隋朝灭亡，唐朝建立。唐朝中期，中国的政治、经济、文化、科技都取得了空前的发展，被誉为“大唐盛世”。

综观隋唐科技，可谓是全面推进，重点突出。这一时期，既对先前的诸多科技领域的成就进行了继承与发展，又开创了多方面的世界之最。唐朝时期，农业获得了较大发展，其中茶叶栽培的兴盛可以说是唐代农业的亮点。陆羽的《茶经》是世界第一部关于茶叶的专著，该书系统地总结了唐朝以前的种茶经验，陆羽也因此被后人称为“茶圣”。隋炀帝时期开凿的京杭大运河是世界上修建最早、最长的人工河，它以洛阳为中心，南抵余杭，北到涿郡，沟通了中国的海河、黄河、淮河、长江和钱塘江五大水系，为后来唐朝的繁荣奠定了一个良好的基础。大运河的修建极大地推动了航运工程的发展，堪称是世界水利史上的壮举。以赵州桥为代表的桥梁建筑也达到了当时的世界前沿。而雕版印刷的发明则极大地促进了文化的传播和发展。

隋唐时期数学的发展也较快，涌现出了许多理论性和实用性的数学著作，并首次提出了一些领先于世界的数学理论和计算方法。特别是隋唐时期实行了科举制度并设立了国子监，促进了数学教育的发展。太史令李淳风等人编纂注释的《算经十书》，成为算学馆学生的课本，这对保存古代数学成就起了重要作用。杰出的天文学家僧一行，在世界上第一次运用科学方法测量了子午线的长度，并首创了不等间距的二次内插法。在医学方面，孙思邈的《千金方》等巨著问世。在药物学方面，由苏敬等集体编写的《新修本草》可以说是中国早期的动植物图谱。

总之，中国科技在隋唐时期获得了蓬勃发展，而且随着中外交流的增强，科技成就不仅促进了中国社会的进步，对世界文明的进展也产生了极大影响。

一、《四时纂要》和《茶经》

隋唐时期，政府实行了一系列鼓励垦殖土地、人口及徭役政策，为农业生产的兴盛创造了一定的社会条件，因此，隋唐时的农业获得了很大发展。在农业生产的发展中，农具的改进起了非常重要的作用。南方已开始广泛使用牛牵引的铁犁，以及铁锴、“爬”（耙）、“礰礋”（碌碡）等。另外，灌溉工具也在不断改进，马钧发明的龙骨水车和筒车等逐步得到了推广，北方灌溉时主要用水车，而长江流域则多用筒车，从而促进了农田作物产量的提高。隋唐时期的耕作技术，尤其是南方的水田耕作技术也得到了进一步的改进。农业生产的兴盛，促进了农学的发展，在当时涌现出了许多农学著作。其中比较有代表性的为：《兆人本业》（成书于武则天年间，已佚）、《保生月录》（已佚）、《四时纂要》、《耒耜经》（晚唐陆龟蒙著，中国最早关于农具的专著）等。

牛转水车图 唐

后世的筒车 《农政全书》插图

《四时纂要》约成书于唐代，作者韩鄂，生平不详。原书在中国早已遗失，1960年在日本发现了明万历十八年（1590）朝鲜的重刻本。《四时纂要》是以前人总结的相关资料为基础而著成的一本月令体农书，它的体例与汉代农书《四民月令》非常相似。书中将一年分为四季、十二个月，并按月记载了各种天文、占候、丛辰、食忌、祭祀、种植、酿造、牧养、杂事，涉及农业生产、农副产品加工、医药卫生、商业经营、教育文化等方面内容。《四时纂要》一书的大部分资料都来自

扬谷图 唐

苜蓿

《齐民要术》，其余少数摘自《氾胜之书》、《四民月令》、《山居要术》等古籍，但此书在内容上较上述古籍有了长足的发展，且多处具有独创性。如农业生产技术方面，作者记载了许多当时先进的种植技术，例如，果树嫁接，合接大葫芦，苜蓿和麦的混种，以及种姜、葱等。另外还有一些中国最早的农业生产纪录，如种棉、茶树和养蜂等，其中对茶树栽培技术的总结可以说是本书最大的贡献。书中关于农副产品的加工制造方面的记述也很详尽，特别记载了许多酿造中的创新。如利用麦麸酿制"麸豉"的技术，就非常经济实惠。制酱技术也有了很大的发展，首创了先把麦、豆合并一起制成干酱醅，再将咸豆豉的液汁加以煎熬作灭菌处理，贮藏以作调味品的新式制做法，这就打破了以前的先制麦曲、后下曲拌豆的分次做法，使以后的酱油生产逐渐变得普及起来。另外，药酒、果子酒的酿制技术也都有了很大改进。对各种植物淀粉的提制技术也日益提高，已从谷物扩展到藕、莲、荸荠、薯蓣、百合、茯苓等。尤其要提及的是，书中还收录了当时很多种药用植物的栽培技术，这是现存农书中关于这一内容的最早记载。

水磨坊

大麦穗
新疆出土

《四时纂要》在中国农学史上具有举足轻重的地位，是继《齐民要术》之后又一本影响颇深的农书，在宋代影响很大。它填补了自《齐民要术》至《陈旉农书》之间相隔六个世纪的空白，对农业生产技术和社会经济发展的研究和记述起了承上启下的作用。

斗茶图

中国是世界上最早发现茶树和饮用茶叶最多的国家。茶在古代称荼，又名槚、蔎、茗、荈等。悠久的茶树栽培、茶叶加工和饮用的历史，形成了中国独具一格的茶文化。唐代时，茶树栽培的范围已很广，当时的农民非常热衷于种茶，甚至还出现了官营茶园。《四时纂要》和陆羽的《茶经》等都有着比较早的关于茶树的详细记载。从书中可以看出，当时人们已经了解茶树是短日照且耐阴的植物，茶籽需要经过一定的休眠期，在一定的温度和湿度下才能发芽。唐朝时已运用“蒸青制法”对茶叶进行加工，即把采来的鲜叶，用蒸汽杀青、捣碎、制饼、贯穿起来烘干。这样既能够消除茶饼的青臭气味，又便于储藏和运输，是当时最先进的茶叶加工方法。唐朝时中国出产的茶叶种类就已很多，如蒙顶石花、顾渚石笋、福州方山露芽、霍山黄芽等十多种茶叶都是当时的名品。

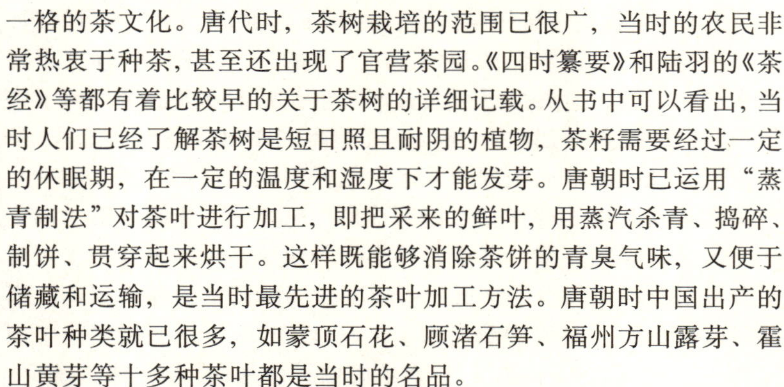

陆羽像

陆羽著成的《茶经》是中国也是世界上最早的一部茶叶专著。作者陆羽（733—804），字鸿渐，复州竟陵（今湖北天门）人。他本人酷爱饮茶，常年在名茶产地苕溪（今浙江吴兴）隐居。《茶经》共3卷，约9000字，全书共分为10个部分：“一之原”介绍了茶的生产和特性；“二之具”叙述了采茶用的器物；“三之造”记录

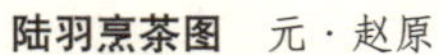
陆羽烹茶图 元·赵原

了茶叶的加工；“四之器”指出了用来煮茶的各种器皿；“五之煮”描写了煮茶的方法；“六之饮”讲述了饮茶的作用、历史、方法等；“七之事”记载了历史上饮茶的人物和文献；“八之出”记录了茶的产地；“九之略”介绍了在山野临时制茶、煮茶的简略方法；“十之图”则是将上述九项内容写在素绢上，挂在座位旁边，以方便浏览。

《茶经》在中国茶文化的形成和发展中具有重要作用，堪称茶书之渊薮，陆羽也被奉为“茶神”。

二、大运河和赵州桥

584年，隋文帝统一全国后，决定开凿河渠以解决漕运问题，随即任命宇文恺带领民众开始了广通渠的开凿工程。这项工程将渭水经大兴城、潼关最后引入黄河，全长共150多公里。到了隋炀帝时，为加强对江南的控制、运输粮食和布帛以及出巡游乐，发起了更大规模的贯通全国南北水系的开凿大运河的工程。

大运河开凿工程是分三期完成的。605年，开始了第一期工程——通济渠的开凿，它西起东都洛阳西苑，引洛水、谷水入黄河，又引黄河水入淮河，再疏通战国时吴国开凿的邗沟到达江都(今江苏扬州)，最终把淮河水引入长江。608年，开始了第二期工程——永济渠的开凿，它是在洛阳附近的板渚，引沁水入黄河，又引黄河水北流，到达涿郡（今北京）。610年，开始了第三期工程——江南河的开凿，它从京口（今江苏镇江）到余杭（今浙江杭州），沟通了长江和钱塘江。全部贯通的大运河全长2700公里，是世界上最长的运河。它沟通了海河、黄河、淮河、长江和钱塘江五大水系，连贯了南方、北方和关中的广大地区，对于中央集权的加强、南北物资的调运和文化交流，都具有十分重大的

隋炀帝下扬州

意义。

开凿大运河

大运河凿通以后，运河上的商船可谓是络绎不绝，极大地促进了隋唐时期航运水利工程的发展；同时也使运河两岸的商业都市如杭州、扬州、镇江等成为当时物资和人文荟萃的繁荣城市。唐朝廷非常重视运河漕运的组织管理，以使江南的物资源源不断地运往关中。据载，当时由大运河运往北方的粮食，每年在250万石左右。733年，裴耀卿建议采取分段转运法来缩短漕运时间，唐玄宗采纳了这一建议，果然使运输效率得到了很大提高。唐代宗时又采纳了刘晏关于疏浚运河、建造坚固船只等建议，又使得漕粮的损耗大大减少。大运河航运的畅通，对维护和巩固唐朝的统治起到了重要作用。

李春塑像

隋唐时期在桥梁建筑上也颇有建树，其中闻名遐迩的是坐落在今河北省赵县城南部的赵州桥。赵州桥又称“安济桥”，由著名的工匠李春设计，建造于隋开皇年间（595～605）。桥全长50.82米，桥面宽9米，单孔石拱的跨度达37.37米，是世界上现存最古老的跨径最大的石拱桥。这座古老的石拱桥之所以一千多年来昂然屹立，雄风依旧，是因为它有着精巧科学的设计和坚实的基础。它的选材全部为青灰色石灰岩，质地坚硬，抗压强度大，耐寒耐热性能好；且其建桥方式也颇具独创性：它在石拱桥的主

赵州桥

赵州桥石栏板

要受力部分——大拱卷的左右上方各建了一个小拱来辅助排泄洪水。这样，汛期时就可以增加过水量，减轻桥基负载，保障了桥体的安全性。更妙的是，由于小拱的修建使得桥看起来更加美观，真可谓是“一箭双雕”。

赵州桥无论从实用性还是艺术性来说，在世界建桥史上都是首屈一指的。欧洲同类型的拱桥于19世纪才始建，比中国晚了约1200年。可以说赵州桥当之无愧是中国和世界建桥史上一颗耀眼的明珠。

三、雕版印刷

印刷术是中国的四大发明之一，最早指的就是雕版印刷。关于雕版印刷的发明年代尚有争议，一般认为应在隋唐时期，因为唐朝已有大规模运用雕版印刷的文字记载。雕版印刷的发明与当时政治、经济、文化的高度发展有关。因为农业、商业、手工业的快速发展，百姓生活的安居乐业，使得人们对文化生活有了更广泛和更迫切的需求，雕版印刷由此应运而生。

从技术上讲，文字雕刻技术、造纸技术和制墨技术是雕版印刷技术产生的三个基本条件。在中国早就有图章和石刻技术，文字雕刻技术有着悠久的历史，而造纸技术和制墨技术在汉代时就已经成熟。所以，雕版印刷术发明于中国有其必然性。

868年印制的《金刚经》

雕版印刷术的基本过程是：首先选用比较坚硬而不易变形的枣木、梨木，做成平整光滑的木板；再把要印的内容写在薄纸上，字面朝内反贴到木板上，用刀把字刻出来；然后再在刻好的版面上均匀刷上黑墨，覆上白纸，用干净的刷子轻轻刷过，使印版上的图文清晰地转印到纸张上，最后把纸揭下来，内容就印好了。把

印好的纸张装订成册，就制成了书本。据记载，当时一个熟练的工匠，一天可印2000多张。

由于木刻技术简单、印刷便捷、费用低廉，而且与手抄书相比，效率也有了显著提高，因此，雕版印刷技术一经产生，就广受欢迎，很快得到了推广。593年，隋文帝下令将所有的佛像、经书全部雕版印刷。636年，唐太宗下令对刊有古代典型妇女人物故事的《女则》一书进行雕版印刷。到唐朝以后，雕版印刷已普及，当时无论官府还是民间都通晓这一技术，雕版印刷已成为一种新兴而重要的手工业部门。836年，唐文宗为维护皇帝“授民以时”的权威，曾下令民间各地禁止私自印刷历书，这也从另一个侧面证明了那时雕版印刷技术的平民化及普遍性。

后世的雕版印刷小作坊

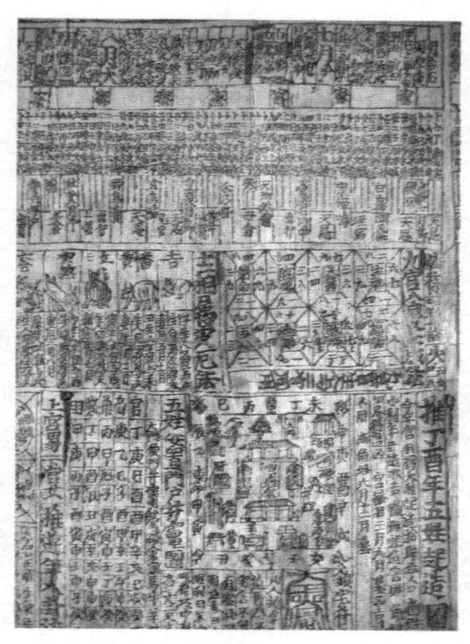

877年印制的历书

早期的雕版印刷主要用于宗教活动、刻印诗集、历法书籍的印刷。从宗教活动方面来看，雕版印刷与佛教的关系是密不可分的。据历史记载，隋唐时期信佛人数大增，从而导致人们对佛经、佛像的需求量急剧增加，因此，僧侣们迫切寻求一种能够大量复制佛经和佛像的方法，而此时刚刚兴起的雕版印刷则轻而易举地解决了这一问题。因此可以说，佛教对印刷术的产生以及应用推广起到了极大的促进作用。目前找到最早的雕版印刷佛经是1966年在韩国发现的木刻陀罗尼经，刻于704～751年之间。

唐无垢净光大陀罗尼经

韩国出土

雕版印刷术发明以后，逐渐传入了周边国家。可以肯定地说，世界各国的印刷术都是在中国印刷术的基础上产生、发展起来的。欧洲现存最早的、标有确切日期的雕版印刷品是德国的《圣克利斯托菲尔》画像，它制成于1423

年，比中国晚了约600年。中国雕版印刷术的发明对于人类文明史具有划时代的意义，它不但极大地推动了中国古代文明的传播和发展，而且对世界文化的发展也作出了巨大贡献。

四、数学教育

隋唐时期，数学也获得了一定发展，尤其是在规范性的数学教育方面，体系更加完整，教育机制更加明确完善。唐时对《十部算经》的整理对中国古代数学知识的保存起了重要作用。

隋政府在数学教育方面有着许多规章制度。《隋书》里记载，国子寺祭酒（相当于今天的大学校长）负责管理“国子、太学、四门、书、算学”等科，设有博士、助教等。到了唐代，基本上延续了隋代的数学教育制度，只是在归属上略有改变，算学科曾经相继属于国子监、太史局或秘书局，并且规定学生可在下级官吏和平民子弟中选拔。为了使数学学习更为规范，政府还统一规定《算经十书》为教科书，并且同时制订了各书的学习期限。唐代继续实行并发展了从隋文帝时开始的以科举考试选拔合格官吏的制度，科举制更加完善，考试内容也越来越丰富。唐朝设立了国子监以应付科举，还采取了分科取士的办法，其中就有在当时被称为“明算”科的数学科。当时在数学考试方面通常设有两组题目：一组包括《缀术》七题、《缉古算经》三题；另一组为《九章算术》三题、其余七种算书（《算经十书》另外的七种）各出一题，两组题目可以任选其一，答对六题就算及格。学生同时还要对《三等数》（已佚）、《数术记遗》这两种算书进行“帖读”。

当时“明算”科的教科书《十部算经》是由国子监注释校订后而确定下来的。《十部算经》分别是：汉代的《周髀算经》和《九章算术》，魏晋南北朝的《孙子算经》、《五曹算经》、《夏侯阳算经》、《张丘建算经》、《海岛算经》、《五经算术》、《缀术》，以及唐代的《缉古算经》。这十部书汇集了唐代以前主要的数学成就，浓缩了中国汉唐千余年间陆续出现的数学经典著作的精华。其中《九章算术》、《孙子算经》、《海岛算经》、《缀术》等著述的内容在前面已作说明，这里仅对其他几部数学著作作一介绍。

《周髀算经》是中国古代最早一部成体系的天文算法著作，大约成书于公元前1世纪，是盖天说的代表作。“髀”是指测量用的标杆，而用标杆进行测量的方法又起源于周代，因此起名为“周髀”。书中主要内容涉及勾股定理、测量术、分数运算和历法等。

该书第一次明确地把数和图形结合在一起，并且最早记述了勾股定理。《周髀算经》中还提到了“环矩以为圆，合矩以为方”的观点，并涉及到了开平方、等差级数以及应用于古代“四分历”计算的相当复杂的分数运算的内容。《周髀算经》以数学的起源、数学学科性质的界定、数学的作用等几部分为框架，完整地体现了数学科学观，可以说是一部近乎完美的数学巨著了。

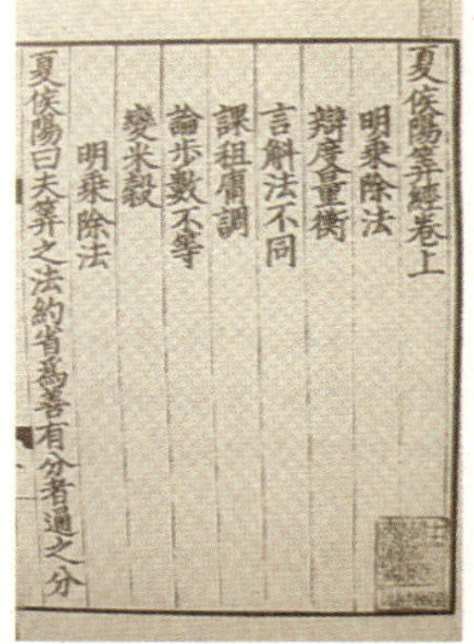
夏侯陽算經卷上
明乘除法
辯度量衡
言斛法不同
課租庸調
論步數不等
變米穀
明乘除法
夏侯陽曰夫算之法約省爲著有分者通之分

《夏侯阳算经》书影　宋抄本

《五曹算经》与《五经算术》是应用性较强的算术著作，一般认为作者是南北朝的甄鸾。甄鸾，字叔遵，中山无极（今河北无极）人，一生信仰佛教，精通天文历法。他著述的《五曹算经》一书共5卷，主要内容包括田曹、兵曹、集曹、仓曹、金曹这五种官员日常遇到的土地面积的测量与计算以及其他计算中的交换问题，还有粮食征收、运输、储藏的数学问题和有关丝绢、钱币的数学问题，等等。这本书的解题方法简单，非常适合地方军政人员使用。此外，书中还进一步发展了十进位小数的概念。《五经算术》一书则主要对《尚书》、《诗经》、《周易》、《周官》、《礼记》、《论语》中所涉及到的数学知识和计算技能作了详细的注释，共2卷，有一定实用性但学术价值不大。

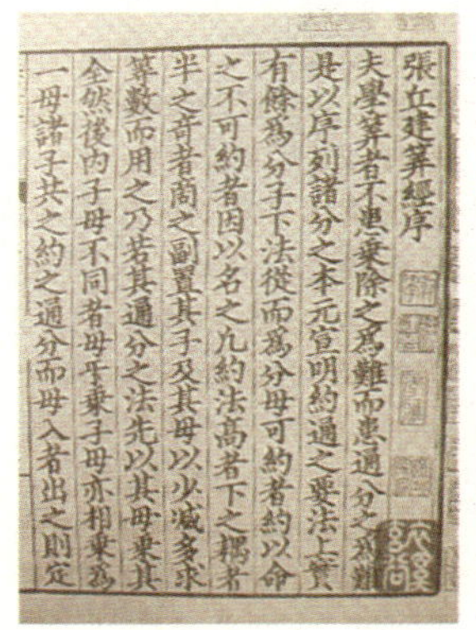
張丘建算經序
夫學算者不患乘除之爲難而患通分之爲難
是以序列諸分之本元宣明約通之要法上實
有餘爲分子下法從而爲分母可約者約以命
之不可約者因以名之凡約法高者下之耦者
半之奇者商之副置其子及其母以少減多求
其等數而用之乃若其通分之法先以其母乘其
全然後內子母不同者母乘子母亦相乘爲
一母諸子共之約之通分而母入者出之則定

《张丘建算经》书影　宋

《夏侯阳算经》大约成书于6世纪，原本已佚，现存版本只有600余字，我们仅能从中得知那时十进制小数已成为中国古代数学的重要内容，而这在当时是世界上非常先进的数学成就。

《张丘建算经》的作者是南北朝时期的张丘建，大约成书于6世纪。《张丘建算经》承继了《九章算术》的学术及理论思想，并在此基础上加入了作者的独到见解。该书流传下来的共3卷，包括92个问题，其中最有名的是所谓的“百鸡问题”：这实际上是一个求二次方程式的正根问题，书中给出了全部三组答案，但对解题方法并没有进行说明。此外，该书还对最大公约数、最小公倍数、等差级数等问题进行了论述，书中的等差级数问题表明在当时中国等差级数的理论已经系统化，这比国外至少要早两个世纪。《张丘建算经》对数学界的影响一直延续到19世纪，在中国数学思想发展史上占有不可取代的地位。

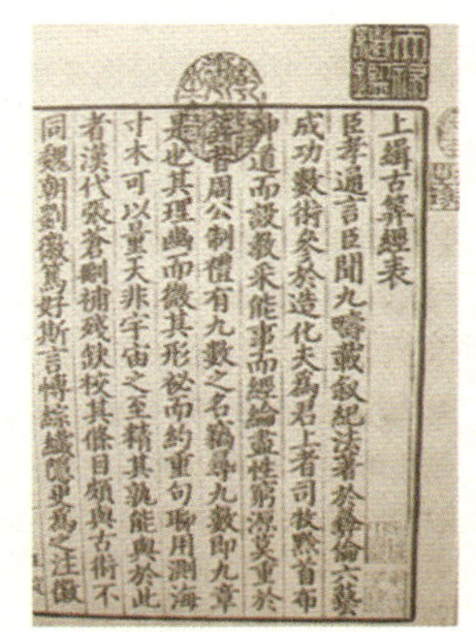
上緝古算經表
臣孝通言臣聞九疇載叙紀法著於彝倫六藝
成功數術參於造化夫爲君上者司牧黔首布
神道而設教采能事而經綸盡性窮源莫重於
昔周公制禮有九數之名竊尋九數即九章
是也其理幽而微其形祕而約重句聊用測海
寸木可以量天非宇宙之至精其孰能與於此
者漢代張蒼刪補殘缺校其條目頗與古術不
同魏朝劉徽篤好斯言博綜纖隱更爲之注徽

《缉古算经》书影　宋抄本

《缉古算经》的作者是隋末唐初的数学家王孝通。王孝通出身于平民家庭，自幼酷爱数学，唐初时成为历算博士。《缉古算经》共包括了20个问题，第一问是有关天文历法的计算问题，主要论述了算术解答；第二至第十四问是有关立体的问题，主要论述了三次方程的解答；第十五至第二十问是有关勾股的问题，主要论述了三次或四次方程的解答。该书的著述形式是根据问题列出三次数学方程并求出正根，书中共计列出了28个三次方程，而其首

创的“开带从立”（求出正根）的方法，是在数学方面最突出的贡献。所谓“开带从立”，用现代一元三次方程表示，即：$Ax^3+Bx^2+Cx=D$（其中A,B,C,D都是非负数，且A不等于零）。

虽然唐代将算学设为科举中的一科，并且设立了算学馆，但其设立数学的目的仅仅是为了行政管理，并且在国子监中算学博士的官阶为从九品下，这是最低的官阶，由此可以看出唐代对数学根本谈不上重视，是唐代数学一直未能出现更大进步的原因之一。但当时对《十部算学》的整理与学习，对中国古代数学知识的保存和发展还是起了积极的作用。

五、天文学家一行

僧一行像

隋唐时期，天文历法方面人才辈出，成就辉煌。一行（683—727）就是其中最为杰出的一位。一行俗名张遂，魏州昌乐（今河南南乐）人，是唐代闻名遐迩的佛学家，谥号为大慧禅师。其祖父张公谨，曾任襄州都督，知天文精数算，对张遂影响很大。张遂自幼就刻苦读书，加之有过目不忘的本领，到了青年时代，已是精通经、书、史、集的博学之士。张遂在当时极负盛名，精通历象、阴阳、五行等方面的学问，《义诀》就是他研究天体的著作。武则天的侄儿武三思看张遂才华卓越，为赢得“礼贤下士”的美名就有意拉拢他。张遂不愿为之所用，又怕因此而遭到迫害，于是逃到河南嵩岳寺剃度出家，取法名为“一行”。从此，张遂就开始周游四方，游历名山古刹，寻求拜访高师名僧，且在天文学和数学方面都有很大作为。由于当时的太史屡次误报日、月食的时间，于是唐玄宗于开元九年（721）下令重新修订历法，并命一行来主持这项工作。从此，一行就开始专门从事天文历法的工作。

一行主张在实测的基础上修订历法，在经过几年的天文观测及准备工作后，于开元十三年才开始编历。他用两年时间写成历法草稿，并定名为《大衍历》。《大衍历》以刘焯的《皇极历》为基础，并进一步发展了《皇极历》。《大衍历》共分为7篇，即步中朔术、步发敛术、步日躔术、步月离术、步轨漏术、步交会术、步五星术。《大衍历》发展了前人岁差的概念，创造性地提出了计算食分的方法，发现了不等间距二次内插法公式、新的二次方程式求和公式，并将古代“齐同术”（通分法则）运用于历法计算。一行在完成《大衍历》的同年不幸去世，当时只有45岁。开元十七年，《大衍历》颁布实行，并一直沿用达八百年之久。经过验证，

《大衍历》比当时已有的其他历法，如祖冲之的《大明历》、刘焯的《皇极历》、李淳风的《麟德历》等要精密、准确得多。《大衍历》作为当时世界上较为先进的历法，相继传入日本、印度，在这两国也沿用近百年，极大地影响了这两个国家的历法。

高僧观棋图 一行博闻强记，聪明过人，他虽不懂围棋，但只看了围棋国手王积薪的一盘棋，就可与之对弈

一行在天文方面也作出了重大贡献，他通过长期的天文观测发现了恒星移动的现象，进一步发现和认识了日、月、星辰的运动规律，废弃了沿用长达八百多年的二十八宿距度数据，并在历史上第一次提出了月亮比太阳离地球近的科学论点。一行还和梁令瓒合作制成了用来观测天象的铜浑天仪和黄道游仪。其中，浑天仪“铸铜圆天之象，上具列宿赤道及周天变数”，其原理是用水冲动机械以让其以一日一周的速度自转。浑天仪上还设有两个机械木人，“每刻自然击鼓，每辰则自然击钟”，这是世界上最早的计时器，比外国自鸣钟的出现早了六百多年。一行组织了一批天文工作者利用这两台仪器进行天文观测，取得了一系列关于日、月、星辰运动的第一手资料。

一行还组织人力在全国各地测量日影，实际上这就是对地球子午线的测定，这是一行在天文学上最重要的贡献。从开元十二年起，一行主持全国范围内的大规模天文大地测量工作。他在全国选择了12个观测点，并派人实地观测，自己则在长安总体统筹指挥。其中负责在河南进行观测的南宫说等人所测得的数据最科学和有意义。他们选择了经度相同、地势高低相似的四个地方进行设点观测，分别测量了当地的北极星高度，冬至、夏至和春分、秋分四时日影的长度，以及四地间的距离。最后经一行统一计算，得出了北极高度差一度，南北两地相距351里80步（即现在的129.2公里）的结论。这虽然与现在1度长111.2公里的测量值相比有较大误差，但这是世界上第一次用科学方法

敦煌卷子紫微垣星图

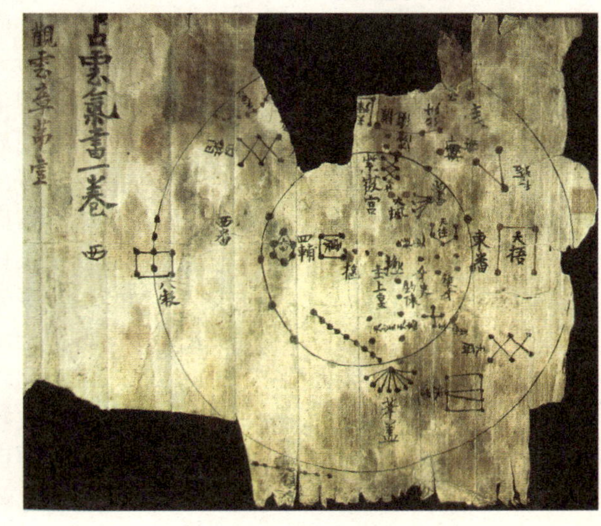

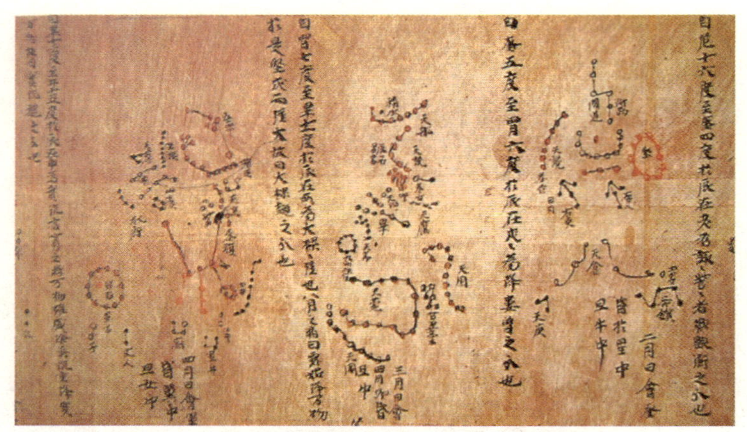
敦煌卷子星图

进行的子午线实测，在科学发展史上具有划时代的意义。中国科技史专家李约瑟就曾评价一行组织的子午线长度测量是“科学史上划时代的创举”。

一行在天文历法上所取得的卓越成就在人类文明史上占有重要地位，而且他所重视的实际观测的科学方法，极大地促进了天文学的发展。在他之后，实际观测就成为了历代天文学家从事学术研究时采用的基本方法，引导着学者们译解了一层层的天文奥秘。

六、医药学著作

隋唐时期，医疗行政建制已比较完善，医药教育水平也有了很大的提高。当时设有掌管医政事务的“太医署”，里面有行政官员和医务人员两类，太医令、太医丞、医监、医正等属于行政官员；医师、医工、医生、主药、针工、按摩工等属于医务人员。太医署附设的医学校分科齐全，有医科、针科、按摩科、咒禁科，每科设一名负责管理教学事务的博士。医科又分为体疗（内科）、疮肿（外科）、少小（儿科）、耳目口齿（五官科）、角法（拔火罐等外治法）。医学校的学生学习一些基本课程如《内经》、《神农本草经》、《脉经》、《针灸甲乙经》等，然后再分科学习，年限一般为三到七年。考试制度非常严格，分月考、季考、年考、毕业考，最后按学习成绩来分派工作。

巢元方像

巢元方（约550—630）就是隋炀帝时的太医博士，京兆华阴（今属陕西省）人。他医术精湛高超，实践经验非常丰富，相传他曾用简单的药方治好了某人久治不愈的风湿病。他在医学理论方面也有着很深的造诣，《诸病源候论》就是他受皇帝之命，率领众太医集体编写而成的。

正骨图 隋

灸法图残卷 敦煌莫高窟

《诸病源候论》也称为《巢氏病源》，成书于大业六年（610），全书 50卷，分为67门，有1720多论，囊括了多种医科方面的知识。该书主要论述了各科疾病的病因、病机、病变和分型等，堪称为中国医学史上关于病因病理方面探讨内容最丰富的一部专著。

《诸病源候论》大都以《内经》的内容作为基本原理，对疾病症候作出了更为具体的解释，并且还在一定程度上对过去的见解有所超越和创新。它使中国古代医学理论与临床实践有机地结合起来，极大地促进了完整的中医理论体系的形成。书中详细而准确地记载了包括内科、外科、妇科、儿科、五官科、皮肤科等多种科类在内的1300多种疾病的症候。该书不仅对前人的医疗经验进行了归纳总结，而且在此基础上还有了长足的发展，这足以表明当时临床实践经验的丰富及中医学的较高水平。其中有些记录如天花与麻疹的区别等是世界上最早的文献记载。对糖尿病、漆过敏、泌尿系结石、夜盲症、鼻息肉、麻风病等多种疾病病症的记载，在现在看来都有一定的科学性。因此，该书在中医界的地位可以说是举足轻重，其影响也是不可忽视的。

《诸病源候论》对一些疾病起因的分析打破了前人的定论，而首次发现了一些真正的病原。如对于疥疮等病的病因，前人的理论中一直说是由皮肤感风惑邪热引起的，巢元方等人通过仔细观察推翻了这一定论，确认疥疮是由不易被看到的细疥虫所引起的，并强调“疥疮多生手足间，染渐生至于身体”，从而较为正确地阐述了疥疮的病原体、传染性、好发部位的临床表现等。

此外，《诸病源候论》还比较科学地对疾病进行了分类，除了按内、外、妇、产、儿、五官、皮肤等科分类外，在内科疾病中又进行了由大至微的较系统的划分，把属于全身性的大病置于首位，然后再根据症候特征、脏腑系统分门别类地对其他类型的疾病加以叙述。如将脾胃病、呕哕病、食不消等病列在一起进行叙述，将妊娠病、难产病、将产病、产后病、杂病等妇科病列在一起来分析，等等。该书中的许多分类方法已经同现代医学中的分类非常接近了。在《诸病源候论》中还记载了当时外科、妇科、齿科等的手术状况，这表明中国古代医学手术技术已达到了较高水平。在记载手术时，书中所强调的许多注意事项与现代医学基本相符。

《诸病源候论》是中国古代一部很有学术价值的医学巨著，它的原文和论点被后来的医学家大量援引。在探讨疾病病理、病因等方面它所取得的学术成就是巨大的，远远超过了当时其他同类书籍。《诸病源候论》的问世标志着中医学中的病源症候学的诞生，它自唐宋以来长期被定为医科学生的考试科目之一，并且在朝鲜和日本也曾将其视为必读的医学经典著作而广为流传。

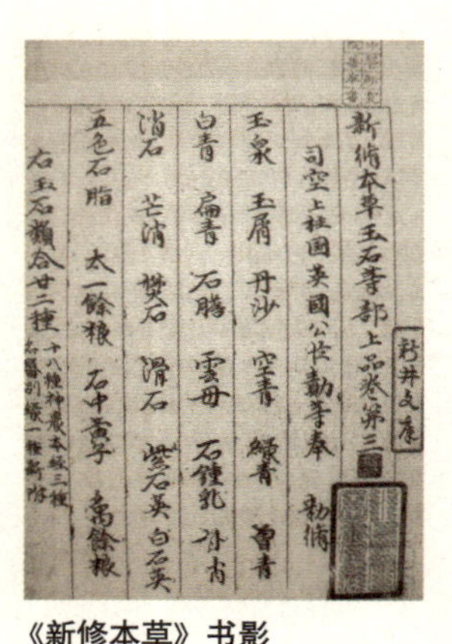
新脩本草玉石等部上品卷第三
司空上柱国英國公臣勣等奉 勅脩
玉泉 玉屑 丹沙 空青 緑青 曾青
白青 扁青 石膽 雲母 石鍾乳 朴消
消石 芒消 礬石 滑石 紫石英 白石英
五色石脂 太一餘粮 石中黄子 禹餘粮
右玉石類合廿二種 十八種神農本經三種名醫別錄一種新附

《新修本草》书影

唐高宗显庆二年（657），根据苏敬等人的建议，唐政府组织二十多人编修本草。为此，政府下诏征集全国各地的药物，并绘出图谱。《新修本草》于显庆四年（659）编成，并颁行全国。这是世界上第一部由国家颁行的药典，又称《唐本草》。全书共54卷，包括了药图、药经、本草三个部分，记载药物844种，其中新增药物100多种。《新修本草》比较详细地记载了药物的性味、产地、功效、主治等各方面的内容，图文并茂，内容充实，对统一用药起到了很大的促进作用。

这一时期，少数民族的医药学特别是藏医藏药也有了较大的进步。藏医是西藏地区特有的医学，是藏族人民传统文化中的一部分，也是中国医学的一个重要组成部分。藏医历史悠久，早在公元前几个世纪，藏医书《仑布加汤》中就有“有毒必有药”的记述。到了隋唐时期，随着唐朝文成公主、金城公主嫁入西藏及其他形式的藏汉、藏印等文化交流，传入了大批医书，藏医也因此得到了更加快速的发展。

与中医相比，藏医可以说是别具一格的。藏医的解剖学要比中医发达得多。由于藏医经常解剖尸体，因此，藏医就更加清楚地认识了人体的构造。藏医在诊断过程中除了应用中医的望、闻、问、切之外，还进行尿诊，即通过观察清晨小便的颜色、气味、泡沫等的变化，来帮助诊断疾病。隋唐时期，随着藏医学的不断完善，涌现出了大量医学著作，其中最著名的就是《四部医典》。

《四部医典》藏名《居希》，全名为《甘露要义八支秘密诀窍续》。“甘露”是指本书的意义如同甘露一般珍贵；“八支”系指其

脉诊 《四部医典》系列挂图

药物 《四部医典》系列挂图

所包括的八个部分的内容。据现代学者考证，原作者应为8世纪的藏医医圣宇陀·元丹贡布（又称宇陀·宁玛元丹贡布），成书时间在8世纪末。据藏文史料记载，该书著成时，吐蕃赞普赤松德赞依照当时在藏的密宗始祖莲花生的建议，将书密藏于桑耶寺的柱子下面。直到11世纪才被札巴恩协发掘出土。几经辗转，最后由原作者宇陀的后代宇陀萨玛·元丹贡布获得，今天的版本就是经他亲手修改、补充、诠释后而流传于世的。

人体胚胎发育 《四部医典》系列挂图

宇陀·元丹贡布生于西藏堆龙德庆地区，家族世代为医，曾到过内地、印度和尼泊尔学习医术，是吐蕃王朝中期九大名医之一，曾被任命为吐蕃王朝首席侍医。宇陀·元丹贡布最擅长的是内科、妇科，同时还会精神疗法、针灸等术。他以自己丰富的个人临床经验为基础，总结了藏医特点，吸取了许多藏汉医药书籍如《医药大全》、《月王药诊》等的精华，历经二十余年才编纂完成《四部医典》。

《四部医典》全书分为4部，共24万字，156章，并附有79幅细致描绘的人体解剖图、药物图、器械图、脉诊图和饮食卫生防病图。

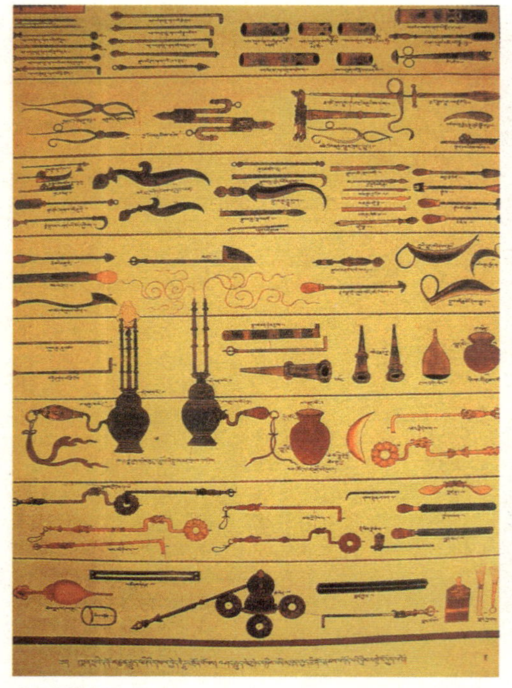
藏医器械图

其中第一部《总则本集》，为医学总论。第二部《论述本集》，讲述解剖、生理、病因、病理、药物、饮食、器械和疾病的诊治原则。第三部《秘诀本集》，为临床各论，讲述内、外、妇、儿、五官各科的疾病症状、诊断和治疗方法。在这一部分中对人体的起源与形成的论述，在世界各国的古代医学中首屈一指。此外，还论述了各种疾病的病因、病理、疾病侵入人体的途径等。第四部《后续本集》，讲述脉诊和尿诊的详情以及各种药物的炮制和使用方法。

此书全面论述了藏医学的理论体系，记载了藏医丰富的临床治疗经验，学术价值较高。因其中对于一些疑难病症有着独特的治疗方法和效果，而受到人们的重视。千百年来，《四部医典》已经成为学习藏医的必读经典著作。18世纪传入蒙古地区以后，蒙古族人民又在结合本民族经验的基础上，发展而成了蒙医学。许多国家的学者都对《四部医典》这部藏医学著作进行了研究，并被译为俄、日、英、德等文出版。宇陀·元丹贡布也由于写了这部杰出医书而被尊称为藏医的“医圣”，并因此受到了西藏人民的尊敬和爱戴。

孙思邈像

七、人命贵于千金

孙思邈（581—682），京兆华原（今陕西耀县）人，是隋唐时期杰出的医药学家。据《旧唐书》记载，孙思邈幼年时体弱多病，家里为给他治病，几乎倾家荡产。他因此而立志学医，从小就刻苦读书。弱冠之岁，便能谈老庄及百家之说，二十多岁时就能为乡里的百姓治病。孙思邈求知若渴，非常谦虚，做事精益求精。如果听说哪个人有一技之长，他都会不辞辛苦地去求教、学习。因此，孙思邈年纪轻轻就已经博览群书，精通了儒、释、道和诸子百家的思想，医术水平也不断提高，这使他在学术界的影响越来越大，以至于隋文帝、唐太宗、唐高宗都曾请他到京城去做官，但孙思邈每次都坚决拒绝了。他先后在太白山和终南山过了数十年的隐居生活，其间，他不仅坚持行医而

且还著书立说，潜心钻研唐以前历代医家的著作。长年为百姓治疗各种疾病的实践使他的医学理论与临床经验融会贯通起来，医疗技术也达到了非常高的境地。他除了熟读经典著作，深入探究医理之外，还利用久居山林的自然条件，通过收集大量药物进行研究而获得了有关这些药物的识别、采集、炮制、贮存等方面的经验知识，并作了详细的载录。

孙思邈把自己的毕生精力都奉献给了医学事业，他不仅医术高明，而且他那极高的医德一直为人们所推崇。在《备急千金要方》的开卷语中，他以“大医精诚”为题目，系统而详细地阐述了医生应遵守的职业道德。他认为，医生在诊病时精神应高度集中，态度应一丝不苟；要想成为一名好医生，就必须无欲无求，那种借医术来追求名利的行为是绝对不可取的；不论患者贫富、贵贱、长幼、远近都要平等对待，并为其精心诊治；医术要“至精至微”，“博极医源，精勤不倦，不得道听途说，而言医道”。他始终强调医生的根本任务就是救死扶伤，“人命至重”是他的行医标准，这为后人树立了良好的典范。后来的中医医生一直都遵守着他所倡导的职业道德，这就如同西方医学界一直都恪守着《希波克拉底誓词》一样。

孙思邈不仅有着高超的医术和精湛的理论，而且还有自己独到的医学观，这主要体现在《千金方》中。《千金方》可以说是孙思邈集自己五十多年临床经验和历代医学典籍优秀成果之大成的著作，其“千金”二字，取的是“人命之重，有贵千金”之意。

《千金方》包括两部分内容：一是《备急千金要方》，一是《千金翼方》。《备急千金要方》共30卷，分232门，合方论5300首。卷1为总论，包括习业、精诚、理病、诊候、处方、用药等一般性论述；卷2—4为妇科病；卷5为儿科病；卷6为五官科病；卷7—21为内科病；卷22—23为外科病；卷24—25为解毒、急救；卷26—27分别为食疗与养生；卷28为脉诊；卷29—30为明堂、孔穴等针灸疗法。该书内

《千金要方》碑

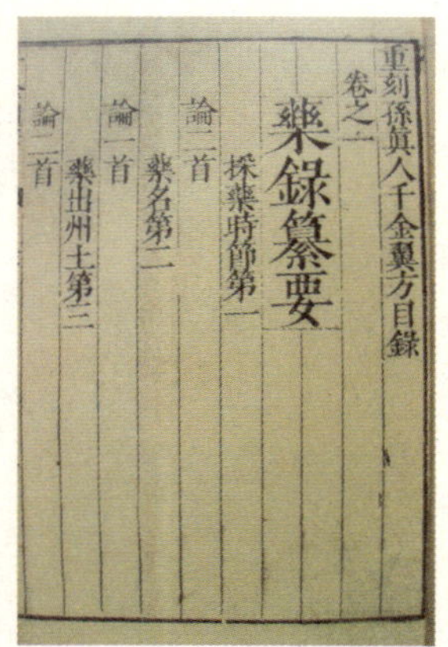
重刻孫眞人千金翼方目錄
卷之一
藥錄纂要
採藥時節第一
論一首
藥名第二
論一首
藥出州土第三
論一首

《千金翼方》书影　清刻本

容包括了中医基础理论和各科临床诊断、治疗、针灸、食疗、预防、卫生以及医德等各个方面，被称为中国古代医学的百科全书。《千金翼方》是孙思邈晚年所著，主要是对前者的补充。全书共30卷，内容涉及本草及临床各科，以本草、伤寒、中风、杂病、疮痈等记述最为详尽。书中共记载了800多种药物和2000多个药方，并详尽地记述了所列各种药物的性味、功能、主治、别名、产地及采集和炮制方法等，同时还记述了许多新的药物。该书所记载的方剂可以说是丰富之极，例如，今医学常用的许多名方如犀角地黄汤、大小续命汤等均取自此书。孙思邈在写书的过程中，重视广收博取各类药物，他所收取的药物囊括了古代流传下来的、民间征集来的和外来的等等，孙思邈药物学知识的丰厚程度由此可见一斑。

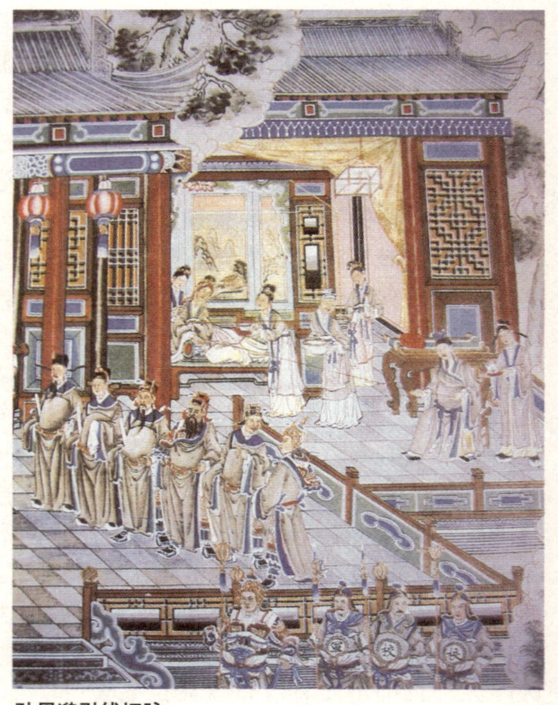
孙思邈引线切脉

孙思邈采药图

《千金方》的内容非常丰富，并且在许多方面对前代理论都有所发展。书中系统收集并整理了唐以前的处方，很多地方对出处还进行了注释；在此书中张仲景的伤寒学说得到了进一步的发展，使中医对疾病的认识和诊断上了一个新台阶。他十分重视药材及其种植、采集、炮制和贮藏，并对各过程加以细

述，这就为医生用药提供了很大的方便。在妇幼保健方面，他十分强调妇幼设立专科的意义，这为小儿、妇产建立专科奠定了理论基础。同时，养生长寿理论在书中也得到了进一步的丰富，他提倡动静结合、吐故纳新并辅以食疗和劳动，这完美地融合了养生和老年病防治。书中还附有彩色三人明堂图，阿是穴及同身寸法是孙思邈的首创，这极大地促进了针灸学的发展。此外，在火药发明上孙思邈也作出了突出的贡献，该书记录了中国早期的火药配方——硫磺伏火法。总之，《千金方》对丰富中国古代医学、药学宝库起到了极大的作用。

孙思邈扎针图 杨柳青版画

孙思邈以其在医学上的突出贡献和崇高的医德医风，赢得了后世的尊敬，后人称其为“药王”。在很多地方都建有纪念他的庙宇，尤其是在他的家乡耀县，修建了“药王庙”，他隐居其中的山也被称为“药王山”。

八、火药的发明

众所周知，火药是中国古代四大发明之一，但历史资料上并没有明确记载火药发明的具体年代，但根据有关资料可以推断，火药发明的时间应在唐代，距今已有一千多年的历史。火药的发明并非一人一时之功，而是历经几个世纪的生产活动、科技活动和军事斗争才逐步形成和完善起来的。

炼丹引爆图 国画

最早的火药是古代炼丹方士们在炼丹时发明的。由于这种火药的颜色为黑色，所以又叫做“黑火药”。黑火药的主要原料为木炭、硫磺和硝石。在古代硫磺和硝石都是很重要的

諸家神品丹法 卷五第

伏火硫黃法

硫黃硝石各二兩令研右用銷銀鍋或砂罐子入上件藥在内掘一地坑放鍋子在坑内與地平四面却以土填實將皂角子不蛀者三箇燒令存性以鈴逐箇入之候出盡焰即就口上着生熟炭三斤簇煅之候炭消三分之一即去餘火不用冷取之即伏火矣

伏火硫磺法　《道藏》之一页

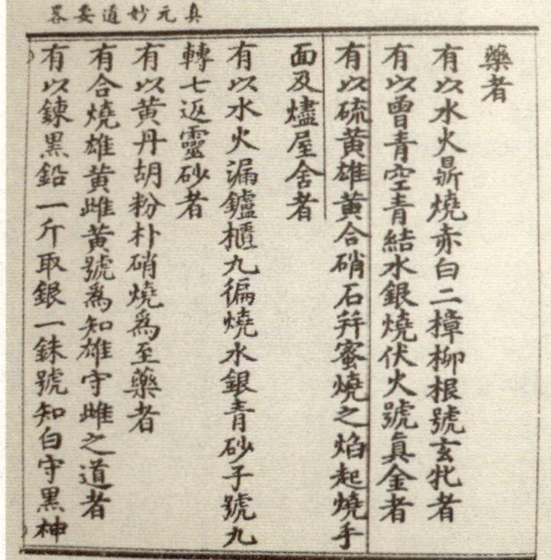
真元妙道要畧

藥者

有以水火鼎燒赤白二檸柳根號玄牝者

有以曾青空青結水銀燒伏火號真金者

有以硫黃雄黃合硝石并蜜燒之焰起燒手面及爐屋舍者

有以水火漏鑪櫃九徧燒水銀青砂子號九轉七返靈砂者

有以黃丹胡粉朴硝燒為至藥者

有合燒雄黃雌黃號為知雄守雌之道者

有以鍊黑鉛一斤取銀一銖號知白守黑神

《真元妙道要略》书影

药物，炼丹家也经常使用它们来炼丹。古代的炼丹家通过长期的炼制丹药对硫磺和硝石的性能已十分熟悉，并且为了炼出仙丹有时需要把这两种药物混合起来。炼丹中不可或缺的一种物质是丹砂，它是由硫磺和水银化合而成的；硝石的化学成分是硝酸钾，受热能生出氧气，有助燃的功效，因而炼丹家们对它也很重视。《神农本草经》中就曾把硫磺归入“中品药”的第三种，把硝石列入“上品药”的第六种。书上还记载着硫磺能化金银铜铁，是一奇物。

在炼丹过程中，方士们时常将这些物质放在一起，因而常常会发生燃烧、爆炸事故，这成了最让炼丹方士们伤脑筋的事。于是方士们采用了“伏火法”。如前文所述孙思邈曾发明了“伏火硫磺法”，但是这种方法也很危险，稍有不慎，就会酿成大祸，后果不堪设想。成书于七、八世纪的唐代道教作品《真元妙道要略》中也反复提醒炼丹者们一定要注意这个问题。而且书中还记载着“以硫磺、雄黄合硝石，并密烧之”，会发生“焰起，烧手面及屋宇”的现象，足以看出当时这种反应的威力之大。这里的“密”应是蜜的误写，因为蜜在加热状态下会发生炭化反应。根据以上记载，我们可以看出这实际上是对黑火药配方的记录，即硫磺、硝石和木炭。为了安全，炼丹方士们也尽量将炼丹处选在人烟稀少的地方。但是，如果不是去控制这种现象的发生，而是去利用它，那么炼丹炉中的这种危险的东西就成了日后发挥重要作用的火药了。

实际上在唐末，人们已开始将火药运用于战争，出现了火箭，即将火药束在箭头附近，点燃引线以后，用弓箭射向敌方。火药是中国人对世界的一大贡献。

第七章 鼎盛的宋元科技

960年到1368年，北宋、南宋、辽、西夏、金王朝连同元朝统称为宋元时期，虽然说四百年间一直战火纷飞，社会也动荡不安，但是宋元时期中国科学技术的发展却进入了一个前所未有的黄金时代。这一时期，可谓人才辈出，硕果累累，取得了一系列极其辉煌的成就，其中包括许多堪称是划时代的创造发明，这些都使宋元科技在世界文明史上占有重要地位。

在数学方面，数学家贾宪及“宋元数学四大家”秦九韶、李冶、杨辉和朱世杰的数学研究走在了社会生产和生活的前面，他们创造的许多在当时已达到中国古代数学最高水平的方法，如解高次方程组的方法、完善的天元术等，直到十七、八世纪西方数学家才取得。在医学方面，宋代本草学的水平有了极大的提高，宋元针灸学的代表人物有王惟一和滑寿，宋慈的《洗冤集录》则标志着法医学的诞生。另外，以刘完素的“寒凉派”、张从正的“攻下派”、李杲的“补土派”、朱震亨的“滋阴派”为代表的金元四大医学流派还推翻了对《和剂局方》的信奉，从而使医药学得到了极大的丰富和发展。在农学方面，同样也出现了四大家，他们是陈旉、孟祺、王祯和鲁明善。而沈括的《梦溪笔谈》和郭守敬的《授时历》应该说是这一时期整个科学技术发展水平的最好证明了。

农业的极大发展为纺织、制糖、制茶、造纸、酿酒等手工业提供了更加充足的原料，同时也促进了矿冶、工具制造、陶瓷、船舶、兵器、印刷等手工业技术的发展。中国古代的四大发明虽然不都是宋元时期的发明，但指南针用于航海、火药用于军事却都始于北宋；北宋毕昇发明、元代王祯改进的活字印刷术，也极大地促进了科技知识的传播。并且在四大发明传到欧洲后，对资本主义制度的产生和发展也起到了巨大的推动作用。另外，北宋苏颂、韩公廉主持建造的水运仪象台，是集天文、机械制造、数学知识等多种科技知识为一体的杰作；李诫的《营造法式》是有关木建筑的技术规范性著作；曾公亮的《武经总要》称得上是关于兵器规范和火器制作方面的专著；而宋元时一再修订的《河防通议》则是治河防洪的规范性著作。这些无一不展现了宋元时期科学技术所取得的杰出成就。

宋元时期的对外交往活动也很频繁。北宋东京、南宋临安、元大都（今北京）都是当时世界上首屈一指的大城市，广州、泉州、杭州、福州、板桥镇（今山东胶州）等也是国内外海上贸易的中心，这对中外科技的交流和传播都起到了极大的促进作用。

一、陈旉和王祯的农书

陈旉像

宋元时期的农书种类繁多，在数量上远远超过唐代。除了论述耕作技术和农桑经营的农书外，其余都是关于茶、园艺和畜牧兽医三大类的专业性农书，代表作有《陈旉农书》、《王祯农书》、《农桑辑要》和《农桑衣食撮要》等。

陈旉（1076—？）主要生活于南宋初年，生活飘荡游离，为维持生计，每到一处都不得不亲手植药种菜。他在劳作中留心观察，并且注意向农民们请教，由此而积累了丰富的农业生产知识。《农书》（又称《陈旉农书》）成书于陈旉74岁高龄之际，即南宋绍兴十九年（1149）。

《农书》书影

宋朝以前那些反映北方“旱农”生产情况的农书，并不适用于江南的农业生产，而《陈旉农书》则是专为江南的“泽农”而写的。《陈旉农书》篇幅不长，但信息量大，包括序、跋在内全书约1.25万字，分为上、中、下三卷。上卷主要讨论有关农业生产经营原理和生产技术方面的内容，如农业生产要“量力而为”，种植庄稼要顺天时、量地利，这也是全书的重点所在，该卷没有设卷名。中卷名为《牛说》，专门叙述了当时唯一适合江南水田耕作的役畜水牛的情况。下卷名为《蚕桑》，主要介绍了种桑和养蚕等技术。《陈旉农书》的刊行极大地推动了中国古代农学的发展。它专门讨论了有关土地利用方面的知识，提出土地使用得当的条件下，地力就会常新，这样土地才会肥沃。该书还强调维持和提高地力主要在于恰当施肥，并且要不断追肥。该书同时还把养蚕植桑作为农书的重要组成部分，后世的农书也多半会把这类内容辑入。

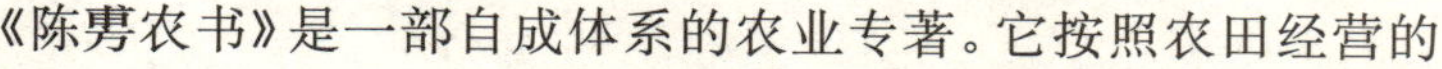
《陈旉农书》是一部自成体系的农业专著。它按照农田经营的

水稻插秧

水牛耕地

王祯像

自然顺序逐一阐述，充分反映了陈旉对农业生产整体认识的深化。该书不仅是隋唐以来长江下游农业生产技术的经验汇总，同时也是陈旉从事农业生产实践的心得体会。《陈旉农书》具有很强的实用性和可操作性，因而具有浓郁的实践色彩，具有极高的学术价值和意义。

王祯，字伯善，山东东平人，是享有盛誉的元代农业科学家，他著成的《王祯农书》是继北魏贾思勰《齐民要术》之后，又一部系统完整，内容丰富的农业科学著作。

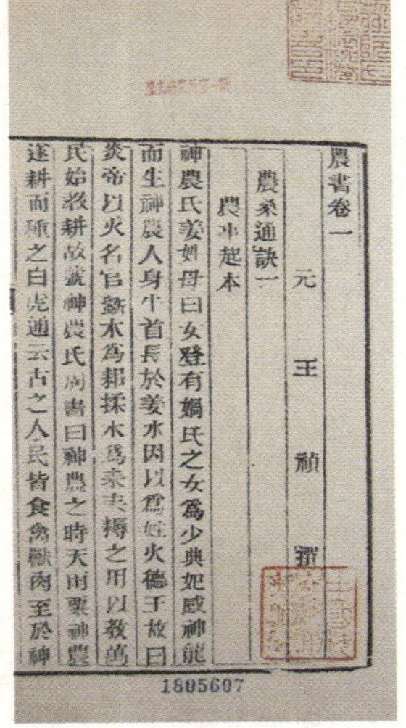
農書卷一　元 王 禎 撰
農桑通訣一
農事起本
神農氏姜姓母曰女登有媧氏之女爲少典妃感神而生神農人身牛首長於姜水因以爲姓火德王故曰炎帝以火名官斲木爲耜揉木爲耒耒耨之用以教萬民始教耕故號神農氏周書曰神農之時天雨粟神農遂耕而種之白虎通云古之人民皆食禽獸肉至於神

1805607

《王祯农书》书影

王祯于元贞元年（1295）任宣州旌德县县尹，任上他大力提倡农桑，并且亲自设计创制了一些先进的农具。他博览古代农书，并结合当时先进的生产技术，又经过了长期的苦心钻研，最终于皇庆二年（1313）著成了《王祯农书》。全书包括《农桑通诀》、《百谷谱》、《农器图谱》三部分，共37卷（现有36卷），约13万字，并附有插图300多幅。全书图文并茂、系统分明，体例完整，是中国第一部从全国范围对整个农业进行全面论述的著作，在此之前的任何一部古农书都无法与之相比。

《农桑通诀》共6卷，它概述了中国农业生产的起源和发展史，可以称得上是一部农业总论了。在《授时篇》中附有一张“授时指掌活法之图”，具体指明了各个节气农业上应做的事情。《粪壤篇》介绍了通过施肥改良土壤以提高地力的思想，这是中国农学中的一个重要传统。《灌溉篇》阐述了多种引水蓄水的方法，并且还提出了把航运、水力、水产、灌溉等结合起来的主张。《百谷谱》共10卷，分门别类地介绍了80多种粮食作物的起源、品种和栽

秧马 《王祯农书》插图

茧馆

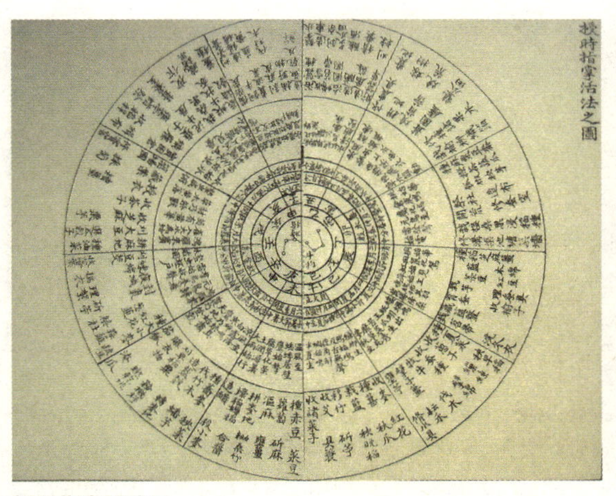

授时指掌活法图

缫丝图

培方法。虽然分类方法比较粗糙，但农作物分类学在此已初成体系。《农器图谱》可谓是《王祯农书》中最有特色和价值的部分了。这一部分所占比例最大，约占全书的五分之四，对257种农具、机械进行了详细而全面的介绍，并将之逐一绘成图谱，共306幅，在图后还附有各种农具的构造、发展演变过程、使用方法等方面的文字说明。王祯同时也是一位杰出的机械制造家，他能熟练地运用绳轮、齿轮、曲柄、连杆等传动装置。元代以后的许多农学著作中的农器图谱大都转引自《王祯农书》，因此，《王祯农书》堪称中国古代农器图谱的“鼻祖”。

连碓机 《王祯农书》明刻本插图

此外，成书于1273年的《农桑辑要》是一部有关农牧业生产技术方面的书籍，它是由元朝政府组织编写的。该书的内容大多辑自古代到元初的农书，主要记录了各种作物的栽培，特别提倡种植棉花和苎麻，同时也记录了家畜、家禽、鱼、蚕、蜂等的养殖情况。它系统总结了自《齐民要术》问世以后中国七

《农桑辑要》书影

鲁明善像

百多年的农牧业生产技术的成果，促进了当时农牧业生产的发展。

成书于1314年的《农桑衣食撮要》（又名《农桑撮要》），是由元代的鲁明善（生卒年代不详）根据淮北地区的实际生产情况著成的。作者鲁明善是维吾尔族人，曾任寿阳（今安徽寿县）郡监，该书是他在寿阳任职期间所撰写的。在书中，他根据淮北地区的农业生产情况，并依照12个月的实际生产顺序来叙述农事，详细记载了农作物、蔬菜、果木的栽培以及畜牧、桑蚕、养蜂和农产品加工等先进农业生产技术。

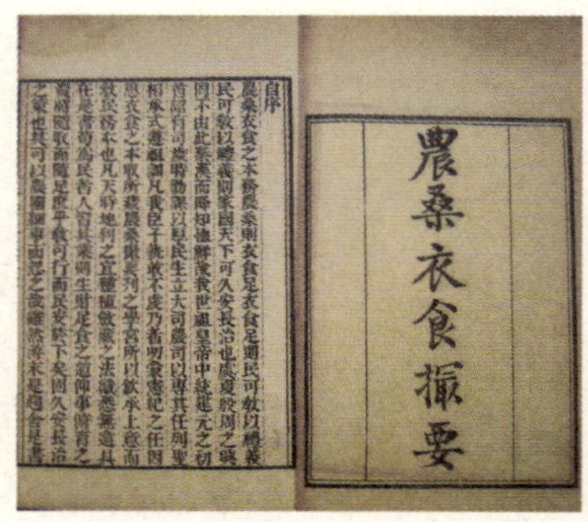

《农桑衣食撮要》书影

二、活字印刷、指南针和火器

毕昇是北宋庆历年间（1041—1048）的一位出色的刻字工人，由于史籍中缺乏他生平和籍贯的记载，所以只知他是一个“布衣”。

活字排版印刷术是毕昇在雕版印刷的基础上，大胆创新，历经八九年的反复实践才完成的。其具体操作过程如下：首先是泥活字的制造，先用胶泥制成小方块，干后就在方块上面刻上反字，然后用火烧，从而制成泥活字。接着是制版，要在一块铁板上敷上由松脂、蜡和纸灰制成的一层黏合剂，再用铁框子套住铁板四周，按文章内容把泥活字排在铁框内，排满一框即为一版，用火烘烤黏合剂至其熔化时用平板压平字面，待黏胶冷却后即成为版型。最后一道工序是印刷，只需在活字的表面上刷墨、覆纸，稍后再施加一定的压力就可以了。毕昇在排版时，使用了分别用于印刷和编排的两块铁板交替作业，以提高印刷效率。其印

毕昇活字版模型

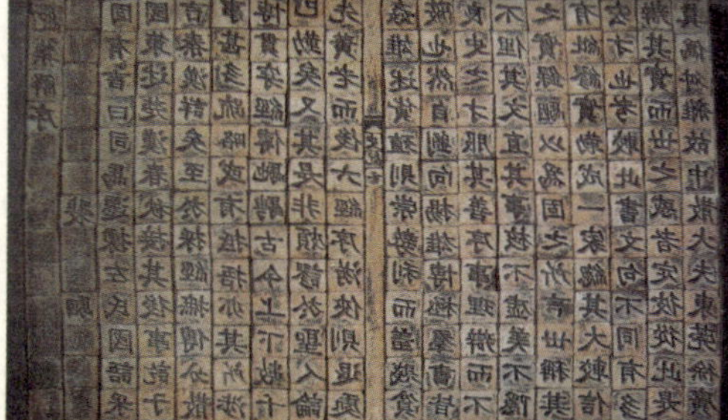

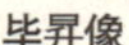
毕昇像

刷原理已经和现代凸版铅印基本相同。

毕昇曾经试图用木材制成活字，但由于木材的纹理疏密不匀，而使活字沾水以后就变得高低不平，因而决定用泥活字。南宋时期的周必大曾按照毕昇遗法印刷出《玉堂杂记》，这也是我们现在所知的第一部用泥活字印成的书。另外，元代的杨古也曾用泥活字印过朱子的《小学》、《近思录》等。

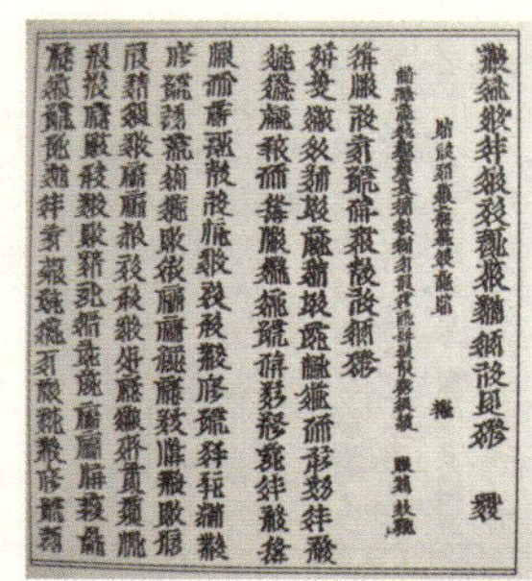

西夏木活字印本《大方广佛华严经》

后人又对刻字原料和排印工具进行了不断的改进，出现了木活字、锡活字、铜活字、铅活字等多种样式。元代的农学家王祯就曾用自制的3万多个木活字试印了自撰的《旌德县志》。为了提高活字印刷的工作效率，他还发明了活字贮存转盘。《造活字印书法》是王祯根据印刷经验而著成的，并且成为了印刷史上的珍贵文献。活字印刷术的发明和发展在印刷史上写下了光辉的一页，影响深远。

指南针是中国古代四大发明之一，也是中国对世界文明发展的一项重大贡献，它是利用磁铁在地球磁场中的南北指极性而制成的。

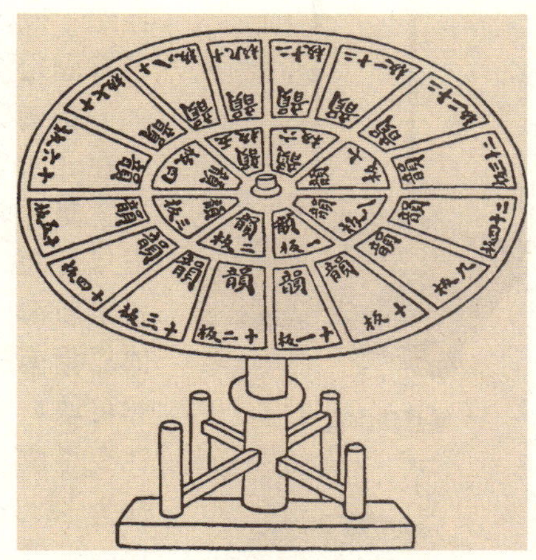

王祯发明的活字贮存转盘

磁铁具有吸铁和指南北两个特性。中国是最早发现磁铁具有指极性的国家。早在战国时期，就出现了利用这一特性而发明的指向仪器——“司南”。司南是将整块天然磁铁琢磨成勺子形状，S极为长柄，放在四周刻有表示方位的格线和文字的光滑圆盘内。由于司南的圆盘大都由青铜或涂漆的木盘制成，因而摩擦阻力较小，这样勺形磁铁就可以灵活转动以便指示方向。有人认为这就是世界上最早的“指南针”。其实，这时的司南与后来用于航海的指南针还是有所区别的，还不能算是真正意义上的指南针。

到了北宋时期，出现了“指南鱼”，即人们把钢片打制成鱼样，在火中烧红，然后使鱼头指南，鱼尾指北，放入水中冷却后取出，人为地使钢片带上磁性从而起到指南的作用。指南鱼比司南易做且方便携带，在指向仪器的发展中又向前迈进了一大步。但司南和指南鱼最大的缺陷是磁性不强，因而指示方向常有误差，指南效果较差。后来出现的钢制指南针改变了这一状况。它是把钢片和天然磁铁放在同一个密封盒子里，使它们接触一段时间之后，钢片就会变成具有磁性的磁铁，这就是通常所说的人工传磁。由于钢制指南针小巧，并且用其制作而成的指南器具极为灵

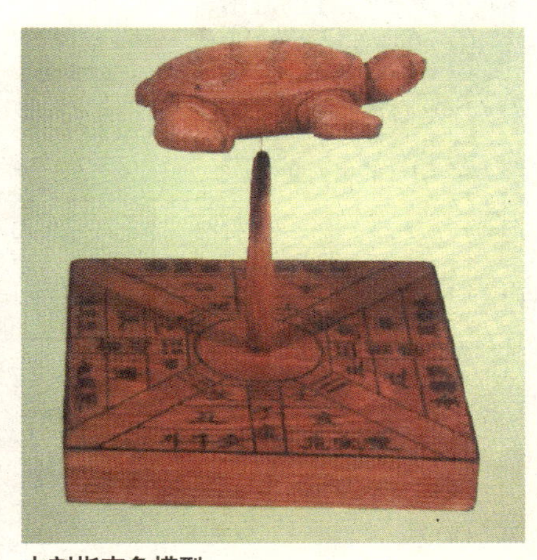

木刻指南龟模型

宋罗盘

敏，携带也很方便，从这时开始人们才称之为“指南针”。为使磁针可以自由转动，人们曾想出种种办法，如把横贯灯心草的磁针浮在水面上、放在碗边上、放在指甲上，或用丝线拴住磁针中部并悬挂起来，等等。

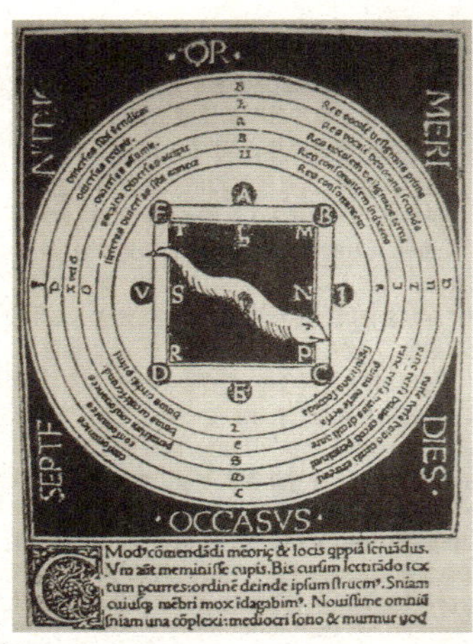

欧洲早期鱼形指南针

所谓的罗盘是将指南针同刻有方向的盘子结合在一起。罗盘的出现才真正使指南针既定向准确又方便携带。宋代的“水罗盘”是中国已知最早的罗盘，它的磁针是浮在水里的。后来，指南针传入了欧洲。16世纪，欧洲人在使用过程中又发明了有固定支架的旱罗盘，进一步改进了指南针的制造技术。

缕悬法指南针

指南针最初是风水先生用来选定房屋或坟墓方向的工具，大约在北宋末期开始用于航海事业。在指南针发明以前，海上航行一直是比较困难的。在一望无际的大海上，天水相连，除非有太阳或月亮，否则航海者很难找到目标来固定方位。指南针发明并用于航海以后，情况就大不一样了。航海者在阴天落雨时就可以依靠指南针而再也不用担心迷失方向了。在北宋朱彧所著的《萍洲可谈》中最早记述了指南针在航海中的使用。到了南宋，指南针更是成为航海时的主要仪器。由指南针所确定的航海线路一般称为“针路”。为了准确导航，在当时的船舶上还专门设置了放置指南针的针房，并且派专人（“火长”）掌管。

明代的水罗盘

持罗盘俑

清代远洋航船上的针房 《中山传信录》插图

指南针的发明，对中国乃至全世界都产生了巨大的影响，它引起了航海技术的重大革新，使航海事业得到了极大的发展，同时也促进了中外经济贸易和文化交流。南宋、元代航海事业的高度发展，以及后来明朝的郑和下西洋等，都是指南针所起的重大作用的最好证明。马克思将指南针比喻为预告资产阶级社会到来的三大发明之一；著名科技史专家李约瑟则将其视为原始航海时代结束以及计量航海时代来临的标志。指南针在世界文明发展中所起到的重大作用由此可见一斑。

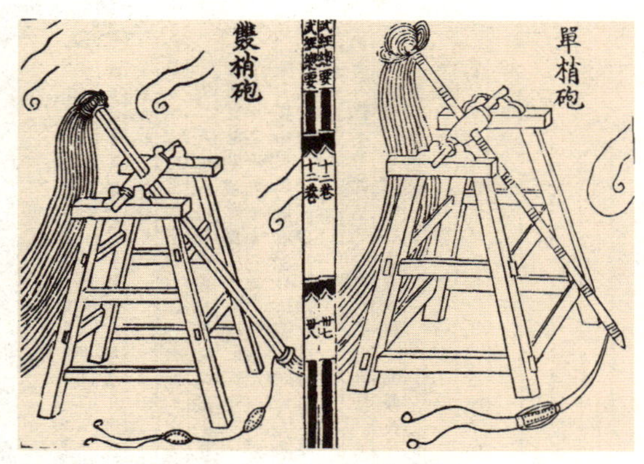

用来抛火药包的火砲　《武经总要》插图

火药发明以后，火药武器也应战争需要而产生了，它们的身影很快就出现在军事领域中。主要有火球类和火箭类两种。古时的“炮”写作“砲”，因为之前的炮都是用石头作为“炮弹”，再用抛石机抛出的。自从换作火药之后，杀伤力剧增。北宋曾公亮编撰的《武经总要》是第一部完整记载火药的配方和工艺的书。该书中所记载的火炮、毒药烟球和蒺藜火球的火药配方其实已经非常接近现代火药了。不过它们尽管具有爆破、燃烧等功能，也可以用于战争，但还不能作为发射火药使用。

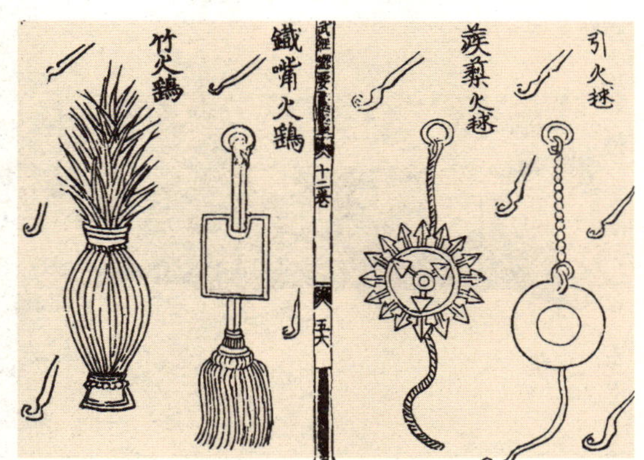

火球、火蒺藜等火器　《武经总要》插图

宋元时代，中国的火药武器一直在世界上独领风骚。南宋时发明了突火枪，这也是世界上最早的管形武器。它是将火药和子

毒药烟球火药配方

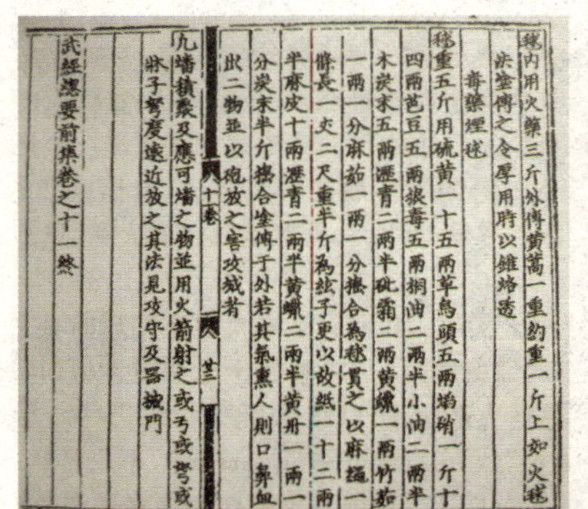

毬內用火藥三斤外傅黃蒿一重約重一斤上如火毬
法塗傅之令厚用時以錐烙透
毒藥煙毬
毬重五斤用硫黃一十五兩草烏頭五兩焰硝一斤十
四兩芭豆五兩狼毒五兩桐油二兩半小油二兩半
木炭末五兩瀝青二兩半砒霜二兩黃蠟一兩竹茹
一兩一分麻茹一兩一分擣合為毬貫之以麻繩一
條長一丈二尺重半斤為弦子更以故紙一十二兩
半麻皮十兩瀝青二兩半黃蠟二兩半黃丹一兩一
分炭末半斤擣合塗傅于外若其氣熏人則口鼻血
出二物並以砲放之害攻城者
十一卷
凡蟠積聚及應可燔之物並用火箭射之或弓或弩或
床子弩度遠近放之其法見攻守及器械門
武經總要前集卷之十一終

火砲火药配方

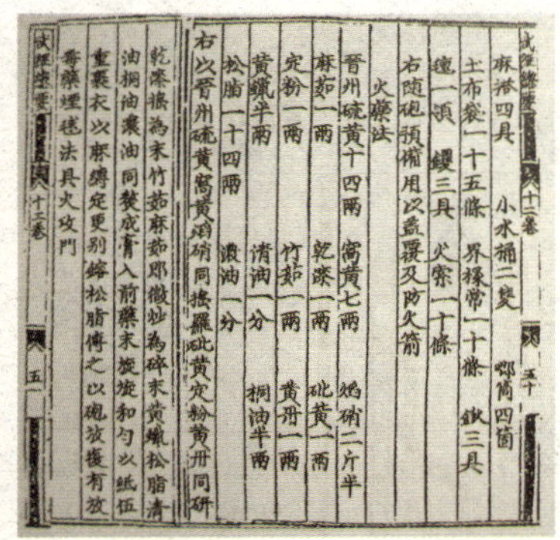

武經總要 十二卷 五十
麻搭四具　小水桶二隻　唧筒四箇
土布袋一十五條　界撩常一十條　鍬三具
纏一領　鏝三具　火索一十條
右隨砲預備用以蓋覆及防火箭
火藥法
晉州硫黃十四兩　窩黃七兩　焰硝二斤半
麻茹一兩　乾漆一兩　砒黃一兩
定粉一兩　竹茹一兩　黃丹一兩
黃蠟半兩　清油一分　桐油半兩
松脂一十四兩　濃油一分
右以晉州硫黃窩黃焰硝同擣羅砒黃定粉黃丹同研
乾漆擣為末竹茹麻茹即微炒為碎末黃蠟松脂清
油桐油濃油同熬成膏入前藥末旋旋和勻以紙伍
重裹衣以麻縛定更別鎔松脂傅之以砲放復有放
毒藥煙毬法具火攻門
武經總要 十二卷 五一

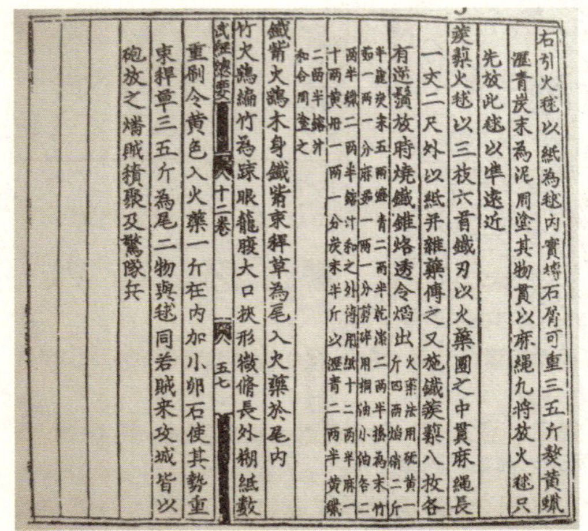
右引火毬以紙為毬內實塼石屑可重三五斤熬黃蠟
瀝青炭末為泥周塗其物貫以麻繩凡將放火毬只
先放此毬以準遠近
蒺藜火毬以三枝六首鐵刃以火藥團之中貫麻繩長
一丈二尺外以紙并雜藥傅之又施鐵蒺藜八枚各
有逆鬚放時燒鐵錐烙透令焰出火藥法用硫黃一斤四兩焰硝二斤半麄炭末五兩瀝青二兩半乾漆二兩半搗為末竹茹一兩一分麻茹一兩一分剪碎用桐油小油各二兩半黃蠟二兩半鎔汁和之外傅用紙十二兩半麻一十兩黃丹一兩一分炭末半斤以瀝青二兩半黃蠟二兩半鎔汁和合周塗之
鐵觜火鷂木身鐵觜束稈草為尾入火藥於尾內
竹火鷂編竹為疎眼籠腹大口挾形徵修長外糊紙數
武經總要 十二卷 五七
重刷令黃色入火藥一斤在內加小卵石使其勢重
束稈草三五斤為尾二物與毬同若賊來攻城皆以
砲放之燔賊積聚及驚隊兵

蒺藜火球火药配方

元代火铳

窠（原始子弹）装在一根竹管里，然后点燃火药来杀伤敌人。到了元朝出现了火铳，它的枪管是用铜或铁制成的，这就使得它的杀伤力更大了，人们还因此尊称它为“将军”。世界上现存最早的金属大炮就是元代的铜火铳，现陈列于北京中国历史博物馆。

火药发明后就不断外传，硝被阿拉伯人称为“中国雪”，被波斯人称为“中国盐”。元朝的军队借助于精良的火器装备而一再同西方国家作战，火药武器也因此传到了阿拉伯、欧洲。英、法等国在14世纪有了自己的火药武器，于是他们不断向海外扩张，使世界上许多国家变成了他们的附属国、殖民地。在军事需要的刺激下，人们一直在不断探索强化火药的毒性、燃烧力和爆炸力的方法，于是各种新式火药武器应运而生。人类战争逐渐由兵刃时代进入了火器时代。恩格斯曾这样评价说：“火药和火器的采用绝不是一种暴力行为，而是一种工业的，也就是经济的进步。”马克思也认为火药是促成资本主义社会诞生的重大科技发明之一。

明宪宗行乐图 火药发明后，在中国的一大用处就是制造爆竹烟火

三、制盐、制瓷

宋元时期，随着生产的发展和经济的繁荣，各种手工业较以前都取得了巨大的成就，这一切也为盐业生产的发展奠定了良好的物质基础。

宋代盐业生产技术主要包括两种：煎制和晒制。盐业的进步主要集中在井盐和海盐的生产。当时四川的井盐钻井技术已达到较高水平，盐的产量也比较多。北宋庆历年间，四川人在吸取汉唐以来的大口径浅井的成功经验的基础上，发明了冲击式凿井法，凿出了先进的“卓筒井”，这种新型小口盐井堪称制盐技术的新突破和新发明，对于盐业生产具有划时代的意义。它的推广和使用促进了宋代四川井盐生产极为快速的发展，也堪称中国钻井技术史上的一块丰碑。

元代的盐业生产规模进一步扩大，生产技术也得到进一步提高。元政府重视并加强了对盐业生产和运销的管理，为此还建立了专门的机构，制定了明确的制度，并颁布了一系列法令。海盐是元代盐业生产的重要组成部分。元代海盐的生产主要采用“煮盐而后成”的方法，陈椿为此还制作了52幅《熬波图》，描绘了煮盐生产全过程的图景，并且每幅图都配有文字说明和诗歌题咏。同时，由福建沿海居民发明的海滩晒盐技术也是制盐技术的一个杰出成就。另外，元代的池盐生产也是重要的盐业生产方式，池盐主要集中在北方。元代池盐制法的提高和改良一改唐朝以来的垦畦成盐为天然成盐，从而极大地增加了池盐的产量。

中国的瓷文化可谓历史悠久，源远

盐井凿钻孔道 《天工开物》插图

架设井架及汲卤 《天工开物》插图

煎盐图

瓷窑模型　宋

汝窑碗　宋

影青酒壶和莲瓣烫酒碗　宋

哥窑鱼耳炉　宋

盐池　《证类本草》插图

流长。在宋代，瓷器制作技术发展得更为迅猛，彩瓷、青瓷和白瓷的工艺水平大大超过了唐代，胎质、釉料和制作技术也得到了进一步的提高，在制作工艺中也有了明确的分工。另外，值得一提的是宋代窑结构的革新。如北宋的龙泉窑，为降低火焰流速，将瓷窑中部建成弧形，使火势从前向后推移，窑温就可以得到充分的利用，从而使瓷器成品釉色一致，老嫩差异很小。从这些方面考虑，宋代是中国瓷业发展史上的一个重要阶段。

宋代的青瓷工艺可谓登峰造极，达到了炉火纯青的地步。南方青瓷以龙泉窑为代表，北方青瓷以汝窑为代表。白瓷工艺也有很大的发展，以定窑的白瓷最为有名，定窑有北定和南定之分。“北定”在今河北曲阳县一带，首创以白云石代替石灰石配釉，成品往往胎细、质薄而有光；还有碗、碟等多是复烧，碗口、碟边无釉，只包上铜边或金银边，纹样则有划花、绣花、印花等多种，样式独具特色。“南定”景德镇则以石灰石制成釉灰，其“影青”白瓷是一项独特的工艺，瓷胎的白度和透光度与现代水平十分接近，令人赞叹！景德镇在唐朝时叫作昌南镇，由于宋真宗很欣赏该地出产的瓷器，于是便在景德元年（1004）下旨将昌南镇改称为景德镇，该地逐渐发展成为中国最大的瓷都，享誉海内外。

除景德镇外，当时还有一些名窑，如龙泉窑、磁州窑、钧窑、耀州窑、越窑、建窑等，其中龙泉哥窑生产的青瓷极其别致，其釉色上带有形如破碎的冰纹的裂纹，名为“百圾碎”，乍一看就像将打裂了的瓷器重新拼补起来一样，很是别致。关于“百圾碎”有一个十分有趣的故事。传说浙江龙泉县的章生一和章生二兄弟俩，都开窑制青瓷，分别叫做“哥窑”和“弟窑”。哥哥烧出的瓷器好，但不肯把技术教给弟弟，弟弟为了报复哥哥，就弄了一担冷水偷偷泼到哥哥的窑里。第二天，当哥哥打开窑门时，发现到处都是碎裂的瓷器，正当他难过的时候却发现瓷胎并没碎，而仅仅是釉质裂了。哥哥从中受到启发，专门烧制这种带裂纹的瓷器，并因此而闻名遐迩。虽然这只是个传说，但在典籍中记载，章氏二兄弟确有其人，而且弟窑的“粉青”也颇有名气。

定窑孩儿枕　宋

宋代瓷器的制造技术还远播至国外，在世界范围内具有深远的影响。朝鲜在10～14世纪已能仿制中国耀州窑和越窑的青瓷。南宋嘉定十六年（1223），日本人加藤四郎到中国福建学习制瓷技术，回国后在濑户设厂仿制黑釉瓷器，濑户也因此而迅速成长为日本制瓷业的中心，加藤四郎本人也被日本人尊称为日本的“瓷祖”。

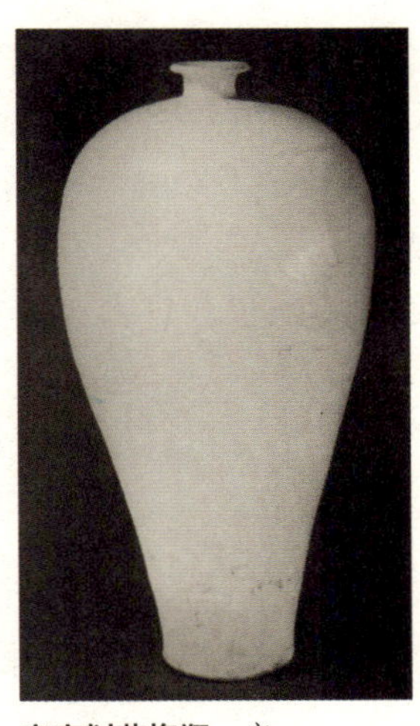
定窑划花梅瓶　宋

四、宋元机械及《梓人遗制》

指南车是古代一种指示方向的车辆，它虽然由来已久，但直至宋代才有了相关的记录。由于经常作为帝王的仪仗车辆，一般装修得十分华贵。根据《宋史舆服志》一书记载，车身一般为红色，上面修以花鸟及青龙白虎等纹饰，四角挂有香囊，由四匹马带动，一般有三十人来护卫。指南车是利用齿轮传动系统和离合装置来指示方向的，车子无论转向何方，木人手臂都指向南方。

记里鼓车是可以记录里程的车辆。中国早在东汉时就发明了这种车辆，后来失传了，直到宋代才由燕肃重新制造成功，《宋史·舆服志》对此也有记载。记里鼓车外形是独辕双轮，车厢内有立轮、大小平轮、铜旋风轮等，轮周各出齿若干。记里鼓车行一里路，车上木人就击鼓一次；行十里路，车上木人就击镯一次。同指南车相似，记里鼓车也是利用齿轮传动原理来进行工作的，这充分显示了古代机械技术所取得的巨大成就，同时也体现了宋代车辆制造

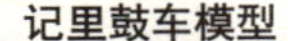
记里鼓车模型

水力鼓风机 《王祯农书》插图

踏车

技术的水平之高。

双活塞风箱鼓风冶铁在宋代已开始使用，这在机械工程史上也是一大创举。大约于1270年出版的《演禽斗数三世相书》中就有两幅以风箱鼓风冶铁的图画。走马灯在北宋时也有所记载，当时被称为“马骑灯”，是世界上最早利用热气流产生机械旋转的装置，它的原理与近代的气轮机、燃气轮机非常接近。直到16世纪，欧洲才出现了类似的装置。

龙骨水车（翻车）在宋元时期得到了进一步的改进。南宋初年开始用畜力来代替人力做动力，使龙骨水车的发展上了一个新台阶。到了元代，在王祯的《农书》中不仅有牛转而且有了水转

水击面罗

牛转翻车

龙骨水车的记载。畜力翻车的水车部分的构造和人力龙骨水车是相同的，只是在动力机械方面作了新的改进。在水车上端的横轴上装有一个竖齿轮，旁边立一根大立轴，立轴的中部装有一个大的卧齿轮，卧齿轮与竖齿轮的齿相互衔接。立轴上装一根大横杆，牛拉着横杆转动，经过两个齿轮的传动，带动水车转动，把水刮上来。牲畜的力量大，能把水运到较高的地方，同时汲水量也比较大。

《梓人遗制》是元代出现的记载制造纺织机械的木工专著，也是当时在机械研究方面有突出地位的学术论著。它的作者是薛景石。薛景石，字叔矩，山西万泉（今山西万荣县）人，约生活于13世纪中期蒙古统治下的北方，由于当时政局相对稳定，手工业因此受到了足够的重视。薛景石为人重义轻利，他毫无保留地将自己掌握的技术传授他人，这种精神在古代工匠中是难能可贵的。《梓人遗制》成书于元中统二年（1261），但因为当时的封建统治者对科学技术还存有一定的偏见，使得这本重要的技术著作在元代并没有得到广泛流传。现在能够查阅到的，是载于《永乐大典》“匠”字部的摘抄本。《梓人遗制》共收录了110种有用的机械和器具，但器具部分大都已经散失，在摘抄本中仅存有“车制”和“织具”两部分的14种机械。《梓人遗制》是一部具有极高历史价值和学术价值的论著。薛景石在认真考察有关资料并与实物相比较的基础上对每一种机械都进行了详细的论述。他在书中还描绘

水转翻车

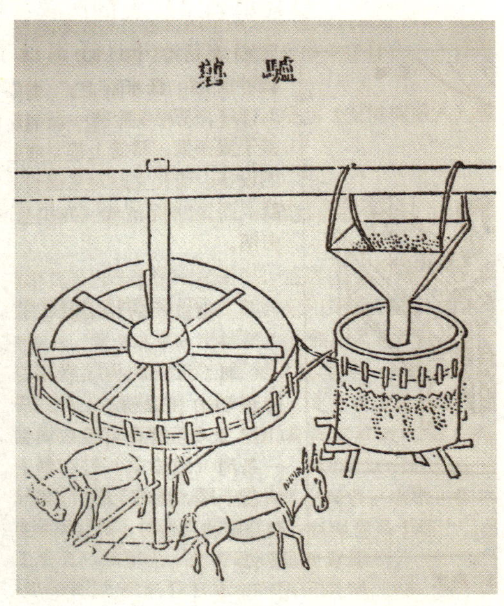
驴砻

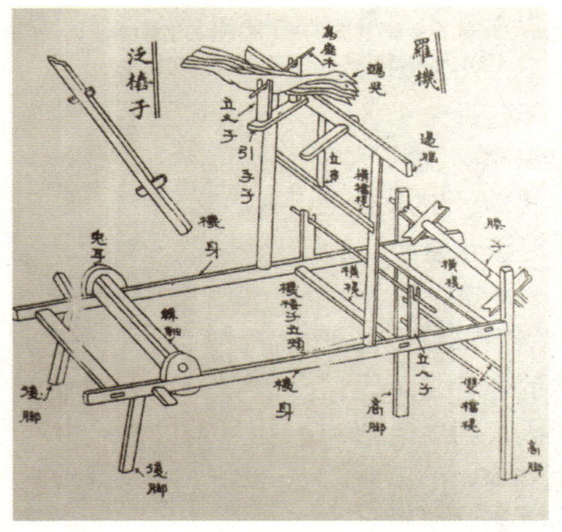

罗机子

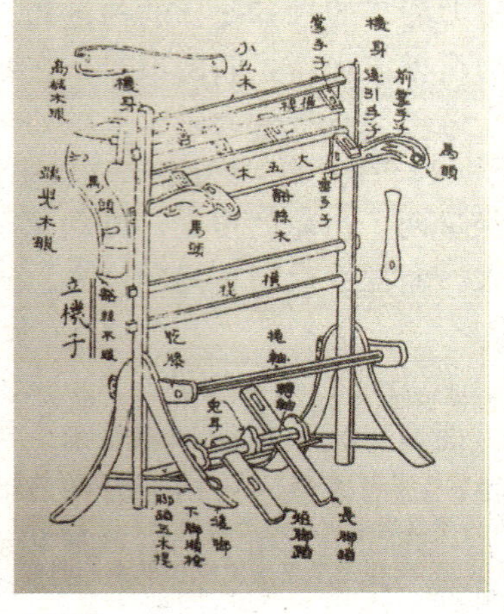

立机子

了大量机械图，以方便阅读、理解和仿造。《梓人遗制》一书中所保存的许多重要资料，如“织具”部分所记载的“罗机子”和“立机子”都是历史上最详细也是唯一的记载，“白踏椿子”、“斫刀”、“文杆”等工具也都是历史上最早的记载。《梓人遗制》比《王祯农书》、《天工开物》、《农政全书》等相关农书，更加详尽地介绍了纺织机的结构。

五、纺织业与黄道婆

宋元时期，纺织业继续保持着良好的发展势头，丝织物的质量都得到了较大的改善，棉纺织技术不断提高，纺织机械也得到了很多改进，并且还出现了许多和纺织业有关的专著。在宋代，兴起于北朝和唐朝的缂丝最负盛名，其特点是将绘画或书法艺术织在丝织品上，这是中国独特的工艺制品，具有极高的艺术价值。与此同时锦织物在宋代也得到了较大发展，有几十个不同的种类，比较著名的产品是苏州“宋锦”和南京“云锦”。到了元代，还出

纺车图　宋·王居正

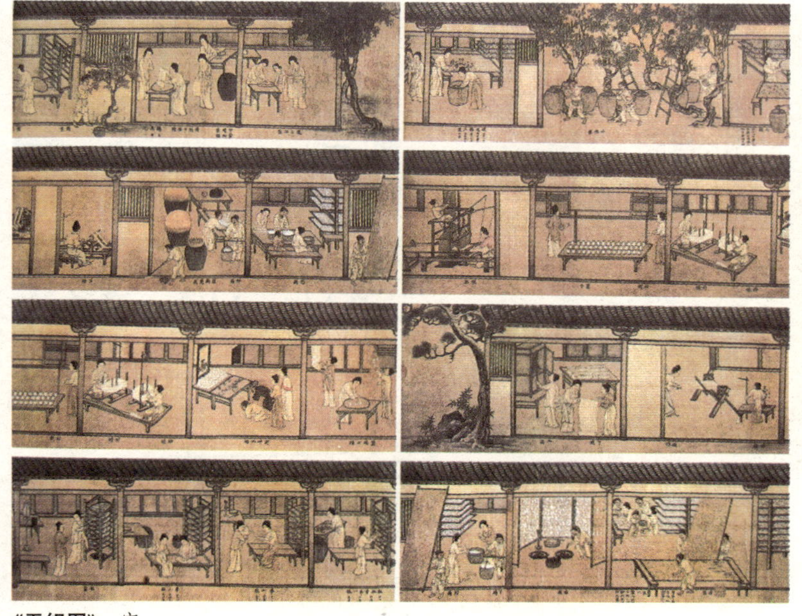

《蚕织图》 宋

缂丝孔雀 宋

现了加金银线的“金锦”。真可谓是金碧辉煌，光彩夺目，织锦技术在此时不断取得突破。

纺织技术的繁荣和成熟也是从宋元时代开始的。这一时期的高档丝织品更加艳丽奢华，与此同时，适合普通民众的棉、麻、葛制品也发展了起来。宋元时代的纺织生产注重质量、速度和成本，从而促进了纺织工艺的改进和设备的革新，大型水力纺车也应运而生。这一时期纺织技术发展的重要代表人物是黄道婆，她的贡献可以看作是中国古代纺织业发展的一块重要里程碑。

黄道婆像

黄道婆（约1245—?），松江乌泥泾（今上海华泾）人，出身贫苦，少年时曾流落崖州（今海南三亚），跟随黎族人民学习纺织技术。元代元贞年间（1295—1297），黄道婆带着先进的纺织工具和技术回到松江，给家乡的纺织业带来了一场重大变革。仔细考察，她的改革主要包括轧籽、弹花、纺纱、织布四个方面。在轧籽方面，黄道婆发明了一种搅

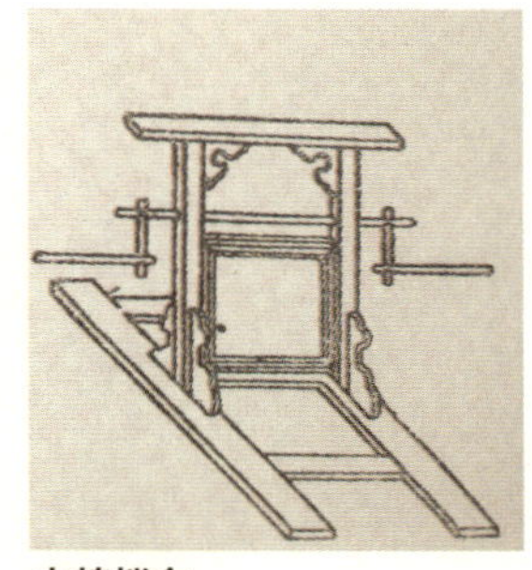

木棉搅车

水转大纺车

木棉纺车图

车，通过手摇两个转动方向完全相反的木筒来挤压棉花，从而克服了过去手剥费时费力并且效率低下的缺点。在弹花方面，黄道婆将小竹弓改成绳弦大弓，使弹弓的振幅加大，弹力增强，弹花速度大大提高，弹出的棉花也更均匀细致。后来，她又用蜡线弦制造弹弓，用木椎敲击弓弦，使弹花效率得到了进一步的提高。

对纺纱技术的改进是黄道婆最突出的贡献。她将纺麻的脚踏车改造为三锭三线的脚踏式纺车，使纺纱效率提高了三倍。这种纺车成为当时世界上最先进的纺织工具。黄道婆在结合传统纺织方法的基础上，总结出了一整套“错纱配色”、“综线挈花”的织布技术，传授给当地的妇女，使她们织的被、褥、带、幔等棉织品闻名遐迩，松江一带也由此成为了全国棉织业的中心。

木棉轩床图

木棉拨车图

六、水利工程和名桥的建造

978年，宋初的乔维岳（?—1001）在淮南地区主持建成了当时世界上最早的便于通航的运河复闸，这称得上是运河史上一项举世瞩目的成就。1048年，黄河决口，商胡（今河南濮阳东）一带河水泛滥，郭申锡率人多次填堵决口都没有成功。1056年，河工高超（生卒年代不详）首创“三埽合龙门法”，成功堵住了决口，这种方法一直为后人所沿用。1073年，北宋出现了用来疏浚河道的“铁龙爪扬泥车法”，这也是近代用疏河机船疏浚河道方法的前身。元朝建都北京后，先后开凿了济州河、会通河等运河，这些运河与隋朝开凿的运河河道相接，从而形成了贯通南北的大运河，为政治、经济、文化作出了卓越贡献。

蔡襄像

此外，元代的郭守敬在水利建设方面也取得了不少成就。1291 — 1292 年，他在北京附近主持修建了用来解决大运河北段通惠河水源不足的白浮堰工程。1321 年，元代的沙克什在参阅宋代以来水利著作的基础上编成了有关古代劳动人民治河、防洪经验的《河防通议》，这是世界上较早的水利工程技术专著之一。

宋元时期建造了许多名桥，较有代表性的有北宋泉州的洛阳桥、金代中都（今北京）西南郊的卢沟桥、南宋晋江的安平桥和漳州的虎渡桥等。

万安桥记碑　宋·蔡襄

泉州洛阳桥始建于宋皇祐五年（1053），是在泉州太守蔡襄的主持下历时6年8个月、耗资白银1400万两建造而成的，这是中国第一座濒临海湾的大石桥，因处于泉州湾洛阳江口上的万安渡，又名“万安桥”。全桥长360丈，宽1.5丈，有桥墩46座，桥的两侧各有石雕扶栏250个和石狮14尊，兼有武士造像分立两旁，7亭9塔点缀其间，桥的南北两侧还种植了700多棵松树。整个造桥工程规模浩大，蔚为壮观，在工艺技术方面也堪称高超至极。当然，在洛阳桥的建造过程中也遇到了不少困难，其中首要的困难是水急浪高，为此，造桥工匠们在江底沿着桥位纵轴线抛掷了数万立方的大石块，筑成了一条长1里、宽25米、高约3米的石堤作为桥墩基址。这种桥基称得上是建桥史上的重大突破，也是现代桥梁工程中“筏形基础”的前身。同时，工匠们还采用了“激浪涨舟”、“浮运架梁”的巧妙方法，把重达数吨的大石板架在桥面上。工匠们还别出心裁地在石堤附近放养牡蛎，利用它们附生于岩礁或别的牡蛎壳上的特点使松动散砌的石块、条石胶固在一

种蛎固基

起，这种方法又被称为“种蛎固基”，是把生物学运用到桥梁工程中的一大创举。洛阳桥建成后，先后经历过上百次地震、海啸和台风的袭击，但至今依然保存完好，它的稳固性使洛阳江天堑变通途，反映出古代造桥工匠的聪明才智和创新精神，它的成就至今还为中外所赞叹。

金朝建造的卢沟桥，是中国古代桥梁建筑的又一杰作。它与河北的赵州桥、泉州的洛阳桥并称为“中国古代三大名桥”。卢沟桥始建于金大定二十九年（1189），位于北京城西南15公里的永定河（旧称卢沟河）上。在当时，卢沟渡口是进出北京的唯一通道，而原有的浮桥和木桥等交通设施已无法适应越来越繁忙的交通状况，在这种情况下才建造了卢沟桥。卢沟桥初名广利桥，有11拱，全长266.5米，是现在中国北方所存最长的古代石拱桥。桥面宽度9.3米，桥下11涵孔，近岸孔跨约16米，中心孔跨21.6米。桥身是由巨大的白石砌成的，桥墩为船形，其前端是用于抵御急流的分水尖，名为“斩龙剑”。卢沟桥不但设计先进，建造精良，其建筑装饰也很有特色。桥栏由281根高达近1.5米的望柱与栏板连接而成，望柱顶端还雕有唯妙唯肖、形态各异的石狮485只，因而在民间有“卢沟桥的石狮数不清”这一歇后语，表明了卢沟桥华美的建筑风格。

卢沟运筏图

位于福建晋江县安海镇和南安县水头镇之间海湾上的安平桥，始建于南宋绍兴八年（1138），历时14年才建成，是中国古代最长的连梁式石板平桥。因桥长约5华里，俗称“五里桥”。安平桥全长2255米，桥面宽3～3.8米；桥基以砂为基底，枕木交叉相叠其上，即所谓的“枕木卧基”。枕木上建有桥墩361座，由花岗岩条石横直交错叠砌而成，形状分长方形、单边船形和双边船形三种。桥面是由大石板铺架，这些石板长5～11米，宽0.6～1米，厚0.5～1米，重4～5吨，其中最重的达25吨。桥上还设有水心亭、楼亭、中亭、雨亭和宫亭，以面宽10米的中亭规模最大，亭前有两尊武将的石雕像。桥面两侧建有石护栏，栏柱头雕刻着千姿百态的狮子、蟾蜍等。在两侧水中还筑有相互对称的四方石塔4座和圆塔1座。在桥头建有六角的空心砖塔，塔高22米，共5层。高塔长桥，相映生辉。安平桥以其浩大的工程、宏伟的规模和壮美的结构充分展示了中国古代劳动人民高超的技艺和创造力。

卢沟晓骑

虎渡桥建成于南宋嘉定七年（1214），它坐落于秀丽的漳州东北、九龙江北溪的入海口，是一座用花岗岩筑成的梁式石桥。虎渡桥全长285米，宽6米，孔径最大达21米。每个孔上架设石梁3根，其中最重的石梁有200吨，虎渡桥堪称是世界上最大最重的石梁桥，与泉州的洛阳桥、晋江的安平桥、福清的龙江桥合称为古代“福建四大石桥”。

关于虎渡桥的由来有一个很有意思的传说。南宋绍熙年间(1190—1194)，郡守赵逖伯在这里建造浮桥，但浮桥摇荡得让人害怕，“过者凛容”，并且很快因经不住风雨的摧击而损坏了。嘉定七年，郡守庄夏又在此垒石墩，建木桥，因水深流急，抛石都被冲散了。如此一来，建桥成为了难事，突然有一天，工匠们见一只老虎背负着幼虎渡江，游过一段急流后便栖息片刻，再游再息。于是，工匠们就沿着这条虎渡水线路进行勘探，结果发现这一线路不仅水浅，而且水下有石如阜，后来，工匠们就按照这条线路选址筑墩，最终铺梁成桥，此桥因此而得名“虎渡桥”，又名“通济桥”。宋嘉熙元年，该桥桥面的木板被火烧毁了，于是漳州郡守带头捐钱，筹资将桥面改铺石板，历时四载，最终改建成石桥。

船形桥墩

中亭石刻楹联

七、木构建筑与《营造法式》

宋元时期，中国古代建筑技术日趋成熟。连年的征战和政权的更替使工匠们冲破了一些传统教条的束缚，建筑技术更加灵巧多变，建筑物的风格既不像隋唐时期那样雄浑朴拙，也不似明清时期那样富丽堂皇。

有“造塔鲁班”之称的北宋木工喻皓（生卒年代不详）在建筑方面有着丰富的经验和很高的造诣，他于989年主持建造了汴京（今河南开封）的开宝寺木塔（今已不存），这座塔高达160余尺，共11层。由于汴京的气候多西北风，喻皓在设计中把塔身略微倾斜向西北，以增强塔身的抗风能力，从而延长了木塔的寿命，堪称建筑史上的一大创举。此外，他还在总结前人和自己实践经验的基础上写成了《木经》3卷，只可惜现已不复存在。

释迦塔

在辽代，坐落于山西应县的高达67米的佛宫寺木塔（释迦塔）于1056年建成，其内部采用的是斜撑和支柱相结合的结构方式，虽屡经地震摧残，但至今仍然完好无损，是建塔史上的又一杰作。另外，辽时建造的蓟县独乐寺观音阁，虽历经数次风暴和几次较大地震，至今亦完好如初。

可见，木构建筑是这一时期建筑的主旋律，并逐渐趋于规范化，当时建筑用料的多少、大小、各个工序以及整个工程的工作量等都作出了明确规定。《木经》一书就记载了民间房屋建筑的规格和方法。另一杰作《营造法式》是由北宋杰出的建筑学家李诫于1100年主编的，这是中国现存最早的官修建筑专著，该书详细记载了建筑材料、样式和结构，并且绘有精致的样图，堪称中国建筑史上的杰作。

李诫像

李诫（1060—1110），字明仲，河南管城（今河南新郑）人，出身于官吏世家，曾任“凡土木工匠板筑造作之政令总焉”的将作监，任期长达13年。在他的主持下建成了许多著名建筑和园林，如五王邸、龙德宫、朱雀门、太庙等。据史料记载，当时朝廷凡是修建国家级的重大工程，皇帝必召李诫，由此可见李诫在当时建筑业的重要地位。

成书于北宋变法时期的《营造法式》，从礼制、等第到财力上对国家重要建设项目进行控制。全书包括四类内容：一是整理汇编了北宋以前的许多古籍，诸如《考工记》、《墨子》、《周髀算经》、《韩非子》、《九章算术》等有关建筑方面的史料，汇成“总释”共

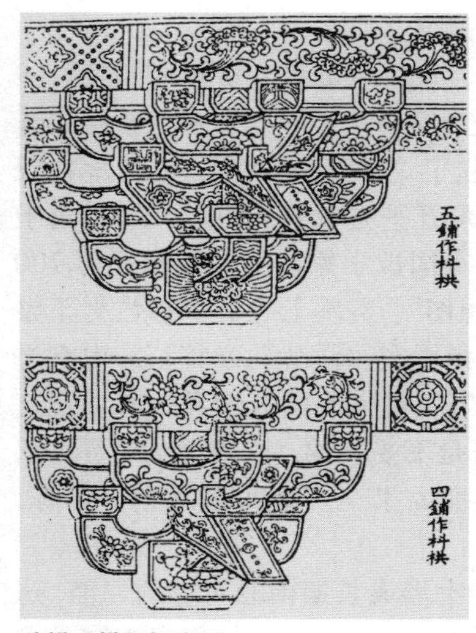

斗拱及拱间板彩画

2卷。二是对建筑行业中的不同工种加以分门别类，编制技术规范和操作规程，共13卷。三是总结编制出了各工种用工及用料的定额标准，共15卷。四是绘制出图样193幅，共6卷，这是中国古代的第一套建筑工程图，充分反映了宋代工程制图学和工艺美术的水平，同时也全面体现了中国11—12世纪建筑行业的发展水平。

值得注意的是，李诫在书中将建筑构件断面的高、宽比例都统一为 3∶2。英国科学家托马斯·杨曾证实，矩形断面的梁，其高宽比例为$\sqrt{3}$∶1时刚性最大，$\sqrt{2}$∶1时强度最大，1∶1时最富弹性。而李诫得出的3∶2的比例虽然具有稍低的强度，但增加了刚度，同时又是整数值，因此，可以说是科学性与实用性相结合的合理比例，也是出材率高的比例。托马斯·杨的结论比李诫的结论晚了600年。还有伽利略也只是建立了断面高宽比例对杆件强度影响的定性概念，而没有进行定量，并且他的理论比李诫的理论晚了300年之久。可见，李诫在建筑结构力学方面取得的成就在世界上也是遥遥领先的。

当然，《营造法式》也存在着一些缺点。比如，它的重点是官式大型建筑，忽略了民间小型建筑；其附图也相对缺乏科学的绘图知识，精确性较差，但这些都不会影响《营造法式》在建筑史上所占据的重要地位和不朽价值。

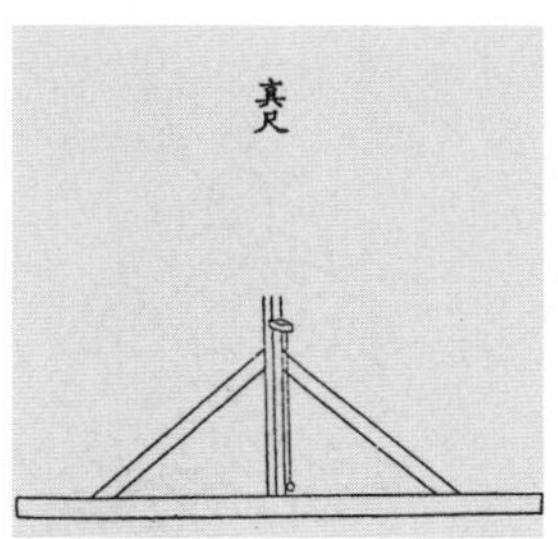

直尺

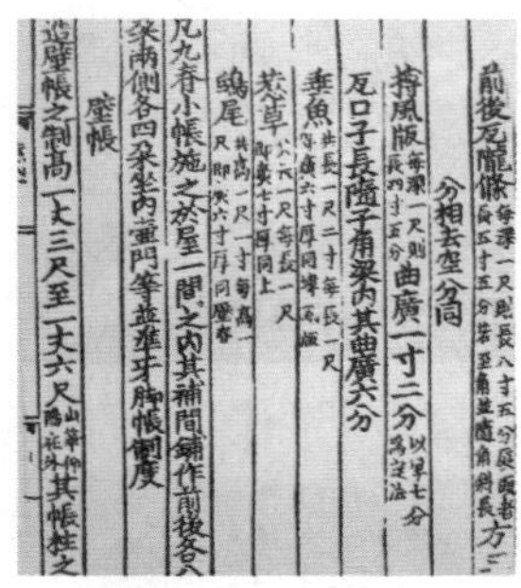
前後瓦隴條
分相去空分同
搏風版 曲廣一寸二分
瓦口子長隨子角梁內其曲廣六分
垂魚
惹草
鴟尾
凡九脊小帳施之於屋一間之內其補間鋪作前後各八
朵兩側各四朵坐內壼門等並准牙脚帳制度
壁帳
造壁帳之制高一丈三尺至一丈六尺 其帳柱之

《营造法式》书影

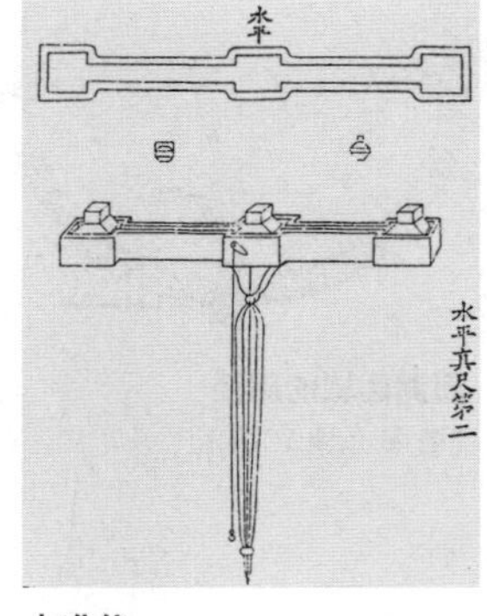

水准仪

八、宋元数学四大家

从汉代到唐朝一千多年，中国古代数学已形成了一套比较完备的体系。在此基础上，宋元时期的数学又有新的突破。当时，社会稳定，工商业贸易发达，对应用数学的需求越来越大，这些都为数学的发展创造了条件。另外，印刷术得到推广，数学知识借助于文本得以广泛流传。因此，宋元数学发展速度快、论著多、成就高，也就成了很自然的事情。回溯宋元时期的数学成就，对于中国古代数学史的研究具有积极意义。

北宋时期杰出的数学家贾宪，撰有《黄帝九章算经细草》(9卷）和《算法斅古集》(2卷）(斅，意为“教导”)。贾宪根据“开方作法本源图”的构造原理，创立了“增乘开方法”，这是他在数学上的重大贡献。这一方法，既可开平方和开立方，又可运用于求解任何高次方程式的正根，比英国数学家霍纳的结论早了700多年。贾宪创制的“开方作法本源图”，实质上是一个指数为正整数的二项式定理系统表。对此，杨辉在《详解九章算法》中有过记载：“释锁、算书，贾宪用此术。”过去中国数学界一直误把这幅图称为“杨辉三角”，现在看来是不妥当的，应该称为“贾宪三角”。贾宪的工作为后来宋元数学四大家——秦九韶、李冶、杨辉、朱世杰的工作奠定了坚实的基础。

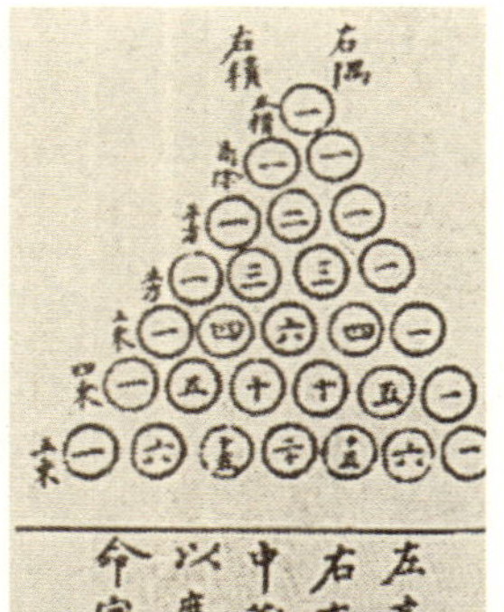

开方作法本源图

南宋时期，宋金、宋元在政治上形成长期南北对峙的局面，这使得数学研究也自然地分成南北两个中心。南方的代表人物是秦九韶、杨辉，北方则以李冶为代表。元统一中原后，南北学术交流畅通起来，同时促进了数学的发展。朱世杰的《算学启蒙》、《四元玉鉴》就成为宋元数学发展的又一高峰。后来人们把13世纪下半叶的这短短十几年里涌现出来的四位著名的数学家——秦九韶、李冶、杨辉、朱世杰合称为“宋元数学四大家”。他们所取得的辉煌成就代表了当时数学发展的最高水平。

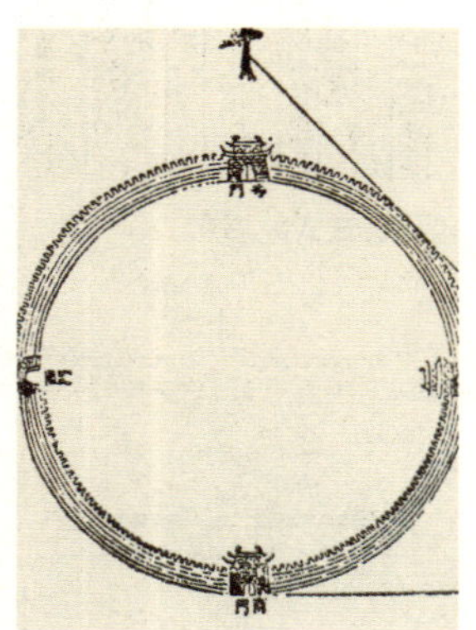
遥测圆城的周径

《数书九章》插图

四川安岳人秦九韶（约1202—1261)，字道古，是一位多才多艺、学识渊博的学者，在天文、数学、音律、营造等方面都有很深的造诣。淳祐四年（1244)，秦九韶专心致力于数学的研究，于1247年完成了《数书九章》。这本书内容非常丰富，包含了大量数学、天文历法以及雨雪量等方面的珍贵资料，同时还可以从书中了解到南宋时期户口增长、耕地扩展、赋税、利贷、度量衡以及货币流通、海外贸易等各种真实的社会经济状况。可惜的是，秦九韶因为对功名利禄看得太重，后来在科学上无所建树。秦九韶发展了高次方程

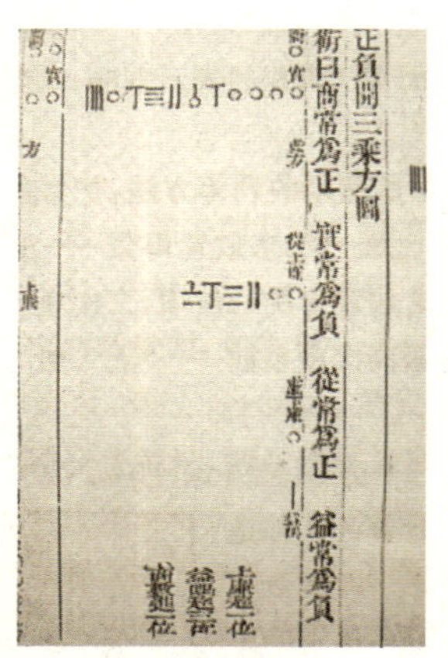

正负开方法算草《数书九章》

灌溉测量问题设计图　《数书九章》插图

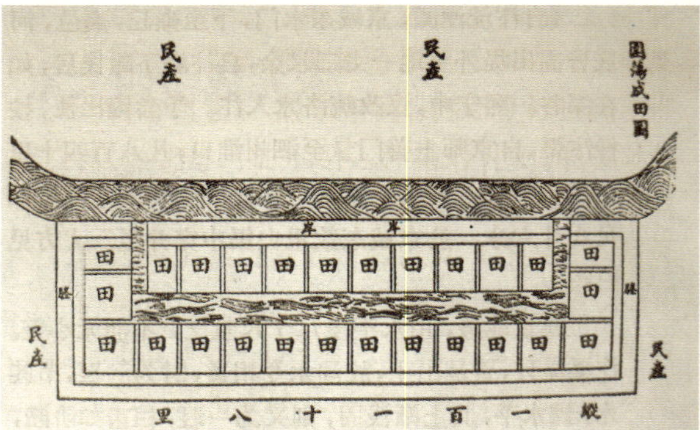

数值解法和一次同余式组解法，并提出了比较完备的“正负开方术”和“大衍求一术”，达到了当时世界数学发展的高峰。德国数学史家M. 康托尔对秦九韶的大衍求一术给予了高度评价，并称赞他为“最幸运的天才”。秦九韶对刘徽首创的连续开方计算微数的思想进行了发挥，用十进小数作无理根的近似值。五百年后，意大利数学家鲁斐尼和霍纳于1819年所提出的“鲁斐尼—霍纳方法”，实际上就是“秦九韶方法”。

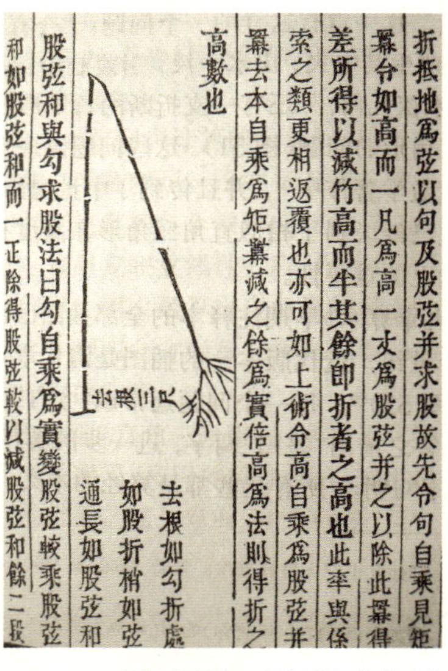
折抵地爲弦以句及股弦并求股故先令句自乘見矩
冪令如高而一凡爲高一丈爲股弦并之以除此冪得
差所得以減竹高而半其餘即折者之高也此率與係
索之類更相返覆也亦可如上術令高自乘爲股弦并
冪去本自乘爲矩冪減之餘爲實倍高爲法則得折之
高數也

股弦和與勾求股法曰勾自乘爲實變股弦較乘股弦
和如股弦和而一正除得股弦較以減股弦和餘二股

折竹问题 《详解九章算法》插图

南宋钱塘人杨辉，字谦光，多年从事数学研究和教学工作。1261—1275年，他共完成了数学著作5种11卷，即《详解九章算法》12卷、《日用算法》2卷、《乘除通变本末》3卷、《田亩比类乘除捷法》2卷、《续古摘奇算法》2卷，后三种合称为《杨辉算法》。杨辉的著作大多深入浅出、图文并茂，很适合于教学。杨辉对勾股容方问题进行了仔细的研究，得出了“直田之长名股，其阔名勾，于两隅角斜界一线，其名弦。弦之内外分二勾股，其一勾中容横，其一股中容直，二积之数皆同”的重要定律。虽然刘徽在《海岛算经》、赵爽在“日高术”中对类似的思想也有所反映，但杨辉是第一个以文字形式明确提出这一定律的人，后来这一定理被称为“杨辉定理”。杨辉的《详解九章算法》是为普及《九章算术》而作，可见他对数学普及工作的重视。另外，杨辉还专门写了《日用算法》一书，书中题目全部来源于社会生活中的实际问题。他还根据多年经验，写成一份比较完整的教学计划——“习算纲目”，详细叙述了各种数学知识的学习方法、学习时间及参考书目等，非常便于教学。

《测圆海镜》抄本

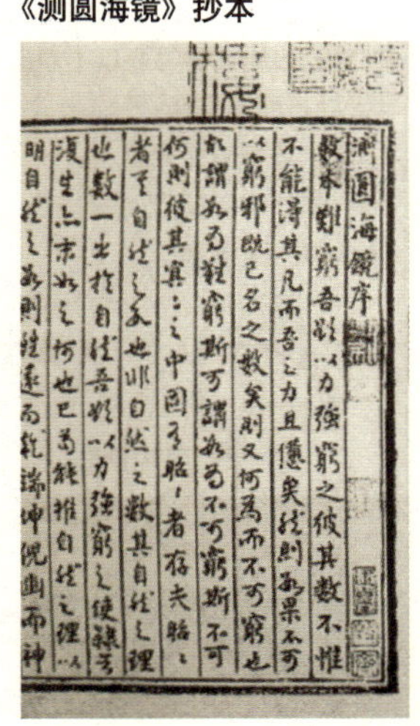
測圓海鏡序

李冶（1192—1279）是金元之际有名的学者，字仁卿，号敬斋，河北栾城人。李冶原名李治，因与唐高宗李治同名，他就将“治”字去掉了一点。正大七年（1230），李冶考中词赋科进士，由于蒙古军进攻，他没能到高陵上任。后来被派往钧州（今河南禹县）任知事。开兴元年正月，蒙古军攻破钧州，不愿投降的李冶换上平民服装，走上了漫长而艰苦的流亡之路。这是他一生中最重要的转折，开启了他近五十年的学术研究活动。他对数学进行潜心钻研，并于1248年写成代数名著——《测圆海镜》12卷。李冶把“天元术”作为其数学研究的主要内容，《测圆海镜》便是论述天元术的代表作。李冶在此书中采用了从零到九的完整数码，还发明使用了负号和一套相当简明的小数记法，然而他的方程仍缺少相应的运算符号，尤其是等号，所以这样的代数只能称为“半

朱世杰四元术算草

符号代数”。《测圆海镜》是中国现存最早的一部天元术著作，并且采用的是演绎方法，这比先前算书只采取问题集的形式无疑是一大进步。《测圆海镜》是当时世界上一流的数学著作，但由于本身内容较深，真正能够读懂的人很少，再加上理学思想的限制，数学不为人们重视等原因，天元术的传播速度相当缓慢。李冶深知天元术的重要性，于1259年又完成了另一部普及性的著作——《益古演段》。两书相辅相成，相得益彰。李冶晚年在封龙山著书讲学时，还完成了《敬斋古今黈》、《泛说》等著作。

朱世杰，字汉卿，号松庭，元代燕（今北京）人，生活于13世纪末14世纪初。他继承和发展了北方的“天元术”，并把南方各种日用和商用数学的口诀、歌诀等融合起来，撰写出了《算学启蒙》和《四元玉鉴》，把中国古代数学推向了更高境界。《算学启蒙》作为一部非常重要的数学启蒙读物，从整数的四则运算入手，一直讲到“天元术”。朱世杰在开篇就列出了18个常用数学歌诀和各种数学常数，如乘法九九歌诀、除法九归歌诀、斤两化零歌诀、筹算记数法则、度量衡换算，首次记述正负数的乘除运算法则等，这些在以往的古算书中都是不多见的。与《算学启蒙》不同的是，《四元玉鉴》则阐述了朱世杰自己多年的研究成果。全书共3卷，24门，288问，分别介绍了朱世杰在“四元术”、“垛积术”等方面的研究成果。朱世杰发明的“消去法”具有很高的科学水平。“消去法”是将多元高次方程组依次消元，得到只剩一个未知数的天元开方式，然后再用增乘开方法求正根。这基本类似于现代的方程组解法。它不仅是中国古代筹算代数学的最高成就，也是13、14世纪世界数学的最高成就。朱世杰是宋元时期数学发展的总结性人物和代表性人物，他的成就超越了古代数学经典著作的范围，超越了中国数学只研究实用问题的传统。

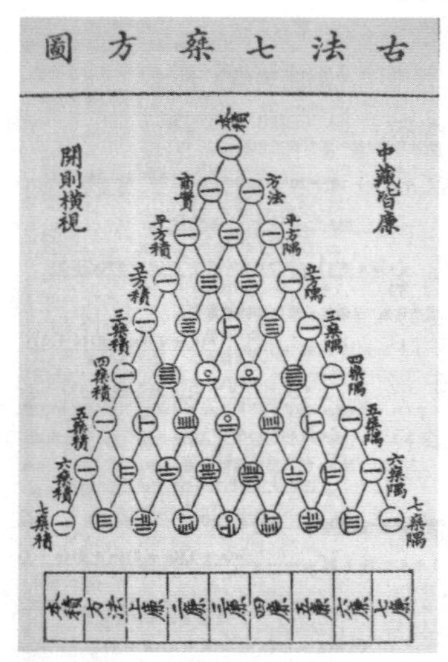

《四元玉鉴》中的“古法七乘方图”

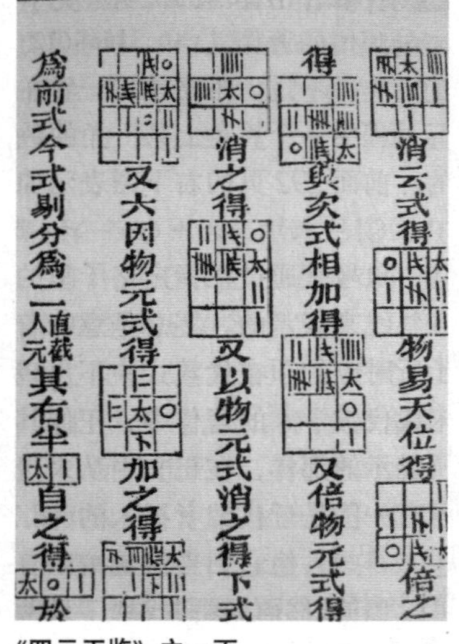
《四元玉鉴》之一页

九、梦溪园中的科技总括

沈括像

沈括（1031—1095），字存中，北宋钱塘（今浙江杭州）人，青年时跟随父亲宦游，积累了丰富的见闻和学识。治平元年（1064），33岁的沈括考取进士，在昭文馆编校书籍。熙宁六年（1073），沈括奉命到浙东一带考察水利、差役，对当地水利工程的修建给予了大力的支持。次年，他又奉命赴河北西路（今河北、河南二省黄河以北地区）察访，重新修订了《九军阵法》，在军事理论方面作出了贡献。元丰三年（1080），沈括作为军事统帅赴延州（今陕西延安）任职，率军奋力抵御西夏的侵略。1082年，沈括因受到战事失利的牵连而被贬职。元祐五年（1090），沈括迁至润州（今江苏镇江）的“梦溪园”安度晚年。也正是在梦溪园中，他编撰了著名的《梦溪笔谈》。

《梦溪笔谈》是沈括以笔记体形式写成的一部综合性科学著作。现存的《梦溪笔谈》共26卷，《补笔谈》3卷，《续笔谈》11篇。该书集中叙述了沈括一生的重要见闻，同时也记录并反映了当时北宋的社会、政治、外交和军事状况，具有极高的学术价值和历史价值。尤其是他在科学技术方面所取得的成就和作出的贡献，使《梦溪笔谈》成为一部弥足珍贵的科学典籍。

在天文学方面，沈括首创了把二十四节气与十二个月份统一起来的“十二气历”，适应了农业生产的需要。沈括在主持司天监的工作时，曾改制了浑仪、浮漏等天文仪器，开创了简化浑仪的先河。在数学方面，他所创立的“隙积术”深化了自《九章算术》以来的等差级数求解问题，他的“会圆术”则使平面几何得到了很大的发展。在物理学方面，沈括对光学仪器、地磁偏角、雷电、潮汐、晶体结构、海市蜃楼、虹、雷电、乐律等都提出了自己独到的见解。沈括还进行过凹面镜成像实验，对古人铸镜的原理进行了科学的解释。此外，他还进行过声音共振实验，把用纸剪的一个小人放在琴的基音弦上，再拨动相应的泛音弦，小人就会跳动，而拨动其他弦却没有这样的效果。西方直到15世纪，才由意大利人达·芬奇开始做共振试验，比沈括晚了几百年时间。

《梦溪笔谈》书影

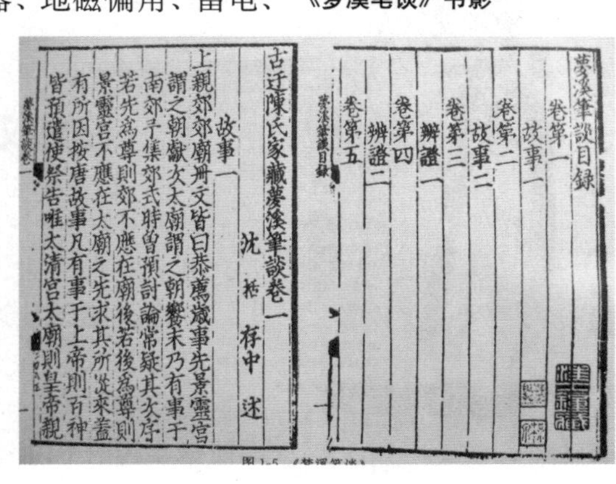

夢溪筆談目録
卷第一 故事一
卷第二 故事二
卷第三 辯證一
卷第四 辯證二
卷第五

古迂陳氏家藏夢溪筆談卷一
沈括 存中 述
故事一
上親郊郊廟冊文皆曰恭薦歲事先景靈宮謂之朝獻次太廟謂之朝饗末乃有事于南郊予集郊式時曾預討論常疑其次序若先為尊則郊不應在廟後若後為尊則景靈宮不應在太廟之先求其所從來蓋有所因按唐故事凡有事于上帝則百神皆預遣使祭告唯太清宮太廟則皇帝親

在《梦溪笔谈》中，沈括深入细致地研

版印書籍唐人尚未盛爲之自馮瀛王始印
五經已後典籍皆爲版本慶曆中有布衣
畢昇又爲活版其法用膠泥刻字薄如錢
脣每字爲一印火燒令堅先設一鐵版其
上以松脂臘和紙灰之類冒之欲印則以
一鐵範置鐵板上乃密布字印滿鐵範爲
筆談十八 八
一板持就火煬之藥稍鎔則以一平板按
其面則字平如砥若止印三二本未爲簡
易若印數十百千本則極爲神速常作二
鐵板一板印刷一板已自布字此印者纔
畢則第二板已具更互用之瞬息可就每
一字皆有數印如之也等字每字有二十
餘印以備一板內有重複者不用則以紙
貼之每韻爲一貼木格貯之有奇字素無
備者旋刻之以草火燒瞬息可成不以木
爲之者木理有疎密沾水則高下不平兼
與藥相粘不可取不若燔土用訖再火令
藥鎔以手拂之其印自落殊不沾汚昇死
其印爲余羣從所得至今保藏

《梦溪笔谈》中关于毕昇发明活字印刷术的记载

究了地图测绘。他曾在熙宁五年（1072）首创地形高程测量法，他在实测的基础上，用胶泥、木屑与熔蜡混合，制造出不同的地图模型，然后再复制成木刻地理模型，这比欧洲最早的地理模型早了700多年。后来，他又历时12年，完成了中国制图史上的巨作《守令图》20幅。在制图方法上，他删去了裴秀制图六体中的“道里”，而增加了“傍验”和“互融”，对地图绘制后的校验和拼合地图的准确性作了强调和突出，提高了地图制作的精度。在医药学方面，沈括创见性地对许多古代医书和药典上的谬误进行了校正。他在《良方》中所记述的“秋石方”，是现在已知最早的关于提取荷尔蒙的记载（关于这一点还有待进一步验证）。在化学方面，沈括首创了用石油炭黑代替松木炭黑制造烟墨的工艺，还注意到中国石油资源的丰富和重要性。另外，《梦溪笔谈》还详尽地记载了关于“灌钢”、“冷锻”、胆铜法的知识，这些都对古代化学的发展作出了重要贡献。

沈括对劳动人民的经验和创造发明也给予了很大的重视，他在《梦溪笔谈》中记录下不少民间的科技人物以及他们的成就，如世界上第一个发明活字印刷术的布衣毕昇，平民历算家卫朴，首创“三埽合龙门法”的河工高超，木工喻皓和他所著的《木经》等。

《梦溪笔谈》的内容包罗万象，可谓是宋代科技资料的丰富宝库，也是中国科技史上的一份珍贵遗产。沈括本人除在科学领域外，在经济、历史、外交、军事、考古、音律、绘画、书法、诗词等领域也颇有建树，可以说他是一个百科全书式的学者。当然，沈括的研究范围过于广泛繁杂，因此在有些地方难免存在错误和偏差，但都无损于他被称为“中国整个科学史中最卓越的人物”。

十、天文仪器及观测活动：苏颂、郭守敬

苏颂像

苏颂（1020—1101），字子容，泉州府同安县（今福建同安）人，祖上多有军功。宋仁宗庆历二年，23岁的他与王安石同登进士，并由此踏入仕途，备受文学家欧阳修的赏识。

在苏颂长达五十年的官宦生涯中，他曾掌管过财政，整理过皇家图书和档案，当过外交特使，也曾为皇帝讲过课。丰富的阅历使他学习并积累了大量知识，培养了他干练的办事能力。元祐

年间苏颂达到了其政治生涯的顶峰，官至刑部、吏部尚书，后出任宰相。但好景不长，他就因受到攻讦而被降为观文殿大学士等闲职。苏颂一生虽高居官位，但他热爱自然科学，并且在这方面作出了卓越的贡献。

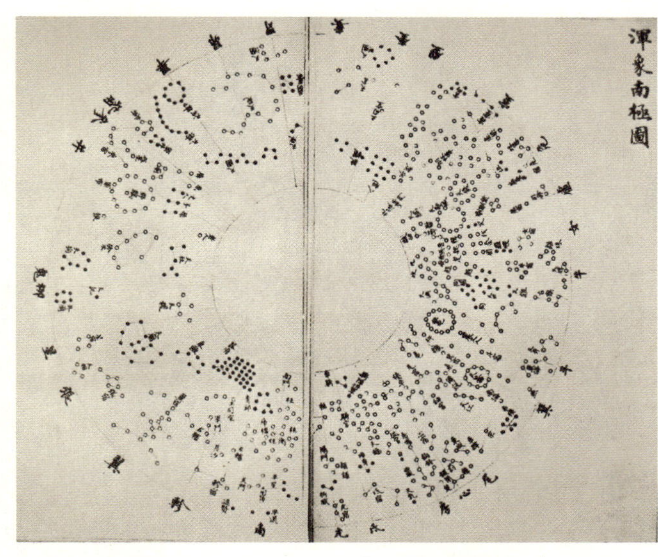

《新仪象法要》中的星图

元祐元年（1086），苏颂在检验皇家天文仪器时，提出了制造水运仪象台的建议。元祐七年（1092）六月，苏颂在吏部令史韩公廉的协助下正式制成了水运仪象台，这是世界上最早的结构复杂的活动天文台，它既能用于观测天象和自动演示天象运行情况，还能自动报时。后来，苏颂编著了《新仪象法要》共3卷，分别对浑仪、浑象和水运仪象台进行了介绍，图文并茂，详细说明了整部仪器和各部件的结构及其运转方法。

水运仪象台是一座底呈正方形、下宽上窄的木质结构建筑，共分3层。上层是有一座浑仪的露天平台，下方有水槽以定水平，浑仪能随水轮运转。有9块可以活动的屋面板覆盖在浑仪上面，用来防止雨雪对仪器的侵蚀，观测时则可以拆开，这是天文台台顶设计上的一大创新。中层是一间置有浑象的密室，浑象和昼夜机轮轴相接，由东向西转动，同天体视运动相一致，从而使各个时刻的实际天象得到真实而准确的再现。下层设木阁5层，且每层都有门，每到一定时刻门中就会有木人出来报时。在木阁后面还放有铜壶滴漏和复杂精密的机械系统，铜壶滴漏是一个二级漏壶，水从第一级天池滴到平水壶，再由平水壶滴入枢轮边缘的水斗，水斗贮水到一定程度后便冲破控制机构，而使整个仪器有序地运转起来。擒纵装置是该仪器中设计最为巧妙的部分，这个装置也是近代钟表中的重要机件——擒纵器（卡子）的前身。因此，水运仪象台的计时系统被视为现代钟表的先驱，而且这一发明比欧洲人要早600年。

《新仪象法要》书影

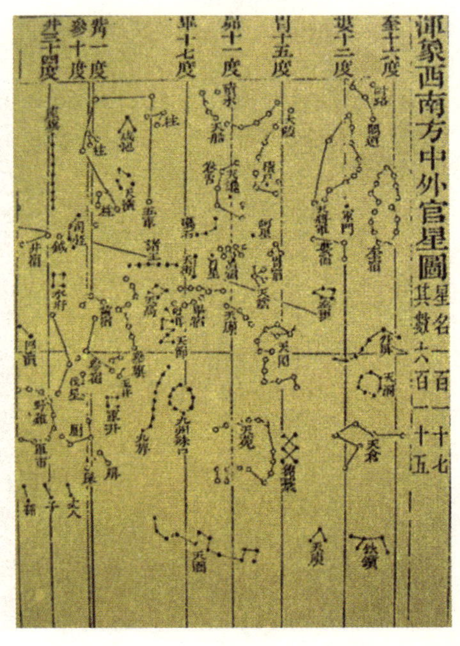

自东汉张衡以来，曾出现过许多机械化的天文

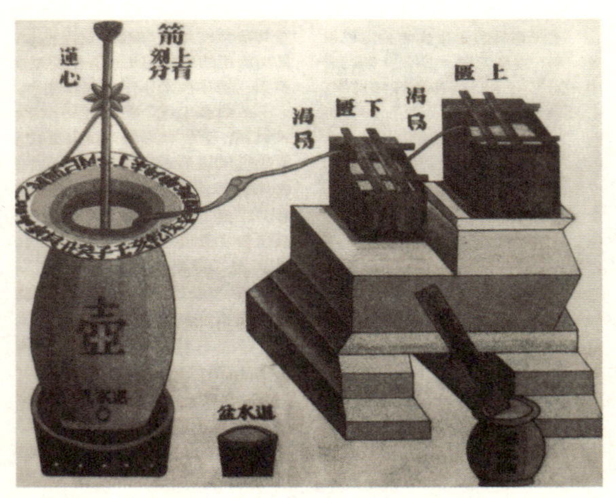

莲漏图

水运仪象台复原图

仪器，但都没有留下详细记载，更没有图形流传下来。从这个方面来看，苏颂这部著作的历史意义绝不逊于水运仪象台本身的发明。《新仪象法要》中绘制的图纸，是至今中国保存的最早也是最完整的机械图纸。

元世祖忽必烈非常重视天文学，这极大地推动了天文学的发展。元朝廷在天文历法方面作了大量的工作，主要包括兴建天文台、组织天文观测和颁布实施《授时历》等。

元代兴建了很多天文台，其中最著名的是上都回回天文台和大都天文台。上都（今内蒙古多伦附近）天文台修建于至元八年（1271），是元朝兴建最早的一座回回天文台。在上都天文台的兴建过程中，阿拉伯天文学家札马鲁丁起了重大作用。札马鲁丁的天文学知识非常渊博，深得忽必烈赏识。至元四年（1267），忽必烈召见札马鲁丁，礼遇有加，并将他编撰的《万年历》颁行于北方。札马鲁丁制造了7种精巧的天文仪器，全部放在了上都回回天文台。上都天文台建成后，札马鲁丁被任命为提点（即台长）。后来，该天文台对于阿拉伯天文学在中国的传播起到了一定的作用。

南宋石刻天文图

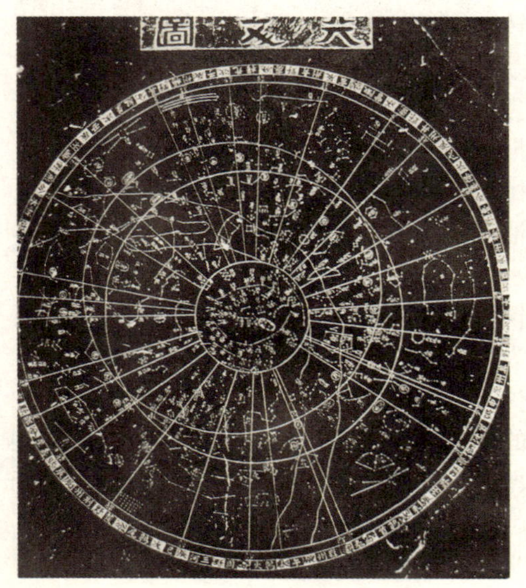

至元十六年（1279）又兴建了大都天文台，主要用来观测天象，当时被称为“司天台”，也叫“灵台”。大都天文台高7丈，分3层，全都采用砖木结构，这也是宋元时期建筑的主要特征。上层为平台，中、下两层都有回廊，中层分为八

室，其中分别放置多种天文仪器及历代天文图集，下层有一中室，称为“官府”，也就是太史院长官办公的地方。在顶层的平台上，陈放着郭守敬设计发明的简仪、仰仪等仪器，为实际观测所用。天文台下面左侧筑一小台，上置玲珑仪，右侧立一高表（约高12米）。大都天文台是当时世界上规模最大、人员最多、设备最完善的天文台之一，是中国现存最古老的天文台，也是世界上现存较早的观测天象的建筑之一。由于自然和人为的原因，该天文台屡遭破坏，元代以后曾多次修缮。

河南登封观星台

大都天文台建成后，元朝政府就组织有关人员进行了一次天文观测活动，这次活动规模空前，共设27个观测点（即测景所），主要包括南海、大都、阳城、上都等地，其观测范围“东极高丽，西至滇池，南逾朱崖，北尽铁勒”，这些观测点目前大多不复存在，只有河南登封县的观星台保存到现在。

元朝政府之所以组织大规模的观测活动，主要是为编制新历法作准备。元初沿用了金朝历法，而札马鲁丁的《万年历》虽颁行于北方，但由于种种原因，并没有在大范围内得到推广使用。另外，金历中许多数据与天象不符，对元代的农业生产和人民生活造成了一定影响。至元十三年（1276），忽必烈下令成立太史局（后改为太史院）编修新历，并命许衡 （曾任中书左远、集贤大学士兼国子祭酒）、王恂（数学家，曾任太子赞善、太史令）、郭守敬等人主持。为了编修好这部新历，郭守敬建议进行大范围的天文观测，朝廷采纳了他的建议。就这样，郭守敬、许衡、王恂会同太史局里的一大批观测人员和能工巧匠，进行了中国乃至当时世界天文史上规模空前、计划周密的天文测量和历法研究工作，并于1280年编成新历法——《授时历》。它确定一年的时间为365.2425日，和现在世界通用的格里历完全一致，这是一项了不起的天文学成就。至此，中国古典天文学也发展到了顶峰。

郭守敬像

郭守敬（1231—1316），字若思，河北邢台人。1281年，由他主持编修的《授时历》颁行天下。但由于任务繁重、时间紧迫等原因，《授时历》中采用的天文数据、表格以及推算方法都未经缜密的考订，恰在此时其他主要参与者要么去世，要么还乡隐退，只剩下郭守敬一人进行最后的定稿工作。面对困难，郭守敬并没有放弃，他先对《授时历》中采用的计算方法作了重大改进，撰成了《推步》7卷、《立成》2卷、《历议拟稿》3卷、《转神选择》2卷和《上中下三历注式》12卷，历时四年最终圆满地完成了定

究所謂河源者又嘗自孟門以東循黃河故道縱
廣數百里間皆爲測量地平或可以分殺河勢或
可以溉灌田土具有圖誌又嘗以海面較京師至
汴梁地形高下之差謂汴梁之水去海甚遠其流
峻急而京師之水去海至近其流且緩其言信而
有徵此水利之學其不可及者也古曆天周與歲
周小餘同於日度四分之一漢魏以來漸覺不齊
遂有破分之說而立法未均任意進退公乃每以
百年爲率小餘之下增損各一以之上推往古下
驗方來無不脗合且自太初迄于大明名曆七十
餘家其見施用於世者四十有三類多寫分換母
誇詫一時間有翹出如宋元嘉唐大衍近世紀元
不過三數然亦未臻至當考驗天事始雖親密旋
已不效公所爲曆測驗既精設法詳備行幾五十
年未嘗一有先後天之差去積年日法之拘無寫
分換母之陋此曆數之學其不可及者也舊儀既
多蔽礙且距齒但有度刻而無細分以管望星漸
外則所見漸長尤難取的公所爲儀但用天常赤
道四游三環三距設四游於赤道之上與相套在
內同附直距於四游之外與雙環兩間同結線距

郭守敬测量活动记载

稿工作。《授时历》是中国古代最优秀的一部历法，也是中国古代颁用时间最长的一部历法，前后用了364年之久。作为这部历法的主要筹划者、大量天文数据与表格的测算者、最后的编审定稿者，郭守敬无疑作出了最为重要的贡献。

1286年，郭守敬又先后撰写了《时候笺注》、《修改源流》、《二至晷景考》、《五星细行考》等著作，其中包括了历法改革、天文仪器制造方法、尺度说明以及有关恒星位置测量的最新成果，对自1276年以来的天文历法工作进行了系统的总结和梳理。

郭守敬一生研制的天文仪器不少于22种，其中的17种是在他参与编制《授时历》时研制的。郭守敬对浑仪大胆革新，创制了简仪，在赤道环、百刻环之间安装了四个铜圆柱，起到滚柱轴承的作用，这比达·芬奇设计的滚动轴承早了200多年。另外，他还在百刻环上分100刻，每刻又分36分，该仪器观测精确，在西方只有300年后丹麦天文学家第谷·布拉赫所发明的仪器才能与之媲美。除简仪外，郭守敬还创制了高表、景符、窥几、仰仪、赤道式日晷和星晷定时仪、浑天象、证理仪、日月食仪、玲珑仪、丸表、悬正仪、座正仪等，这些仪器不仅构思巧妙、设计科学，而且结构合理、功能多样，组成了一个相对完善的天文仪器系列。

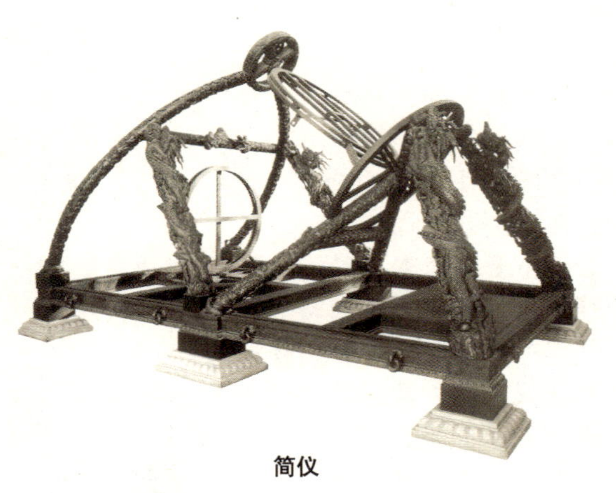
简仪

方日晷

除天文历法外，郭守敬的才华还突出表现在水利工程方面。他修建了许多水利工程，最为出名的是于1293年全线通航的通惠河工程，从选线、布局到闸坝、斗门系统的设置等方面都反映了科学性、合理性和实用性原则，这也是他个人的水利工程设计思想的充分体现。总之，郭守敬的科学工作和成就为万世所景仰。

十一、地理学的发展

宋代的地理学在继承前人成果的基础上取得了更加突出的成就。不管是在地图制作方面，还是在地志编写方面，都是成绩斐然。在地图制作方面，宋代地图的种类和数量均有大幅度提高，出现了《淳化天下图》、《华夷图》、《禹迹图》等比较杰出的代表作。《华夷图》中对山川、河流等自然物及城市位置的描绘与实际情况相差无几，但对海岸线和江河源头的绘制却有失准确。《禹迹图》采用了独特的画方格绘图方法，即把全国分成5110个格（横方70个、竖方73个），地图上的一格相当于实际的一百里，这样就可把山川、城市等较准确地绘制在地图的方格上，用这一方法绘制的地图比例比较准确，轮廓较接近于现今的地图，它是中国发现最早的画方格地图。北宋徽宗宣和四年（1122）绘制成的《九域守令图》，图中较准确地绘制了山东半岛和海南岛的海岸线，其精度已大大超过了《禹迹图》。在上述地图中，唯《淳化天下图》为绢制品，其余均为石刻图。元代著名的地图学家朱思本根据自己的旅游实践并结合唐宋绘图经验，经过不懈努力，成功地编绘了《舆地图》2卷，这幅图对后世产生了很大的影响，成为元、明、清三代舆图的重要范本。另外，元代还有两幅中国全图影响深远，一幅是1330年左右李泽民绘制的《声教广被图》，另一幅是天台僧人绘制的《混一疆理图》。这两幅地图的原本已无处可查，现今能见到的是保存在日本的1500年左右的复本，从中可以清晰地反映出中国那时早已发现了南海诸岛的位置。此外，李约瑟对中国科技史进行研究时还发现，朝鲜的李荟和权近于 1402年绘制的《混一疆理历代国都之图》是在《声教广被图》和《混一疆理

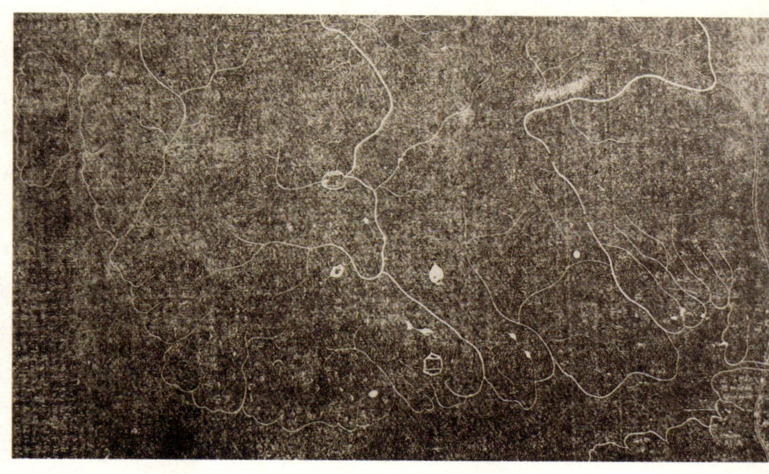

华夷图

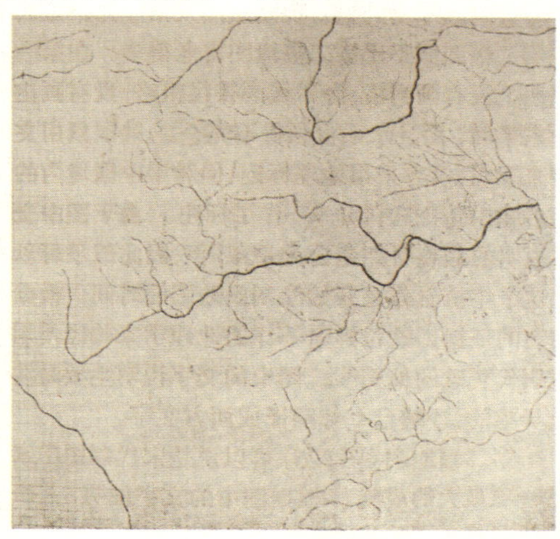

禹迹图

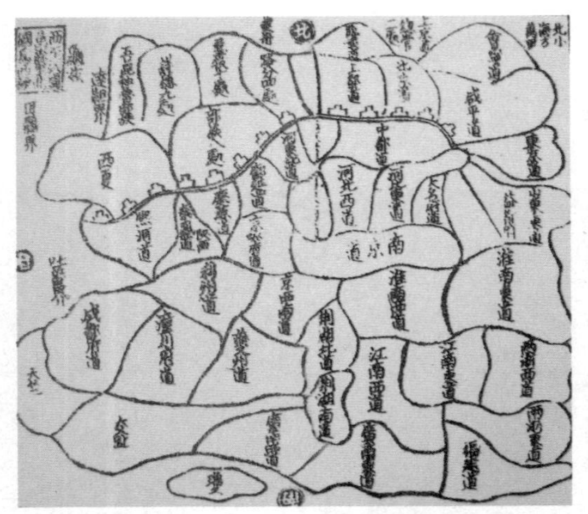
大元混一图

图》的基础上合成的。

在地志编写方面，北宋乐史（930—1007）从976年开始用8年时间著成了《太平寰宇记》，此书共 200卷，收录了全国各地的地方志以及人物、物产、风俗习惯等资料，是宋代著名的地理著作之一。元代时，在札马鲁丁的主持下，动员了大批地理学家和工作人员，耗时18年（1286—1303）才完成了巨著《大元大一统志》，它是一部地方总志，分600册，共1300卷，其中的很多内容都取自乐史的《太平寰宇记》。

另外，宋元时期的游记类地理学著作也有很多，其中影响比较大的有：南宋周去非的《岭外代答》、赵汝适的《诸番志》、元代耶律楚材的《西游录》、李志常的《长春真人西游记》、周达观的《真腊风土记》、汪大渊的《岛夷志略》等。

周去非撰写的《岭外代答》一书，分为地理、边帅、外国、风土、法制、财计等共20门，以问答的形式记述了宋代岭南地区（今两广一带）的经济、文化、风俗习惯以及山川物产等多方面内容，为研究岭南的社会历史地理提供了重要范本。

耶律楚材

契丹人耶律楚材（1190—1244）是成吉思汗的军师，曾在1216年随成吉思汗西征，归来后写下了著名的《西游录》。《西游录》由两部分组成，一部分描写的是他在西征新疆和中亚、西亚途中的见闻，另一部分则记载了他与长春真人丘处机关于佛道理论的争论。《西游录》为研究历史、地理提供了重要的参考材料。

丘处机在成吉思汗西征期间曾远赴西域见成吉思汗，他的随行弟子李志常详细记录了他们西行过程中所经之地的地理状况和风土人情，以及当时中亚的一些情况，并汇编成了《长春真人西游记》一书，这本书是研究中亚历史地理变迁的重要著作。

元朝初期的周达观（约1270—1350）于1295年跟随朝廷使团赴当时正处于吴哥时代的真腊（今柬埔寨）。回国后所撰写的《真腊风土记》是他对当地的山川、政治、经济、文化、教育、宗教、人情、风土等社会各个方面的考察和记录。该书先后被译成法、英、柬、日等多种文字，被许多介绍吴哥的书所反复引用。

元代旅行家汪大渊（约1311—1350）于1349年著成了《岛夷志略》一书，原名《岛夷志》，全书共分100条，前99条都是作者亲眼目睹；而第100条“异闻类聚”则是在摘录《太平广记》等旧记内容的基础上写成的，没有太大价值。此书记述了220多

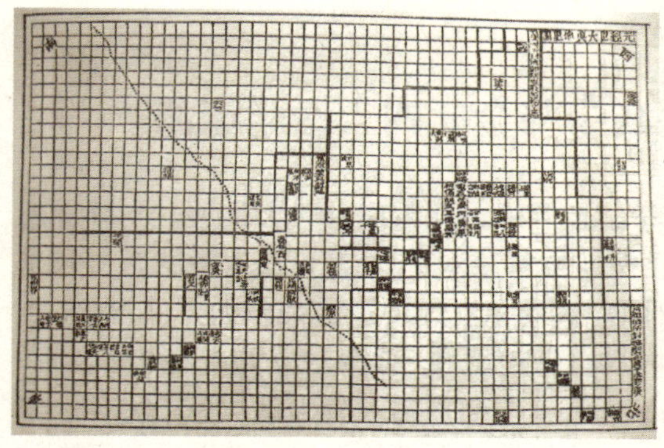

元代的一幅网格地图

个国家和地区的地名物产及人情等，是中国古代对外交往史上一部不可多得的重要著作。

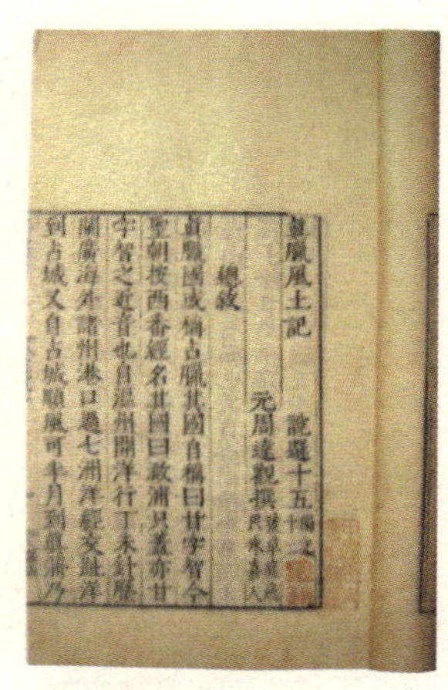

真臘風土記　說郛十五

元周達觀撰 號草庭逸民永嘉人

總敘

真臘國或稱占臘其國自稱曰甘孛智今

聖朝按西番經名其國曰澉浦只蓋亦甘

孛智之近音也自溫州開洋行丁未針歷

閩廣海外諸州港口過七洲洋經交趾洋

到占城又自占城順風可半月到眞蒲乃

《真腊风土记》书影

燕肃于1022年著成《海潮论》一书。燕肃（961—1040），字穆之，青州益都（今山东青州）人，虽出身贫寒，但自幼刻苦读书，后来又考中进士，从此步入仕途。燕肃一生为官清正，深受世人尊敬，他善诗会画，通晓音律，酷爱科学。他在越州、明州等沿海地区任职的10年期间，对海潮进行了实地观测和科学总结，在书中他提出了正确的潮汐理论，并且还详细绘制了宁波的潮汐图。在长期的观测中，他发现潮汐的大小变化与太阳无关，而与月亮在时间上具有对应关系，即朔、望日潮大，上、下弦日潮小，提出了潮汐的变化特征，阐明了钱塘江涌潮的成因。“日者众阳之母，阴生于阳，故潮附之于日也。月者太阴之精，水乃阴类，故潮依之于月也。是故随日而应月，依阴而附阳。”这种认识突破了窦叔蒙、卢肇等人只将潮汐与太阳或月亮单向联系的片面性，而向日月引力形成潮汐的理论迈进了一大步。当然，燕肃的潮汐理论也没有脱离阴阳五行说，这是为当时的科技发展状况所决定的。

在研究潮汐时，计时器的准确程度直接关系到潮候的正确性。宋仁宗天圣八年（1030），燕肃发明了精美的“莲花漏”，解决了漏壶水位恒定的问题，使得漏壶计时的准确度得到了很大的改善，这一发明得到了宋仁宗的认同并且在全国范围内推广使用。

钱塘观潮图

燕肃的《海潮论》以及《海潮图》详细地阐述了海潮的形成原因，绘制了准确的潮汐时刻表，为当时的渔业生产和水上交通提供了可靠的依据，促进了生产的发展和社会进步，具有极高的科学价值和实际意义。当时大文学家苏轼也曾高度赞扬过燕肃。此前，燕肃还制成了指南车、记里鼓车。

十二、医药学与金元四大医学流派

宋元时期，本草学、针灸学、外科均有较大发展，本草学的代表作是唐慎微的《经史证类备急本草》；宋元针灸学的两大家是王惟一和滑寿。这一时期，医学分科朝着更加细致的方向发展，妇产科、小儿科先后从内科中分离出来，成为独立的专科。陈自明、危亦林分别在妇产科、外科等方面作出了较大的贡献。另外，宋慈的《洗冤集录》则标志着早期法医学的诞生。随着医学不断发展还出现了不同的流派，如著名的金元四大医家。

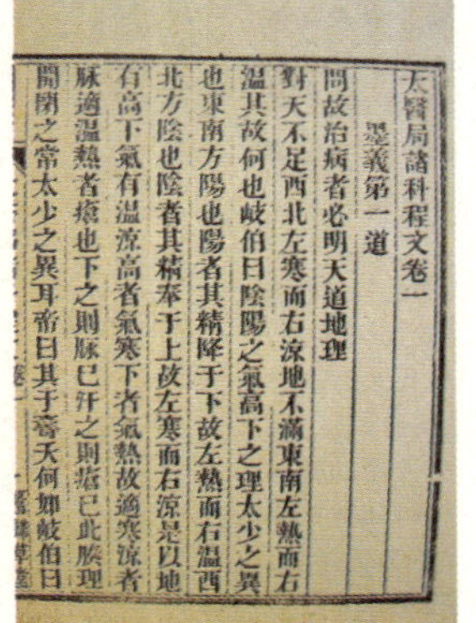
太醫局諸科程文卷一
墨義第一道
問故治病者必明天道地理
對天不足西北左寒而右涼地不滿東南左熱而右溫其故何也岐伯曰陰陽之氣高下之理太少之異也東南方陽也陽者其精降于下故左熱而右溫西北方陰也陰者其精奉于上故左寒而右涼是以地有高下氣有溫涼高者氣寒下者氣熱故適寒涼者脹適溫熱者瘡也下之則脹已汗之則瘡已此腠理開閉之常太少之異耳帝曰其于壽夭何如岐伯曰

宋代太医局试题及答案

宋初时候，宋太祖诏令刘翰等人修定本草。他们在唐《新修本草》的基础上，参考《蜀本草》等书，编写了《开宝重定本草》等著作。此后，苏颂、掌禹锡、林亿等人又奉命对《灵枢》、《素问》、《甲乙经》、《广济方》、《千金方》、《外台秘要》、《太素》、《神农本草》八部古典医书进行校勘，其中对《神农本草》的校正，是以《开宝重定本草》为基础又吸收了其他本草的内容并加以正误补注而成的，此书又被称为《嘉祐补注神农本草》，完稿于嘉祐五年（1060），共21卷，载药1082种。嘉祐三年，朝廷开始在全国范围内进行药物普查，苏颂与掌禹锡等人将全国各地绘好的大量药物资料通过鉴别、分类、整理、考订最终撰成《图经本草》（又称《本草图经》）一书。该书完成于嘉祐六年，共21卷，载药780种，药物图933幅，是中国第一部刻版印刷的本草图谱，全书按药物的产地、药性、鉴别方法、炮制方法、主治配方等加以叙述，有较高的实用价值。遗憾的是，《图经本草》后来散佚了，如今只能在相关医书中查到苏颂当年所定的图文。但《图经本草》原书仍然极大地影响了后世的医药学，堪称中国医药学由隋唐时期通向元明时期的桥梁。

掌禹锡像

研钵

凌霄花

《经史证类备急本草》简称《证类本草》，全书共32卷，收录了1558种药物及3000多种方剂。这部书原本是医家唐慎微

的私人著作，后来经过政府整理并刊行，就成为了私著官修的本草书籍。从1083年到1157年，《证类本草》又经过了三次大的修订。此书虽然重修多次，但都掩盖不住它的精到之处，它一直作为本草学的范本，直到李时珍的《本草纲目》问世。

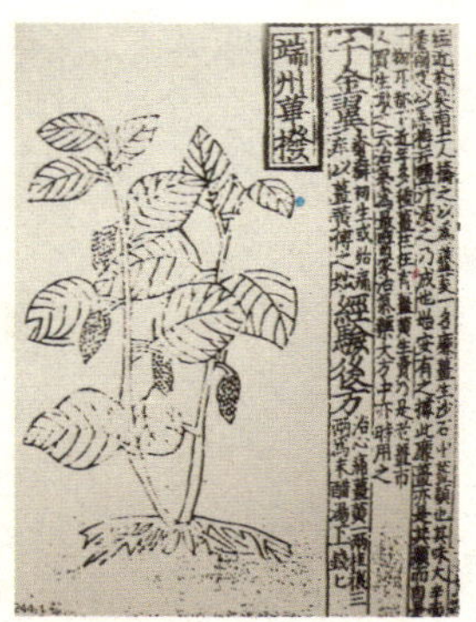

《证类本草》书影

著名的北宋医官王惟一，主持编修了《铜人腧穴针灸图经》3卷，把各家对腧穴的不同说法进行了统一，并于天圣五年（1027）设计和监制了两具最早的针灸铜人，对针灸学的教学和医师考核发挥了巨大作用。王惟一铸造的针灸铜人与实际人体大小相似，外壳可以拆卸，胸腹腔能够打开，腔内五脏六腑都可见，并且各种器官的位置、形状、大小比例都比较正常。铜人表面铸有14条经络循行路线，各条经络上都标明穴位名称。当考核学生掌握针刺技术的高低程度时，需在铜人表面涂一层黄蜡，并在铜人内部灌满水（一说水银），如果学生能够准确地扎中穴位，水就会由孔内流出。铜人的设计极其巧妙，长期受到国内外医学界的重视。针灸铜人在当时被视为国宝级的珍品。王惟一还发展了针灸的临床应用。他以穴位为单位，指出每一个穴位所主治的病症，极大地便利了临床应用。他还主持把书的内容刻在石碑上，以使经络与腧穴的知识得到更好的普及。这些都对针灸的发展起到了良好的促进作用。

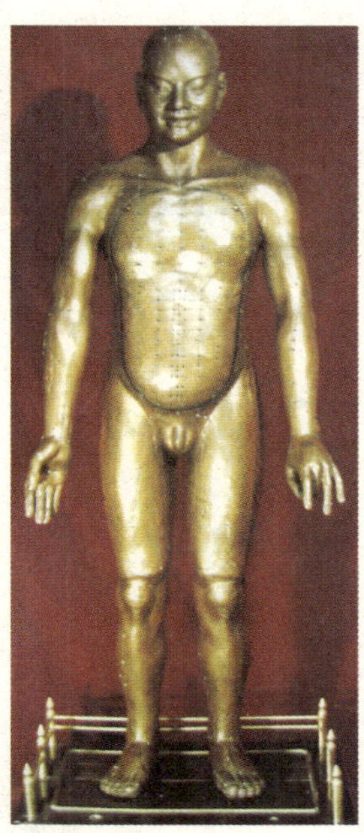

宋代天圣铜人复原件

元代著名医家滑寿（约1304—1386），字伯仁，祖籍许州襄城（今属河南）。元朝时曾为乡举，后对功名失去兴趣，转而攻读医书。滑寿曾多次去京口（今江苏镇江）拜访名医王居中，学习岐黄之术。他在钻研《素问》、《难经》的基础上，结合张仲景、刘完素、李杲等诸家之书，编有《读素问钞》3卷、《难经本义》2卷、《伤寒例钞》3卷。滑寿对内科疾病的诊治非常精通，还拜东平（今山东东平）高洞阳为师，学习针灸，并对经络理论颇有研究。元至正元年（1314），滑寿著成《十四经发挥》3卷和《十四经穴歌》，认为“奇经八脉”中的任、督二脉各有专穴，可与十二经相提并论，并称为“十四经”，从而使十四经脉理论开始用于临床。《十四经发挥》一书考订了657个腧穴，同时理清了脉的分布及其与脏腑的关系，《十四经发挥》是阐明经络学说的重要著作，直到现在，还不断地被传

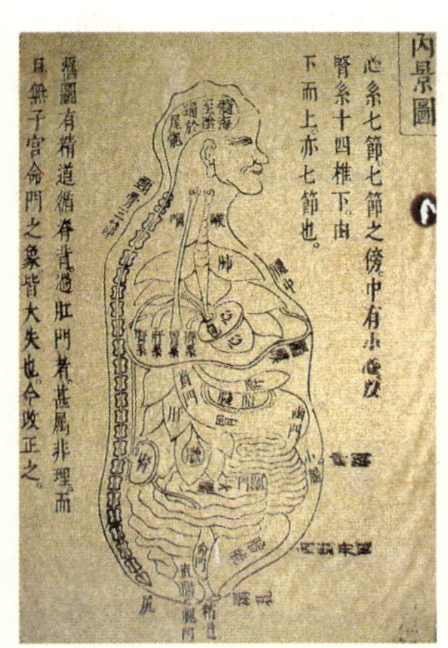

内景图　明

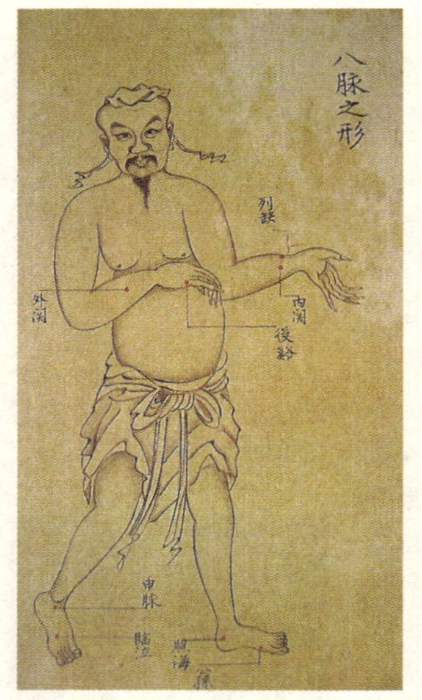

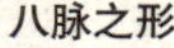
八脉之形

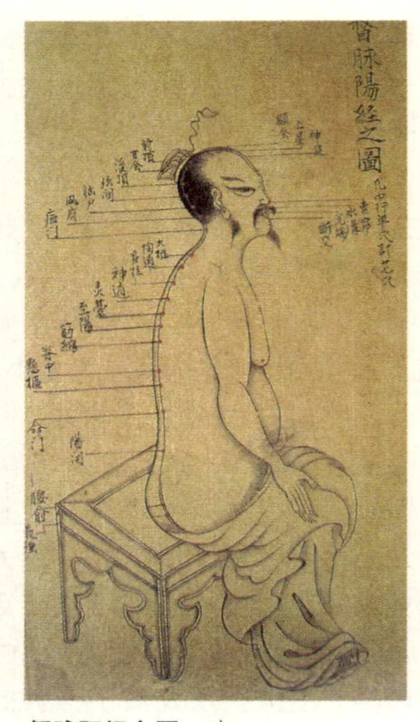

督脉阳经之图　清

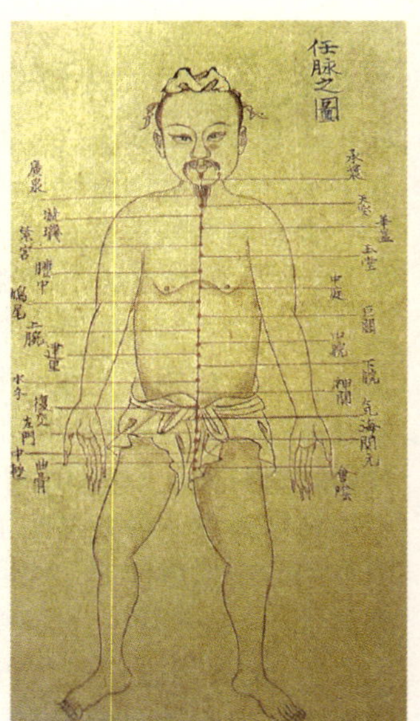

任脉之图

诵。不仅如此，《十四经发挥》流传到日本之后，也促进了日本针灸医学的兴盛。另外，滑寿还著有《诊家枢要》1卷、《麻疹全书》4卷等。

陈自明（约1190—1270），字良甫，临川（今江西抚州）人，南宋妇产科兼外科医家。由于他医术精湛，曾受聘为建康府明道书院医谕。在长期的医疗实践中，陈自明体会到医妇人难，医妇人生产时的一些疾病更难。当时有关妇产科方面的书籍少之又少，于是陈自明博览医书，广采诸家之善，于1237年编写了《妇人大全良方》一书，堪称当时妇科的集大成著作，对后世妇产科的发展也起了重要作用。另外，陈自明还发现当时的外科医生因为不重视医理辩证，所以往往方效较差。于是他广辑古今医家有效方论，并结合个人经验，于1263年编成了《外科精要》3卷，又名《外科宝鉴》。书中不仅全面论述了痈疽的病因、病机和诊断，而且特别强调辩证选方，反对单纯采用局部攻毒方式治疗痈疽。陈自明重视整体、进行辨证医治的医疗观点，对中外医学的发展影响较大。

陈自明像

元代危亦林（1277—1347），字达斋，江西南丰人，曾任南丰州医学教授，他是世界上最早

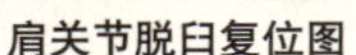
肩关节脱臼复位图

背部夹板固定图

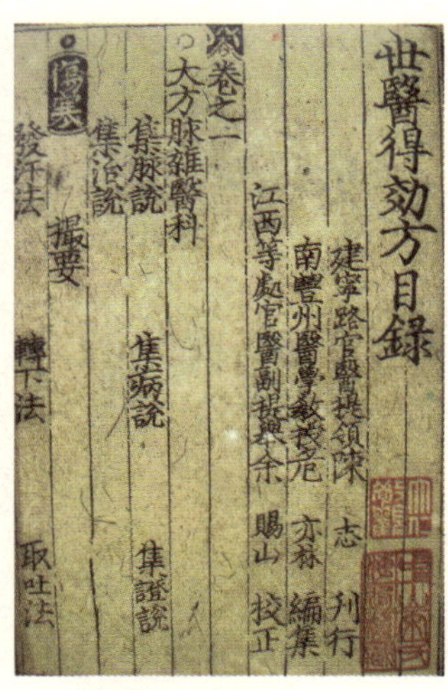

世醫得効方目錄
建寧路官醫提領陳 志 刊行
南豐州醫學教授危 亦林 編集
江西等處官醫副提舉余 賜山 校正
卷之一
大方脉雜醫科
集脉說 集病說 集證說
集治說
傷寒
發汗法 振要 轉下法 取吐法

《世医得效方》书影

发明“悬吊复位法”治疗脊椎骨折的医家。1328—1337年，危亦林历经十年艰辛，终于著成了有名的《世医得效方》19卷。《世医得效方》的主要内容是总结危氏五代家传经验以及收集名医效方，其中涉及大方脉科、小方脉科、风科、产科、妇人杂病、取科、口齿咽喉科、正骨金疮科等。其中，尤以骨伤科的论述最为精湛，对后来正骨科的发展产生了积极影响。书中详细论述了四肢骨折、关节脱臼、跌打损伤等治疗方法。危亦林发明的专门用来治疗脊柱骨折的悬吊复位法完全符合“俯卧拽伸”的治疗原则。为更好地固定骨折的脊柱，他还首次提出了以桑白皮与杉木板并用的方法，并强调“莫令屈”的治疗原则等，这些都非常具有科学性。此外，危亦林还在前人应用川乌、草乌等作为全身麻醉药的基础上，创用了追加使用曼陀罗花的全身麻醉法，并强调具体运用中要根据病人体质、年龄、有无出血等具体情况灵活掌握用药量，从而大大提高了麻醉效果及其

骷髅幻戏图 宋·李嵩

宋慈像

准确性。

南宋宋慈所著的《洗冤集录》，不仅在中国，就是在世界上也堪称为第一部系统的法医学专著。宋慈，字惠父，福建建阳人。嘉定十年（1217）考取进士，开始步入仕途，担任过许多地方的刑狱官。在多年的判案和尸检工作中，宋慈清楚地认识到，由于检验不足而造成的冤假错案数不胜数。这极大地激发了他对工作的兴趣和成就感，于是，在博览医学群书并结合自己丰富经验的基础上，宋慈于1247年著成了《洗冤集录》一书。

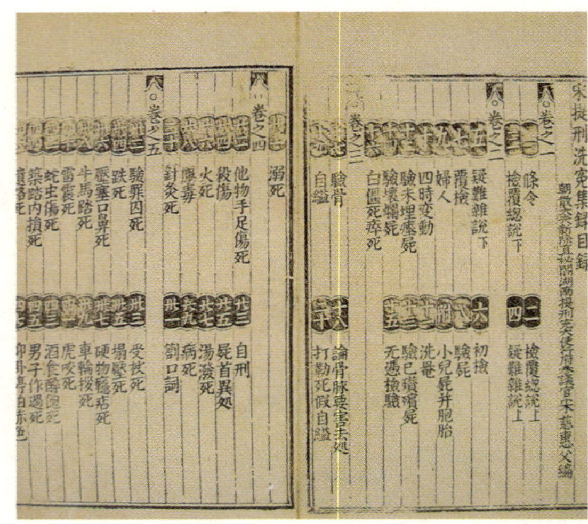
宋提刑洗冤集録目録

朝散大夫新除直秘閣湖南提刑充大使行府參議官宋慈惠父編

卷之一
條令　檢覆總說上
檢覆總說下　疑難雜說上

卷之二
疑難雜說下　初檢
覆檢　驗屍
婦人　小兒屍并胞胎
四時變動　洗罨
驗未埋瘞屍　驗已殯殯屍
驗壞爛屍　無憑檢驗
白僵死瘁死

卷之三
驗骨　論骨脉要害去處
自縊　打勒死假自縊

卷之四
溺死
他物手足傷死　自刑
殺傷　屍首異處
火死　湯潑死
服毒　病死
針灸死　劄口詞

卷之五
驗罪囚死　受杖死
跌死　塌壓死
壓塞口鼻死　硬物瘾痃死
牛馬踏死　車輪拶死
雷震死　虎咬死
蛇虫傷死　酒食醉飽死
築踏內損死　男子作過死

《洗冤集录》书影　清刊本

《洗冤集录》插图

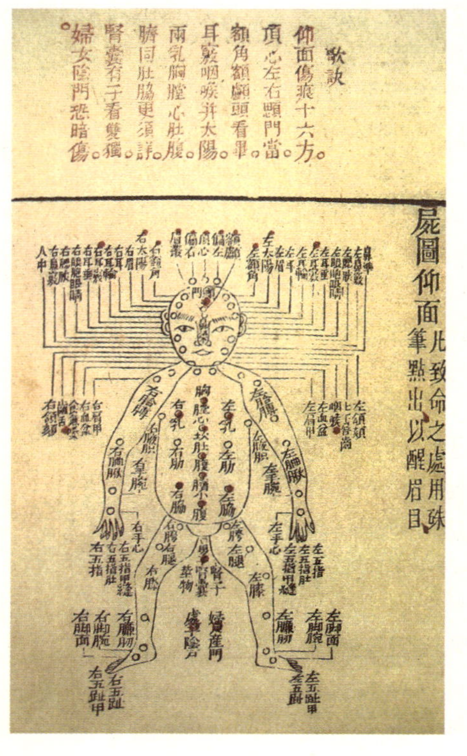

《洗冤集录》共5卷，53项，包括了现代法医学的主要内容，如现场检查、尸体现象、尸体检查以及各种死伤的鉴别等，同时涉及到了生理、解剖、病理、药理、毒理、骨科、外科、检验学等多方面的内容。书中对缢死（或勒死）后绳索的形状、溺水、由高处坠死、高温中暑、烫死、烧死等各种死亡情况的现场检验方法以及死者特征都有详细的描述，这是法医学史上的重要成就。此外，书中还提到了服毒、中毒的病症以及解毒方法。在《洗冤集录》的“服毒”一节中有用粪汁来解断肠草毒的记载，疗效明显。在“抢救缢死”一节中，则介绍了一种与现代人工呼吸相类似的方法。宋慈在书中还首倡用新油绢或明油纸验尸，充分利用光的反射原理进行检验，在当时有很强的操作意义。《洗冤集录》一书材料翔实，内容丰富，说理简明，有很高的实用价值。因而刊行后不久即成为审案官员断案的法典和准则，而且也成为后世众多尸体检验著述的祖本。《洗冤集录》不仅是国内一部划时代的法医学奠基性著作，而且在国际法医学史上亦独领风骚，曾被译成

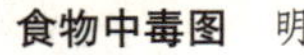
食物中毒图　明

刘完素像

荷、法、德、朝、日、英、俄等多种文字，为世界法医学的发展作出了卓越贡献。

宋元时期，医学流派与医学争鸣现象的背后，反映出中国医学理论在历代经验积累基础上的重大突破。金元四大医家刘完素、张从正、李杲和朱震亨分别继承并发展了《黄帝内经》的医学理论，推动中国医药学体系攀向新的高度。

刘完素（约1110—1200），字守真，号通玄处士，河北河间县人。自幼家贫，其母有病得不到医治而病故，自此，刘完素立志学医。刘完素最主要的著作当数《素问玄机原病式》，这部书是他对《内经》进行多年研究以后所作的总结。他的理论以“火热论”为核心，认为外感风、寒、暑、湿、燥、火“六气”后都会在人体病理变化中化火生热，“火热”是伤寒诸症的重要病因。因此，在治疗伤寒病上应多用寒凉药物，后人称之为“寒凉派”。难能可贵的是，他提倡“火热论”，只是从火热病的多发性和普遍性角度上加以强调而已，至于具体病情，他强调应根据具体情况而定。他的另一重要著作《医方精要宣明论方》，亦称《宣明方》，共分17论，仍然是以《内经》和张仲景之书为根据。他的这两部著作相互补充、相互为用。

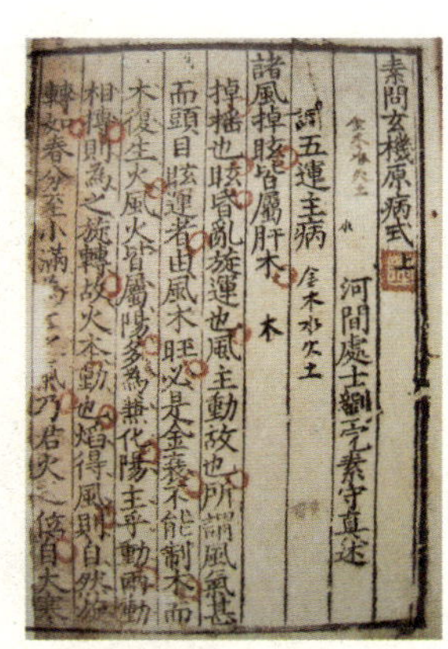
素問玄機原病式
河間處士劉守真述
五運主病
諸風掉眩皆屬肝木
掉搖也眩昏亂旋運也風主動故也所謂風氣甚
而頭目眩運者由風木旺必是金衰不能制木而
木復生火風火皆屬陽多為兼化陽主乎動兩動
相搏則為之旋轉故火本動也焰得風則自然旋
轉如春分至小滿為二之氣乃君火之位自大寒

《素问玄机原病式》书影

张从正（约1156—1228），字子和，号戴人，睢州考城（今

张从正像

藏医中的攻法

河南兰考）人，曾做过军医、太医，后行医民间。他经常与麻知几、常仲明等医家讨论医学，著有《儒门事亲》一书，前三卷由其亲自撰写。从理论上看，张从正继承和发展了刘完素的医学思想，认为各种邪气并非人体固有，要用寒凉药物攻邪，“先论攻其邪，邪去而元气自复也”，因而被称为“攻下派”。他对《伤寒论》中有关汗、吐、下三种攻邪方法进行了发挥，详细阐述了攻邪三法的运用方法及注意事项：汗法讲究辛温与辛凉法的结合；吐法剂量需由小渐大，病去则止；下法需注意非实症者不能妄攻等。对于某些疾病的治疗，应将三法有机地结合应用。当然，他并非单纯地致力于攻邪而摒弃补益之法，他提倡先攻后补，促使病人进食才是真补之道，而其他补养药物只能是辅助性的。张从正的医学理论有利于批判当时泛滥的“强补”之风，促进医学革新；当然，他的理论也带有一定的片面性，过于强调攻邪而忽视扶正。

李杲像

李杲（1180—1251），字明之，自号东垣老人，真定（今河北正定）人。他学医的道路与刘完素相似，因母亲患病为庸医所误而病故，从此立志学医。他拜易水名医张元素为师，历经数年，苦心钻研，撰写了《脾胃论》、《内外伤辨惑论》、《医学发明》、《东垣试效方》、《兰室秘藏》等。李杲生活的时期，社会动荡，战争频繁，人民生活困苦，疾病频发，他亲眼目睹了一次大的疾病灾

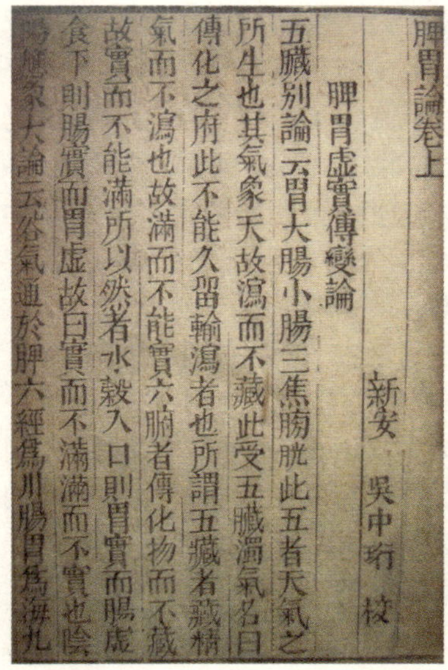
脾胃論卷上
脾胃虛實傳變論　新安　吳中珩　校
五臟別論云胃大腸小腸三焦膀胱此五者天氣之
所生也其氣象天故瀉而不藏此受五臟濁氣名曰
傳化之府此不能久留輸瀉者也所謂五藏者藏精
氣而不瀉也故滿而不能實六腑者傳化物而不藏
故實而不能滿所以然者水穀入口則胃實而腸虛
食下則腸實而胃虛故曰實而不滿滿而不實也陰
陽應象大論云谷氣通於脾六經為川腸胃為海九

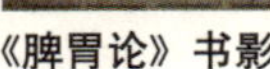
《脾胃论》书影

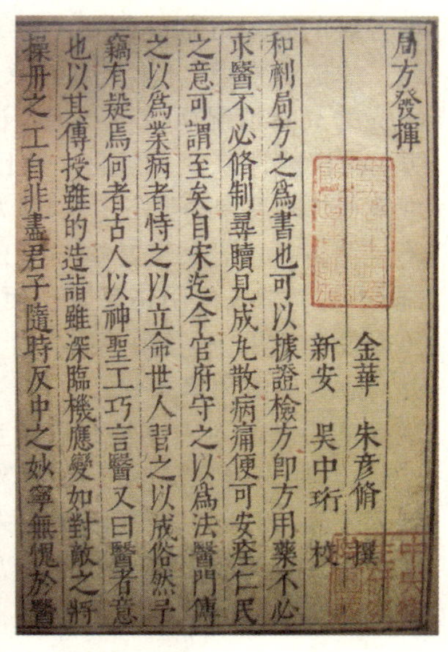
局方發揮
金華　朱彥脩　撰
新安　吳中珩　校
和劑局方之為書也可以據證檢方即方用藥不必
求醫不必脩制尋贖見成丸散病痛便可安痊仁民
之意可謂至矣自宋迄今官府守之以為法醫門傳
之以為業病者恃之以立命世人習之以成俗然予
竊有疑焉何者古人以神聖工巧言醫又曰醫者意
也以其傳授雖的造詣雖深臨機應變如對敵之將
操舟之工自非盡君子隨時反中之妙寧無愧於醫

《局方发挥》书影

疫。当时由于患者大多按外感风寒治疗，结果大都转为结胸发黄之症而死去。从中李杲认识到，外感之邪为风寒之邪，可以伤及筋骨；而内伤之病，所伤在于脾胃之气。基于此，李杲建立了外感伤形，内伤伤气，外感和内伤必须详加分辨的“内伤学说”，集中体现在他在战争中所著的《内外伤辨惑论》中。在《脾胃论》一书中，他主要论述了人体元气与脾胃的关系，作为《内外伤辨惑论》的补充。全书共列出40余方，其中又以调理脾胃功能为主，用药讲究“君、臣、佐、使”，以益胃、补中、温胃为主。他的学派也因此被称为“脾胃派”或“补土派”（脾胃属土）。

朱震亨（1281—1358），字彦修，号丹溪翁，生于元代婺州（今浙江义乌）。他自幼天资聪慧，勤奋好学，拜朱熹的四传弟子许谦为师，学习程朱理学。后来许谦卧病不起，并力劝其从医。朱震亨也认识到精通医学可直接造福社会，于是他毅然放弃了科举，以40岁的年龄拜罗知悌（人称“太无先生”，刘完素的弟子）为师，开始精研医学。在罗知悌的教导下，朱震亨对刘完素、张从正、李杲等医家学说进行了深入研究，并运用理学中的太极理念，创造性地提出了“阳有余阴不足论”、“相火论”、“气、血、痰、郁”等学说，在临床中不仅治愈了许谦的风疾，还为乡里许多患者解除了病痛。更为可贵的是，朱震亨医德高尚，待人谦恭，淡泊名利。针对当时沿袭宋代《和剂局方》的情形，朱震亨专门撰写了《局方发挥》一书进行剖析和批判，他认为，如果只拘泥于《和剂

朱丹溪像

局方》的有限方剂，而不考虑无限变化的疾病，就如同“刻舟求剑”、“按图索骥”，并无大的意义。他主张因病制方，用药应根据疾病的具体情况而灵活掌握。这对于流传了二百多年的《和剂局方》的权威性来说无疑是一次巨大的冲击。朱震亨在《格致余论》中主张“阳有余、阴不足”，即人体生理和病理都包含阳有余和阴不足两方面：从生理上看，“阳有余”指人体的阳气是先成而后绝，“阴不足”指人体阴精易衰；而病理上的“阳有余”指饮食、情欲等极易引起肝火，“阴不足”指人体阴精在发病中极易亏损。鉴于此，他提出滋阴降火法，朱震亨也被后世称为“滋阴派”。朱震亨认为清心寡欲对人体健康极为重要。另外，少年穿衣不要过暖，因“下体主阴，得寒凉阴易长”；对于老年人来说则需忌酒、肉、油腻、辛辣，才能“保全天和”。朱震亨的理论更多的倾向于一种养生之道，这与他的哲学理念是息息相关的。

第八章 传统科技的成熟和集成

1368年，朱元璋建立明王朝，以小农生产为主的农业经济得到快速发展。同时，明朝中叶资本主义也开始萌芽，并缓慢发展起来。明末由李自成领导的农民起义推翻了明王朝的统治。不久，清军入关，建立清王朝。

明清时期，纺织、冶炼、制瓷、制糖、造纸、印刷、造船等手工业的规模和技术都有相当程度的发展。明代李时珍的《本草纲目》、徐光启的《农政全书》、宋应星的《天工开物》、徐霞客的《徐霞客游记》等重要著作对中国古代农业、手工业技术以及医药学、生物学、地理学等各个领域的重要成就作了系统的总结。特别是作为朝廷重臣的徐光启，一生致力于天文历法、数学、农学、军事技术等学科的实际研究和东西方科技的融会贯通，实属难得。清代大兴文字狱，虽然大大扼杀了知识分子从事学术研究的热情，但科学技术的研究并没有被完全禁止或停止。乾嘉时期编纂的《四库全书》对天文、地理著作的搜集整理、校勘注释、辨伪辑佚，以及书中所采用的比较、分析、归纳等方法，都促进了传统科学技术的成熟。清代在数学、天文学、物理学、化学和生物学等方面也都有突破性的贡献，在冶金、纺织、制陶、机械和造船航海等方面，成就尤为辉煌。

总起来说，明清时期是中国科学技术发展史上一个重要的转折时期。在明代，中国传统科学技术趋于成熟，中国在大部分科技领域仍居于世界领先地位，各方面的成果得到总结，出现了一批集大成式的著作。而此时西方正处于黑暗的中世纪，长期处在宗教神学统治下的科学技术发展相当缓慢。明末清初，西欧开始发生翻天覆地的变化，伴随着资本主义的兴起，近代科学诞生，并走上快速发展的道路；而中国的科学技术却裹足不前，开始落伍于世界科学技术发展的滚滚洪流。明清时期中国科学技术在世界上由先进转变成落后，这一重大转变的缘由很值得我们进行反思。

玉米图

甘薯图

一、农业水利技术

明清时期，人口增长很快，当时“铁犁加畜力”的传统农业在自然灾害时有发生的情况下是无法满足人们生产和生活需要的。农学家和劳动人民经过不断的探索和实践，不仅从海外引进了高产的新作物，还发展了“一岁数收”技术，为农业找到了新出路。

为解决粮食短缺问题，这一时期的人们大胆冲破“风土不宜”的思想束缚，开始引进并大力推广种植原产于美洲的玉米。甘薯也非原产于中国，而是在万历二十一年（1593）由从事海外贸易的福建人陈振龙从菲律宾带回来的，不久即在山东、河南、浙江一带大面积种植。与此同时，土地耕作制度也出现了许多变化。很多地区在种植作物时采取间作、套种、混作、轮作等技术，对土地深耕多耕，施以重肥，使土地得到充分利用，争取增产和丰产。陕西关中就曾推行菠菜、萝卜、蒜、粟、麦等相互间套的“二年十三收”的栽培方式，取得了良好效果。

明清时期的农学著作大量增加，除了我们比较熟悉的两部综合性的大型农书——明末徐光启的《农政全书》和清代乾隆初年的《授时通考》以外，地区性、专门性的农书也有很多。如明朝末年浙江吴兴沈某撰写的《沈氏农书》，反映的是太湖地区农业生产的情况；《救荒本草》、《野菜谱》等是关于救荒方面的农书；明朝嘉靖年间黄省撰写的《稻品》、《芋经》，清朝乾隆年间褚华编撰的《木棉谱》、陆耀的《甘薯录》等，则是涉及作物栽培

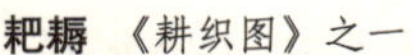

耙耨 《耕织图》之一

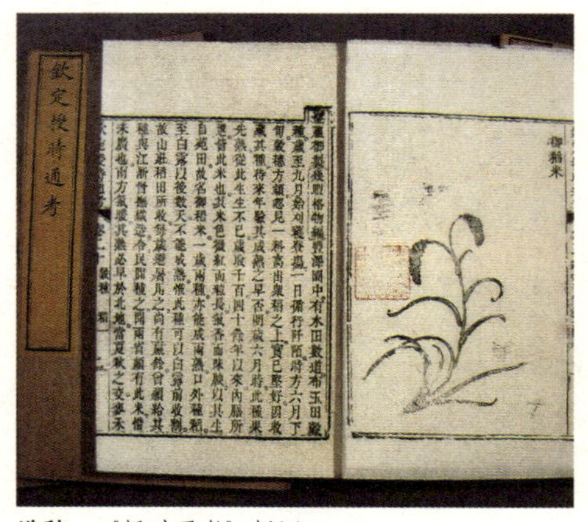

选种 《授时通考》插图

圩田图 《授时通考》插图

方面的书籍。

明成祖朱棣把都城迁到北京以后，一个亟待解决的问题就是南粮北调。然而，元末战争接连不断，严重破坏了黄河堤岸，以致黄河多次决口，这成为南粮北调工程顺利开展的重大障碍。所以，疏浚大运河、治理黄河，就成为当时水利工程的两大重点。元代曾在江苏、山东、河北境内开凿了济州河、会通河、通惠河，最后连通修成了北京到江南的南北大运河。山东济宁是大运河的南北分水岭，但此地地势高，河浅水少，使得大运河的漕运一直不能更好地发挥作用。明朝永乐九年，工部尚书宋礼通过实际勘察，在汶水下游构筑起了新坝，把汶水引流到南旺，从南旺再南北分流。他还沿运河修筑“水柜”蓄水。同时，修建了30多座水闸，分段平缓水势，便于航行。明代官吏陈瑄在地方“故老”的建议下，修整了大运河的南段，这样才使得大运河真正畅通起来，运输量大大增加。尽管如此，仍然不能满足北方日益增长的经济需求。明朝万历十二年（1584），徐贞明在永平府开水田39000多亩，当时北方权贵害怕自己的利益受到损害，便反对开水田。万历皇帝轻信了谗言，导致了徐贞明的计划失败。另外，汪应蛟、左光斗、董应举、徐光启等人也先后在天津兴修水利，开垦水田，使京津地区的经济迅速发展起来。

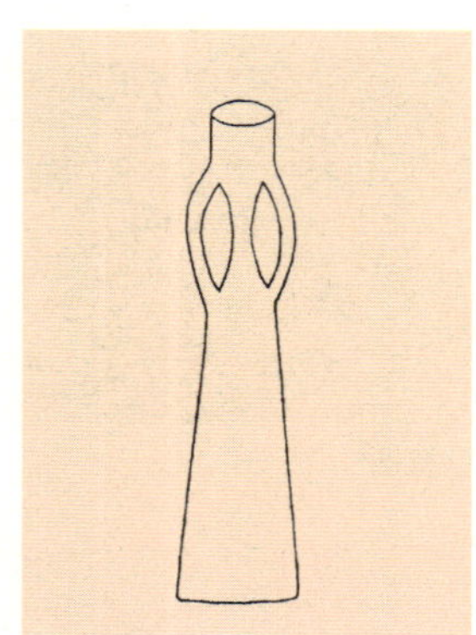

河工用的木夯

黄河是影响大运河漕运工作能否顺利进行的一大因素，黄河一旦决口，必然会漫灌大运河，使漕运严重受阻，因而治理黄河也被提上议事日程。明代初期的黄河治理以保漕为主，形成了“北岸筑堤，南岸分流”的格局。但黄河水含有大量泥沙，水中的泥沙不断沉淀，日积月累，淤积越来越多，河患不见减轻，反而日益严重。渐渐地，人们开始认识到治沙才是治河的关键所在。在

潘季驯像

姑苏繁华图（局部） 清·徐扬 描绘大运河漕运的繁忙景象

治理黄河的过程中相继涌现出许许多多治河专家和治河专著。例如，万恭在《治水筌蹄》中首次提出了“束水攻沙”理论，后来经过潘季驯进一步完善，形成了一套系统的治河理论和方法，在治河史上产生了重大影响。在16世纪后期论述治河通运的著作中，潘季驯的《河防一览》可以算是代表作。不足之处在于，潘季驯只对黄河下游的泥沙淤塞问题提出治理方案，而对中上游的泥沙来源问题——黄河的主要问题，并没有提出任何解决措施，所以他提出的只是一个治标不治本的方案。

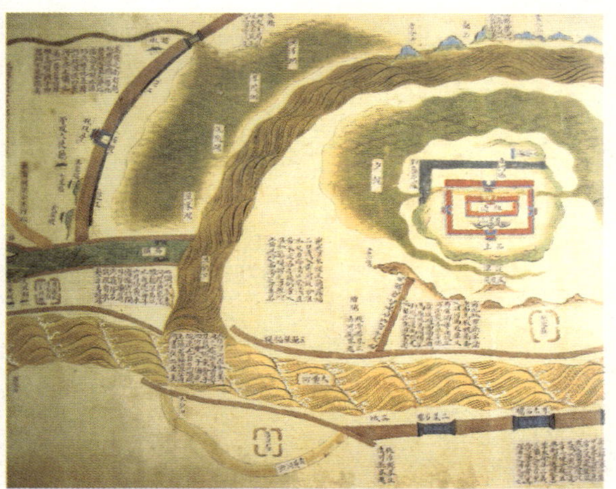

河防一览图（局部）

治黄筑堤图　清

清朝时期，黄河水患加剧，治河任务尤其显得艰巨。顺治十四年(1657)，时任河道总督的朱之锡提出了治河的河政十事，对河工夫役、料物、职守、河工弊端等详加阐述。康熙年间，河道总督靳辅邀请民间水利专家陈潢一起治河。根据当时情况，陈潢提出了“审势以行水”、“统行规划”、“源流并治”、“彻首尾而治”等治河主张，并采取疏浚河道、堵决口、改善河堤工程、筑闸坝分洪等一系列具体操作措施。经靳、陈二人的合力治理，黄、淮河在十几年内没有出现过重大决口事件，可谓是清朝260多年的治河艰途中的最大成功。后来，陈潢被当权腐败官僚迫害致死，他的治河才能没有充分发挥，这不能不说是治河事业中的一大损失。雍乾时期，治河人物更是层出不穷，其中不乏成绩突出者，齐苏勒是其中一位，他注重疏浚和修筑，他的治河成就可与靳辅相提并论。嘉庆年间，民间著名的治河专家郭大昌提出了许多有效的治河建议，曾一度缓解了黄河决口泛滥的局面。

治淮图(局部)　清·赵澄

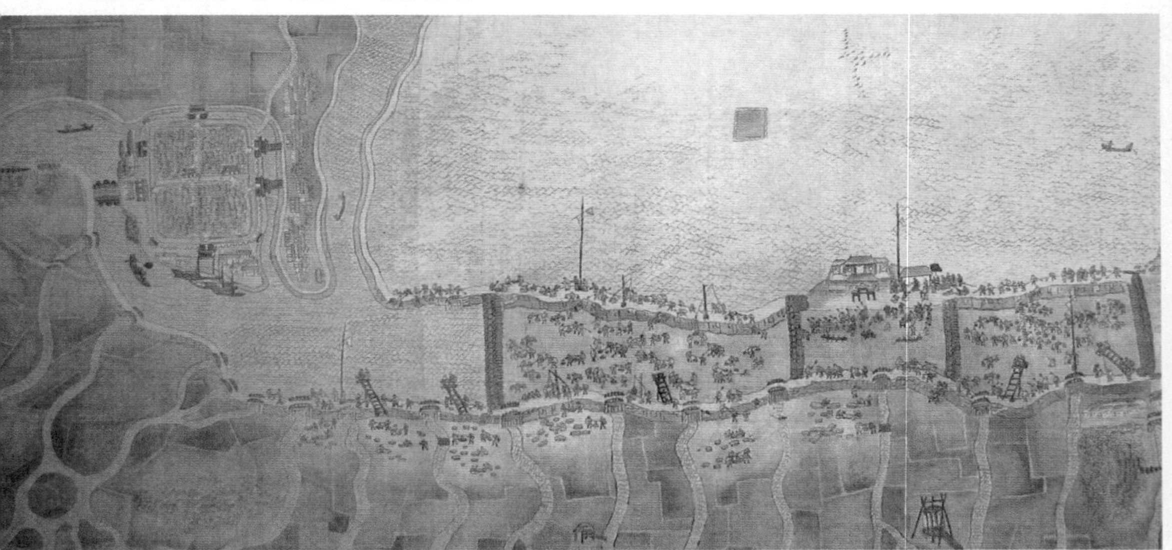

二、郑和下西洋及先进的造船航海技术

郑和绣像

中国的航海历史可谓久远，早在上古时期就出现了木筏和独木舟，春秋战国时候，造船航海技术不断得到发展，到秦汉时已经能开始作近海航行。直至两汉三国时代，造船技术体系基本形成，汉代楼船的建造、船尾舵和橹的出现、风帆的改进和有效利用等一系列成就，都标志着中国古代造船技术进入了一个新的发展阶段。宋元时期，随着指南针的广泛应用和船运行业的大规模发展，中国的航运达到了前所未有的高度。

明代，中国已具备非常先进的航海技术和造船能力。1405—1433年，郑和和他的船队七次下西洋就是非常好的证明。郑和本姓马，名三保，于1371年出生在中国云南一个回族家庭里。1405年，受明成祖朱棣的委派，郑和出使西洋。“西洋”是现在文莱以西的南洋各地及印度洋沿岸一带。郑和率领庞大的船队开始远航，最大的宝船长达151.8公尺，宽约61.6公尺，排水量在3000吨以上，共计60多艘，有“海上巨无霸”之美名。此外还专门配有马船、粮船、战船等不同船只，多达数百艘。第一次出海时，整个船队有27000多人，规模空前，影响深远。前后28年时间里，郑和率领他的船队先后七次下西洋，访问了30多个国家和地区，最远到达非洲东北沿海（现在的索马里）和非洲中部沿海（现在的肯尼亚）。近年来，随着研究的深入，西方有学者提出郑和在第六次下西洋时，其分遣船队就曾到达美洲，甚至远达澳大利亚、南极圈、北冰洋。此

榜葛剌进麒麟（实际上是长颈鹿）图
明·沈度　清摹本

郑和宝船

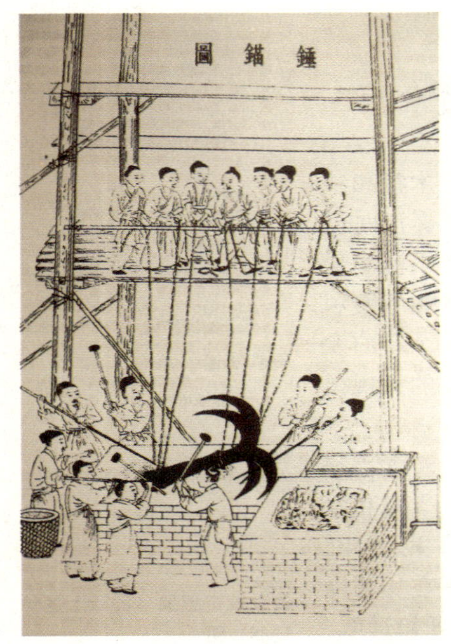

锤锚图　《天工开物》插图

观点一经提出，在学术界引起轩然大波。郑和以明朝和平使节的身份，每到一处都要向当地的国王或首领赠送礼品，以表达建立邦交、友好通商的诚意，并盛情邀请他们访问中国。郑和把他所经各国的地理位置、航程远近、航行方向和航道上的明滩暗礁等，都作了详细记载，并绘制出航海地图。郑和七下西洋不仅是中国海上探险的巨大成就，也是世界航海史上的伟大壮举，它比哥伦布到达美洲和达·伽马经好望角到达印度早了半个多世纪。可以说，郑和船队成功的七次远航，不仅有明初雄厚的经济基础为后盾，而且还有发达的造船业和先进的航海技术作保证，这也印证了当时发达的造船航海技术。

造船与航海技术涉及面比较广，包括了力学、运动学、天文学、数学、磁学、地理学、气象学及制造工艺技术等多个领域。因此，造船技术与航海事业的发展，直接与整个社会的科学技术发展水平相适应。明代造船技术的先进性，主要表现在船舶体积的增大这一方面。郑和船队中的宝船、马船、粮船、坐船、战船，都是当时世界上首屈一指的巨型海船。当然，这样的巨船离不开与之相适应的大型造船设备、造船厂和海港。南京龙江宝船厂就是当时有名的造船基地和停泊中心。福建长乐太平港这些大型的造船基地和港口，在当时世界上也是独一无二的。巨型海船的建造，必须解决抗沉性、稳定性等问题。按照传统经验，宝船的设计者将船体加宽，使船体的长宽比在2.45左右，这样就避免了因船身过长而发生断裂的危险；同时，设计者还解决了板材及纵向构造的连接等许多实际问题。

郑和航海图（局部）

郑和下西洋，不仅把中国到印度洋、红海、东非的航道联系起来，开辟了中国和世界航海史的新纪元，同时还扩大了人们的航海知识，对远洋航行有了更多的了解，多种导航手段的综合使用也促进了明代航海技术的迅速发

展。宋以后，中国四大发明之一的指南针开始用于航海，从而弥补了宋代以前海上航行主要依靠日月星辰辨别航向以及罗盘导航的不足。指南针在明代航海上得到广泛运用，郑和下西洋的船队，更是将天文导航、陆标导航、测量水深和底质等先进导航手段综合运用，从而使航海技术向前迈出了一大步。明代航海技术的另一大成果是《郑和航海图》，该图收录在明代茅元仪编辑的《武备志》中，被称为“中国地图学史上最早的海图”，同时也是中国在15世纪以前记载亚、非两洲内容最丰富的地理图。中国传统的山水画法也被应用在《郑和航海图》上，并配以所记的线路和牵星图，精准地记录了船队的航向、航程、停泊港口及遇到的暗礁、浅滩的分布等。郑和于1435年去世，此后不久，明朝就改变了航海政策，禁止远航和巨型海船的制造，就连郑和的航行档案也被烧毁。中国的造船和航海技术逐渐被后起的西方所超越。

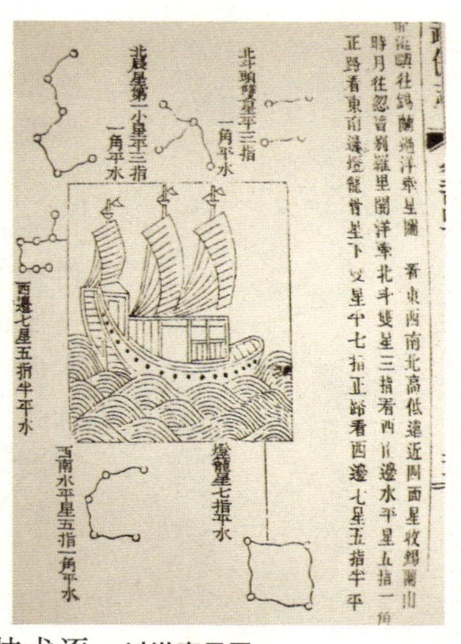
过洋牵星图

三、冶炼技术和制瓷技术

明清这一时期，各项手工业技术继续保持良好的发展态势，取得了一系列技术的重大革新和进步，这主要表现在冶炼、制瓷、纺织印染和造纸印刷等方面。

挖煤 《天工开物》插图

手风箱冶炉 《天工开物》插图

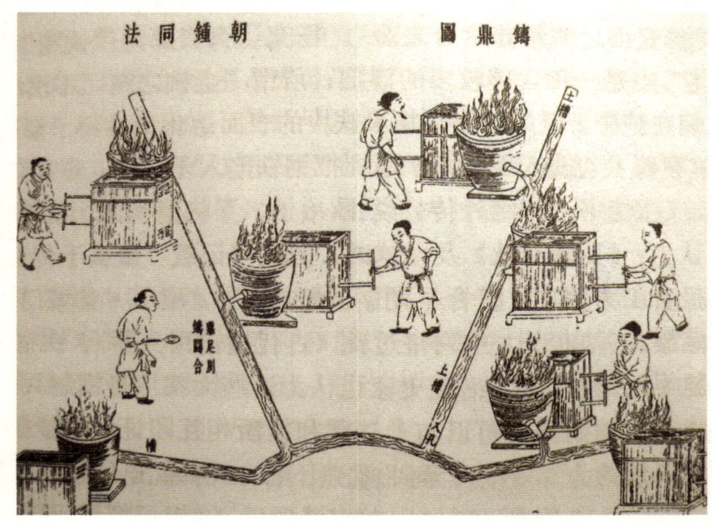

明朝洪武年间，由于放开了对民间开采铁矿的限制，民间炼铁业得以迅速发展。采矿、烧炭、冶炼、制器等工序分工合作，使得铁场开始初具规模。

明代发明的炼焦法，通过将含挥发物较多的臭煤在密闭条件下高温煅烧，炼成焦炭，再用焦炭作为冶炼金属的燃料，使铁质得到进一步提高。对此，明末方以智在《物理小识》中就有记载。这比英国人了解炼焦早了大约一个世纪。明代还发明了用活塞式木风箱作为炼铁炉的鼓风设备，它能增大风压和风量，以提高冶炼强度。那时的冶炼炉已建得相当庞大，河北遵化铁场的炼铁炉就高约4米，一次能熔炼1000多公斤矿砂，冶炼质量和数量都有了显著提高。

“生熟铁连续生产工艺”是明代冶炼技术的一项最重要的发明。这一工艺将炼铁炉和炒铁塘连接起来，这样串联起来使用，炼铁炉中的生铁水可直接流进炒铁塘，免去了再次熔化生铁的程序，降低了耗费，提高了生产率。方以智的《物理小识》和宋应星的《天工开物》中记载的明代的新灌钢法，有别于沈括在《梦溪笔谈》里记述的灌钢法。新灌钢法是将生铁块放在捆紧的若干熟铁薄片上，使生铁液均匀地灌到熟铁薄片的夹缝里，这样生铁里的碳会均匀渗入到熟铁里，从而大大提高了钢铁质量。

明代的炼锌术在当时世界上也是首屈一指的。炼锌非常不容易，这是因为锌（古称“倭铅”）在高温下极易挥发，需要有完善的设备和较高的技术才可以制得。欧洲的炼锌史恰恰是在采用了18世纪由中国传入的炼锌法后才正式开始的。

生熟炼铁炉

明代制瓷工艺较宋元时期有了快速发展，瓷制品从单色釉发展到多彩釉，色彩比以前更加鲜明亮丽，做工也更加精致。明清之际还出现了结晶釉工艺。清代的制瓷工业进一步发展，彩瓷的制作更加精美，极富艺术性和创造力。江西景德镇成为蜚声中外的瓷都。

明代烧瓷技术的最大成就在于精致白釉的烧制，这种釉色泽透亮明快，洁白无瑕。白釉中的氧化铝和二氧化硅含量特别高，熔剂含量却很低，瓷胎白度和透光性相当高，为一道釉瓷、彩瓷

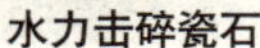

水力击碎瓷石

釉下青花

的发展创造了条件。

彩瓷分为釉下彩和釉上彩两类，这是根据彩绘和上釉的先后顺序划分的。先在胎坯上彩绘，再上釉烧制而成的著名青花瓷就是釉下彩。青花瓷的釉料中含有氧化钴青料，这种青料的色调对温度高低和火焰性质要求很高，温度太高或太低，青花的成色都会减弱。瓷器只有在还原焰中烧成，青料中的钴才会显现出美丽的蓝色。明代的瓷匠们能严格掌握火焰的性质，准确配制釉药，因而所制的青花瓷器质地优美，行销世界各地。

一道釉瓷器是明代制瓷业的另一项重要成就，这种瓷器呈铜红色。早在宋代的钧窑中就能烧制铜红釉，明代运用了还原焰技术，把氧化铜转变成游离状态的铜，从而烧制成色调别致的釉里红，釉色纯净，光彩照人。明代瓷器的加彩方法多种多样，这是那时制瓷技术高超水平的反映。如“斗彩”就是在青花瓷器上加红、黄、绿、紫等彩料，然后再经炉火烘烧。另外还有其他多彩瓷器等。

瓷器过釉 《天工开物》插图

清代的制瓷技术有许多创新之处。康熙年间烧制成的天蓝、翠青、碧青、苹果绿、油绿、娇黄、吹红、吹紫、吹绿等，雍正年间烧制成的胭脂水、油绿、天青等，乾隆年间烧制成的宋釉、五彩，都是配料准确、火候恰到好处的一道釉瓷器。此外，在彩瓷方面，釉上彩中添加了粉彩、珐琅彩等多个品种，粉彩光泽柔和，具有明暗分明的立体感，能充分表现人物花鸟的形态。珐琅彩与粉彩的制造手法大体相同，胎质、款式、图样、风格等更加精美，进入了制瓷技艺的新境界，备受世人喜爱。

青花折枝花卉盖执壶　明

釉里红龙纹环耳瓶　明

五彩花鸟纹尊　清

珐琅彩芙蓉雉鸡玉壶春瓶　清

斗彩海水龙纹盖罐　明

五彩人物纹盘　明

粉彩镂空盖盒　清

四、纺织印染和造纸印刷

在中国科技史上，举足轻重的古代纺织技术是一门历史悠久的传统技艺。明代纺织业的发展极具特色，相较其他各种手工业，纺织业异常繁荣，其生产规模之大，工艺技术之精，织物品种之多，都是前代所无法比的。棉花从秦汉时期开始传入中国，此后，棉制品逐步代替了先前的丝麻制品。棉纤维比蚕丝的御寒效果更佳，明政府大力倡导植棉和用棉，因而明代的棉纺织业得到了前所未有的发展，无论是棉纱、棉布的生产规模，还是与之相应的纺织印染技术都得到了极大改进和提高。

提花机

纺织机具的改进必然使纺织技术得到提高。明代的纺织工具有轧花和

弹花工具、脚踏纺车、罗织机等。明代的轧花机只需一个人就可以操作，这比元代轧棉的搅车的生产率有了很大提高。弹棉是用弹弓将去籽后的棉花弹松去杂。弹棉花时，把弹弓悬吊于缚在柱旁的弯竹竿顶端，这样可使操作更为省力。中国传统脚踏纺车只适合纺织长纤维的丝、麻等，后来，黄道婆改进了纺车，减少了三锭纺车轮与锭的速比，使之能够纺棉纱。到了明代中叶，又在纺车上加了一锭改进为四锭纺车，更利于棉纱加工。明代还创造出了三梭罗、五梭罗、七梭罗、秋罗等新品种罗织机，织出的纱罗织物凉爽宜人，被广泛用来制作夏季服装，受到人们的广泛欢迎。松江地区棉纺织业非常发达，其产品远销全国各地，可谓“衣被天下”，享誉海外。

素女九张机　清·任熊

明代的纺织工艺为中国古代纺织工艺史谱写了光辉的一页。明代一改以往只用一种原料纺织成品的局面，出现了用两种或多种原料交织的成品，这种纺织品更加精美。如福建漳州生产的假罗就是用棉、丝、麻三种原料织成的，它的质地和性能都非常好。

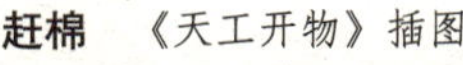

赶棉　《天工开物》插图

弹棉　《天工开物》插图

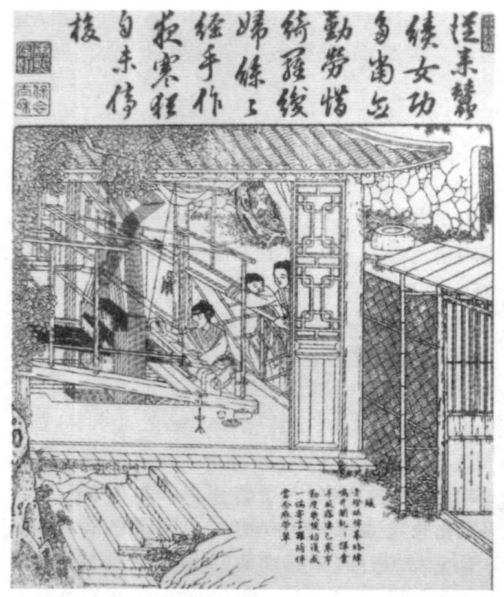

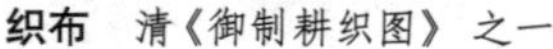

织布　清《御制耕织图》之一

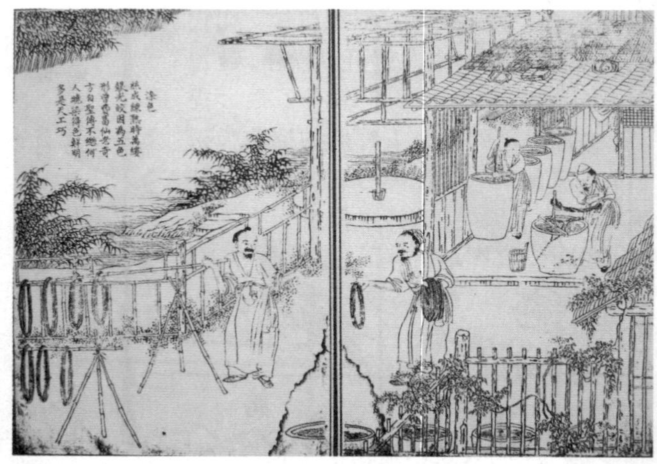

染色　《耕织图》之一

明代织锦工艺的显著提高，主要体现在织造的花纹图案更加复杂，色彩搭配也更加丰富多彩。此外，明代的起绒技术已相当成熟，漳绒的制作原理与现代绒织物的制作原理极为相似。定陵孝端皇后的陪葬品中有一件双面绒织物，其经密比纬密大10倍，绒毛高约4毫米，织绒技巧相当精妙。

明代的印染工艺水平提高很快。据《天工开物》等典籍的记载，随着套染技术的提高，当时可用作染色用的植物性染料已达几十种之多。明代还发明了拔染技术，这种技术是用某些化学药品褪去深色织物上的色彩，从而得到白色的花纹。当时安徽芜湖是染色业的中心，这里的染坊中设有染制各种单色的作坊，有蓝坊、红坊、红漂坊等。在今天仍然可见到的明代染织物，虽历经四五百年的洗华，色泽如初，不得不令人赞叹明代印染工匠高超的技艺。

沤竹

造纸技艺在明清时期继续发展，无论是笺纸还是宣纸，都制作精良，使用广泛，为中国文化的传承和传播起到了积极作用。关于纸张的加工，施胶、加矾、加蜡、染色、印花、研光、洒金银等工艺都取得显著成就，并发明了使用饾板、拱花的印刷方法，制造出精美的笺纸。清代的纸张名目更多，有玉版笺、罗纹纸、六吉纸、夹贡等。明清时期不断涌

抄纸

现出各种有关造纸的著作。如明代王宗沐的《楮书》、宋应星的《天工开物》，尤其是《天工开物·杀青》中关于竹纸和皮纸的记载，具有很强的总结性，书中记载了很多造纸工艺，并附有操作图，有的沿用至今，依然起效。

印刷术方面，木活字印刷在明清两代十分流行。乾隆三十八年，清政府用枣木刻成253500多个大、小活字，先后印成《武英殿聚珍版丛书》138种，2300多卷，规模之大是史无前例的。

金属活字亦出现。明孝宗弘治元年(1488)，江苏无锡的华燧、华坚曾用铜活字进行印刷。明神宗万历二年（1574），福建人饶氏用铜活字印出1000卷本的《太平御览》。1638年，明代的报纸《邸报》由抄写改为铜活字印刷。但工程最大的要数清雍正年间(1723—1735)陈梦雷用铜活字印成的百科全书《古今图书集成》，共10040卷，50020册。可见，铜活字印刷技术已发展得相当成熟。此外，明清时期还出现了用铅、锡等制成的活字。

复杂的套色印刷技术到16世纪末开始流行。明万历年间就有许多擅长这种技术的名家，如闵齐伋、闪昭明、凌汝亨、凌濛初、凌瀛初等。套色版画就是套色技术与版画技术的完美结合，明代末年的原版《十竹斋书画谱》、《笺谱》是其中的代表作，每一张版画上呈现着各种颜色，堪称艺术珍品。

木活字操作图　清《武英殿聚珍版程式》

菊谱 彩色套印本《十竹斋书画谱》

笺谱之一

五、珠算术的兴盛

明代的数学并没有延续宋元数学高度发展的态势，在许多方面还出现了倒退的现象。明代中叶的数学家对天元术、四元术等高深数学理论也只是一知半解，几乎使中国传统数学的这些领域淡出历史舞台。

但是在实用数学领域如商业数学，却随着商品经济的兴旺而得到了极大发展，商业数学最具代表性的著作要数吴敬的《九章算法比类大全》。同时，对数学计算的速度要求也越来越高，因此出现了大量珠算书籍，其中最早的著作是徐心鲁的《盘珠算法》，影响最大的著作是程大位的《算法统宗》。

《盘珠算法》 明刊本

明代算学家吴敬，字信民，晚号主一翁，浙江仁和（今浙江杭州）人，曾任浙江布政司，主管田赋税收财会工作。1450年，他把花费十数年时间精心研究九章算法的成果，撰成了《九章算法比类大全》一书，共10卷，

吴敬像

这是最早的一本有关珠算术的详细记载的著作，也是中国借以研究珠算的珍贵史料。《九章算法比类大全》记载了珠算口诀及大量与商业经济发展有关的数学内容，如计算利息、合伙经营、就物抽分（即用货物作抵押补运费或加工费等的计算方法）等。

珠算是在春秋时期已普遍使用的筹算基础上发展而来的，它是中国古代劳动人民发明创造的结晶，也是被世界所公认的中国传统瑰宝。“珠算”一词最早出现在东汉徐岳撰写的《数术记遗》中。筹算数字中，上面一根筹当五，下面一根筹当一，珠算盘中的上一珠也是当五，下一珠也是当一。许多算书中都记载了相当完备的加减乘除口诀。后来，劳动人民创造出了更为先进的计算工具——算盘来代替算筹。“算盘”这一名称最早就是出现在吴敬的书中。算盘发明之后，珠算术的四则运算方法逐渐取代了筹算的加减乘除运算方法。珠算术中的加法和减法口诀尤为重要。明代珠算术中把加法和减法口诀分别称为“上法诀”和“退法诀”，比起筹算方便得多。

明代有关珠算术的著作，流传至今的已经不多。其中影响最大的就是程大位的《算法统宗》。程大位（1533—1606），字汝思，号宾渠，安徽休宁人，少年时酷爱数学，后来从事数学研究多年。他很注意学习知识，利用商游吴楚之机，到各地拜访名师，并重资求购遗书，然后用心攻读。40岁后，程大位放弃经商回家专心著书，终于在明万历二十年（1592），即他60岁时完成了《直指算法统宗》（也称《算法统宗》）一书。

《算法统宗》这一数学著作，流传甚广。它共记录了595个数学问题，这些问题主要以算盘为计算工具，其中绝大多数问题都是程大位从其他众多数学著作如刘仕隆的《九章通明算法》、吴敬的《九章算法比类大全》等书中摘取出来的。《算法统宗》的

《算法统宗》中的“师生问难”图

程大位像

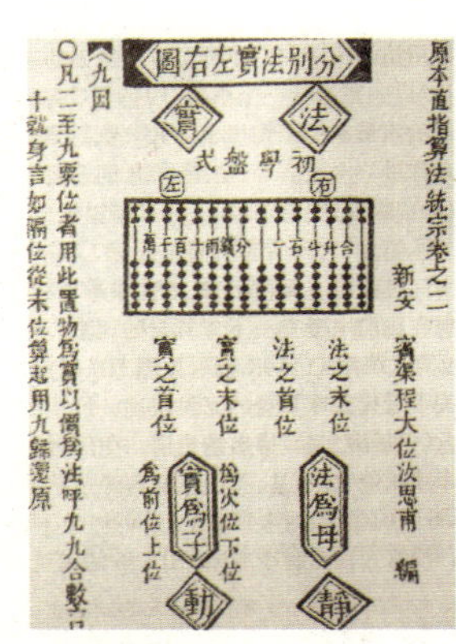

原本直指算法統宗卷之二
新安 賓渠程大位汝思甫 編

分別法實左右圖

法 實

初學盤式

右 左

法之末位 法之首位 實之末位 實之首位

法為母 靜
為次位下位
實為子 動
為前位上位

九因
○凡二至九乘位者用此置物爲實以價爲法呼九九合數
十就身言如隔位從末位算起用九歸還原

《算法统宗》中的算盘

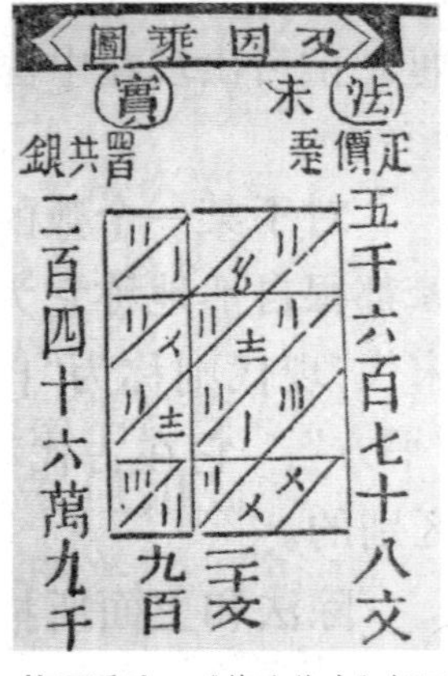

格子乘法　《算法统宗》插图

体例编排依照《九章算术》的形式，共分17卷，9章。后来出于推广的目的，程大位又将《算法统宗》缩写成《算法纂要》4卷。

《算法统宗》首先叙述了“大数”、“小数”的命名方法和度量衡制度，然后详细阐释了珠算的定位方法以及珠算的加减乘除等运算方法，另外还附有算盘的图样。令人惊奇的是，《算法统宗》所记载的多种口诀，与现行的珠算口诀几乎完全一致。在书中，程大位还首次使用了珠算开平方和开立方的方法。因而，《算法统宗》算得上是一部比较完备的应用算术书。明、清两代，只要学习珠算，都离不开《算法统宗》，该书的雕刻版本之多、流传之广，在中国的古算书中早已超过了《九章算术》，这部书的巨大影响力在中国数学史上也是少有的。

六、李时珍与《本草纲目》

李时珍（1518—1593），字东璧，自号濒湖山人，湖北蕲春人，他不仅是明代一位杰出的医学家、药物学家，也是一位伟大的自然科学家，在世界历史上也享有盛名。

李时珍出生在一个远近闻名的医学世家，祖父、父亲都是当地有名的郎中。李时珍从小体弱多病，得过骨蒸病（即肺结核），必须常年服药，幸亏父亲医术高明，经细心调养，才把病治好。在常年的疾病折磨中，李时珍深知医药对病人的重要性，同时又深受家庭环境的影响，他便对医药学产生了浓厚的兴趣。但在封建社会里，“万般皆下品，唯有读书高”，医生的社会地位十分低下，李时珍也曾一度发奋读书，试图走科举入仕的道路，但时运不济，三次都名落孙山。于是，李时珍23岁时决定放弃科举，在父亲的支持下，开始从事医学研究。

李时珍像

李时珍的医学理论和医疗技术在短短几年内得到很快的提高，声誉鹊起，在医好一个亲王儿子的暴厥症后，被推荐到北京做太医院判（六品）。后来，李时珍感到在这里并不能实现自己的抱负，便借口有病返回故里。李时珍在行医的过程中发现以往的医书中存在着很多错误，常常贻误病人，于是在30岁时决定总结经验，重修一部新本草。但修订“本草”是一项非常困难的事，不仅在人力、物力上耗费大，而且还要有丰富的医学知识，为此，李时珍付出了艰辛的努力。他前后花费近20年时间两次外出考察各地草药的生长、使用情况，跑遍了大江南北。通过查访，李时珍不仅对许多古典药方进行了订正，还把许多民间药物、单方和书籍

文献，充实到他重修的“本草”中。明神宗万历六年（1578），历时27年的《本草纲目》经过三次不同程度的修改，终于宣告完成。此时的李时珍已经60岁了。然而家境贫寒的他，却无力支付《本草纲目》的印刷费用。再加上他对水银“无毒”、长时间服用“长生”的说法进行了批判，因而得罪了当时追求长生不老的王公大臣。所以，这部著作直到1594年李时珍谢世一年后，才在南京一个出版商的资助下，印刷成书。

《本草纲目》共52卷，190多万字，收载了1892种药物，其中李时珍新增374种，并附有1109幅药物插图和11096个药方。《本草纲目》把所有的药物分成16部、60类，编排很有次序：先非生物，后生命物；先植物，后动物；先低级生物，后高级生物，体现了生物的自然进化过程。这种分类比林耐的植物分类法还早一百多年。《本草纲目》还收集了许多外来药物，如苏木、香料、鸦片等。

《本草纲目》系统完整地总结了16世纪以前中国人民丰富的药物学知识，几乎包括了从《神农本草经》到《本草蒙荃》的成就，不仅对中国医药学的发展具有很大的推动作用，也对人类科学事业的进步作出了巨大贡献，这部著作被西方人称之为“东方医学巨典”，达尔文称其为“中国古代的百科全书”。直到现在，《本草纲目》仍是每个中医学者的必读之书，同时也被世界药物学者和植物学者所高度重视。

除《本草纲目》外，李时珍还对自己的行医经验进行不断的

《本草纲目》插图

《本草纲目》插图

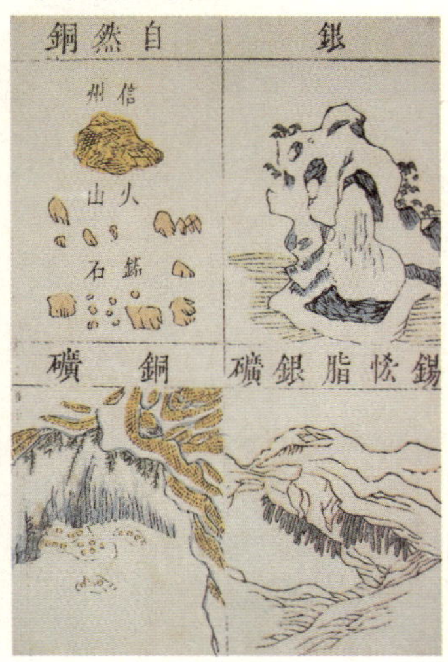

《本草纲目》插图

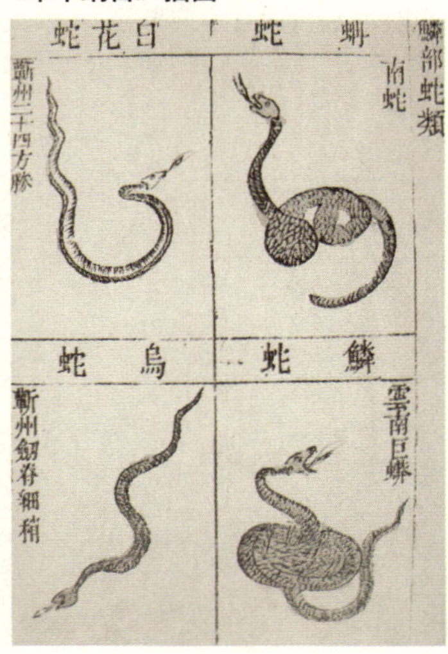

总结，写成《濒湖医案》、《濒湖集简方》以及《命门考》、《濒湖脉学》、《奇经八脉考》等一些具有很高学术价值的医书。李时珍一生治病救人无数，加上他医术精湛，医德高尚，成绩斐然，赢得了中国和世界人民的崇敬，被人们尊称为“医中之圣”。

七、徐光启与《农政全书》

徐光启（1562—1633），字子先，号玄扈，明代松江府上海县人。徐光启生活在晚明时期，国势日益败落，危机四伏，倭寇、周边少数民族频频骚扰。徐光启在日益拮据的家境以及动荡的社会中度过了他的青少年时代。在贫困的生活中，徐光启从小就对农业、自然界产生了浓厚兴趣。他20岁中秀才，36岁中顺天府乡试解元，43岁中第八十八名进士，然后步入仕途，曾官至礼部侍郎兼翰林院侍读学士、礼部尚书兼文渊阁大学士。徐光启为官正直，从不拉帮结派，因而备受崇祯皇帝的赏识。

徐光启像

徐光启虽然官位显赫，有远大的政治抱负，但是他政治性格懦弱，不堪忍受当权者的排挤，多次告病请休。也正因如此，徐光启在老家上海和天津附近，多次大量购进田地，从事他喜爱的农学试验和研究，为中国古代农业科学技术的发展作出了巨大贡献。

明末经济日渐衰退，广大百姓食不果腹，徐光启认为治国的根本在于“务农贵粟”，只有改进农业、手工业，才是救国良策。农业上，他在天津引种南方优良的稻种，并对天津的土壤、施肥

织机 《农政全书》插图

纬车 《农政全书》插图

和耕种方法进行仔细研究和试验，作了各种访问、试验记录，同时改进灌溉工具。他还引进和推广各种高产作物，如在试验田里试种从南洋传入的甘薯。手工业方面，徐光启根据北方只产棉不织布而造成的棉贱布贵、南方不产棉只织布而造成的布贱棉不够用的矛盾，大力提倡“以北之棉，敩南之织”。

水碓 《农政全书》插图

1625年，徐光启着手编著《农政全书》，三年之后完成此书，陈子龙等在1639年首次校刻。全书共分12目，60卷，约50多万字。其中，《农本》3卷，涉及经史典故、诸家杂论以及冯应京的《国朝重农考》；《田制》2卷，包括徐光启自撰的《井田考》、《田制篇》；《农事》6卷，包括营制、开垦、授时、占候；《水利》9卷，包括总论、西北水利、东南水利、水利策、水利疏、灌溉图谱、利用图谱以及先前翻译的《泰西水法》；《农器》4卷，主要依据王祯《农书》中的图谱而写成；《树艺》6卷，包括谷部、蓏部、蔬部、果部；《蚕桑》4卷，包括总论、养蚕法、栽桑法、蚕事图谱、桑事图谱、织纴图谱；《蚕桑广类》2卷，包括木棉、苎麻；《种植》4卷，包括总论、木部杂种；《牧养》1卷，包括六畜、杂附；《制造》1卷，包括食物、杂附；《荒政》18卷，包括总论、备荒考、《救荒本草》、《野菜谱》。

柜田 《农政全书》插图

戽斗 《农政全书》插图

辗 《农政全书》插图

总之，《农政全书》系统总结了前人的经验，又密切结合当时的实际情况，是“杂采众家，兼出独见”。全书中徐光启自己的原文不过6万多字，但正是经过徐光启不断的修订，补充了他自己的科学研究和试验结果，使《农政全书》成为集古代经验与科学研究成果为一体，在当时可称得上是最先进的农业科学技术之结晶。

徐霞客母子塑像

八、 徐霞客与《徐霞客游记》

徐霞客（1586—1641），名弘祖，字振之，号霞客，江苏江阴人。在他母亲“志在四方，男子事也”的鼓励下，徐霞客于1607年开始了人生的第一次出游，母亲亲手为他准备了行装。1624年，徐霞客陪已经80岁的母亲游荆溪勾曲。家庭教育无疑对徐霞客立志考察祖国的山川地貌，探索大自然的奥秘起到了重要作用。

徐霞客像

徐霞客的一生有三十多年都是在旅行考察中度过的，不论旅途多么辛苦，他都会坚持记录下当天的考察情况，以满腔的热情歌颂祖国锦绣山河的壮美。只可惜他的许多原稿都已经遗失，仅存的只是其中的一小部分，后经人收集整理成书，这就是闻名于世的《徐霞客游记》。全书共10卷，约80万字，徐霞客所经各地的山脉、河流、岩石、地貌、气象、植被、交通、工农业生产、风俗习惯等在书中隐隐可现。该书作为地理文献，在内容上大大超越前人，而且更为重要的是细致观察和研究了自然地理现象，尤其注重探讨自然地理的成因，因而具有很高的科学性，为中国自然地理研究指明了新方向。

《徐霞客游记》最大的科学价值在于广泛而深入地考察和研究了岩溶地貌，这也是世界上最早研究岩溶地貌的宝贵文献。岩溶地貌又称“喀斯特地貌”，在中国南方比较常见。徐霞客根据不同的地形把岩溶地貌进行了比较科学的分类和命名。如落水洞地形为“眢渊井”，漏斗地形为“盘洼”或“环洼”，干谷地形为“枯涧”等。徐霞客十分注意总结和比较不同地区的岩溶地貌的特点，希望能找出它们的分布规律和发育特征。在当时全世界地理学、地质学都还处在萌芽的情况下，徐霞客对岩溶地貌进行了卓有成效的研究，在地学史上是空前的。

石钟乳

徐霞客怀着极大的兴趣探索溶洞奥秘。《徐霞客游记》中记载有300多个溶洞，其中大部分溶洞他都亲自入内考察过。1953年，中科院地理所对桂林七星岩进行实地勘测，找到了徐霞客当年勘探过的15个洞口，他们测绘的七星岩平面图和素描图与徐霞客的描述基本一致。在此之前，徐霞客在不借助科学仪器只是凭目测步量就能得到如此准确的结果，不能不说是一个奇迹。《徐霞客游记》还在水文方面纠正了《禹贡》中“岷山导江”（即长江发源于岷山）的错误，指出金沙江才是长江的上源，徐霞客摆脱了经书的束缚，从而使得流传一千多年的错误得以纠正。他对流水侵蚀作用也有大量的科学观察，书中有“江流击山，山削成壁”的描写。他不仅记载了150多种植物，还对植物与地理环境的关系作了许多观察和分析，得出了大量规律性的认识，在说明地形对植物分布的影响时还列举了大量实例。

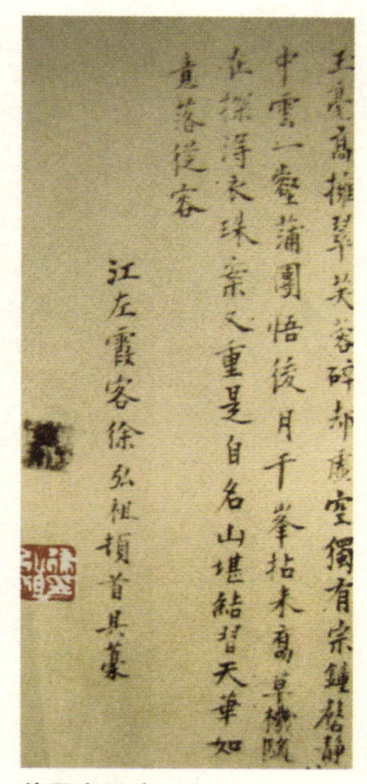
徐霞客手迹

另外，《徐霞客游记》中还有对农业、手工业、采矿、交通运输等的大量记载，对西南地区一些少数民族的经济、历史、地理、风俗习惯、村落城镇的盛衰兴替、名胜古迹的历史演变等方面也有详细叙述，这些都是研究中国民族、历史地理不可缺少的宝贵史料。

徐霞客作为一名杰出的旅行家和地理学家，不仅对地理学作出了卓越的贡献，还留给后人一个科学研究方法。这就是不要盲目地相信书本的记载，要重视实地考察，注意把书本知识与实地考察相结合，用考察中得到的第一手资料去纠正史籍中的各种错误。他从不局限于对自然景观的描述，总是要进行一番细致的归纳和类比，找出异同。他还注意在观察中采集标本，描绘图样，为进一步的科学研究提供了第一手资料。徐霞客为地理考察事业奉献了自己的一生，他是一个意志坚强、充满冒险和探索精神的伟大学者。

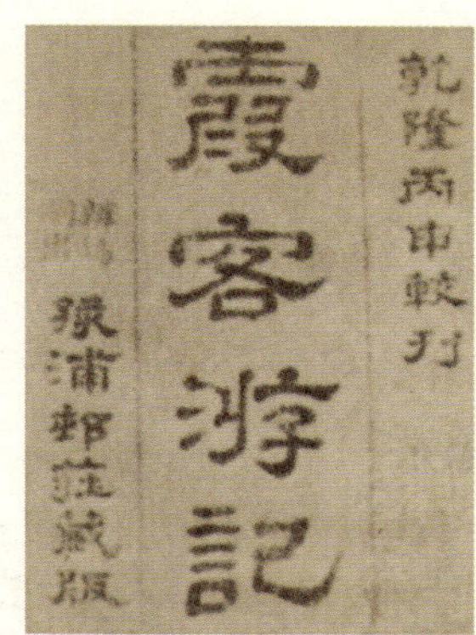

乾隆本《徐霞客游记》封面

九、宋应星与《天工开物》

出身书香世家的宋应星（1587—约1665），字长庚，江西南昌府奉新县北乡人。他自幼聪明，记忆力强，颇受老师及长辈的喜爱。稍大后，宋应星便熟读经史及诸子百家，并对天文学、声学、农学及工艺制造等很多方面的知识产生了浓厚兴趣。同时，他还比较喜爱音乐、诗赋，常与同窗好友到各地的名胜古迹处郊游，纵谈天下事。

宋应星像

青年宋应星是一位理想主义者，他试图通过科举考取功名，实现自己的政治抱负，报效国家。万历四十三年（1615），宋应星与其兄宋应昇一同赴乡试，分别考取第三名和第六名，兄弟俩当时被称为“奉新二宋”，名噪一时。乡试的成功使宋氏兄弟备受鼓

治丝图 《天工开物》插图

人车 《天工开物》插图

舞，当年秋天便动身前往京师赶考，不料却名落孙山。之后，宋氏兄弟屡考屡败。当时正值明朝末年，政治的异常腐败导致科场混乱，徇私舞弊的情况盛行，宋应星对仕途完全失去了信心，45岁时放弃了科考。崇祯八年（1635），宋应星出任分宜县学教谕，做了一名教职人员。尽管在仕途上受阻，但宋应星始终有一颗拳拳爱国之心，针对当时日益败落的经济，他转入实学。在分宜县教书的四年成了他人生的重要阶段，在这一时期，他完成了一系列著作，包括《天工开物》、《观象》、《谈天》、《论气》、《乐律》等，以及一些政论、历史、文学著述，如《野议》、《春秋戎狄解》、《思怜诗》、《原耗》等。

酿酒 《天工开物》插图

宋应星提出“盈天地皆气也”的观点。作为一个唯物论者，他认为万物的本原都是气。他把哲学观与科学技术恰当融合在一起，促成了《天工开物》一书的诞生。他积极提倡“穷究试验”的科学研究方法，凡事都要“见见闻闻”，即使由于外部客观原因而未得功名，但他却收获了极其珍贵的科学技术知识和社会见闻。据史料记载，宋应星每次出游都携带着各种工具，如算盘、卷尺及罗盘针等，每到一处他都对他所需要的数量关系、

设备尺寸进行详细测量和记录，对水路中的行船方位的确定、航向偏离的角度也了如指掌。宋应星是封建社会中为数极少的不辞辛苦奔走于工农业广阔生产领域、从事大规模现场考察的士大夫。经过不断积累，在短短两年里便顺利完成了巨著《天工开物》。

砖瓦窑 《天工开物》插图

《天工开物》堪称中国古代科技的百科全书，共分3册18章，123幅插图，内容涉及广泛，包括农业、手工业各生产领域。上册有《乃粒》、《粹精》、《乃服》、《彰施》、《作咸》、《甘嗜》六章，中册有《冶铸》、《舟车》、《锤锻》、《燔石》、《陶埏》、《膏液》、《杀青》七章，下册有《五金》、《佳兵》、《丹青》、《曲蘖》、《珠玉》五章。其中《乃粒》、《粹精》主要叙述粮食作物的种植、栽培技术及各种农具和水利机械；《乃服》主要讲棉麻丝毛纺织以及养蚕；《彰施》叙述了植物染料和染色技术；《作咸》、《甘嗜》、《膏液》则分别介绍了各种食盐、食糖和食油等副食品的制造；《冶铸》、《锤锻》、《五金》三章专门讨论了金属冶炼、加工及金属器物与合金的制造，并附有操作设备图；《舟车》论述了水陆交通及运输工具；《燔石》讲采煤和烧制石灰、矾石、砒石技术；《陶埏》讲砖瓦和陶瓷的烧制；《杀青》讲造竹纸、皮纸的技术及设备；《佳兵》介绍火药、火器及弓弩等一般武

风车 《天工开物》插图

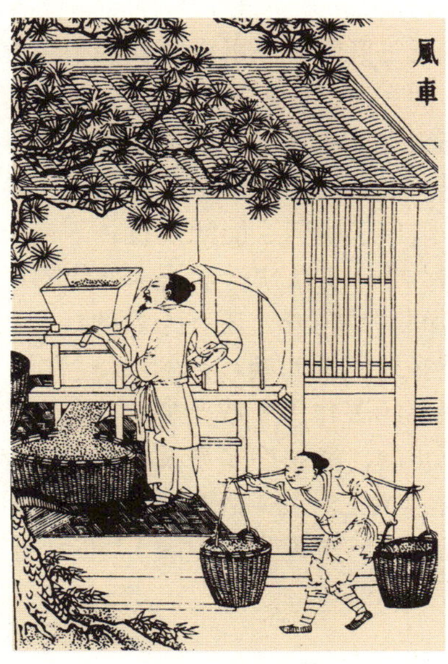

采玉图 《天工开物》插图

采宝石图 《天工开物》插图

辘轳 《天工开物》插图

器的制造；《丹青》介绍了朱砂、墨的制造；《曲蘖》叙述了酒曲的酿制；《珠玉》则讲述了各种珠宝玉器与水晶。

在《天工开物》一书中能找到很多先前著作中很少涉及的科技成果，如在《五金》卷中所提到的冶炼锌的方法，是中国古代金属冶炼史上的璀璨明珠，此后的很多年，世界上只有中国能大规模炼锌。宋应星还记载了将炒铁炉与炼铁炉串联起来连续生产的过程，给出了物料、能源及设备等诸方面精确具体的数字和工艺流程图，填补了以往科学技术著作的许多空白。《天工开物》不仅有丰富的科技内容，还有大量的社会史料和技术经济思想，能使我们更好地了解明朝社会的经济状况。

宋应星的著作由于政治原因在清朝屡遭封杀，但科技的发展是不能阻止的，清朝许多涉及技术的书籍仍多次引用了《天工开物》。由于《天工开物》的科学价值独树一帜，在日本及欧洲各国受到普遍重视，被称为“中国17世纪的工艺百科全书”，其学术地位之高可见一斑。

十、茅元仪的《武备志》

明代时，火箭种类逐步增多，出现了一级火箭、两级火箭、多级火箭、可回返式火箭等，各种火箭在当时都非常有名。如“火龙出水”的龙形筒在四个大火箭筒燃烧喷射所产生的反作用力下发射出去，当四支火箭里的火药快要燃尽时，引燃龙腹内所藏的数支火箭，同时从龙口射出，极具杀伤力。因用在船上，故名“火龙出水”，这是一种二级火箭。当时火器的发展水平和设计情况在《武备志》中均得到了正确反映。

茅元仪的《武备志》是明代一部具有深远影响的大型综合性兵书，又称《武备全书》。作者茅元仪（1594—1640），是明代湖州府归安（今浙江吴兴）人，字止生，号石民，他的祖父是著名的文学家茅坤。除《武备志》外，他的著作还有《暇老斋笔记》、《野航史话》、《石民集》、《督师纪略》、《复辽砭语》等。只可惜他的书籍屡遭当朝权贵的禁毁，散佚较多。

作为茅元仪力作的《武备志》，全书共240卷，200多万字，

火龙出水

各式火炮和地雷 《天工开物》插图

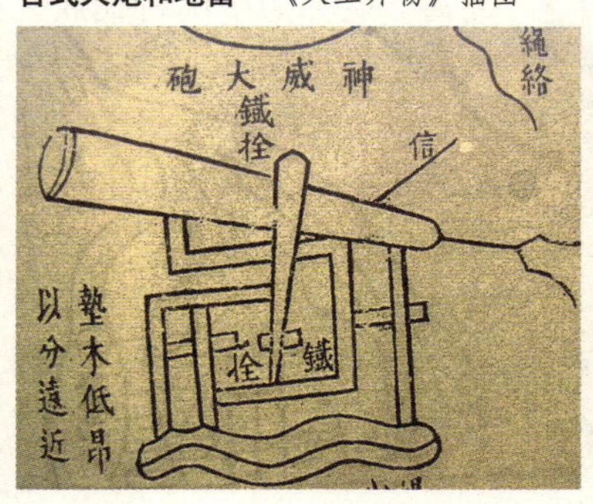

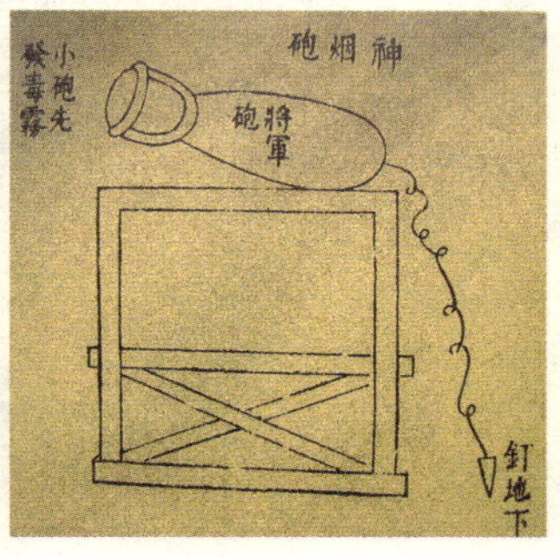

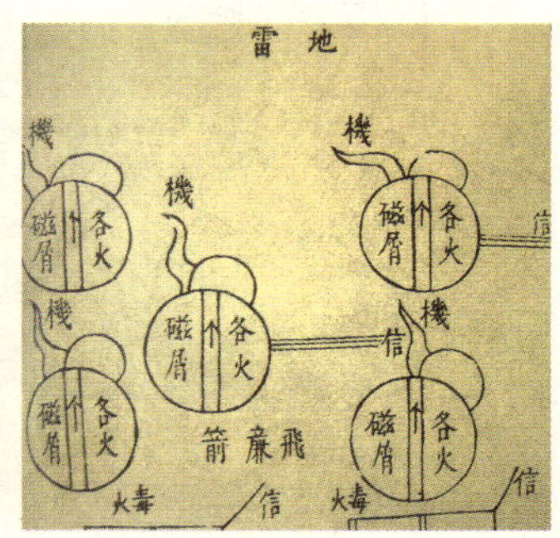

神火飞鸦

插图700多幅，具有重要的思想价值与史料价值。全书分“兵诀评”、“战略考”、“阵练制”、“军资乘”、“占度载”5部分，是茅元仪在参考历代兵书的基础上，经15年努力独立撰写而成的旷世之作，并于明天启元年（1621）刊行于世。

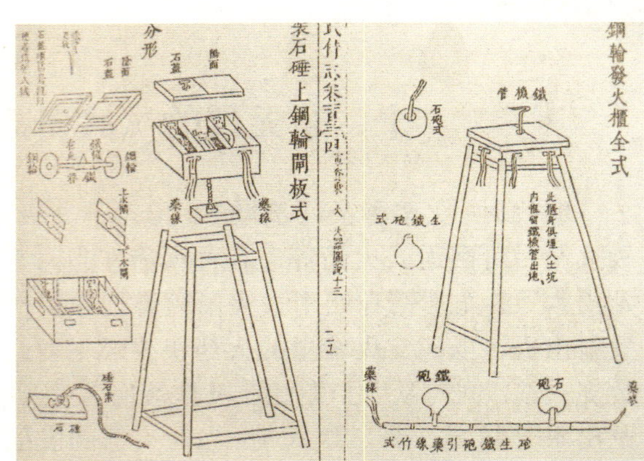

引爆地雷的装置 《武备志》插图

《武备志》一书提到了各种火药武器，如手雷、水雷、各种火铳等；同时，还绘制了大量以火药喷气推进方式送火药至敌方爆炸的火箭图，如飞刀箭、飞枪箭、燕尾箭等，有能同时发射10枝的“火弩流星箭”，有发射32枝箭的“一窝蜂”，发射49枝箭的“四十九矢飞廉箭”，还有发射100枝箭的“百矢弧箭”、“百虎齐奔箭”等。《武备志》里还记载了与现今节庆所燃放的鞭炮“二踢脚”、“灯泡”原理相似的、有一定爆炸或燃烧破坏力的飞弹，如“飞空击贼震天雷炮”、“神火飞鸦”、“飞空砂筒”等，已初步具备现代火箭的雏形。

飞空砂筒

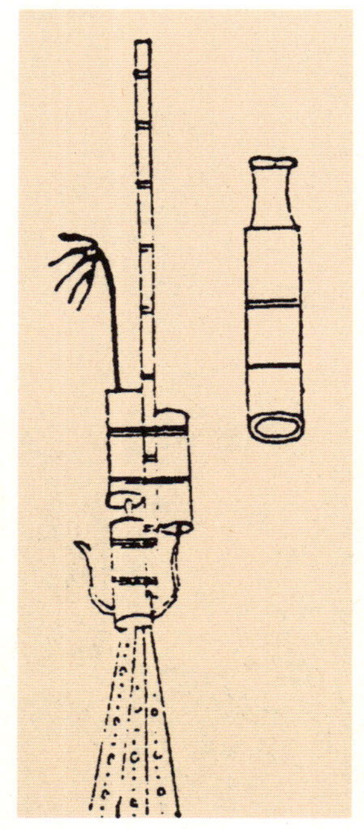

明清交战时的火器营布阵图 清《太祖实录图》

另外，值得一提的是，《武备志》还收录了今天所能看到的唯一的一部古双手剑谱，堪称为中国古代武艺文献中的瑰宝。《武备志》中收录的《剑诀歌》，虽然是他从唐荆川的《武编》中摘录来的，但也是中国现存最早的一篇剑诀，有非常重要的研究价值。《武备志》的特别之处，正在于它是一部记录当时火药武器的总集。

十一、“样房雷”对建筑学的贡献

样式雷烫样

清初工匠出身的雷发达，人称“样房雷”、“样式雷”、“样子雷”。他精于设计图样，先后主持了北京圆明园、颐和园、玉泉山、香山、北海和中南海等的规划设计，为中国古代建筑作出了卓越贡献。雷发达曾用硬纸板制成可以揭开房顶观察内部结构的建筑模型，这开启了中国活动模型设计的先河。

雷发达（1619—1692），建昌（今江西永修）人，清朝建筑设计家。康熙年间，雷发达被征调入京，担任工部样式房负责人，设计重建太和殿、中和殿、保和殿等建筑，其中规模最大的是太和殿，也就是人们泛称的金銮宝殿。太和殿始建于明永乐十八年，先后称“奉天殿”、“皇极殿”，康熙初年重新修建，改名太和殿。康熙帝亲召雷发达并授他为工部营造所长班，主持修建工作。雷发达不辱使命，极其出色地完成了这一任务。后来，规模宏大的圆明园工程开始以后，雷发达调任圆明园楠木样式房掌案，担任工程总设计师的任务。此时的雷发达已经在设计方面成绩卓著，他既善于汲取前人建筑技艺的精华，又敢于大胆突破前人，不断创新，形成了自己独特的风格。

故宫三大殿俯视

万方安和 《圆明园图咏》

他在设计中既保持传统建筑理念中在中线上的建筑物要严格对称的做法，又对主轴两侧轴线上的各建筑物采取大致对称的设计思路，由此产生了一种灵活多样而又不违背传统美学原则的崭新格局。不但突出了中心，体现了“居中为尊”的思想，而且形成了统一并有主次之分的整体建筑群。

雷发达参与设计修造的建筑除皇宫三大殿外，还有四园、三山、三海、二陵，即圆明园、颐和园、静宜园、静明园，万寿山、玉泉山、香山，北海、中海、南海和东、西陵。雷发达在每次施工前往往先绘出建筑物透视图，然后根据透视图制出模型烫板，再实地施工。从雷发达技艺分析，中国传统建筑已经在思想和技法上相当成熟。雷发达设计的数百幅设计图至今仍收藏在北京图书馆中，他的子孙都继承了他的事业，直到清末六世孙雷廷昌。雷氏家族凭借在清代建筑史上的不朽成就，攀上了中国建筑和园林艺术的高峰。

明堂经络图 清

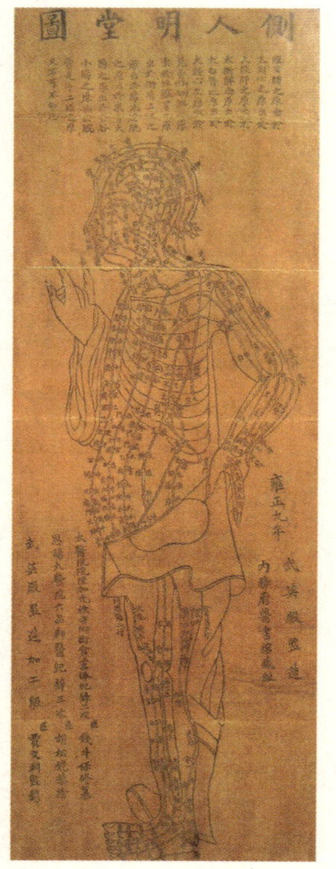

十二、医药学的成就

《针灸大成》的作者杨继洲（1522—1619），字济时，浙江衢县人，祖父曾为太医，杨继洲后来也长期供职于太医院，从事针灸临床四十余年。《针灸大成》一书不仅吸收了家传《针灸玄机秘要》的精华，同时还融合了丰富的临床经验。全书共分10卷，内容全面，资料翔实。卷一为针灸源渊，收录了《内经》、《难经》等有关针灸理论的原文，同时又加上很多有价值的注解；卷二、卷三为针灸歌赋予“策”（即杨继洲应考太医院时的试卷）；卷四为针法；卷五为五腧、子午流注

《针灸大成》插图

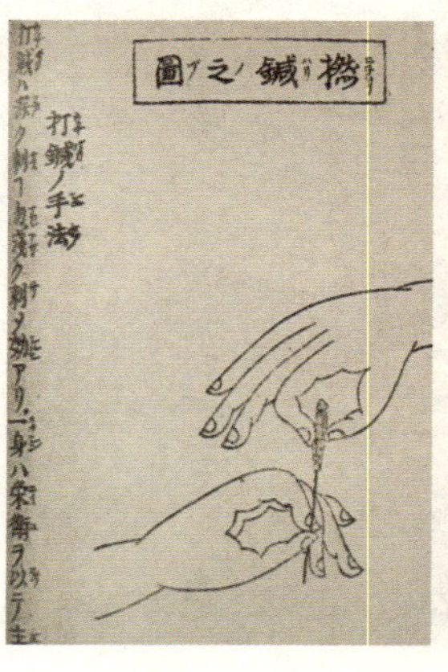

清代针灸铜人

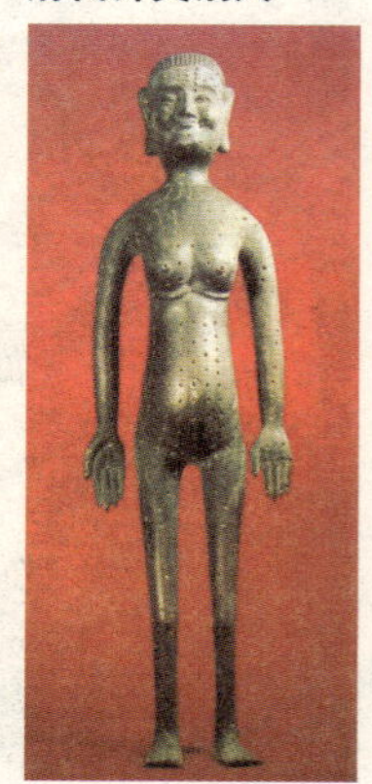

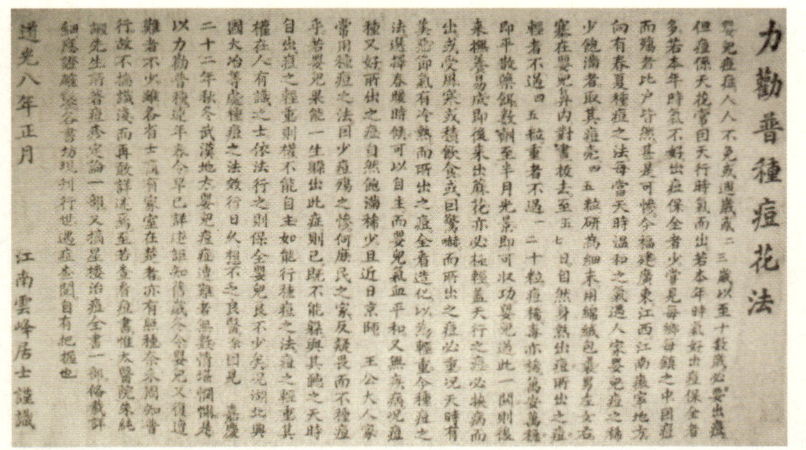

力勸普種痘花法

嬰兒痘症人人不免或週歲或二三歲以至十數歲必要出痘但痘係天花常因天行時氣而出若本年時氣好出痘保全者多若本年時氣不好出痘保全者少嘗見每鄉每鎮之中因痘而殤者比戶皆然甚是可憐今福建廣東江西江南數省地方向有春夏種痘之法每當天時溫和之氣邀人家嬰兒痘之稀少飽滿者取其痘痂四五粒研爲細末用綿絨包裹男左女右塞在嬰兒鼻內對時拔去至五七日自然身熱出痘所出之痘輕者不過四五粒重者不過一二十粒痘稀毒亦稀萬安萬穩即平散藥餌數劑至半月光景即可收功嬰兒過此一關則後來概養易成即後來出痲花亦必極輕蓋天行之痘必挾病而出或受風寒或積飲食或因驚嚇而所出之痘必重況天時有美惡節氣有冷熱而所出之痘全看造化以爲輕重今種痘之法選擇春暖時候可以自主而嬰兒氣血平和又無疾病兒痘種又好所出之痘自然飽滿稀少且近日京師 王公大人家常用種痘之法因少殤之慘何庶民之家反疑畏而不種痘乎若嬰兒果能一生躲出此痘則已既不能躲與其聽之天時自出痘之輕重則權不能自主如能行種痘之法痘之輕重其權在人有識之士依法行之則保全嬰兒良不少矣況湖北與國大冶等處種痘之法敦行日久想不乏良醫余因見 嘉慶二十二年秋冬武漢地大嬰兒痘症遭難者無數消揣惻然是以力勸普種近年春令早已詳述記知傳藏今今嬰兒又復遭難者不少雖各省士商有家室在楚者亦有無種奈未周知普行故不揣識淺而再敢詳述爲至若查看痘書惟太醫院朱純嘏先生所著痘疹定論一部又摘星樓治痘全書一部倫載詳細爲醫雜家谷書坊現刊行世遇痘查閱自有把握也

道光八年正月　江南雲峰居士謹識

劝种人痘的招贴　清

痘疹患者画像

及灵龟八法；卷六、卷七记载了杨氏的研究心得，论述了十四经流注、经穴和经外奇穴、针刺深浅、主治病症、历代治疗经验等；卷八为诸病症的针灸治疗；卷九为名医的刺法和灸法以及杨继洲于1556—1580年的“医案”记录；卷十附载有陈氏（佚名）的《小儿按摩经》。《针灸大成》对明以前针灸经验进行了学术总结，是明代以来三百年间流传最广的针灸学著作。

作为早期免疫学重大成就的“人痘接种法”，是中国人民在与疾病作坚持不懈的斗争中首先发明的，为天花的预防和治疗寻到了一条光明之路，在世界医学史上的地位是相当显著的。1727年，俞茂鲲的《痘科金镜赋集解》指出人痘接种法是在明朝隆庆年间兴起的。种痘有痘衣法、痘浆法、旱苗法、水苗法等多种，清代医学著作《种痘心法》中记载的人痘苗选种培育，与现代疫苗的科学道理非常接近。例如现在用于预防结核病的“卡介苗”的定向减毒选育而保存抗原性方法的原理与《种痘心法》的记述完全符合，这无疑是世界医学史上的一个奇迹。人痘接种法发明后很快就传到国外。清康熙二十七年（1688），俄国医生专门到北京学习种人痘的方法，后来又由俄国传入土耳其。英国驻土耳其大使夫人孟塔古，看到君士坦丁堡人为孩子们接种人痘预防天花很有效，联想到她的弟弟和她都曾感染天花，而她的弟弟却死于天花，于是就在1717年给她的儿子种了人痘。随后她又把种痘的方法带回英国，种人痘法很快就盛行于英国，再由英国传到欧洲各国和印度。英国人琴纳于1796年发明了牛痘接种法，1805年由葡萄牙商人带进中国。由于牛痘法安全系数更高，随之慢慢取代了人

英吉利国新出种痘奇书　清

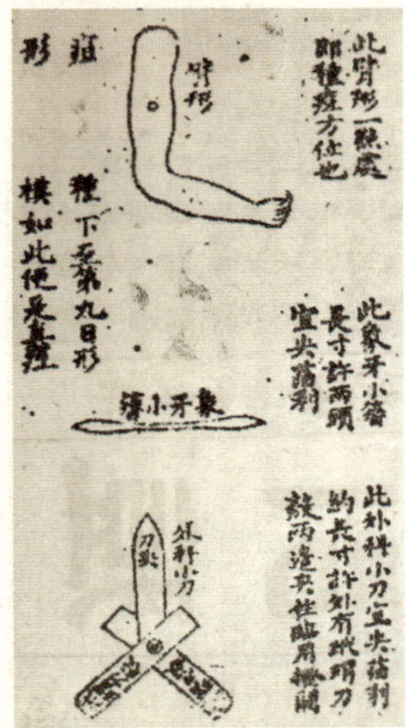

痘接种法。可见，中国人痘接种法开创了世界人工免疫学发展的新纪元。

明、清两代对温病的研究逐步增多，并形成一定的学说和流派。“温病”指急性发热性传染病及一些流行病等。温病学派认为急性热病是由于感受温邪引起的，该派在病因、病理和治疗原则等方面形成了一套独立于伤寒学说的比较完整的理论体系。明代洪武元年（1386），王履（字道安，江苏昆山人）著有《医经溯洄集》一书，从病理上区分了温病与伤寒的不同，使人们对传染病有了新的认识。崇祯十四年（1641），吴有性（1582—1652，字又可，江苏吴县人），是一位有思想的医学家，在对山东、江苏和浙江一带猖獗的疫病，从病因、传染途径进行了仔细观察之后，指出某一种特定的疾病是由某种特定的戾气所诱发的，并据此撰写了《温疫论》2卷，补遗1卷，是温病学说形成的奠基石。随着温病学说的不断发展，清代中叶出现了治疗温病的四大家——叶桂、薛雪、吴瑭、王士雄。叶桂（1667—1746），字天士，江苏吴县人，代表作是《温热论》。他不仅着重从理论上概括了外感温病的发病途径和转变，提出了“温邪上受，首先犯肺，逆传心包”的说法，而且根据温病病变由浅入深的发展过程，将其分为卫、气、营、血四个阶段，以更好地进行辨证治疗。吴瑭（1736—1820），字鞠通，江苏淮阴人，他的《温病条辨》对温病学研究也起了重大作用。然而，对温病学说进行总结的著作，要数清代著名温病学家王士雄的《温热经纬》。王士雄（1808—1867），字孟英，号潜斋，又号半痴山人，晚号梦隐，浙江海宁人。出生于医学世家的王士雄，自幼就表现出对算学和药学非同一般的理解力。1819年，王士雄的父亲患有温病泻痢症却被误诊为伤寒症，越治越重，幸亏后来遇上名医，确诊为温病，开了一些滋阴清热之药，才得以度过危险。这件事深深地影响了12岁的王士雄。1837年，王士雄开始撰写《霍乱论》。咸丰二年（1852），王士雄又著成《温热经纬》一书，这是他温病学的代表作。此书是在他长期行医过程中，为了防止对温病的误治而撰写的，涉及到了中风、咳嗽、吐血、中暑、痢疾、阴症、老人、小儿、妇女等内外科以及用药、制剂、处方、煎服、延医等内容，刊行之后引起很大反响，成为清末一部很有影响的温病学专著。

溫熱論
古吳葉 桂天士甫著 皖南建德周學海注
溫熱論 從唐本
溫邪上受首先犯肺逆傳心胞
肺主氣屬衛心主血屬營辨營衛氣血雖與傷寒同
若論治法則與傷寒大異蓋傷寒之邪留戀在表然後
化熱入裏溫邪則化熱最速未傳心胞邪尚在肺肺合
皮毛而主氣故云在表初用辛涼輕劑挾風加薄荷牛

《温热论》书影

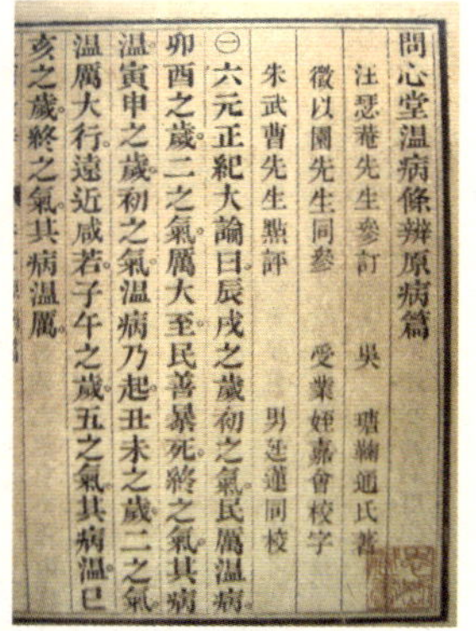
問心堂溫病條辨原病篇
汪瑟菴先生參訂 吳 瑭鞠通氏著
徵以園先生同參 受業姪嘉會校字
朱武曹先生點評 男廷蓮同校
一 六元正紀大論曰辰戌之歲初之氣民厲溫病
卯酉之歲二之氣厲大至民善暴死終之氣其病
溫寅申之歲初之氣溫病乃起丑未之歲二之氣
溫厲大行遠近咸若子午之歲五之氣其病溫巳
亥之歲終之氣其病溫厲

《温病条辨》书影

溫熱經緯卷一
海甯王士雄孟英纂
定州楊照藜素園
烏程汪曰楨謝城 評
仁和沈宗淦辛甫參
內經伏氣溫熱篇
素問生氣通天論曰冬傷于寒春必溫病
張仲景曰冬時嚴寒萬類深藏君子固密則不傷于寒
章虛谷曰冬寒伏於少陰鬱而化熱乘春陽上升而外

《温热经纬》书影

《外科正宗》的作者陈实功（1555—1636），字毓仁，号若虚，东海崇川（今江苏南通）人。他不仅通晓文学、哲学，同时又是精通医理的外科医生。《外科正宗》对150余种外科疾病进行了系统论述，阐释了外科疾病的病因、诊断及治疗方法，它是中

陈实功像

外医学史上一部承前启后的重要著作。外科病症中最常见的一类是化脓性感染，陈实功主张不仅要用药提高患者的抵抗力，而且还必须通过手术排脓引流，在医学上至今仍有指导意义。他还大胆地对传统习俗提出异议，提出“饮食何须戒口”，认为鱼、肉、蛋、禽等食物可用以“接补营养”。在鼻息肉摘除手术及相关医疗器械的设计制造方面，陈实功的做法在原理和基本要求上与现代的手术器械、方法是完全一致的。由此可见，陈实功的外科手术已达到很高水平。

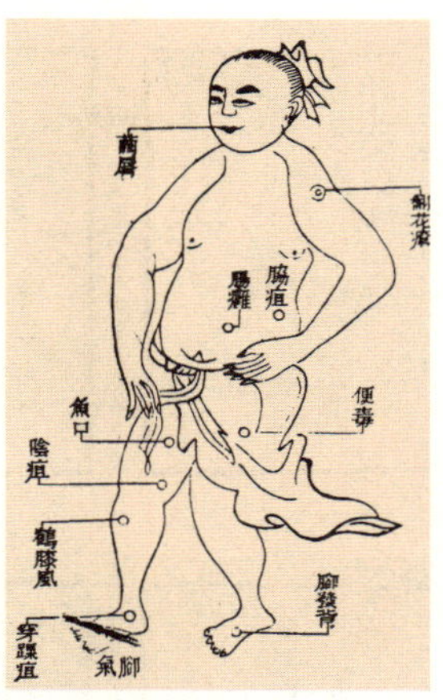
《外科正宗》插图

祖国传统医学中始终为解剖术保有一块地盘，在《黄帝内经》等早期的医学典籍中就记载着这方面的知识，但是其中不可避免地存在着诸多问题。清代著名医学家王清任在对前人研究成果进行修订的基础上写成的《医林改错》，为中国传统医学中解剖学的发展以及医学思想的丰富作出了重大贡献。

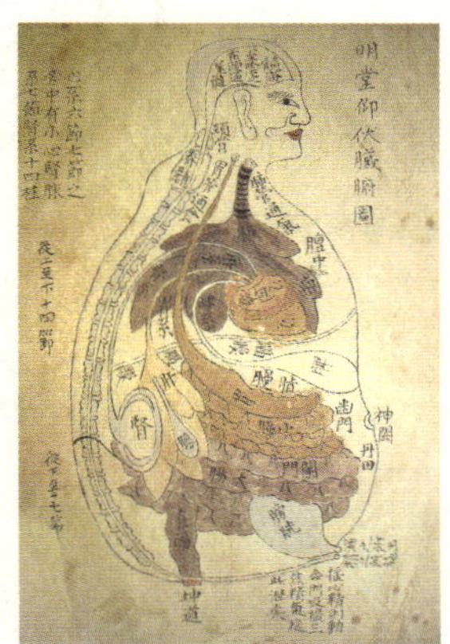
脏腑图　清

王清任（1768—1831），字勋臣，河北玉田人。自幼习武，20岁开始学医，并在北京开了一家名为“知一堂”的药铺，在京城享有盛名。王清任在医学研究中，发现传统的医学著作中对人体内脏的功能和结构的描述往往存在着许多矛盾和臆断的内容，这就在一定程度上阻碍了传统中医的全面发展，由此激发了王清任研究人体结构的念头。为了获得这种实践的机会，王清任甚至把在瘟疫中暴尸荒野的尸体当作研究对象。他将观察的结果同前人著作中的记述相对照，发现古人的著作中存在着许多不实和疏漏的地方。于是他便根据自己的实际观察结果和长期的临床经验，对前人的记述进行了有针对性的改进和增补，于1830年完成了著名的医学著作《医林改错》。在这本书中，王清任的工作意义重大，卓有成效。比如古人想当然地认为人的肝脏是左三叶、右四叶。王清任用自己实际的观察结果予以否认，指出人的肝一共只有四叶。王清任继承了李时珍关于“脑为元神之府”的猜想，并且大胆地加以丰富和发展。他提出人的思维活动能力在于大脑，而与心脏没有直接的关系。他还进一步提出人的视觉、嗅觉等都同大脑有着根本性的联系。在《医林改错》一书中，王清任详细地描述了胃在腹腔中的位置，上口向脊、下口向左。他还指出胃内离津门（即幽门）左一分处有一形状如枣的疙瘩，它能防止食物随

王清任像

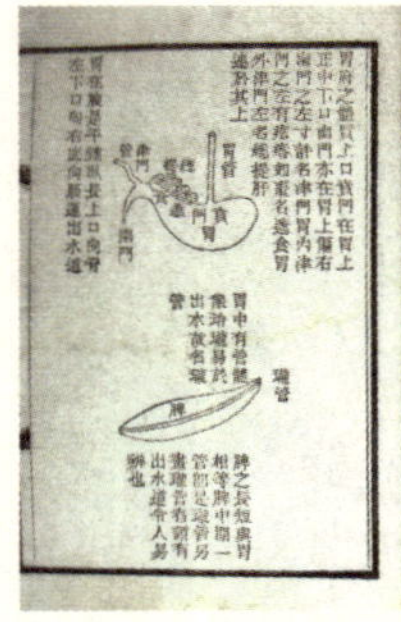
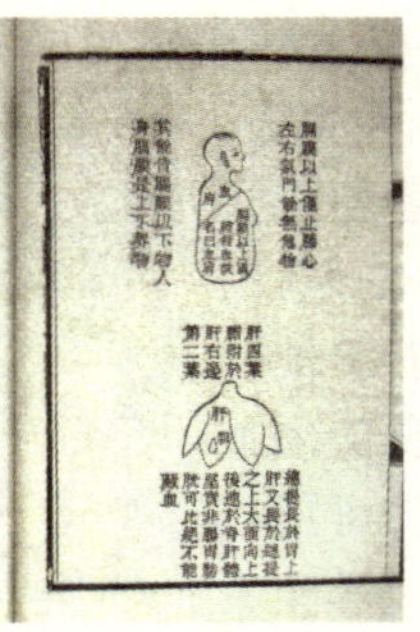
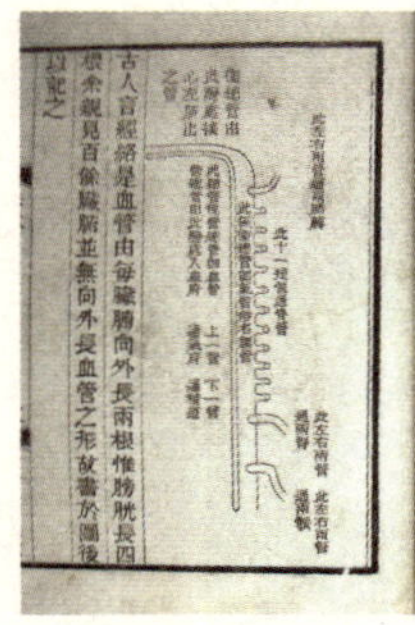
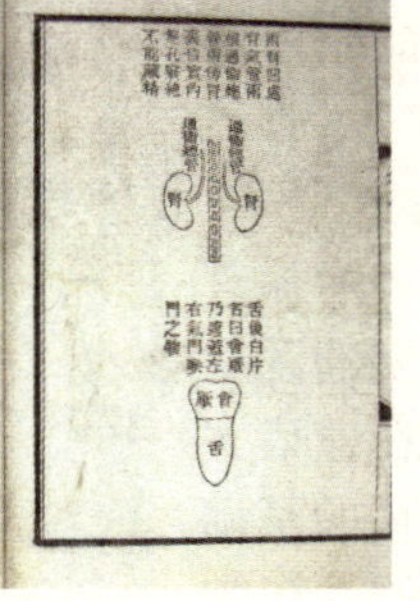

《医林改错》书影

意流动，这实际上就是说的幽门括约肌。针对前人关于肺有所谓的“行气之二十四孔”的陈腐观念，王清任对气管和由气管分至肺两叶的支气管和细支气管进行了细致的描述，可以说这些都是他对祖国医学事业的独特贡献。王清任在临床医学方面也取得了显著的成就。他认识到了活血与补气之间的内在联系，在补气的同时再加以活血药物，独创了30多个活血化瘀的汤药方剂。

王清任是中国医学史上一位充满实践精神和创新精神的医学家，他的医学研究的特色就在于坚持细致的临床观察，并对前人医学思想的樊篱敢于大胆突破，从而推动了解剖学的发展。当然，由于时代的局限性，他的医学研究不可避免地存在着不足之处，但王清任仍然不失为一位伟大的医学家。

清代时期，中国的药学研究事业也有所发展，其中的代表人物当数杰出的医药学家赵学敏。赵学敏，约生活于1719年至1805年，字恕轩，号依吉，钱塘（今浙江杭州）人。他自幼酷爱读书，广泛涉猎天文、历法、医药、卜算、方技等书籍。他在读书过程中，仅收集抄录的医学资料就达数千卷。凭借丰富的积累和刻苦钻研精神，赵学敏于1770年完成了他的一套个人丛书——《利济十二种》，这套书一共100卷，含12种医药书。令人遗憾的是，上述十二种医药著作只有两种得以流传，这便是在医药史上占重要地位的《串雅》和《本草纲目拾遗》。《串雅》是赵学敏创作的一部奇书，这是中国历史上第一部有关铃医（走方医）的专著。在这部著作中，作者记录了走方医常用的内治、外治、杂治、顶药、串药、禁药、奇药、针法、灸法、贴法、熏法、吸法、取虫等治病的手段，又介绍了有关药物伪品、法制、食品、杂品等情况，其中展示了走方医所用的简单治法和药物炮制、作伪的内幕。这些披露既为研究走方医提供了第一手资料，也为中医药学提供了许多鲜为人知的治疗方法。这部《串雅》可谓是揭开了走方医的千古之谜。

走方郎中 清北京民俗画

赵学敏是一位富有时代精神的医学家，他精研物种的演变，对当时医学上的新成就无不了然于胸。他在理论研究和具体实践的不断探索中写成的《本草纲目拾遗》，是继李时珍之后的又一部药学著作，代表了清朝本草学的最高成就。《本草纲目拾遗》的主要宗旨即是对《本草纲目》进行拾遗补正。《本草纲目拾遗》依据《本草纲目》的体例写成。全书共10卷，分为水、火、土、金、石、草、木、藤、花、果、谷、蔬、器用、禽、鳞介、虫等部，共收

药铺图　清

录了921种药品，其中有716种是《本草纲目》不曾收录的。该书中介绍的药物既有中国民间的传统药物，还包括了一些进口药品，如东洋参、西洋参、鸦片烟、日精油、香草、臭草等。这本书又一大特点在于，它不仅丰富了《本草纲目》所遗漏的部分，也对其中某些药物的效用加以详尽的补充说明。赵学敏还大胆地指出了李时珍在本草中的欠妥和错误之处，对不恰当的分类也进行了必要的调整。《本草纲目拾遗》中还记载叙述了生物的遗传变异，介绍了一些无机酸、碱，如硝酸、氨水等；在涉及到疟疾病时，还提到了特效药“金鸡勒”。这些都体现了当时中国人在医药学研究中眼界开阔的一面。赵学敏编写这部《本草纲目拾遗》是博采众长的结果，书中所引用的医药书籍达到了282种，引用经史著作也达343种，其中包括一些十分罕见的抄本的珍藏本。从《神农本草经》到《本草纲目拾遗》，其间经历了近两千年的历史。《本草纲目拾遗》一书是中国人民在找药、用药方面丰富经验的积累和总结的重要成果，也是赵学敏对祖国医药事业所作出的不朽贡献的见证。

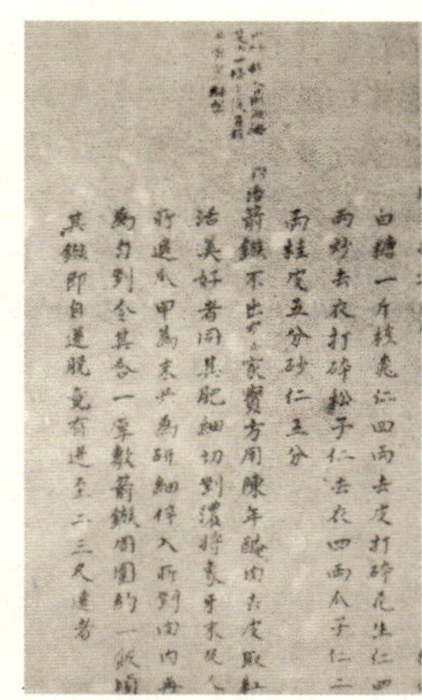
《本草纲目拾遗》书影

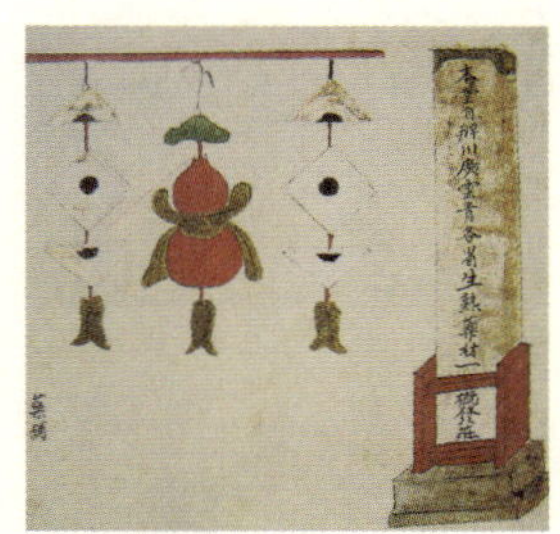
药铺幌子　清

《植物名实图考》既是一本植物学巨著，又是一部本草学著作。它的作者吴其濬（1789—1847），字瀹斋，别号雩娄农，河南固始人。吴其濬出身望族，其父兄都曾担任翰林、侍郎等职，他家的住宅也被称作“宫保第”。吴其濬自幼好学，21岁中举，28岁考中状元，先后担任翰林院修撰、礼部尚书、兵部侍郎及多省巡抚等。他还精通植物学和矿物学，并且造诣颇深。他关于这些方面的著作《植物名实图考》、《植物名实图考长篇》、《滇南矿厂图略》以及《滇行纪程集》等都有着较高的学术价值。《植物名实图考》是吴其濬在实地考察和综合各家之长的基础上完成的。全书共38卷，收录了1714种植物，其中包括谷、蔬、山草、石草（包括苔藓）、蔓草、水草（包括藻）、芳草、毒草、群芳（包括一些寄生于木类的担子菌）、果、木等12类。这本书既收罗了丰富

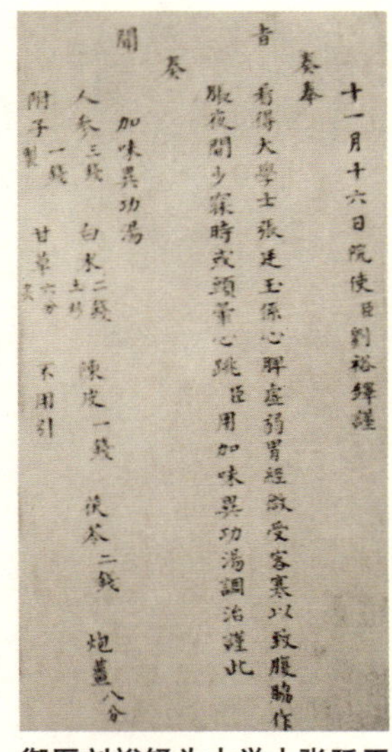
十一月十六日院使臣刘裕铎谨
奏奉
旨看得大学士张廷玉系心脾虚弱胃经微受客寒以致腹脇作
脹夜間少寐時或頭暈心跳臣用加味異功湯調治謹此
奏
聞
加味異功湯
人參三錢　白朮二錢土炒　陳皮一錢　茯苓二錢　炮薑八分
附子製一錢　甘草六分炙　不用引

御医刘裕铎为大学士张廷玉诊病的脉案笺　清

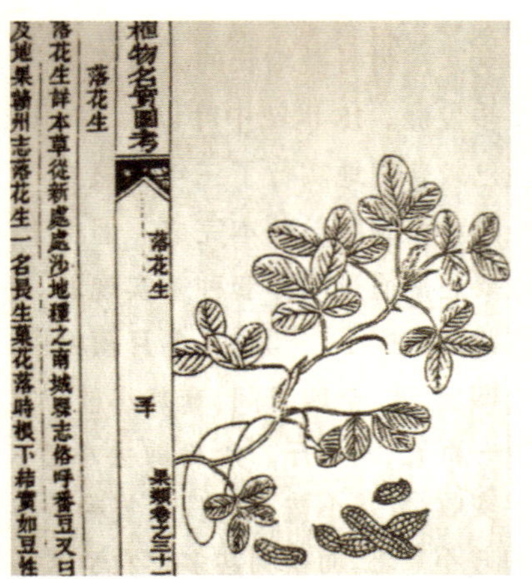
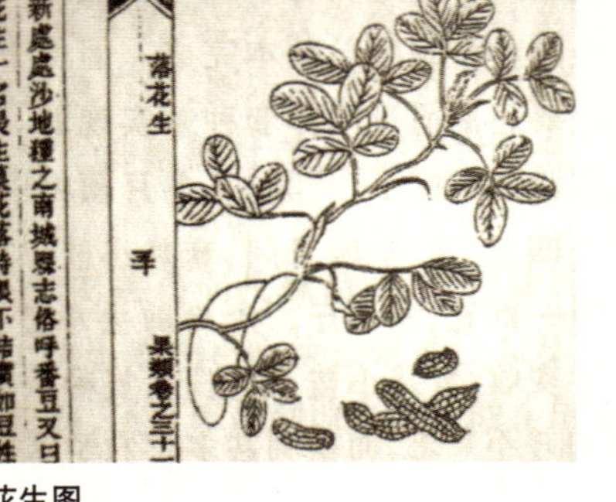

花生图

党参图

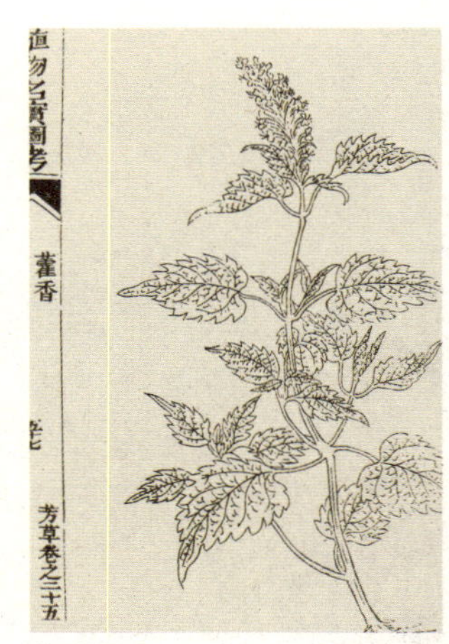

藿香图

铁药碾 明

清太医院药臼、杵

的植物种类，又描述了鲜明易懂的生物学特性，是吴其濬对祖国生物学发展作出的突出贡献。《植物名实图考》是继《南方草木状》之后的又一部大型而系统的植物志，同时也是历史上记录植物种类最多的植物志。书中所记录的植物遍及全国19个省，其中包括了云南等边远地区。《植物名实图考》中所提及的植物大多是吴其濬本人实地考察得到的，因而他在书中对植物的介绍都很详尽而又平实易懂。吴其濬十分重视图形在植物研究和辨认中的重要作用，在书中共附有1800余幅图画，而且大都是根据植物新鲜时的样态绘制而成，既精细又直观，能很好地反映植物的特征。吴其濬在植物学研究中始终坚持科学严谨的态度，从不迷信前人。他一旦发现前人的植物学著作中存在的种种错误和纰漏，便大胆而公允地予以指正。在书中，吴其濬首次记载了蕨类植物生殖器官孢子囊，并进行了较为详细的描述。从植物学发展的角度来说，吴其濬在植物学的研究上已经在很大程度上超越了以前的实用研究阶段，开始走向了纯科学化的研究方向。这种定位恰恰由《植物名实图考》开始，在中国植物学发展史上有着重要的意义。当然，限于历史条件的原因，《植物名实图考》也存在着许多不可避免的不足之处。尽管如此，吴其濬的《植物名实图考》仍然不失为一部有着世界性影响的植物学、本草学专著，它的问世大大推动了植物学、本草学的研究和发展，为药用植物、植物分类学研究创造了理论上的条件。

第九章 西学东渐与国人回应

自明末万历年间开始，西方科技知识开始源源不断地传入中国，这股“西学东渐”的潮流前后持续了上百年的时间，成为推动中国科学技术发展的重要因素。这是一个复杂的过程，其中充满了矛盾和斗争，在这个过程中，国人逐渐由被动到主动地走进了西方人的认识视野，开始接触新的科学知识。

欧洲传教士利玛窦、汤若望、南怀仁等人，为了达到传教的目的，以西方先进的科学知识和三棱镜、自鸣钟等为敲门砖，却开启了中国近代科技之门。由于当时的几位帝王喜爱自然科学，对西学有着浓厚的兴趣，所以能够以一种更加积极的态度应对西方科技的传入，客观上使中西交流得到了前所未有的发展。随着传教活动的开展，传教士们相继将天文历法、数学、地理、物理学等领域的近代科学知识和火器技术等介绍到中国。西方某些先进科技的传入，在一定程度上也适应了明、清两朝对科技发展的需要。如由于明末清初要制定天文历法，传教士便将与天文历算有关的西方初等数学知识传入中国，而中国数学家则在“西学中源”思想的支配下，积极吸收西方科学知识，促进中西方的学术交融。意大利传教士利玛窦和徐光启成功合译了《几何原本》前6卷，便是一个很好的例子。

到了清雍正时期，由于厉行禁教，西方传教士难以在中国立足，各种西学知识的传播和引进工作也基本上处于停滞状态。乾隆虽继续执行雍正的禁教政策，但他在康熙的影响之下，任用了一大批擅长天文、历法、制图和建筑技术的传教士，因而西方科技知识仍能源源流进中国。然而，中国的科技并没有因此从传统的体系中跳出来。

清初，一些学者接受了从西方传来的科学知识，积极开展天文学和数学的研究工作，王锡阐、梅文鼎、方以智等人便是其中的佼佼者。但总的来说，这些西洋科技对于中国的传统科学技术体系并没有从根本上触动，只是在历法和算学领域影响巨大，由此促进了中国传统历法和算学的改革。

一、西方传教士来华

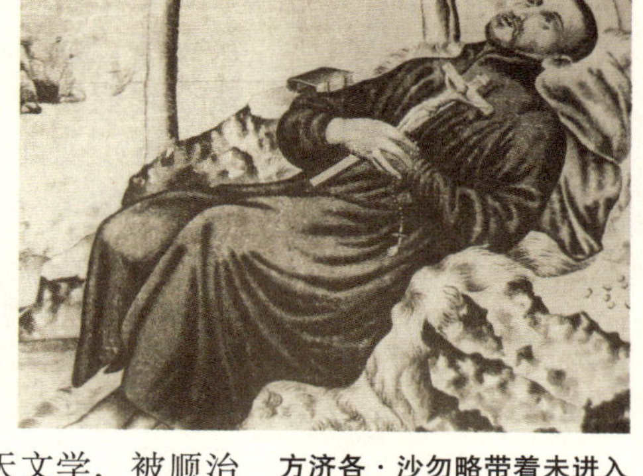
方济各·沙勿略带着未进入中国内地的终生遗憾死在上川岛上

中国悠久的文明以及丰饶的物产吸引着西方的探险家和传教士们，早在16世纪下半叶，他们便开始陆续进入中国。1552年，耶稣会创始人、西班牙人方济各·沙勿略来到中国，最终因患疟疾而死。虽然他的脚步没有深入到中国内地，但是毕竟开辟了一条西方人进入中国的道路。自此以后，便有大批的传教士陆陆续续来到中国，其间不乏才识过人之士。1582年来华的意大利人利玛窦，知识丰富，才学过人，一度被称为“西学东渐第一人”。1662年到来的汤若望，精通中西天文学，被顺治帝称作“通玄教师”。比利时人南怀仁则在死后被康熙帝谥封为“勤敏”。正是这些传教士，给长期与外界处于隔离状态的中国带来了新鲜的近代科学知识，在一定程度上促进了中国有识之士的反思与觉醒。

利玛窦像

利玛窦与中国文人李之藻合著的《浑盖通宪图说》等著作，介绍了当时西方流行的天文学理论，使中国人懂得了日月食的基本原理以及七大行星同地球之间体积的对比等。除了利玛窦之外，1610年来华的葡萄牙人阳玛诺也为西方天文学在中国的传播作出了重要贡献。他的著作《天问略》，采用问答的形式解说了一些天象知识，同时附有具体的插图。另外，1606年来华的意大利人熊三拔所著的《简平仪》和《表度说》，详细讲述了简平仪的使用方法和通过立表测日影来定时的方法。

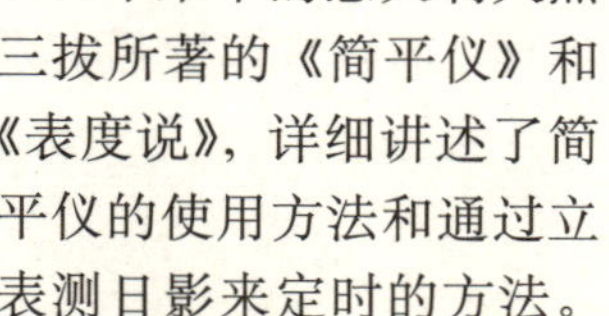

徐光启在西方传教士的协助下运用西方的天文学理论修订了中国传统的历法，并且编写了《崇祯历书》，对后世颇有影响。而南怀仁则主持补造了6种天文仪器：天球仪、黄道经纬仪、赤道经纬仪、地平纬仪、地平经仪、纪

天球仪

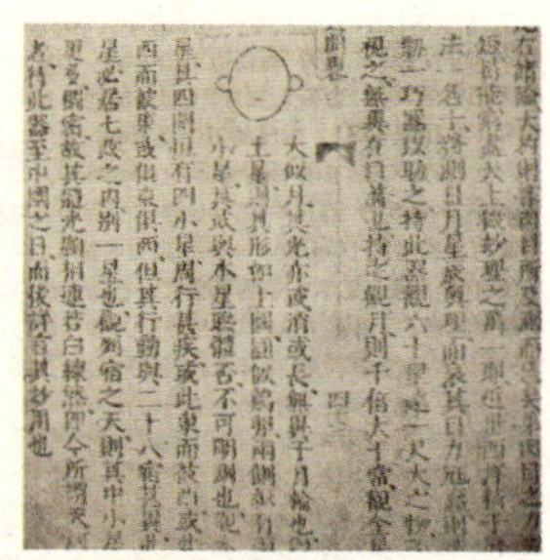
《天问略》书影

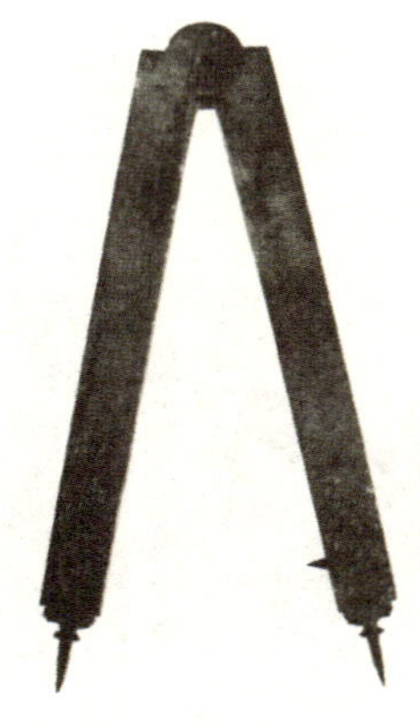

比例规

限仪。在数学方面，利玛窦与徐光启合作翻译的《几何原本》应该是西方的数学在中国的第一次传播。他与李之藻合作翻译的《同文算指》，详细介绍了西方的笔算。后来，波兰人穆尼阁又将对数引入中国，中国学者薛凤祚编写的《历学会通》中所介绍的对数表和三角函数对数表正是来自穆尼阁。在地学方面，利玛窦以中国的长度单位“里”为计量单位、用中文标识了一幅世界地图，被称为《山海舆地全图》。这幅地图经过了多次修补，其中的《坤舆万国全图》最有名。该图共6条合幅，高171厘米、宽361厘米，在主图四周和中间加入了一些介绍天文学知识的图像，如天地仪图、日月食图，并且予以文字说明。另外，西方的经纬度制图法、关于地球形状的理论以及五大洋、气候五带等重要概念也在这时传入中国。在物理学方面，汤若望的《远镜说》向中国人介绍了光学的基本原理以及望远镜的基本知识。1621年来华的瑞士人邓玉函同中国人王征于1627年合译的《远西奇器图说》可谓是中国物理学发展过程中的一部里程碑式的著作。该书共分3卷，分别论述了力学及其相关的基本原理、简单机械的基本原理与计算的方法以及图说机械等几个方

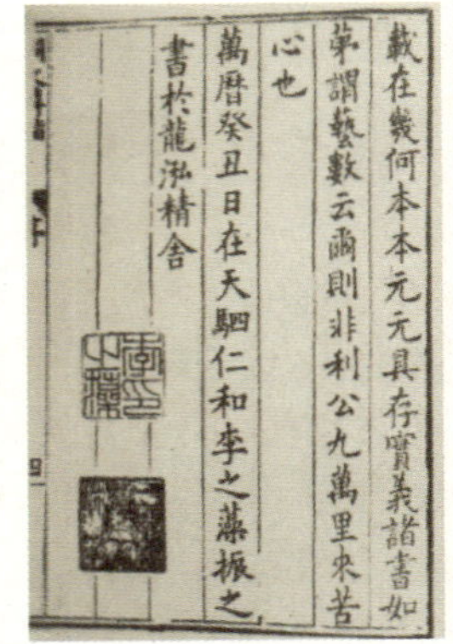

同文算指序

古者教士三物而藝居一六藝而數居一數于藝猶土于五行無處不寓耳目所接已然之迹非數莫紀聞見所不及六合而外千萬世而前而後必然之驗非數莫推已然必然總歸自然乘除損益神智莫增爾詭莫掩顓蒙莫可誣也

……載在幾何本本元元具存實義諸書如第謂藝數云爾則非利公九萬里來苦心也

萬曆癸丑日在天駟仁和李之藻振之書於龍泓精舍

利玛窦、李之藻合译《同文算指》书影　明刻本

坤舆万国全图

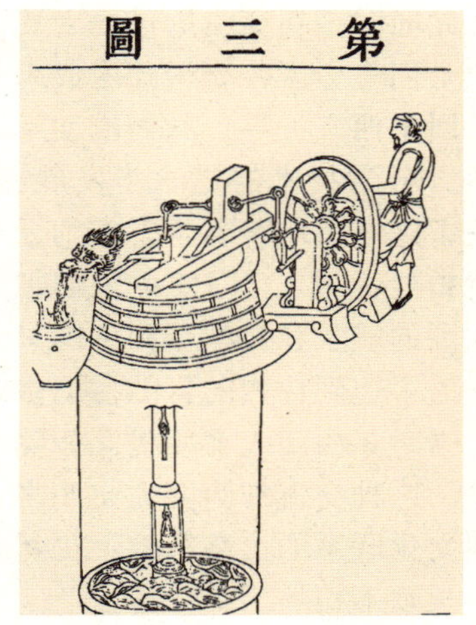

人力提水的恒升图 《远西奇器图说》插图

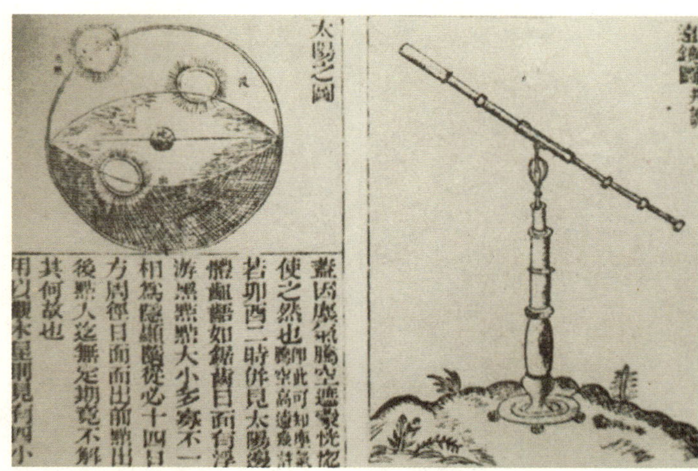

望远镜图 《远镜说》插图

面的内容，书中具体涉及了地心引力、重心、杠杆、滑轮、螺旋、斜面等知识，其中一些使用到今天的物理名词如“重心”、“杠杆”、“流体”等正是出自该书。传教士还把西方先进的火器制作技术传入中国，崇祯十六年（1643）汤若望口述完成的《火攻揭要》中讲述了火炮的制作、使用方法以及子弹和地雷的制造等。清朝初年，南怀仁编译的《神武图说》说明了铳炮的原理及使用方法。

王征像

清朝前期，特别是顺治和康熙年间，西学加速传入中国。康熙四十七年至五十七年（1708—1718）由传教士参与完成的《皇舆全图》在当时是世界上最精确的地图。当这幅地图通过传教士被带回欧洲后，加深了西方人对中国的了解。在康熙年间还完成了一部数学专著《数理精蕴》，这是一部有关西方数学知识的百科全书，由法国传教士张诚、白晋同中国学者梅瑴成共同完成。

西方先进科学的不断传入，除了对诸如历法和算学等个别领域产生较大的影响之外，却并没有对中国旧式生产技术的发展造成实质性的推动，而只是满足了封建统治者的某些方面的物质享受。如由利玛窦呈献的“自鸣钟”就深得大员们的喜爱，在各地竞相仿制。这种状况在一定程度上取决于中国传统的生产方式和封建统治模式同先进科学技术之间内在的冲突性。当然，西学东渐的更重大的意义应该在于它对中国封建社会造成的强烈的思想冲击。综观中国近现代的社会发展，可以说早期的西学传播开启了中国社会的思想启蒙，推动了中国学术思想的发展和转变。中国人的视野也在这种逐步扩大的东西方交流与融合中越来越开阔。

磨制浑仪青铜圈

与此同时，在交流的过程中传教士们将中国传统的技术成果带回了西方世界，从而推动了西方科学技术的进一步发展。关于这一点，著名学者李约瑟就曾经说过：“即使说他们把欧洲的科学和数学带到中国只是为了达到传教的目的，但由于当时东西两大文明仍互相隔绝，这种交流作为两大文明之间文化联系的最高范例，仍然是永垂不朽的。”

二、合译《几何原本》

西方传教士带入中国的科学知识对中国学者的思想产生了积极深远的影响。其中由传教士利玛窦和徐光启合作翻译的《几何原本》是当时最为突出的科学成果。

《几何原本》的原作者是古希腊著名数学家欧几里得。该书体系完整，逻辑严密，自古以来一直作为人类理性精神的范本而广泛流传，是科学史上的经典之一。《几何原本》共分成13个部分，主要包括了直边形和圆的基本性质、比例论、相似形、数论、无理量的分类以及立体几何和穷竭法等。利玛窦和徐光启在翻译时采用了利玛窦老师克拉维斯的15卷拉丁文译本。

徐光启、利玛窦二公小像
《格致汇编》插图

《几何原本》的翻译在很大程度上反映了中国一部分先进知识分子积极吸取西方科学成果的态度，徐光启可以说是其中的典范。徐光启在明万历三十一年（1603）在南京结识了传教士利玛窦，此后开始接触西方的先进科学技术，并对之产生了浓厚的兴趣，热心于中西方科学技术的交流与融合。为此他着力于将西方的数学、天文、水利等方面的先进知识引入中国，参与翻译了许多科技方面的书籍。

《几何原本》的翻译就是徐光启促进中西方科技交流融合工作的最重要内容。该书于1603年开始策划，1606年开始翻译，到1607年便完成了前6卷，包

EVCLIDIS
ELEMENTORVM LIB XV
ACCESSIT XVI DE SOLIDORV Regularium cuiuslibet intra quodlibet comparatione
OMNES PERSPICVIS DEMON: Strationibus, accuratisq; scholijs illustrati
AVCTORE CHRISTOPHORO CLAVIO BAMBERGENSI E SOCIETATE IESV
ROMAE APVD BARTHOLOMAEVM Grassium M D LXXXIX
PERMISSV SVPERIORVM

《几何原本》十五卷书影

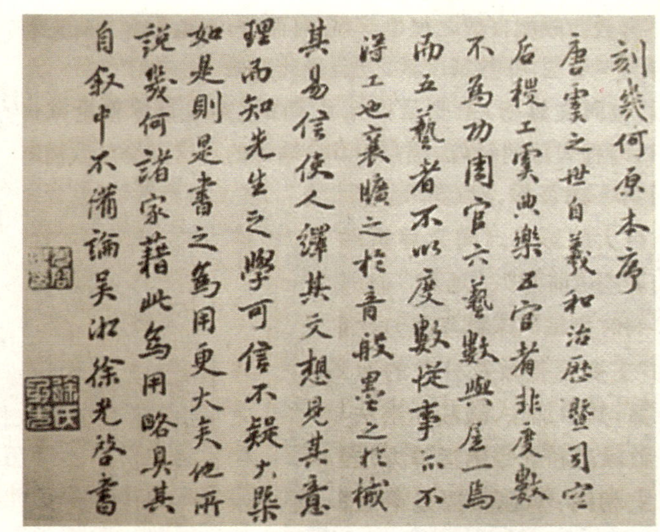
刻幾何原本序
唐虞之世自羲和治歷暨司空后稷工虞典樂五官者非度數不為功周官六藝數與居一焉而五藝者不以度數從事亦不得工也襄曠之於音般墨之於械
……
其易信使人繹其文想見其意理而知先生之學可信不疑大槩如是則是書之為用更大矣他所說幾何諸家藉此為用略具其自敘中不備論吳淞徐光啓書

徐光启刻几何原本序首末页

括卷一论三角形、卷二论线、卷三论圆、卷四论圆内外形、卷五卷六论比例。每卷都包括了周密严格的定义和翔实全面的例题。但是由于利玛窦的中途退出，两人并没有完成全部的翻译工作。后来，伟烈亚力同李善兰在1856年才合作译出了后9卷。

《几何原本》的翻译本身就是一个创造性的过程，因为它的根本意义在于中西科学文化的交流与跨越。在这种跨越中，建立一种中国式的思维方式之下的科学观念是必不可少的。徐光启的工作的重要意义恰恰体现在这里。在翻译的过程中他尽量采用本土词汇来表述科学术语，如几何、点、线、面、钝角、锐角、三角形等名词都是他的原创，而且至今仍然使用。这一点足以说明徐光启在中国数学史上的开创性地位。另外，在他著的《测量异同》和《勾股义》中，科学地比较了中西方测量方法和数学方法，并且在这种比较的基础上积极用《几何原本》中的定理来充实中国传统数学。可以说徐光启是中国早期积极接纳西方先进科学技术的关键人物之一。

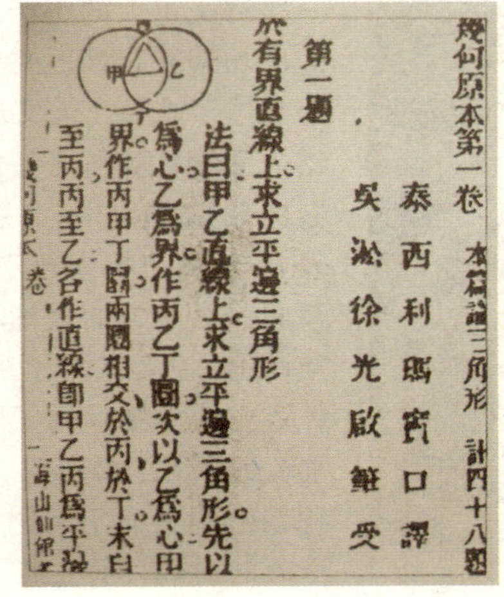
幾何原本第一卷　本篇論三角形　計四十八題
泰西利瑪竇口譯
吳淞徐光啟筆受
第一題
於有界直線上求立平邊三角形
法曰甲乙直線上求立平邊三角形。先以甲為心乙為界作丙乙丁圜次以乙為心甲為界作丙甲丁圜兩圜相交於丙於丁末自丙至甲丙至乙各作直線即甲乙丙為平邊

《几何原本》书影

三、《崇祯历书》的编纂

修历一直都是中国古代天文学的重要内容，历法的颁布也作为封建统治者的一项特权而显得尤其重要。明朝末年，随着传教士广泛参与到历法改革与修订的工作中来，使得西方天文学在中国得到了较为广泛的传播。

汤若望像 《格致汇编》插图

明崇祯二年（1629），朝廷设立了“历局”，这是一个专门从事历法修改工作的机构。历局中由传教士龙华民、汤若望等人担任翻译历书和修改历法的工作。徐光启也曾主管过历局的工作，他除了组织翻译国外的天文历法书籍之外，还提出了“度数旁通十事”的计划。这是一个相当宏大的译书计划，它广泛涉及了气象、水利、音乐、军事、财务会计、建筑设计、机械制造、大地测量、医药、钟表制造等众多的方面。尽管这一美好的计划未能实现，但在这一计划的推动下，中国学者和传教士著译了大量的天文、数学、物理、水利、地理、地质、冶金、医学、哲学、伦理、教育、语言、文字、宗教神学等方面的书籍，其中天文、数学、物理、哲学、宗教等方面尤为显著。这些译著在很大程度上促进了东西方科学技术的交流与融合。

明代浑仪

徐光启从1629年开始领导历局时便组织传教士大量翻译西方天文著作，这为他后来编写历书奠定了基础。他们运用西方天文学理论和观测计算方法，进行了一次意义重大的历法改革，这就是著名的《崇祯历书》的成功编纂。该历书完成于1633年，共分137卷，全面阐述了法原（天文理论）、法数（天文表）、法算（介绍天文学计算所必备的数学知识）、法器（介绍天文仪器的制造与使用）、会通（中西各种度量单位的换算表）。从其主要内容不难看出，徐光启在试图为新历法建立一个完备的理论和数学基础。在理论体系上，《崇祯历书》主要采用了丹麦天文学家第谷的宇宙理论；在计算方法上则运用了平面和球面三角学公式。《崇祯历书》还介绍了哥白尼、伽利略等人的科学成果，并且对托勒密的弧三角问题、阿基米德的面积体积学说以及西方的对数计算也作了专门介绍。在物理学方面，则涉

及了许多光学和力学知识。该书的编纂有力地促进了中国科学的发展，打破了中国文化的封闭状态，使得中国学者获得了全新的科学知识。《崇祯历法》的编纂是中国历法史上的一次意义重大的改革，它标志着中国天文学完成了一次同西方天文学的实质性接轨，大大超越了中国古代历法的发展水平，成为以后近三百年历法修订的基础。

明代简仪

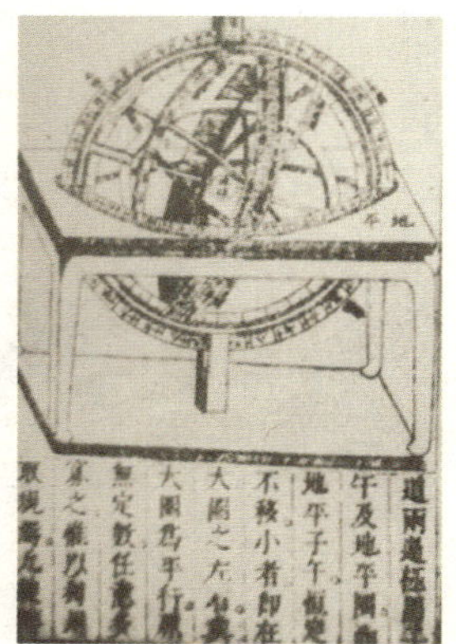

《崇祯历书》书影

尽管《崇祯历书》在明末完成，但是由于当时的明朝已经趋于土崩瓦解，所以该书直到清朝初年才得以颁行。

明末清初的二百年间，西方的天文、历算、地理、数学知识纷纷传入中国，这本身就反映了中国社会发展的客观需求。清朝前期自顺治起的历代君王都对西方的天文、地理知识有着浓厚的兴趣，这也在一定程度上有助于天文地理知识在中国传播。顺治皇帝在位期间，始终与汤若望保持着良好的关系，并且命他掌管钦天监，任钦天监监正，这是西方人在中国担任的最高官职。汤若望对《崇祯历书》进行了压缩，并吸收了徐光启《学历小辩》和他自己翻译的《远镜说》等著作的内容，使得新历书较之以前更加完备紧凑，该书定名为《西洋新法历书》，进呈给朝廷，并被赐名《时宪历》予以颁行，从而使得这部先进的天文历法著作获得了广泛的流传。后来何国宗、梅瑴成等人编纂的《御定历象考成》（又称《历象考成》）正是建立在该书的理论之上的。汤若望编著的《新法表异》详细论述了新历法的优点。此外，汤若望还编纂了大量的天文学著作，修复了地平日晷仪、望远镜等许多天文仪器。由于其卓越的成就，汤若望先后被赐封为“通玄教师”和光禄大夫，成为朝廷的一品大员。

汤若望正在向皇帝讲解天文学

四、康熙朝的科学活动

康熙帝读书图

封建统治者对外国传教士们的信赖和优待为西学的大量传入创造了直接的条件，这一点在康熙身上表现得尤其显著。康熙皇帝不仅支持传教士们在中国传播先进的科学技术，他自己更是亲历一些科学活动。

康熙帝（1654—1722）是一位精通自然科学知识的封建君主。他自15岁亲政之际便大力倡导自然科学的研究与推广应用，从而在国内一度掀起积极引进西方先进科学技术的高潮。为了系统研究西方的先进科技，康熙师从于南怀仁，学习了数学、天文学、地理学、药理学、解剖学等自然科学知识和哲学、音乐、绘画、拉丁文等社会科学知识。在掌握这些知识的基础上，他经常观测天象，并运用数学进行计算，还利用数学知识研究和制定治理黄河的具体方案。康熙十分重视和尊重西方传教士中优秀的科技人才，他不但在中国境内征聘传教士，而且还主动派人前往欧洲的一些国家招纳人才。他这种谦虚和包容的胸怀在一定程度上促进了西方科学技术的东进。

身着中国官员服装的南怀仁及其纪限仪和天体仪

在康熙帝的主持和推动之下，清政府完成了中国古代科技史上的两项重大工程——《律历渊源》的编订和第一幅采用近代科学方法绘制的中国地图《皇舆全览图》。

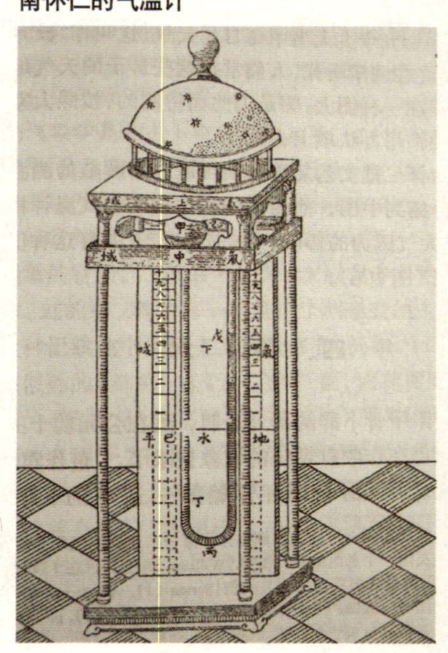

南怀仁的气温计

《律历渊源》是一部囊括律、历、数等各种学问的科学经典。从1690年开始，康熙召集了国内精通自然科学的学者，着手编纂系统的天文算法书，于1714年完成了《律吕正义》，于1721年完成了《数理精蕴》，于1722年完成《历象考成》，三部著作统称《律历渊源》。全书共100卷，由

康熙御制角尺

《数理精蕴》书影

康熙帝本人亲自审稿，最终于雍正元年（1723）刊印发行。该书的出版意味着中西方科学在逐渐融合的道路上前进了一大步，自此中国科学技术的发展不再、也不可能再局限于自我封闭的体系，而是开始步入了近代科学发展的道路。在整部《律历渊源》中，《数理精蕴》应该是最为重要的组成部分，它较为系统地介绍和总结了几何、三角、对数等方面的内容。全书共分53卷，上、下编分别为5卷，40卷，表8卷。上编为基础理论，包括《几何原本》和《算法原本》；下编则是实际运用的部分，包括度量衡制度、记数法、整数四则运算、分数运算、比例、联立一次方程、开平方、开立方、三角形边角面积的关系、内接正方形边长公式、由内接和外切多边形求圆周率的方法、三角函数的求法、面积的求法、体积的求法、对数知识、方程的数值解法等。在数学用表中，主要有素因数表、对数表、三角函数表、三角函数对数表。书中还第一次提到了西方的计算尺。《数学精蕴》是一部卷帙浩繁全面总结西方数学在中国传播成果的科学巨制，但其更重要的意义在于，它极大地激发了中国知识界对数学研究的兴趣。《皇舆全览图》的绘制是康熙时代又一项巨大的科学工程。随着西方地理学的传入，国内对近代地理研究方法和仪器的制造有了更多的了解，这为准确绘制全国性地图提供了必要的条件。从康熙帝四十七年（1708）开始，在康熙的亲自指挥下，由传教士白晋、雷孝思、杜德美等人率领潘如、冯秉正等开始了细致周密的测量和绘制工作。这次测绘所使用的仪器和方法都是西方当时最先进的，在经纬度值的测量上采用了三角测量法和天文测量法。这是中国有史以来第一

南怀仁勘测河道图

关于康熙种稻的记载

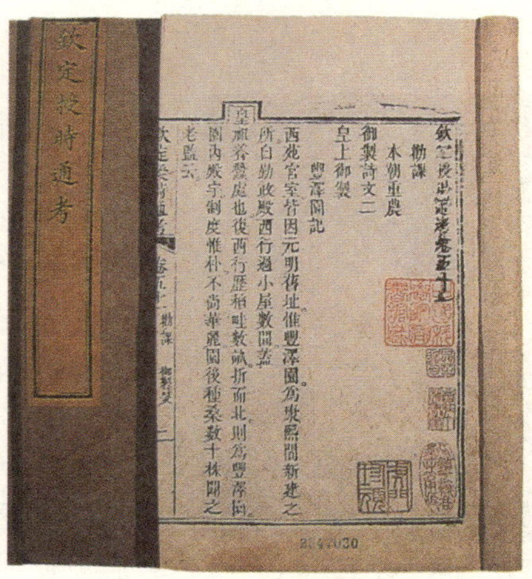

勸課
本朝重農
御製詩文二
皇上御製
豐澤園記
西苑宮室皆因元明舊址惟豐澤園爲康熙間新建之所曰勸政殿西行過小屋數間爲
皇祖養疴處也後西行歷稻畦數畝折而北則爲豐澤園
園內殿宇制度惟朴不尚華麗園後種桑數十株閒之
老監云

三角测量法

次规模巨大的全国性的大地测量，测绘工作跨时10年之久，于1718年完成。整幅《皇舆全览图》按1∶400000～1∶1500000的比例绘制而成，以经过北京的经线作为本初子午线。全图包括了满洲5幅、蒙古3幅、关内15幅、长江上游1幅、黄河上游1幅、雅鲁藏布江流域1幅、哈密以东1幅、高丽1幅，共28幅分图。绘制《皇舆全览图》所采用的三角测量法在当时的欧洲尚处于起步的阶段，而且在康熙年间的测量中规定了尺度，并且发现不同纬度之间经线一度的长度是不相等的，这些无疑是中国乃至世界地理学史上的伟大成就。可以说，康熙时期的大地测量为后来中国近代地图学的建立和发展奠定了基础。

在中国科学史上还有一部十分有趣的科学著作，那就是《康熙几暇格物编》，书中记载了康熙帝从事科学研究的成果；既有许多有趣的科学现象，又有对西方科学技术一些见地独到的评价和介绍。例如，北极长年结冰现象、大马哈鱼的洄游现象、熊的冬眠现象等，书中还阐述了地磁偏角现象。康熙帝注重实地调查，他曾对沿海各地发生潮汐的不同时刻进行了调查，他甚至在北京中南海丰泽园内试种、选育过水稻良种，这些充分说明康熙既是一位文韬武略的政治家，又不愧为一位“留心格物”的科学家。

五、雍正、乾隆朝的科学活动

西方人眼中的雍正帝

清朝到了雍正、乾隆时期开始奉行禁教政策。在雍正时期，传教士受到排斥，各省的天主教堂都被拆除，传教士的活动被限制在北京、广州、澳门等地。这样就使得西方传教士难以进入中土，西方科学知识的东来便基本上处于停滞状态。在地图的绘制上，雍正王朝虽然拒绝任用西人，但是为了对西北用兵和有效治理西南，雍正任用怡亲王允祥在《皇舆全览图》的基础上绘制了北起北冰洋、南到南中国海、东起太平洋、西到地中海的《皇舆十排图》，后称《雍正皇舆十排全图》。

乾隆皇帝在位期间继续执行了雍正的禁教政策，但有所不同的是，他看到了传教士中不乏能人异士，因而能够仿效祖父康熙大胆地任用各种有用人才，让他们用手中的科学知识为皇朝服务。

当时，有一大批擅长天文、历法、制图和建筑技术的传教士在乾隆时期受到重用。西洋人高慎思、宋君荣、蒋友仁等人，同中国官员和测绘人员一道完成了康熙时代遗留下来的对新疆和西藏地图的测绘工作，在以前测量的基础上完成了《乾隆十三排图》，又叫《乾隆内府舆图》。这是中国最完整的实测地图，也是当时世界上最早、最完整的亚洲大陆地图。该图后来被乾隆命令蒋友仁镌刻在了104块铜板上。蒋友仁是法国耶稣会士，他自乾隆十年（1745）起在清政府为官三十余年。他在清廷期间主要负责宫廷的建设和装饰，著名的圆明园大水法就是由他设计的。蒋友仁曾经以利玛窦的《坤舆万国全图》和南怀仁的《坤舆全图》为基础，绘制了一幅长4.2米、高2.2米的《坤舆全图》，进献给乾隆帝。在这幅图中，他采用东西半球的形式详细介绍了四大洲的疆域，在地图的四周还附有天文地理知识的插图和文字说明。另外，蒋友仁

乾隆帝正坐在路易十六式太师椅上

西式西洋楼与中式方壶胜境相映成趣

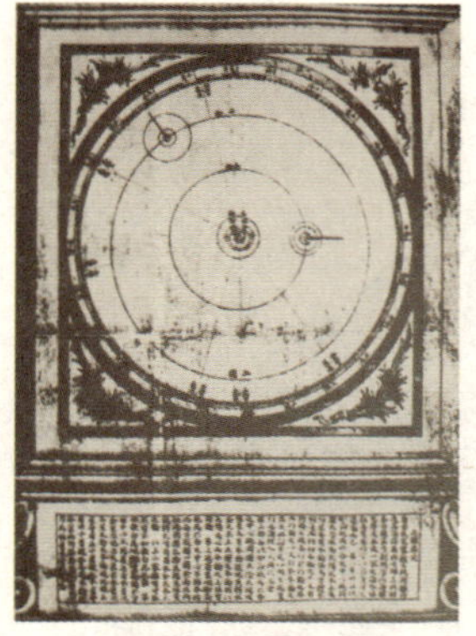
关于哥白尼日心说的图像及文字说明

玑衡抚辰仪　清

还是第一个在中国明确阐述哥白尼学说正确性的外国学者，也是他向中国较为全面地介绍了开普勒三定律。

德国传教士戴进贤于乾隆年间来到中国。在华期间，他以《历象考成》为基础，编订了以雍正元年为历元的《时宪历》。1742年，戴进贤主持编撰了《历象考成后编》。该书认为日月五星都是沿椭圆形的轨道运动，而根据牛顿的方法可以计算出地球和日月之间的距离。另外，书中还引用了开普勒的研究成果，对第谷理论进行了修正，抛弃了小轮体系，采用了正确的地心系椭圆运动定律和面积定律。他还制造了一台精密的赤道浑仪，被乾隆定名为“玑衡抚辰仪”，现在我们在北京古观象台仍然能够看到它。

清王朝最著名的建筑圆明园也是在传教士的参与下修建而成的。其中的西洋楼始建于1747年，到乾隆二十五年（1760）基本上完成。该建筑采用了法国的洛可可风格，庄严富丽而不乏精巧细致。其中，海晏堂、远瀛观和大水法无不代表着西洋建筑的精华。圆明园的建造是西方建筑艺术在中国大地上一次神奇的交汇。

六、对西学的态度和政策

明末清初，封建统治者逐步认识到科学技术的重要性，从而开始对西方先进的科学技术采取一种较为宽容的态度，西方的传教士们开始受到封建政府的重视。同时传教士本身也采取积极主动的方式在中国传教，为了更多地吸引中国人信教，开始把近代西方科学知识传入中国。利玛窦为了在中国传教，还主动带着礼品谒见皇帝。以后汤若望、龙华民、邓玉函、罗雅谷等也纷纷进入中国，并且深得朝廷的信赖，他们留在北京帮助朝廷修订历法、制造火炮等。到了康熙时期，由于康熙本人对自然科学的热衷和精通，所以更加积极地接纳西方传教士的进入，中西方在科学技术方面的交流得到了前所未有的发展。

乾隆帝接见英国使团图

但是到了康熙三十九年（1700），罗马教皇特使次鲁芒来到中国，试图改变在华的传教方针，不允许中国的教徒参与祭祀祖先的活动。这种做法激怒了清朝的统治者，康熙皇帝颁发了禁教令，并且囚禁了次鲁芒。雍正以后，随着文字狱的兴起，外国人的传教活动受到了更加严厉的限

十八世纪的广州

制，甚至连最基本的学术交流也被中止。所有的政治、民族书籍以及一些天文学的文献都被列为禁书。全国被收缴、销毁的书籍总数达到了6000余种，共15万部之多。更有甚者，连《天工开物》、《园治》、《镜史》这样的书籍也在中土失传。

从明清开始，政府采取了消极的“闭关锁国”政策，以达到将西洋人阻挡于国门之外的目的。他们不准外国人来华贸易，不准私人出洋贸易，缩减对外贸易的港口，限制外国人在华的种种活动。这种极端的封闭政策恰恰同西洋人四处寻找新航线，拓展海外市场和殖民地的做法截然相反。虽然当时的国力仍然是相对强大的，但是却在一点点地被西方诸国赶超，特别是在清朝中后期，中国在科学技术方面已经远远落后于西方。

英使马戛尔尼进献给乾隆帝的天文仪器

从16世纪开始，西

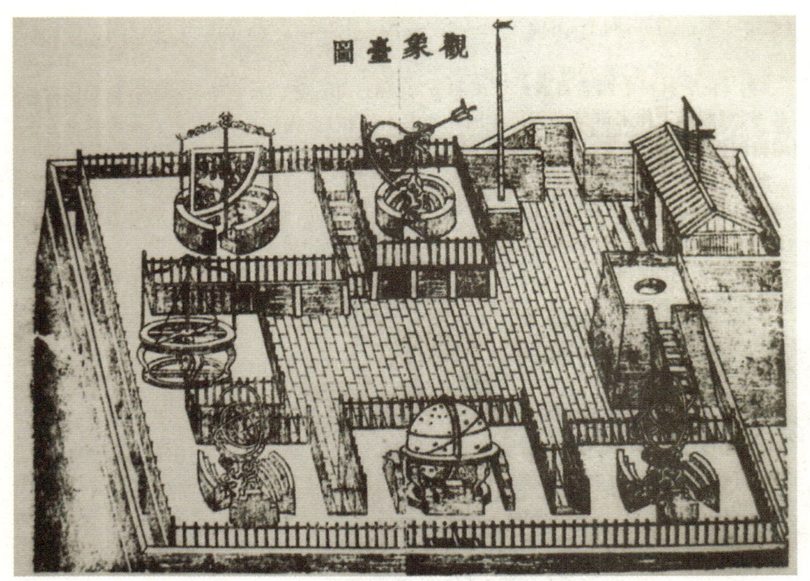

北京观象台

欧国家的科学技术迅速发展，尤其是在天文学、数学、物理学、化学、医学等方面，而且由于各国之间有着频繁的交流和沟通，在科学的发展上形成了某种良性的循环。所以到了17世纪，西方的科学技术已经经历了一番突飞猛进式的大发展。而由于中国的封建统治者奉行闭关锁国的政策，严重阻碍了中国人对新的科学成果的学习和接受。尽管如此，仍然有一大批先进的科学成果通过利玛窦、汤若望、南怀仁等传教士输入中国。崭新科学知识的传入，最直接的意义在于，它们给封闭的中国带来了西方的价值观念和思想方法，在很大程度上改变了中国的社会经济和意识形态模式，推动了中国社会的变革和思想启蒙。

七、会通中西的王、梅

面对西方先进的科学技术的传入，中国的一些有识之士对之持有一种积极的接纳和不懈推行的态度，其中也不乏佼佼者，清初的学者王锡阐、梅文鼎等人堪称典范。他们都着力于天文学和数学的研究工作，对待西方的科学技术，他们坚持去伪存真的科学理性态度，既不盲目效法西学，也不夜郎自大，而是坚持“去中西之见”和“法有可采，何论东西”的科学原则；在具体的科研活动中，他们则主张“择取西说之长，而去其短”。后人曾评价王、梅二人“王氏精而核，梅氏博而大，各造其极”，足见他们在牵引东西科学交汇互补的道路上的成就。

王锡阐（1628—1682），字寅旭，号晓庵，别号天同一生，江苏吴江人。他终身以明朝遗民自居，是清初东南遗民圈中的重要人物。他一生贫困潦倒，孤苦无依，却自学天文学和数学，天文学方面的成就尤为显著。王锡阐精研中西方的天文学，他曾经一

语惊人地指出，西方天文学实际上是以中国的古代天文学为源头的。他还进一步指出，西方的天文研究方法是不完善的，并用回归年的长度变化、岁差、月球及行星的拱线运动、日月视差、交食、金星公转周期等十个问题，来证明西方天文学研究方法的这种不完善性。虽然其理论有许多不合理之处，但是却体现了中国学者在科学研究中的创造精神和理论勇气。虽然他指出了西方天文学所存在的诸种不足之处，但是作为一个严谨的科学家，他始终坚持着科学和客观的态度，绝不一味地排斥和否定西法，对其中一些科学的东西他都是积极肯定的。作为一个本土的天文学家，王锡阐的理想是在中国传统的历法框架之下，同时采用西方天文学中一些有益的技术成果，其天文学著作《晓庵新法》系统地表述了他的这种思想。

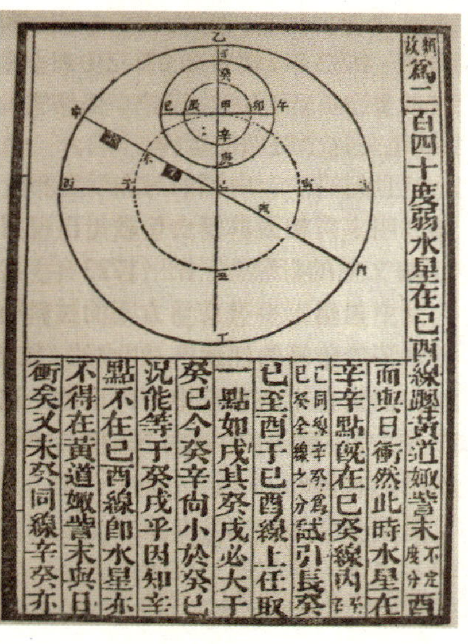
新設篇二百四十度弱水星在巳酉線踰黃道嫩營末不定度分酉
而與日衝然此時水星在
辛辛點既在巳癸線內巳至辛
巳同線辛癸為巳癸全線之分試引長癸
巳至酉于巳酉線上任取
一點如戊其癸戊必大于
癸巳今癸辛尚小於癸巳
況能等于癸戊乎因知辛
點不在巳酉線即水星亦
不得在黃道嫩營末與日
衝矣又未癸同線辛癸亦

《五星行度解》中解释第谷太阳系学说的几何图形

《晓庵新法》算是中国最后一部传统意义上的历法。这部著作成书于1663年，共分6卷。由于作者强调“归大统之型范”，所以全书没有任何图示，几乎称得上是中国历史上最难懂的天文学著作。王锡阐的另一部著作《五星行度解》完成于1673年，其写作该书的目的在于改进和完善西方天文学中行星运动的理论。书中采用了西方的小轮几何体系，并且附有必要的示意图，所以这本书要比《晓庵新法》平易得多。在《五星行度解》中，他提出了一些颇为宝贵的见解。比如，认为太阳黑子的现象可以从内行星凌日的角度加以解释。王锡阐凭借着自己在天文学方面的高深造诣成为清代最杰出的天文学家之一。但是我们应该看到的一点是，他一度大力宣扬的“西学中源”思想阻碍了先进科学技术的顺利传播。

梅文鼎（1633—1721），字定九，号勿庵，安徽宣城（今安徽宣州）人。他出生于名门，自幼随父亲学习天文知识，并跟随学者倪观湖学习天文历法。他的第一部天文学著作《历学骈枝》完成于1662年，随后自1675年开始系统地学习西方天文学知识和数学知识。1680年，他完成了数学专著《中西算学通》，1689年

参与了《明史·历志》的编修。1690年，他在大学士李光地推荐下，将自己的天文历法研究成果写成一部著作《历学疑问》，1702年康熙帝阅读了该著作之后，对梅文鼎十分欣赏。

梅文鼎的天文学和数学研究具有鲜明的启蒙色彩，在中国近代科学史上，他堪称是一位承前启后的重要人物。在他之前，明末中国传统的天文数学面对西方科学的涌入日显衰微；在他之后，乾嘉学派崛起，而在这个学派的理论体系中不难看到梅文鼎思想的踪迹。

梅文鼎在接受和借鉴西方科学时并非一味地盲从，而是强调一种“平心观理”和“义取适用”的科学态度，以一种包容的心态看待人类的科学技术。在他的著作《恒星纪要》中，系统地整理了西方星表。他还涉猎了伊斯兰天文学研究成果，应该说这些对他的科学研究工作不无裨益。梅文鼎在天文学研究上承袭了传统的思路，其研究的最终目的是实现历法的改革。在研究“授时历”和“大统历”的基础上，他写成了《历学骈枝》、《堑堵测量》、《平立定三差详说》等作品，其主旨都在于用《大统历》来解读《授时历》，这在中国传统的天文学研究中可谓是一种开创之举。

梅文鼎在数学研究方面也有着卓越成就。他最早一部数学著作《方程论》，在分析明朝吴敬和程大位的著作基础上，全面研究了方程问题。在他的《勾股举隅》中，他认为中国古代的勾股术同西方的几何学是相通的，他用图验法证明了“弦实兼勾实股实”，这是继刘徽和赵爽之后对勾股定理最早的证明。他的数学著作《平三角举要》和《弧三角举要》是中国人撰写的最早的一套三角学教科书，书中主要介绍了平面三角的正弦、正切、半角定理和球面几何的一些性质。

王锡阐和梅文鼎在中国科学史上的意义在于他们承上启下和连贯中西。一方面，他们积极合理地引入西方优秀的科学成果、先进的科学理念和科学方法；另一方面，他们都坚持了中国传统科学中的有益成分，并且着力于东西方科学的整合与融合，可以说他们在清代的学术舞台上有着不可替代的地位和作用。

第十章 近代科技的引进和传播

在鸦片战争中，帝国主义用坚船利炮轰开了中国的大门，西方近代科学技术再次涌进国门。外国人开始在香港、广州、福州、上海等地开设学堂，兴办医院，借以传播宗教、介绍西方文化。

近代中国的落后与贫弱也促使许多有识之士开始积极探索中华民族的富强之路，开眼看世界一时间成为时代的潮流，而这股开眼看世界的风气则肇始于林则徐和魏源二人。林则徐作为中国近代史上第一个开明士大夫，他首先以一种改革家的气魄，凭借个人敏锐的眼光把国人的目光引向中华之外。魏源的历史贡献主要在于他出色地完成了《海国图志》的编撰和增订工作，为国人打开了一扇开眼看世界的窗口。魏源大胆提出了“师夷之长技以制夷”的呼声，这是中国人第一次明确地提出向西方学习的口号，它有着划时代的思想启蒙意义。

第二次鸦片战争以后，清朝政府陷入内外交困的境地。在这种局面下，以奕䜣、曾国藩、李鸿章、左宗棠、张之洞等为代表的洋务派，大胆地提出了“中学为体，西学为用”的口号，掀起了一场轰轰烈烈的洋务运动。在洋务运动浪潮中，翻译出版了一大批西方近代科技书籍，同时涌现出了李善兰、华衡芳、徐寿、徐建寅等一大批近代科技翻译家、活动家。除引进和传播近代科技外，洋务派还纷纷兴办近代军事工业和民用工业，极大地促进了机器工业的发展。洋务运动以“求强”、“求富”为口号，展开了向西方学习的热潮，开启了中国的近代化。

百日维新虽然时间不长，但它却改变了人们对西学的态度。维新派主张发展科技，奖励发明创造，兴办学堂，改革学制，促进了近代科学技术在中国的传播。特别是严复出色的翻译工作，使人们加深了对西方科学技术的理解，具有思想启蒙的巨大意义。

一、林则徐和魏源的科技引进观

坚船利炮打开了国门

林则徐是中国近代史上一个伟大的爱国者和务实的官员，作为一个时代的启蒙者和思想家，他能够冲破旧势力的积习，放眼天下；作为一个务实的改革家，他注重实践，脚踏实地，雷厉风行，以开启民智、积极“向西方寻求救国救民的真理”为己任，不愧为将中国推向近代化的探路人。

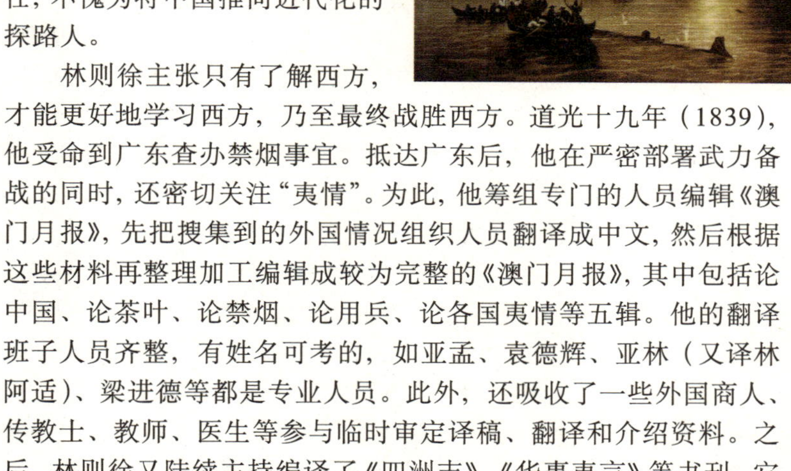

林则徐主张只有了解西方，才能更好地学习西方，乃至最终战胜西方。道光十九年（1839），他受命到广东查办禁烟事宜。抵达广东后，他在严密部署武力备战的同时，还密切关注“夷情”。为此，他筹组专门的人员编辑《澳门月报》，先把搜集到的外国情况组织人员翻译成中文，然后根据这些材料再整理加工编辑成较为完整的《澳门月报》，其中包括论中国、论茶叶、论禁烟、论用兵、论各国夷情等五辑。他的翻译班子人员齐整，有姓名可考的，如亚孟、袁德辉、亚林（又译林阿适）、梁进德等都是专业人员。此外，还吸收了一些外国商人、传教士、教师、医生等参与临时审定译稿、翻译和介绍资料。之后，林则徐又陆续主持编译了《四洲志》、《华事夷言》等书刊，它们大多立足于了解西方以及透过西人的视角来了解中国，其中大量摘录了西洋杂志以及日报中有关中国的议论。

林则徐像

鸦片战争使得林则徐深刻认识到西方国家“船坚炮利”的重要，他大胆批驳了将西方科技视为“奇技淫巧”、不屑一顾的陈词滥调，决心改变观念，极力地倡导“师夷长技”以挽救国家危亡。他亲自动手寻觅与“外洋相同”的制炮书刊图式，以便增强武器装备。他还数次上书道光皇帝，直言修造坚船利炮的益处。他积极提倡“开眼看世界”，更多地将注意力投向西方的船炮，目的虽是为了“以夷制夷”，抗击外国侵略，但客观上却为中国人打开了一个了解世界的通道，提供了近代中国人接触西方先进知识和了解西方世界的机会。林则徐从主张改革国内弊政，进而力主严禁鸦片，再到提倡学习西方的先进科技知识，从而以实际行动为中

魏源像

国近代的“开民智”起了先导作用。

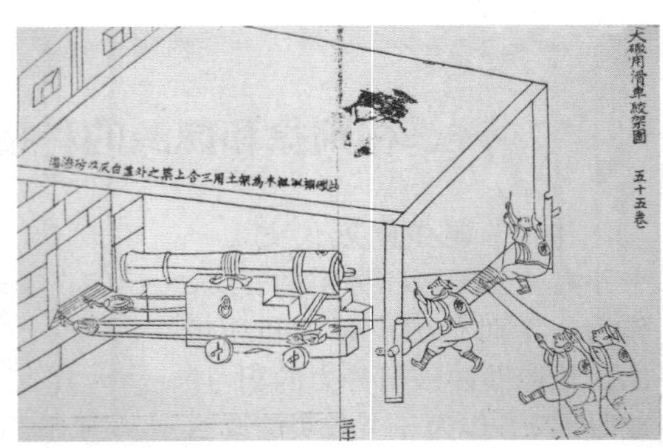

《海国图志》插图

道光二十一年(1841)，林则徐被革职遣戍伊犁，路过镇江时，与魏源相逢。于是，林则徐便把他主持编译的《四洲志》、《澳门月报》和《粤东奏稿》等资料交给魏源，嘱他编纂《海国图志》，以求唤醒国人，挽救危亡。1843年，《海国图志》50卷本刊刻问世，后增至120卷，魏源也因此书而名垂青史。《海国图志》内容丰富，观点独到，是一部划时代的著作。

魏源在《海国图志》序言中说道：“是书何以作？曰：为以夷攻夷而作，为以夷款夷而作，为师夷之长技以制夷而作。”唯有“师夷之长技”才可“制夷”，“善师四夷者，能制四夷；不善师外夷者，外夷制之”。

《海国图志》的内容大致可以分为6个部分。第一部分为《筹海》四篇。作者从议守、议战、论款三个方面总结了鸦片战争失败的经验教训，提出了战败之后所应该采取的防患于未然的措施，系统论述了“师夷长技以制夷”的战略对策，并且针对严禁鸦片、广开贸易、大办工厂等问题，提出了崭新的见解。第二部分为世界地图及各国地图。在这一部分中，作者大胆打破了“中国是天下的中心”的陈腐观念，扩大了国人的视听，深刻影响了社会观念的转变。第三部分为世界各国的地理位置、历史沿革、政治制度、物产矿藏、宗教信仰、风土人情、中西历法、中西纪年对照通表等。这一部分为国人开眼看世界提供了一个非常直观的认识平台。第四部分是有关鸦片战争的档案材料及林则徐组织翻译的国外情报资料。第五部分为船、炮、枪、水雷等武器的制造图样、西洋技艺、望远镜做法资料、用炮测量方法及测量工具等。第六部分为地球天文合论，系统介绍了地球形状、运行规律、哥白尼太阳中心说等近代自然科学知识。

《海国图志》插图
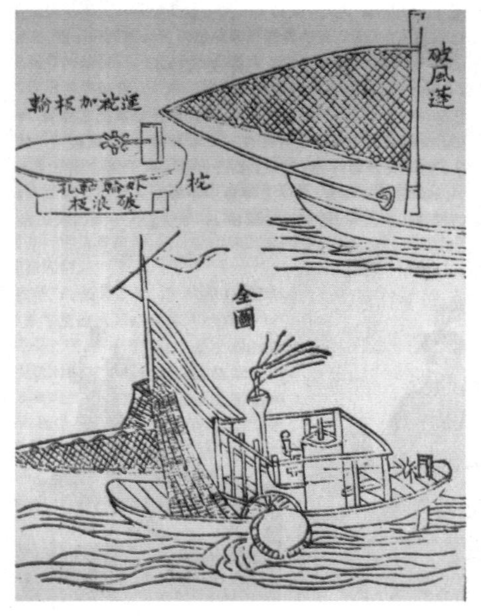

《海国图志》主要是一部介绍世界地理的著作。

在介绍近代地理学新成果的同时，魏源在《海国图志》一书中仍坚持传统观点，他在书中论证了“自古以震旦为中国，谓其天时之适中，非谓其地形之正中也”，即承认中国在地理上虽不居正中，但在文明教化、典章制度上仍是世界的中心。这是中西文明在中国这片古老的土地上交汇碰撞时必然出现的现象。

二、外国人在中国的科学传播活动

鸦片战争失败以后，清政府被迫与英、美、法等国签订了不平等的《南京条约》、《望厦条约》、《黄埔条约》等，香港被割让给英国，广州、福州、厦门、宁波、上海也被开放为通商口岸，外国人获得了在这些口岸传播宗教、开设学堂、开办医院的种种特权。传教士的西学传播活动，逐步渗透到内地。在咸丰年间，上海、香港和宁波等地已经成为西学传播的中心，大量的出版机构汇集于这些地方。在西学东渐的过程中，外国教会和传教士作出了重要的贡献。上海的墨海书馆由英国传教士麦都思于1843年建立，自1848年伟烈亚力来华继任为主持之后，开始翻译出版科技书籍。1852年，数学家李善兰加入墨海书馆，和西方传教士合作翻译西方科技书籍，加大了翻译力度，墨海书馆成为近代中国许多先进人士接触西学的一个重要窗口和媒介。从1843到1860年，出版了大量的科学著作，这些图书深刻地影响了中国人的知识结构。合信的《全体新论》等五种医学著作，是晚清第一批西医著作；蒙克利的《算法全书》是第一部在中国境内出版的用西方数学体系编成的数学教科书；哈巴安德的《天文问答》、合信的《天文略论》是晚清第一批介绍近代天文学的著作；伟烈亚力、李善兰合译的《续几何原本》，使古希腊数学名著《几何原本》完整地传入中国；伟烈亚力，李善兰合译的《代微积拾级》是晚清传入中国的第一部高等数学著作；伟烈亚力、王韬合译的《重学浅说》是传入中国的第一部力学著作；艾约瑟、李善兰合译的《植物学》是传入中国的第一部西方植物学专著。

《全体新论》书影

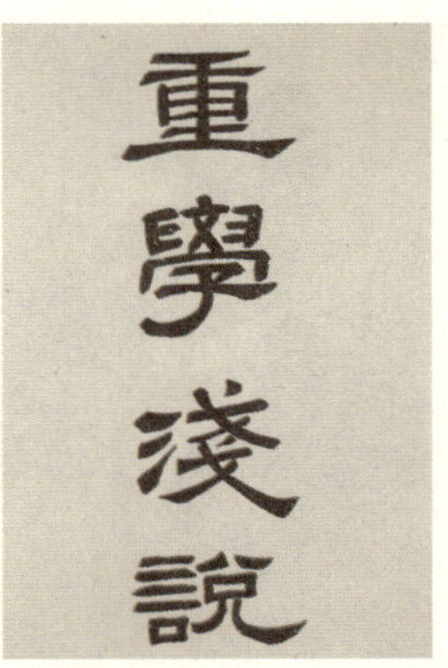

《重学浅说》书影

米怜像

第二次鸦片战争之后，随着《北京条约》的签订，侵略者从中国勒索了大笔的战争赔款，同时还攫取了一系列侵略特权。这一时期，西方国家的文化输入空前地加剧，各种西学传播机构遍布各地，新式学校、教会医院纷纷涌现，形形色色的报纸、杂志随处可见。

从19世纪开始，外国人纷纷在中国境内兴办各类学校，学校

马礼逊像

也逐渐成为西学在中国传播的重要渠道，各种类型的新式学校是当时西学东渐的一个极其显著的标志。创办于1818年的英华学院是传教士开办的第一所中文学校，其首任院长是米怜。学校主要开设英文、数学、中文、天文、地理、伦理学、哲学等课程。在教学过程中，教师往往比较重视教学方法，强调理解，注意发挥学生个性，学生按知识程度分班，学习不同的教材。这在一定程度上打破了私塾、官学的办学和教学模式。1843年，英华学院迁入香港。1834年，英国传教士马礼逊在澳门去世。为了纪念他，在澳门的传教士建议捐资建立马礼逊教育协会，目的在于资助学校。1839年，马礼逊学堂正式在澳门开学，后于1842年迁往香港。马礼逊学堂开设英文和中文课程，英文科包括天文、地理、历史、算术、代数、几何、初等机械学、生理学、化学、音乐、作文；中文科包括《四书》、《易经》、《诗经》、《书经》等。马礼逊学堂开设的课程内容丰富，知识新颖，对于增长学生的科学技术知识及开阔学生的视野具有重要意义。在此执教的美国教师布朗，知识渊博，循循善诱，于1847年携容闳等三名中国留学生赴美国，并帮助容闳进入耶鲁大学深造。

马六甲英华书院

丁韪良像

林乐知像

韦廉臣像

广学会

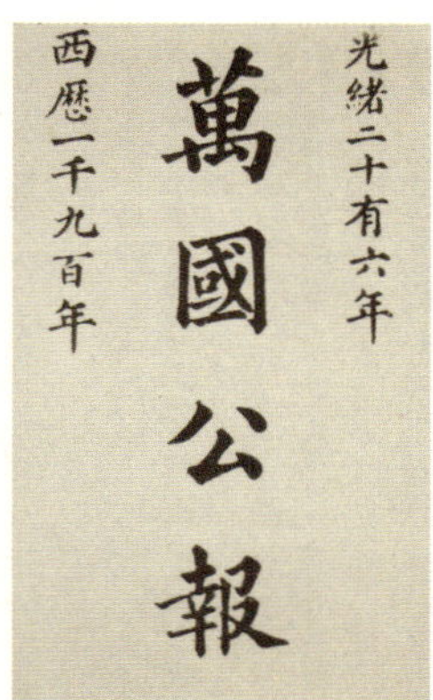

《万国公报》

1850年以后，较为活跃的学会主要有三个：第一个是上海文理学会，创立于1858年，为欧美传教士的学术团体，由伟烈亚力组织。第二个是上海益智书会，成立于光绪三年(1877)，主张借助教会学校传授西方文化与科学知识，提供物质方面与社会方面的贡献，由狄考文、丁韪良、韦廉臣、林乐知、利启勒、傅兰雅等组织，从事教科书的编纂工作。第三个是广学会，1887年由韦廉臣创办于上海，其目的在于传播基督教义、介绍西方文化、鼓吹中国自强，主要活动是出版书籍、发行期刊。学会之外，在发行期刊方面，以《万国公报》和《大同报》知名度最高。《万国公报》的前身是《教会新报》，创刊于1868年，1874年改名《万国公报》，成为广学会的机关报。《万国公报》为周刊，内容以时务为主，新闻次之。《大同报》创刊于1904年，为周刊，内容分论说、译著、新闻三部分。

伯驾和中国助手

随着西方新教传教士进入中国，西方的医院制度也传入了中国。马礼逊与东印度公司医生李文斯顿于1820年在澳门开设了一家眼科诊所。1827年，马、李与新来华的郭雷枢医生共同在澳门开设眼科医院主治眼病，兼治他病，因其治疗效果显著，吸引了许多患者前去就医。1835年，广州眼科医局由专业医师伯驾创办，该医院发展成为后来的广州博济医院。1842年《南京条约》签订以后，外国人开办的这类诊所医院遍布香港、上海、福州、厦门、宁波等东南通商口岸。1844年，雒魏林在上海设立仁济医馆。同年，合信在香港设立医院。新式医院的建立，为中国的医药界带来了新的管理模式和治疗理念，由伯驾医生开始的病历记录，逐渐形成制度，为医学研究提供了可靠的资料。

奕䜣像

三、洋务运动中的科技创业

第二次鸦片战争的炮火打碎了中国人“天朝上国”的迷梦，暴露了中国封建统治的腐朽，凸现了民族危机和社会危机的深重，震撼了人们的心灵，因而引发一些有识之士开始寻求拯救民族危亡的道路，人们的思想观念，包括社会政治观念、科学技术观开

曾国藩像

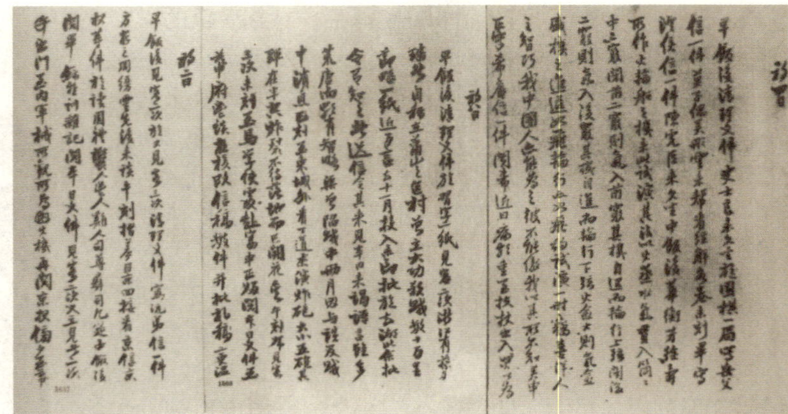
曾国藩日记中关于安庆军械所制造、试验武器和轮船的记载

李鸿章像

张之洞像

始发生变化，清朝统治者内部也第一次切身体会到危机感。面对这种局面，以总理衙门大臣奕䜣、两江总督曾国藩、闽浙总督左宗棠、直隶总督李鸿章、两广总督张之洞等封疆大吏为代表的洋务派提出了“中学为体，西学为用”的主张，强调应当引进西洋先进技术，以抵御外侮，维护清廷的统治地位。于是，洋务运动在举国上下“办洋务”的热潮中开始了。洋务运动是林则徐和魏源的“师夷长技以制夷”思想的进一步发展，它体现了中国人对社会现状的审视更加深入和透彻。

在兴办洋务运动中，大量的西方科学技术相继传入中国。新式织布机、新式转炉、平炉炼钢法、轮船、火车这些崭新的科技成果推动了中国科技的发展，加速了机器工业的建立，深刻地影响着中国社会政治和经济的进程。

在以“求强”和巩固国防的目标指引之下，洋务派纷纷开办近代军事工业，创建新式军队，购买国外新式武器。1861年，曾国藩在安庆设军械所，稍后，李鸿章在上海设制炮所，拉开了中国近代军事工业建设的序幕。1864

江南制造总局大门

年，李鸿章在苏州设立西洋炮局；1865年，江南制造总局成立；1866年，左宗棠在福建设立福州船政局；1867年，通商大臣崇厚在天津开办天津机器制造局；1887年，丁葆祯在成都设立四川机器局。仅仅数年时间，在洋务派的努力之下，中国的近代军事工业体系基本建成，清政府已经拥有了火枪、大炮、弹药、蒸汽战舰的建造能力，这无疑是近代中国历史的一次大飞跃，从而也标志着近代工业开始在中国大地生根、发芽。

汉阳兵工厂

随着洋务运动的不断深入，洋务派的认识也不断得到加深。以李鸿章为代表的洋务派开始意识到“求强”应该以“求富”为先决条件，因而要效仿西方国家的做法，把军事工业建立在民用工业之上。于是，洋务派开始将工业范围扩大，在兴建军事工业的同时兴办民用工业。1872年，李鸿章在上海开办轮船招商局。此后的十余年间，煤矿、铁厂、缫丝厂、电厂、自来水厂、织布厂、电报、铁路在全国各地相继建设，这些民用工业的创办冲击了西方资本在中国的垄断，为国家回收了大量的白银，更重要的是为中国近代民族工业的发展打下了坚实的基础。

上海电报局

作为一次技术救国运动，洋务运动是中国人自主引进并发展科学技术的大胆尝试。西方先进科学技术的引进，推动了中国近代科学技术的飞跃性发展。洋务运动时期，在官办或官督商办的形式下建立起的一批近代工矿企业，成为中国近现代工业化的重要基础。江南制造总局在1890年开始设立炼钢厂，建立了中国最早的一座炼钢平炉。1893年，汉

上海至吴淞铁路建成

阳铁厂在湖北建成，中国第一座近代化高炉也于次年在汉阳铁厂开炉生产。1890年，大冶铁矿建厂，这是中国第一座用机器开采的露天煤矿。1908年，汉阳铁厂、大冶铁矿和萍乡煤矿合并为“汉冶萍煤铁厂矿公司”，设备基本上从国外引进，初步形成了一个钢铁联合企业。

各种厂矿企业的建立和发展，客观上促进了铁路的建设。中国的铁路建设开展地比较晚，1876年，英商在上海和吴淞口之间建造了一条轻便铁路，该路段全长20公里，沿途有小型桥梁15座，后来被拆除。1878年，开滦煤矿开掘了第一口竖井，为了适应运输煤炭的需要，清政府决定修建从唐山到胥各庄之间的铁路，铁路建于1880年，1881年通车。1911年前后，在建成的线路中，真正由中国自己拥有的却不过7%，绝大部分由西方列强所控制。当然，杰出的铁路工程师詹天佑所设计的京张铁路则是中国人永远值得骄傲的伟大成就。

洋务运动开始于第二次鸦片战争结束后，立足传统，放眼世界，在很大程度上促进了国人的思想转变。以江南制造局和北京同文馆为中心，翻译出版了100多种西方科技著作，为广大的中国知识分子开辟了认识世界的宽广视角。洋务派以“求强”、“求

汉阳铁厂

唐山至胥各庄铁路通车

富”为口号，掀起了向西方学习的浪潮。可以说，“中学为体，西学为用”的口号在一定程度上表现了洋务派对顽固派的妥协，但是这无疑也为西学的传入提供了可能，因此，在这个口号下，西方科技得以大规模地进入中国。

黄海之战 《点石斋画报》

当然，在内忧外患双重压迫下催生的洋务运动对封建社会有着很大的依赖性，在中日甲午战争中，北洋水师的全军覆没预示了洋务运动的破产。但它引进西方科学技术、兴办采用机器生产的新式工业、创立新式学堂等举措，却在客观上推动了中国社会向近代化转轨的进程，拉开了中国工业和科学技术近代化的序幕。

四、洋务运动中的科技翻译

洋务派既重视大规模引进西方技术装备，同时也没有忽视对西方近代自然科学的大量系统的翻译引进工作。江南制造总局创立之初便设立了翻译馆，聘请外国人从事翻译，并由中国人协助。起初的翻译工作主要围绕军工制造进行，从1871年开始，该局系统地翻译出版了许多科技著作。翻译馆人员齐备，颇具实力。当时，担任笔述的中国学者有徐寿、华衡芳、王德均、李凤苞、贾步纬、徐建寅等人；专职口译者有英国人傅兰雅、美国人金楷理；兼职口译者有林乐知、舒高第等人。在口译者和笔述者的合作下，各项翻译工作迅速展开，翻译馆译书成绩斐然，成为清末中国传播西学的一个重要机构。

翻译馆

傅兰雅像

在所翻译的众多书籍中，以兵学与兵器制造居多，当然

《化学鉴原》书影

《化学分原》书影

《化学求数》书影

《地学浅释》书影

也不乏其他学科门类的书籍。据傅兰雅《江南制造总局翻译西书事略》介绍，大致有算学测量、兵机、化学、地理、地学、天文行船、博物学、医学、工艺、水陆兵法、造船、国史、交涉公法、零件等门类。从1868年开始到1912年，该馆共刊行译书183种，地图2种，译名表4种，连续出版物4种，共计193种。其中以数学、物理、化学、地学、测绘、医学、近代工业技术等方面较为系统。数学方面有微积分译著《微积溯源》、代数学译著《代数术》和《代数难题解法》、概率论译著《决疑数学》、三角几何学译著《三角数理》和《运规指约》。物理学方面有《声学》、《光学》、《电学》、《电学测算》、《物理学》、《通物电光》等。化学方面有无机化学译著《化学鉴原》及其《补篇》，有机化学译著《化学鉴原续编》，分析化学译著《化学分原》、《化学考质》、《化学求数》等。地学方面有《地学浅释》、《金石识别》、《格致启蒙·地学》。测绘方面有《行军测绘》、《绘地法原》、《测地绘图》、《测绘海图全法》等。医学方面有《儒门医学》、《西药大成》、《内科理法》、《济急法》、《产科》、《妇科》、《西药新书》等。工业技术方面比较重要的译著有《开煤要法》、《冶金录》、《宝藏兴焉》、《求矿指南》、《开矿器法图说》、《矿学考质》、《汽机发轫》、《器象显真》、《艺器记珠》、《考工记要》、《考试司机》、《兵船机器》、《制机理法》、《西艺知新》丛书正续集、《化学工艺》、《电气镀镍》等。江南制造总局翻译馆是清末洋务运动时期中国唯一的专门译书机构，译书本身实际上是一种交流和研

徐寿、华蘅芳、徐建寅在总局翻译馆

究的过程，这种活动为后来中国的科学技术发展作出了极其重要的贡献。通过译书，徐寿、华衡芳、徐建寅等译者成长为中国第一批具有近代科技知识的专家。

同文馆的教习们

19世纪60年代初，京师同文馆、上海广方言馆、广东同文馆和金陵同文馆等一批外语学校相继成立；后来，又开办了天津水师学堂、广东水陆师学堂、江南水师学堂、广东黄埔鱼雷学堂、山东威海卫水师学堂、天津武备学堂、福州船政学堂、福州电气学塾、天津电报学堂、上海电报学堂、广东西学堂、湖北矿务局工程学堂等。这些新式学校的开设为中国培养了一批外语、军事技术、工业技术等方面的人才。其意义在于在国内奠定了一个广泛接受、传播和实际运用西方科学技术的人才基础。同文馆是洋务运动时期翻译介绍西方自然科学的又一重要机构，它是一所培养外语人才的学校，其目标是培养学生的翻译能力。1866年，在恭亲王弈䜣的支持下，同文馆增设算学馆，把学习天文算学等两方近代自然科学作为练兵制器的“根本”，要学员用“着实功夫”加以讲求。翻译西书是同文馆始终坚持的活动之一，因而它也成为洋务运动时期输入西学的又一个主要渠道。后来沿海各口岸相继仿行，许多教育机构都以翻译西书为己任，形成了一个从中央到地方的西学翻译输入系统。西学以一种更加全面深入的方式传入中国。

随着洋务运动的深入，洋务派首领李鸿章从西方工程技术中，逐渐认识到基础科学的重要意义，学习西方不能停留在仿造上，还要“探制之原”，加强基础科学的引进研究。这样，洋务派的译书便由船坚炮利的兵工知识，进而深入到声光化电等基础科学方面，从而使西方近代自然科学得以比较系统地输入到国内。当然，不同的翻译馆所译的书籍大体上是各有侧重的。比如，以江南制造总局为代表的军事企业系统，所译之书多以“制造”为主；而直接隶属总理衙门的同文馆，所译之书则以“公法”类居多；以墨海书馆为代表的教会系统，译书则以宗教为主。但是不论哪个渠道，都无一例外地翻译出版了相当数量的天文、算学、地理、博

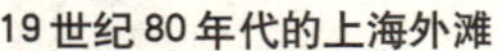
19世纪80年代的上海外滩

物等科学技术类方面的书籍。

由于洋务运动同西方19世纪后半叶的科学技术大发展在时间上是同步的，所以洋务运动中引入了大量的自然科学最新成果。洋务派推动了对西方自然科学的翻译与引进，不仅包括学术著作，就是出版的一些普及性著作也都具有相当大的实用性，其出版的各种书籍被作为教材直接在一些专业性的学校使用。随着洋务派控制的翻译机构的发展壮大，教会翻译机构对翻译活动的垄断地位已经不复存在，这有利于西方科学技术在中国的交流和发展。

五、维新运动前后严复的科学翻译和思想启蒙

光绪皇帝朝服像

1898年6月11日，光绪皇帝在以康有为、梁启超等人为代表的维新派的支持拥护下，下诏变法，直到同年9月21日西太后发动政变，缉拿维新派，前后共103天，史称“百日维新”，即“戊戌变法”。这是一场由进步知识分子发起的、并且得到封建皇帝支持的、带有资本主义改良性质的改革运动。

维新派的领袖人物康有为，早年学习传统儒学，后来立志讲求西学。第二个重要人物梁启超，是康有为的学生，也是维新派出色的宣传鼓动家，他办刊、办报，扩大了维新变法的影响。第三位是谭嗣同，他是激进的改良主义思想家，也是维新变法中较有个性的一位。第四位是严复，他对西方的了解最全面、最深刻，翻译了《天演论》，宣扬“物竞天择，适者生存”的理论。

严复（1853—1921），初名宗光，改名传初，字又陵，又字几道，福建侯官（今福建福州）人，是中国近代史上重要的启蒙思想家、翻译家、教育家，是清末输入西方资产阶级先进学术思想的第一人。

严复像

严复于1866年考入福州船政学堂学习英语和驾驶技术，1877年被保送到英国朴次茅斯大学和格林威治海军学校学习。先进的科学技术知识和海外生活，大大开阔了严复的眼界，因而他能够较为容易地接受西方的社会政治学说和观念。在英国的两年间，他的资产阶级民主主义思想初步形成。1879年5月，他从英国回国后，先后在福州船政学堂和北洋水师学堂、天津水师学堂任教习或总办。中日甲午战争后，严复开始积极宣传和介绍西方自然科学和社会科学。从1898年至1909年，严复相继完成了《天演论》、《原富》、《群学肄言》，《群己权界论》、《社会通诠》、《法意》、《名学》、《名学浅说》等8种西方名著的翻译工作，在这些著作中，

严复全面阐发了他的资产阶级民主思想，批判君主专制理论，强烈要求通过创设议会和提倡西学来挽救中国。在他所有的译著中，《天演论》是影响最大的一部。在该书中，他第一次把达尔文的进化论输入中国，并且运用“物竞天择，适者生存”的生物进化理论来宣传“优胜劣汰”的社会进步思想，这一观念在当时产生了强烈反响。严复之所以要译这本书，目的是要用进化论的基本原理证明封建统治的没落性和腐朽性，摧毁顽固派和洋务派的保守思想，进一步唤醒人们注意亡国灭种的危险。他认为，如同自然界的一切都在竞争一样，种族与种族之间也是一个大竞争的局面。中国为救亡图存起见，除却“与天争胜”、发愤自强以外，别无他法。这对当时的思想界起到了积极的启蒙作用，使得社会变革成为知识界的普遍呼声。《天演论》在正式出版前，1897年先在《国闻报》上连载，立即轰动了中国的知识界，影响极为深远。当时，康有为、梁启超乃至以后的鲁迅、胡适等人，无不交口称誉，深受其影响。

《天演论》书影

严复用自己独特的方式宣传了资产阶级的先进思想，这使他成为当时传播西方资本主义新文化的总代表。面对日益严重的民族危机，他以民众启蒙和救亡图存为己任。严复认识到在思想启蒙、民族启蒙的道路上，教育制度改革意义重大。严复思想中的一个重要部分，是废除八股，讲求西学，兴办学校，培养人才。他主张抛弃以“六经五子”为代表的中国旧有思想体系，而通过鼓民心、开民智、新民德，全面提高中华民族素质，实现从根本上改造国家的目标。在进行思想启蒙时，他以天演论为核心，反对任天而治，突出强调“以人持天”、“与天争胜”，强调群体的作用。严复的启蒙工作为中国的资产阶级政治改良和革命作了重要的思想准备，既打破了中国传统的保守观念，又开阔了中国人的视野，使更多的中国人把目光投向世界。辛亥革命后，严复于1912年2月被任命为京师大学堂总监督，5月改任校长，是北京大学首任校长。他提出并实行了若干教育改革措施和先进的办学理念，如主张培养与聘用中国自己的师资人才；大学文科应融会古今中外学术，

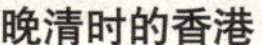
晚清时的香港

“兼收并蓄，广纳众流，以成其大”；大学法科应以本国现行法律为主课，同时学习、借鉴古代法律和外国法律；大学商科前两年应加强基础，后两年分流培养；择优派遣留学生，以加强理、工、农诸科的学科建设。他反对简单照搬欧美教育，而要把北大办成具有本国特色的国际一流水平的大学。这些办学思想和改革措施富有远见卓识，符合教育规律，至今对北大和其他大学仍有指导意义和鼓舞作用。

对于严复在思想启蒙和开启民智方面的功绩，鲁迅曾多次怀着钦敬的心情，谈到严复对自己的影响。毛泽东也曾高度评价他，说：“洪秀全、康有为、严复和孙中山，代表了在中国共产党出世以前向西方寻找真理的一派人物。”

六、海外留学

容闳像

“留学生”一词在唐朝便已经使用，当时日本人仰慕盛唐文化，派遣大批留学生到长安学习中国的典章制度。此后很长一段时间里，中国源源不断地接纳了许多国家的留学生。19 世纪中叶以后，清朝政府与西方列强签订了一系列丧权辱国的不平等条约。鉴于当时的环境，朝野上下寄希望能够在短时间内恢复国力，于是开始向国外派出留学生，洋务运动期间清政府更是派遣幼童出国学习。大量的青年到国外留学，他们当中不乏佼佼者。

1847年，容闳、黄宽和黄胜三人作为第一批留学生进入美国，

詹天佑等30名儿童赴美留学前合影

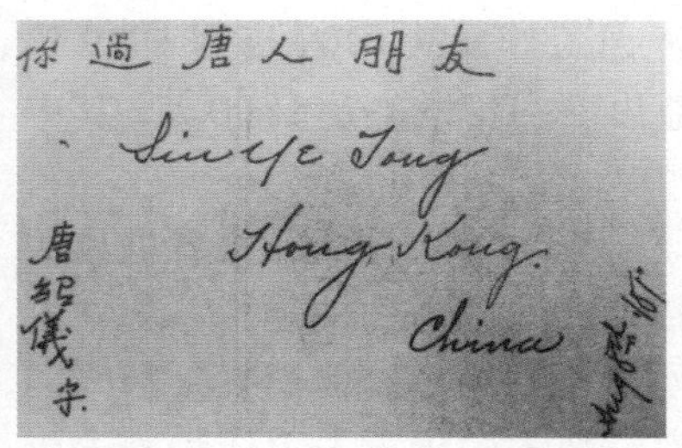

留美儿童唐绍仪在美时的题字及签名

他们是中国人留学海外的先锋。当时中国留学生的去向主要是西方欧美国家和近邻日本。1850年，黄宽在教会的资助下，转赴苏格兰爱丁堡大学学医，并于1856年在该校毕业，获内外全科学士学位，为中国留欧学医的第一人。容闳在美国继续学业，于1850年考入耶鲁大学，并于1854年获文学学士学位，成为第一位在美国完成高等教育的中国人，回国后他又成为制订和实施政府向西方派遣留学生计划的第一人。容闳深受美国文化影响，他逐渐认识到西方的人文与科学对于中国的重要作用，因而他强调“以西方之学术，灌输于中国，使中国日趋于文明富强之境”。在1871—1881年的十年中，容闳全身心地投入到了留美教育的组织工作中。容闳的计划得到了洋务派大臣李鸿章和曾国藩的支持，进而获得朝廷准许。按照容闳的计划，学生须在上海一所预备学校习满一年中英文后方可留学美国，并且所有学生家长必须签订生死书，自负责任。鉴于当时的条件，容闳的招生局限在东南沿海较为发达的地区，后扩展到香港，于1872年凑足了第一批30人，在这些留美幼童中，就有中国第一位铁路工程师——詹天佑。后来，容闳的计划还是在保守势力的阻挠之下夭折了。

清华学堂

晚清的留学教育基本处于起步阶段，其规模不大，政府投入也十分有限，所以很难有大的作为。至中日甲午战争后，中国的留学生教育步入一个新的阶段。1894年甲午海战的失败及翌年《马关条约》的签订充分暴露了中国社会的积贫积弱，极大地刺激了整个中华民族，一部分先进的知识分子认识到，只有维新变法才能挽救中国。日本的成功经验，以及中日距离近、文化差异小，都为中国学子留学日本创造了良好的条件。于是，很多人纷纷留学日本，学习日本改革富强的经验，吸收经日本消化过的西洋文化。

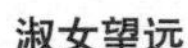
淑女望远

1908年，美国基于长远国家利益考虑，将《辛丑条约》中超收的“庚子赔款”返送清政府，用以资助中国学生留学美国。1909年，清政府特意在北京成立游美学务处，并创办了日后的清

华大学，办理留美学生的选拔和派遣工作。从1909年到1929年的二十年时间里，直接或间接受益出国的留学生达1800人，其中包括为人熟知的胡适。

晚清的留学教育给国人提供了一个更加切近的开眼看世界的窗口，这无疑是向西方学习和传播西学更加有效的途径。留学生抱着“科学救国”的决心，学有所成。归国后，他们直接翻译国外的科技书籍，改变了西方先进科学技术的传入主要依赖外国传教士的现状，从而使国人更加直接及时地获悉西方最新的社会科学和自然科学研究成果，实现了科技传入由传教士到留学生的转变，使中国逐步进入世界科学之林。在中国现代科学研究和科学教育战线工作的老一辈科学家、教授，有许多就是这一时期的留学生。

七、学制改革和兴办学校

传统私塾

中国自隋唐以来，一直采用科举制作为人才选拔机制，这在历史上曾起过重大作用。随着封建社会的没落与腐朽，特别是“八股取士制”的僵化，这种考试制度的弊端日益加剧，它钳制了思想，严重阻碍了中国学术和知识分子的自由发展，中国学者对它早已深恶痛绝。作为传统教育的核心，科举制度决定着教育的模式，科举制不除，旧学体系及其管理方式就依然有效。所以，教育要发展，要实现思想启蒙，务必要废除科举制度。废科举经历了长期曲折的过程，其间科举制度和学堂制度此消彼长，相悖而行。

洋务运动中，为了大力发展近代工业、训练新军，清政府必须集中力量培养一大批懂得西方先进技术的专业人才，为此，1864年，李鸿章奏请清廷改革科举制度。之后，从北京到地方兴办了20多所培养外语、水师、船舰、兵工、铁路、电报、测绘等技术人才的新式学校，并开始逐步向欧美派遣留学生。

《格致新报》

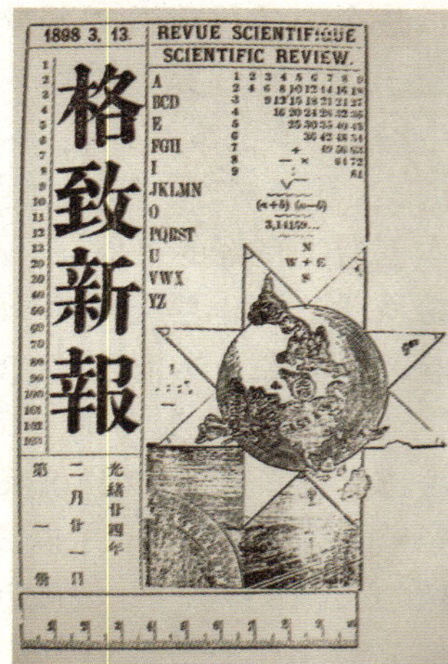

光绪三十年会试第三场考题

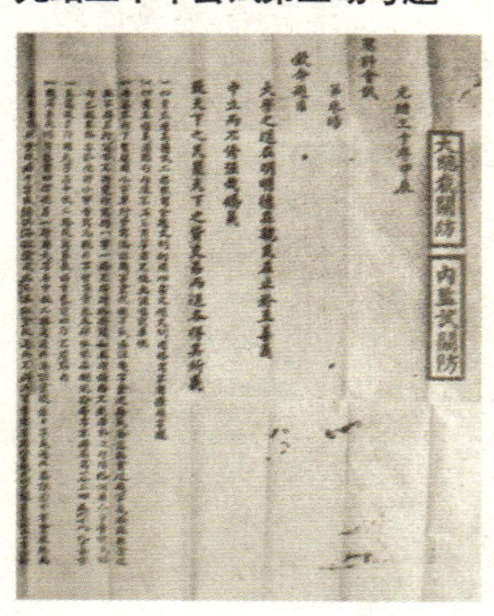

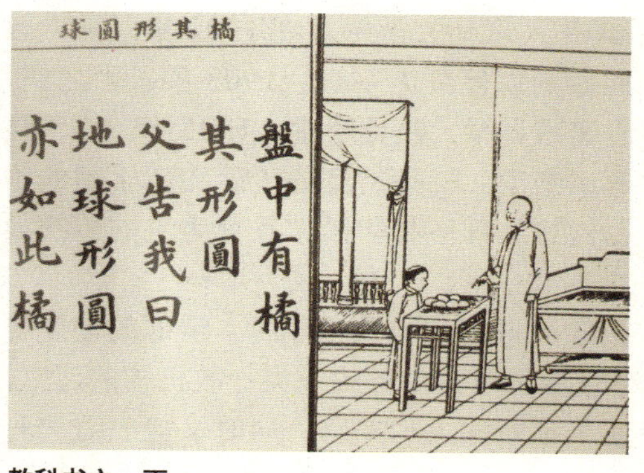

教科书之一页

徐寿与傅兰雅于1874年筹建格致书院，1876年开学，他们拒绝儒家经典，不涉及传教，是一所专门研习西方近代科学的新型书院。书院内设有以新学书籍为主的藏书楼和陈列工艺机械、实验器具、动植物化石标本的博物院，供阅览参观，并且举办各种讲座，同时辅以实验演示，还编印最早的综合性科学杂志《格致汇编》。格致书院加速了近代科学在中国的传播。徐寿去世后，学贯中西的王韬应邀接管书院。在他掌院的十二年中，正式招收学生学习自然科学，在校人数有100人左右。书院也不断改进教育方法，继而要求学生学习西方的社会政治学说，并评论时政。在考试方法上，以西学与时务为主题的命题论文作为考课。格致书院凭借着其科学而又多样化的教学方式培养了一大批有用人才，在全国产生了很大影响。在它的影响下，宁波格致书院、广州格致书院相继成立。中国的科学技术在教育事业的发展中不断得到拓宽。

京师大学堂匾额

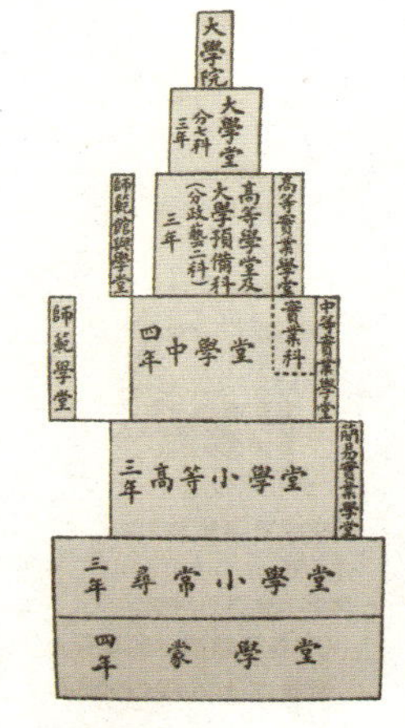

钦定学堂章程

在维新变法过程中，维新人士以一种更加积极的方式吸收西方的科学技术。他们主张废除八股，改试策论，让知识分子自由表达自己的意见。他们大力推动改变学制，兴办新式学堂，编译了各种数理化教材。1898年，戊戌变法期间，他们在京师同文馆的基础上创办了京师大学堂，这是中国近代史上最早的大学。

京师大学堂

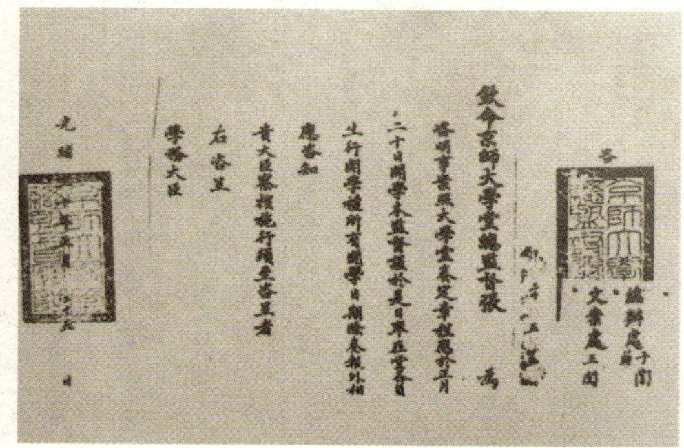
欽命京師大學堂總監督張 為
應咨知
右咨呈
學務大臣

京师大学堂总监督张百熙关于该校开学事给学务大臣的呈文

1902年，京师同文馆正式并入京师大学堂。在1902年以前，改革侧重于科考的内容，此后则以停废为中心。1903年，张之洞、张百熙、荣庆等屡次奏请递减科举，注重学堂。1905年，清廷接受建议，明文取消科举考试制度。科举制度的废除和新学制的推行，结束了延续千余年之久的以科举制和儒学教育为主的传统教育制度。

1905年12月6日，清政府颁布上谕设立学部。学部的创建标志着中国历史上第一个专管全国教育事务的中央行政机构的建立，从根本上看，它是社会变革不断深入的产物，同时又代表着一种社会变革的先声。

新的教育制度为社会发展培养了新型人才，又在更深的层面上传播了科学理念。洋务运动重视的是各种实用技术，而到了戊戌维新时期，严复虽提出“科学救国”，但在举国若狂的政治改革浪潮中，科学的力量被忽视和弱化。清王朝覆灭之后，“科学救国”和“实业救国”成为国人关注的主题，科学的地位也急速提升。五四新文化运动中，“赛先生”（科学）已经成为与“德先生”（民主）并提的救国良方。

李善兰像

八、近代科技的开拓者

西方数学在对数、解析几何和微积分产生之后，中国的传统数学已经明显地处于落后地位。尽管如此，仍然有一些中国数学家在这个领域取得了一些成果，虽然这些成果比西方先进的数学水平低得多，但都是他们自己独立取得的。李善兰是这一时期最为著名的数学家。

尖锥术

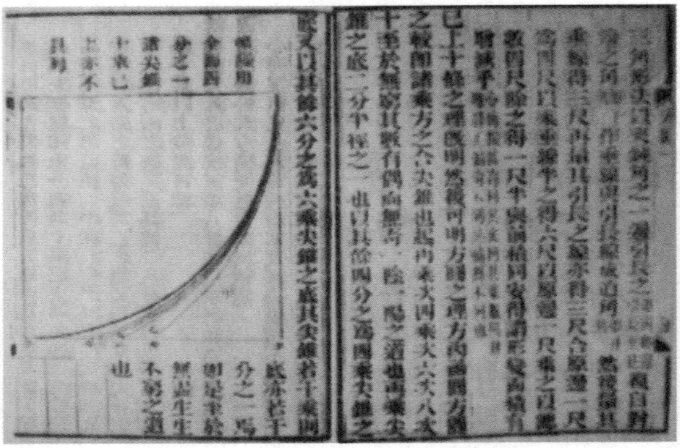

李善兰（1811—1882），原名心兰，字竟芳，号秋纫，别号壬叔，浙江海宁人。自幼就读于私塾，受到过良好的家庭教育。9岁时，他便因为一本《九章算术》而迷上了数学。14岁时，靠自学读懂了欧几里得《几何原本》的前六卷。几年后，李善兰到杭州参加乡试落第，他却毫不介意，而是利用在杭州的机会，到处搜集数学书籍，还买回了李冶的《测圆海镜》和戴震的《勾股割圆记》仔细研读。他不满足于记住各题的具体解法，而着重于

探求书中阐述的解题总则。他将中国古代数学偏重实用和计算技巧的特点与欧氏几何的严密逻辑体系相糅合，数学造诣日趋深湛。

李善兰十分重视数学知识的实际运用，他在与亲朋好友游览东山别墅之际，曾利用相似勾股形对应边成比例的原理测算过东山的高度。另外，在李善兰的家乡，至今还流传着他在新婚之夜探头于阁楼窗外观测星宿的趣谈。

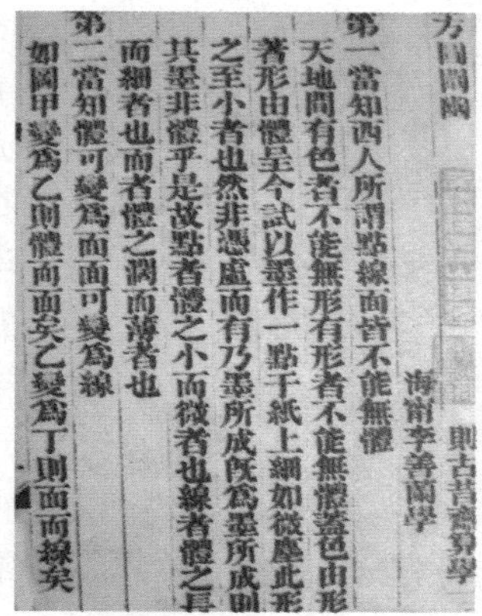

方圓闡幽　則古昔齋算學

海甯李善蘭學

第一　當知西人所謂點線面皆不能無體

天地間有色者不能無形有形者不能無體蓋色由形著形由體呈今試以墨作一點于紙上細如微塵此形之至小者也然非憑虛而有乃墨所成旣爲墨所成則其墨非體乎是故點者體之小而微者也線者體之

而細者也面者體之濶而薄者也

第二　當知體可變爲面面可變爲線

如圖甲變爲乙則體而面矣乙變爲丁則面而線矣

《则古昔斋算学》书影

鸦片战争爆发以后，帝国主义列强的入侵和清政府的软弱无能激发了李善兰科学救国的思想，他在家乡刻苦地钻研数学。1845年前后，他寓居嘉兴，得以与江浙一带的学者（主要是数学家）顾观光、张文虎、汪曰桢等人相识，他们经常在一起讨论数学问题。在此期间，李善兰关于“尖锥术”的著作《方圆阐幽》、《弧矢启秘》、《对数探源》等先后问世，后又撰写了《四元解》、《麟德术解》等书。1866年，李善兰进入京师同文馆，担任天文算学的总教习，从此他完全转向了数学教育和研究工作。在京师同文馆期间，他独立证明了数学中有名的费尔玛定理，并且独立研究得出了一些定积分公式，并先后发表了《考数根法》、《代数难题》、《级数勾股》等书。

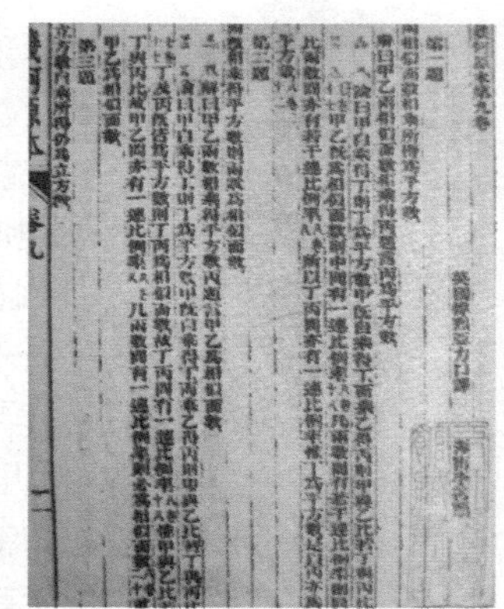

《几何原本》书影

《则古昔斋算学》与《考数根法》集中了李善兰在数学方面的主要研究成果。《则古昔斋算学》中共收录了他二十多年来的各种数学著作，《考数根法》则是中国素数论最早的一篇论文。李善兰的数学成就主要集中在尖锥术、垛积术、素数论三个方面。他从中国传统数学中的垛积术和极限方法出发，创造性地发明了尖锥术，并推导出了一些重要的积分公式，创立了二次平方根的幂级数展开式，以及各种三角函数、反三角函数和对数函数的幂级数展开式。在尖锥术中就已经包含了解析几何和微积分的萌芽。这些可以说是李善兰也是19世纪中国数学界的最大成就，中国数学在李善兰的带领下开始了自己的近代化道路。

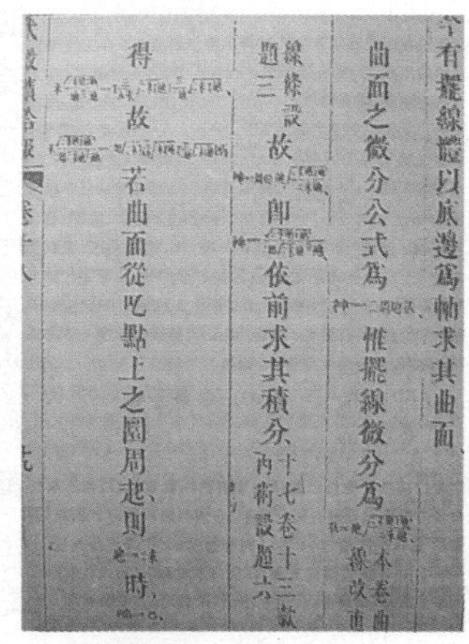

《代微积拾级》书影

另外，李善兰同一些传教士合译了大量的西方科学著作，成为他对中国近代文化的显著贡献。1852年，他进入上海墨海书馆，他的数学著作得到了伟烈亚力等人的认可和赞同，从此他开始了与外国人合作翻译西方科学著作的生涯。他先是与伟烈亚力翻译了《几何原本》的后九卷，还与韦廉臣、傅兰雅、艾约瑟等人合译了《谈天》、《代数学》、《代微积拾级》（即《解析几何与微积分初步》）、《植物学》等。通过《代数学》、《代微积拾级》，中国人第一次认识了符号数学，可以说李善兰为

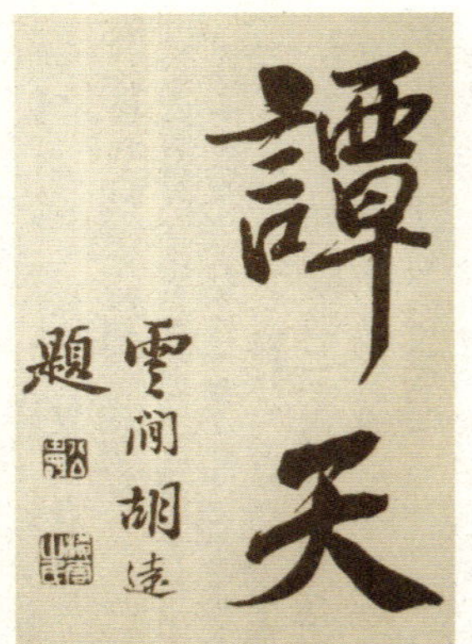

《谈天》书影

华蘅芳像

高等数学在中国的传播作出了开创性的贡献。《谈天》系统地阐述了哥白尼日心地动学说、开普勒行星椭圆运动定律和牛顿万有引力定律等，其传入开启了中国天文学研究的新历程，为近代天文知识在中国的传播奠定了基础。由于上述学科大都是第一次进入中国人的视野，李善兰本着科学精神和对后人负责的态度，十分贴切地创译了一大批科学名词，比如我们非常熟悉的函数、常数、系数、未知数、单项式、多项式，原点、轴、圆锥曲线、抛物线、双曲线、渐近线、切线、摆线、螺线，极限、曲率、微分、积分，视差、光行差、二均差、本轮、均轮，合力、质点、刚体，植物、细胞、豆科、蔷薇科等等，尽管过去了一百多年，这些名词依然被沿用。这无疑是李善兰对中国科学发展的又一重大贡献。

华蘅芳（1833—1902）是清末杰出的数学家和翻译家，江苏无锡人。自小聪明好学，7 岁即能诵读《大学》章句。从 14 岁开始，学习明代数学家程大位的《算法统宗》，逐步痴迷于数学之中。父亲见他不爱科举而热衷算学，就为他到处搜集数学著作，华蘅芳在数学领域的成就完全来自于自学。洋务运动兴起后，华蘅芳和徐寿父子应曾国藩之邀一起前往安庆佐理洋务，专门负责机器制造。在安庆期间，华蘅芳与徐寿父子合作，成功试制了中国第一台蒸汽机。之后，他们又造出一艘机动轮船“黄鹄”号。“黄鹄”号的成功建造是中国近代船舶工业发展历程中的一个里程碑，翻开了中国造船史上新的一页。1865年，华蘅芳奉命去上海参加江南制造总局的筹建活动，他还参与了翻译馆的规划组织工作，并亲自翻译算学、地质学等方面的书籍。他与美国人玛高温等翻译了《金石识别》、《地学浅释》、《防海新论》、《御风要术》等书，又与英国人傅兰雅合作翻译了《代数术》、《三角数理》、《微积分溯源》、《决疑数学》等。华蘅芳的译作内容丰富，文辞畅晓明达，深受学术界欢迎。

徐寿（1818—1884），江苏无锡人，中国近代著名数学家，对当时西方的自然科学和工程技术都有很深的造诣。出身中等地主家庭的徐寿因为受太平天国运动的

火轮机图 《博物新编》

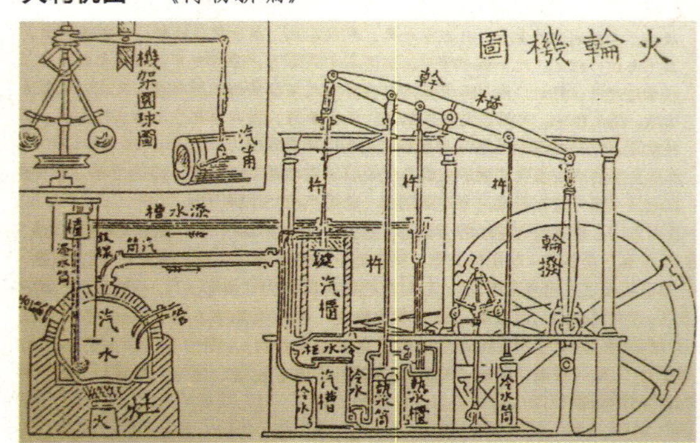

徐寿像

影响而未走上仕途，中年之际专注于“格致”之学，对自然科学产生了兴趣。1855年前后，他受《博物新编》一书的启发，走上研究化学的道路。1862年，徐寿到安庆军械所从事造船工程技术工作。5年后到上海江南制造总局，从事编译工作。作为最早介绍西方近代化学的中国学者，徐寿先后翻译了《化学鉴原》、《化学考质》、《化学求数》、《物体遇热改易记》等有关化学的多部著作，系统全面地介绍了当时化学知识的主要内容，推动了化学在中国的传播。此外，他还译有《西艺知新》、《汽机发轫》、《营城揭要》、《测地绘图》、《法律医学》等书籍。

徐寿对中国近代化学的重大贡献在于，作为一位重要的启蒙者，他开辟了一条中国式的化学研究道路。他采用音译法，为建立化学元素的中文名称打下了良好基础，便于化合物的统一命名。当时日本曾派人来华向他学习。在化学研究中，徐寿提倡严谨科学的实验方法，他在无锡自己购买仪器和药品进行化学实验。1874年，他与英国人傅兰雅在上海成立格致书院，在讨论、演讲化学知识的同时，还进行氧气、氢气等化学实验，成为中国实验化学教育的先驱。徐寿为人诚实质朴，爱好科学，通过翻译和介绍化学知识，将西方自然科学中朴素的唯物论传到中国，促进了中国科学思潮的发展。

《博物新编》书影

徐建寅，字仲虎，生于清道光二十五年（1845），徐寿之子，他既是中国近代史上一位成就突出的翻译家，又是兵工专家和科学家。正是由于徐建寅在诸多领域都有所建树，所以他能够在中西方科学技术的交流和融合中起到巨大的作用。在父亲的教导下，他从小便对自然科学产生了浓厚的兴趣，加之聪敏好学，逐渐走上了探索科学的道路。1861年，他随同父亲和华衡芳进入曾国藩的幕府，次年赴安庆军械所，协助父亲研制蒸汽机和火轮船。1866年，徐建寅转到江南机器制造总局，参加轮船、枪炮、机器等的设计制造工作。在此期间，徐建寅会同父亲倡导创办了翻译馆，与西方人共同从事译书工作，著作甚丰。其中，军事方面的有：《水师操练》、《轮船布阵》、《格林炮操法》；工艺制造方面的有：《汽机必以》、《器象显真》、《汽机新制》、《艺器记珠》；自然科学方面的有：《运规约指》、《声学》、《电学》、《化学分原》。在翻译工作中，他严谨踏实，力求翻译的典籍达到“信、达、雅”，针对

徐建寅像

《西艺知新》书影

书中的疑难问题从不妄下结论。因而，他的翻译不仅仅只是对原稿的简单直译，更凝聚着中国近代科技工作者对科学文本的深刻理解和补充，从这一意义上讲，徐建寅堪称是当时最优秀的译员。

为了更广泛地传播西方科学技术知识，徐建寅积极投身于近代科技教育事业，他参与创建了上海格致书院，并主持刊印机关刊物《格致汇编》。这份创刊于光绪二年（1876）的刊物是传播西方科学技术的一个新窗口，其主要内容包括介绍科技专著、新技术的文章、科技史料刊载、专题研究报告、书评和新书介绍，刊物通俗易懂，图文并茂。徐建寅将自己在欧洲考察学习的先进科学成果、军事技术、造船技术、企业管理经验等，写成科普文章刊登在《格致汇编》上，扩大了科学技术在近代中国的影响范围。

1901年，他在武汉试验无烟火药时，不幸爆炸身亡，为科学研究献出了自己的生命。徐建寅是洋务运动中涌现出来的诸多科学家的杰出代表，他勇于实践，凭着开放包容的科学精神，连贯中西，为中国近代科技文化事业的发展发挥了重要作用。

由以上可见，李善兰大量翻译的数学、天文、生物等方面的重要研究成果，再加上徐寿对化学、华蘅芳对地学、徐建寅对物理学的翻译工作，便构成了一个较为完整的近代自然科学体系，为中国近代科学的发展奠定了坚实的理论基础，具有不可磨灭的历史意义。

詹天佑像

下面我们再介绍一下著名铁路工程专家詹天佑（1861—1919）的工作。詹天佑是广东南海（今广东广州）人。1872年，仅9岁的詹天佑作为中国所派的第一批留学生留学美国，1881年毕业于美国耶鲁大学土木工程系铁路专修科。回国以后曾任教于福州船政局、广东博学馆、广东水陆师学堂，又充任潮汕铁路总工程师，后任汉粤川铁路督办，著有《京张工程纪略》。他一生参加过许多铁路工程的修建，主持修建的中国第一条自建铁路——京张铁路工程，是中国铁路建设史上的不朽成就。

詹天佑与潘铭钟抵美后合影

北京到张家口一线，全长约200公里，沿途多崇山峻岭，尤

其是居庸关、八达岭一段，到处是悬崖峭壁，工程之艰巨为其他铁路线所罕见。许多外国人对此工程一筹莫展，更不相信中国人自己能够完成如此艰巨的工程，甚至有人不屑地断言：“中国能开凿关沟的工程师尚未诞生！”詹天佑顶着诸多压力毅然承担起这项艰巨的任务，担任了京张铁路的总工程师。为早日修成铁路，詹天佑怀着炽热的爱国激情忘我地工作。他多方收集资料，亲自勘测地形、画图设计，并多次修改施工方案。为减少工程量，詹天佑因地制宜，创造性地运用了“人”字形路线。这一作法已成为中国铁路史上的光辉一笔而载入史册。在开凿隧道工程中，詹天佑采用了“竖井施工法”，大大缩短了工期，仅8个月长达1091米的八达岭隧道即被打通。1909年，在詹天佑及施工人员的共同努力下，京张铁路提前两年竣工，还节余了大量工程费用，这一成就在国内外广受赞誉。在京张铁路的修建过程中，中国第一批铁路工程师成长起来，为以后中国铁路事业的发展作出了贡献。

京张铁路落成时詹天佑与同僚合影

冯如（1883—1912）是中国首位飞机设计师和飞行家。他生在广东恩平一个普通农民家庭，从小读书刻苦，成绩优异。课余时间，他酷爱摆弄各种器具，曾用火柴盒做成一个轮船模型，受到乡亲们的赞扬。1895年，冯如随舅父远涉重洋，到美国旧金山谋生。在国外，他边工作边学习，利用工余时间苦读科技书籍，长年坚持不懈，终于掌握了各种机械的构造原理，并能亲手造出多种机器。

1903年，美国的莱特兄弟成功地进行了人类首次机械飞行，这使冯如萌发了制造飞机的念头。1906年，冯如与华侨青年朱竹泉、朱兆槐、司徒璧如等人筹划制造飞机事宜。他们在华侨中广为宣传，募集到1000美元。次年，他们在奥克兰租下一间厂房，开始试制飞机。他们几乎弄到了当时所能找到的所有资料，详细比较，反复试制，几经周折，终于造出一架飞机。可惜，飞机在试飞时坠地撞毁。冯如等人毫不气馁，他们节衣缩食，继续奋斗。

冯如像

冯如在燕塘准备试飞

1909年9月21日，冯如设计的飞机终于飞上蓝天。他驾驶着这架飞机在奥克兰上空翱翔了2640英尺，超过了莱特兄弟的首飞纪录，为中国航空史揭开了光辉的一页。冯如的创举，立刻唤起了广大旅美华侨的爱国热情，他们资助冯如成立了“广东飞行器公司”，冯如担任公司的总机械师。不久，他造出一架更先进的双翼飞机。1910年10月，在旧金山举行的飞行比赛中，冯如以飞行高度700英尺、飞行距离20英里、时速65英里的优异成绩，夺得全场之冠，轰动了美国。

冯如心系祖国，决心把自己的技术献给祖国的航空事业。1911年春，冯如回国，广东革命军政府组建飞行侦察队，任命他为陆军飞机长。1912年8月25日，他在广州郊区燕塘操场作飞行表演时，飞机突然从高空坠下，冯如不幸身受重伤，经抢救无效去世。他在弥留之际还嘱咐助手：不要因他的死而丧失进取的信心。冯如为祖国的航空事业献出了自己年轻的生命。牺牲后，他被安葬在广州黄花岗七十二烈士陵园。墓左侧的碑石上刻着：“中国始创飞行大家冯如君之墓。”石碑背面刻着孙中山临时大总统令。

第十一章 中国现代科技事业的开创

1911年，辛亥革命爆发，中国社会发生了重大转折，现代科技教育体制开始建立。继之而来的是由中国知识界发起的新文化运动，它极大地推动了近代科学精神在中国的启蒙。此时，大批从国外留学归来的新一代科学家纷纷在中国建立科学社团，如中华工程师学会、中国科学社、中华医学基金会等，创建科研机构，如中央研究院、国立北平研究院、中国西部科学院等以及设立高等院校中的理、工、农、医各学科和院系，使现代科学技术得以在中国生根发芽。

综观中国现代科技发展史，不难发现，1928年设立的中央研究院，成为现代科学技术事业在中国进入体制化发展阶段的标志。在其后的十多年间，中国各学科和技术部门的开拓者们都致力于把各国发展科学技术的经验引进中国，并在各学科取得了诸多科学成就。中国现代的数学研究发展迅猛，人才济济，硕果累累。陈建功和熊庆来的函数论研究、华罗庚等人的解析数论，苏步青和陈省身的微分几何学、江泽涵和吴文俊的拓扑学等都是令世人瞩目的骄人成果。此外，李俨、钱宝琮还开创了中国的数学史研究，在古算、史料的注释考证方面作了奠基性工作，使中国的民族文化遗产重放光彩。叶企孙、吴有训、严济慈、周培源、吴大猷、“三钱”、黄昆等著名物理学家，在物理学领域作出的卓越贡献，不仅为中国物理学教育打下了基础，而且赢得了国际声誉。在化学领域中，民族化学工业家侯德榜发明的“侯氏制碱法”颇负盛名，庄长恭、傅鹰则分别开创了中国现代有机化学、表面化学研究。中国现代天文学事业的发展，是与高鲁、余青松、张钰哲等天文学家的努力分不开的，1934年建成的紫金山天文台也成了中国现代天文学的摇篮，为中国天文学领域培养了大批人才。章鸿钊、翁文灏、丁文江、叶良辅、谢家荣、李四光、陈国达等在地学领域进行了卓有成效的探索，并成立了地理学会、地质学会，创立了地质力学等新兴学科。在生物学领域，秉志创办了中国第一个生物研究所，钟观光、胡先骕等推动了中国植物学研究，王家楫、蔡翘、童第周也分别在动物学、生理学、实验胚胎学领域作出了重要贡献。

但从总体上看，由于当时工业基础薄弱，实验条件落后，物理学、化学等基础学科在中国的发展受到限制，因而在这些学科前沿领域作出卓越贡献的大多是那些有机会在国外学习、工作过的中国科学家。而地质学、生物学等学科，倒是因为中国幅员辽阔、动植物资源丰富而取得了可喜的进展与收获。此时中国的科学技术，更多的是在黑暗中摸索和前行，所取得的成绩是难能可贵的。

一、新文化运动中的科学技术启蒙

传教士在明代叩开了中国近代科技之门，后经洋务运动，至民国初年，中国近现代科学技术的启蒙经历了发展的“三部曲”。1919年兴起的新文化运动则是这启蒙第三部曲中的高潮。

辛亥革命的胜利结束了两千年的封建专制统治。然而，袁世凯复古称帝，令全国“尊孔读经”，使中国知识阶层认识到，新思想、新文化的缺乏是革命失败的根本原因。与此同时，清朝末年派出的一批留学生正学成回国，他们受西方思想、知识、文化的熏陶，高举“科学救国”之大旗，而军阀混战的局面又给了他们言论自由的空间。在这种条件下，新旧思想产生碰撞，一场旨在改造中国传统思想文化的革命——新文化运动，轰轰烈烈地开始了。

在这场新文化运动中，陈独秀主办的《新青年》力倡民主与科学的宗旨，吸引了李大钊、鲁迅、胡适、周作人、钱玄同、沈尹默、刘半农等一大批著名学者为刊物撰写文章。北京大学在蔡元培校长的领导和支持下，成为新文化运动的活动中心。不久，民主与科学这两大观念便借助声势浩大的五四运动迅速传向全国。

新文化运动对科技思想在中国的启蒙，起到了巨大的推动作用。《新青年》曾多次刊登介绍世界各国科技发明创造以及有关生物起源、医学、物理学等科学知识的文章，一方面开启了人们的科学视野，另一方面揭露和打击了封建落后的思想观念。五四运动之后，1923年2月，知名人士张君劢在清华大学作《人生观》演讲时，认为科学的发达无助于解决人生观问题；同年4月，北大教授丁文江在《努力》周刊上发表了批驳张君劢观点的文章，由此引发了一场波及全国的“科玄论战”。“科玄论战”是新文化运动对科技思想在中国生根的又一次促进，科学派除了丁文江外，还有胡

任鸿隽（2排左9）与叶企孙（2排左8）、赵忠尧（3排右2）等人于东南大学合影

适、任鸿隽等著名学者，他们极力捍卫科学的权威，纷纷发表文章论述科学方法可以普遍应用于自然、社会、道德、人生观等各个方面。最终，科玄论战弘扬了科学思想与科学的价值观，对当时的思想文化界产生了深刻影响。

在新文化运动中，还首次出现了对科学精神的系统论述与探讨。任鸿隽于1916年发表《科学精神论》一文，指出科学精神就是一种为了追求科学真理而不畏任何艰难坎坷甚至不怕牺牲自己生命的精神。这种论述在当时是难能可贵的，因为在科学救国的呼声下，科学被赋予了功利目的。任鸿隽对科学精神的认识和弘扬，说明中国已开始具备科学生长的文化土壤。

综观整个新文化运动，在民主、自由思想深入人心的同时，科学的观念、方法、精神也开始扎根中国，自此开启了中国科技史上的新篇章。

二、科学社团和科研机构的涌现

随着新文化运动的深入开展，大量的科学社团随之涌现，这些科学社团有中华工程师学会、中国科学社等。同时还出现了一些科学捐助机构，如中华医学基金会、中华教育文化基金会、中英科学合作馆等。这些团体的建制大多模仿西方的体制。此外，从1929年至1949年，中央研究院、北平研究院等国立科学研究机构以及地方性民办综合科研机构的创立也为现代中国科技事业的发展作出了重要贡献。科学社团、科研机构的建立使中国自然科学各学科和某些技术学科的研究和实验有了初步的积累，标志着中国现代科学迈出了重要的一步。

中国科学社第九次年会合影

中华工程师学会正式成立于1913年，它是在中华工程师会（詹天佑1912年创立）、路工同人共济会（徐文炯等1912年

创立）、中华工学会（颜德庆、吴健1912年创立）的基础上合并而成，詹天佑任会长。中华工程师学会是中国第一个由科学工作者创立的学术团体，该学会先后出版了《中华工程师学会会报》、《京张铁路工程记略》（詹天佑著）、《京张铁路标准图》等重要刊物和著作。1916年，学会从汉口迁至北京后，仍坚持开展各项学术活动，对培养祖国科技人才和发展科技事业，作出了有益的贡献。

中国科学社创建于1914年，原名科学社，是由在美国康乃尔大学留学的胡明复、赵元任、周仁、秉志、任鸿隽、杨铨等人以“联络同志研究学术，以共图中国科学之发达”为宗旨创建的。1915年该社出版了《科学》杂志，1918年总部移回国内。后来，丁绪贤、王星拱、石瑛等将他们在英国成立的科学社并入中国科学社。科学社活动经费主要来源于政府资助和募捐，并通过出版刊物、举行年会、咨询、演讲及组织科技专家进行国际交流等活动，来促进中国现代科学的发展。

中华医学基金会成立于1914年12月，由美国的洛克菲勒基金会提供资助，以长期、大范围地资助中国已有的医学机构为主要宗旨。当时的协和医学院、国立中央大学医学院、北平国立医学院、香港大学医学校等一批医学院校，在其基金的资助下开展了一些医学研究工作。此外，基金会还担负了部分教师、医生、护士等留学和进修的费用，为中国培养了大量医学专家和学术带头人，对中国现代医学产生了重要影响。

中华教育文化基金会是1924年9月用美国退还的第二批“庚子赔款”在北京建成的，旨在“发展知识，及此项知识适用于中国情形之应用”，基金会的资助重点放在提高教育水平上。至1948年，在基金会的资助下，全国共有200多个机构、700多人从事科学研究或出国留学、进修，从而对中国科学事业的奠基起到了良好的促进作用。

中英科学合作馆建立于1943年，是英国政府为援助受日本封锁的中国科学家而设立的，英国皇家学会会员、后来成为中国科技史专家的李约瑟（1900—1995）任首届主任。整个抗日战争期间，在李约瑟等人的帮助下，中英科学合作馆共向中国运送了价值6000英镑的6775册图书和各类期刊，协助中国科学家的138篇科学论文在国外期刊上发表及24名学者出国访问，为抗战时期的中国科技事业作出了重要贡献。

李约瑟像

中央研究院创建于1928年，是中国历史上第一个国家科研机关。早在1924年，孙中山就曾建议创立一个国家最高学术机关，可惜过早病逝，未能如愿。国民政府遵照孙中山遗训，在上海成

1935年9月中央研究院第一届评议会合影

立了中央研究院，并规定“中央研究院直隶于国民政府，为中华民国最高学术研究机关”。研究院总部设在南京，由蔡元培任院长13年，可以说研究院从建立到日常事务，均渗透着蔡元培的心血和民主思想。研究院作为指导、联络、奖励学术研究的政府机构，先后在全国设立了包括天文气象学、物理学、化学、工学、地质学、历史语言学、社会学、动物学、心理学在内的九个研究所和一个博物馆，并于1930年后又陆续成立了植物学研究所、数学研究所、医学研究所。即便是在抗战时期，研究院被迫迁至重庆，人员、设备等损失惨重的情况下，科学家也没有放弃科学研究。抗战胜利后，我国历史上首批81名院士遴选公布终身制，进一步加强了中央研究院。院士制度的建立，标志着中央研究院开始走向成熟。

1948年6月中央研究院第一次院士会议　前排：右2饶毓泰，右4胡适，右6朱家骅，左4竺可桢，左3茅以升，左1萨本栋；2排：右5陶孟和，左4汤佩松，左2冯友兰；3排：右2叶企孙，右3严济慈，左2梁思成；4排：右1苏步青；5排：右2戴芳澜，右3傅斯年，右4冯德培，右7陈省身

民国期间，各地还设立了综合性国立研究院，其中以国立北平研究院的规模最大。1927年，李煜瀛首次提出了设立地方研究院的议案，并建议在北平大学区内设立北平研究院。1929年7月，国民政府根据教育部长蒋梦麟的提议，将北平研究院改为“国立北平研究院”，总部设在中南海怀仁堂西四所内，由李煜瀛任院长。可惜的是，抗日战争爆发后，总部与各研究所相继迁往昆明（地质所迁至重庆北碚），由于战时经费困难，各分会、所不得不停办。

此外，地方性民办综合

科研机构也为现代中国科学事业的发展作出了贡献。1930年，四川企业家卢作孚创办了地方民办综合性科研机构——中国西部科学院，下设四个研究所（理化、农林、生物、地质研究所），另有兼善中学、博物馆、图书馆三个附设机构。由于受经费限制，1938年以前，西部科学院实际上只有一个理化所单独进行研究工作。1950年，该院与中国西部博物馆合并。

1937年6月玻尔参观北平研究院物理研究所后与该所人员合影

其他科研机构还有国民政府各部建立的研究所，如地质调查所、中央工业试验所、中央农业实验所等；一些知名大学建立的研究机构，如清华大学下设的文、理、法科和特种研究所；还有一些企业和科技社团组建的，如塘沽黄海化学工业研究社、北平静生生物调查所、上海雷斯德医学研究院等等。据统计，1935年全国各类专门的科研机构已达73个，其中有34个专门从事科技方面的研究工作，有力地促进了中国科技力量的成长。

中国共产党也十分重视解放区的科技工作。1939年5月，中共中央在延安创办了自然科学研究院；次年又成立了陕甘宁边区自然科学研究会，由吴玉章担任会长，并出版会刊《会讯》，报道各学会动态和研究成果，对推动解放区的科研工作和科技普及起到了积极作用。

三、科技教育与理工农医院校的建立

民国时期，在新文化运动和教育救国思想的带动和影响下，科技教育事业得到全国、全社会的重视。1912年，国民党南京临时政府颁布了一系列教育管理法令，例如《普通教育暂行办法》、《小学校令》、《大学令》、《师范教育令》等；社会上涌现出了许多教育思潮，如平民主义教育思潮、工学教育思潮、职业教育思潮、杜威的实用主义教育思潮等；出现了许多教育社团，如全国教育联合会、中华职业教育社、中华教育改造社、中华平民教育促进社等。这些教育思潮和社团的出现对中国科技教育事业产生了积极影响。在高等教育体制中，科技教育的比重得以提高，理、工、农、医各院校逐步建立、健全。但是总的来说，这一时期大中城市的新式教育发展很快，小城镇和广大乡村仍是私塾的天下，整

1923年北京大学地质系古生物组毕业合影 前排左起：孙云铸、李四光、葛利普，2排左2为杨钟健

主婚人叶企孙、证婚人胡适为清华大学工学院院长施嘉炀举行婚礼时合影

个社会呈现出新旧教育并存的局面。

20世纪初，中国高校多是教会大学，这些教会大学大多提倡西式教育，重视自然科学教育并鼓励学生出国留学。勿庸置疑，这些教会大学对中国的科技教育所作的贡献是巨大的。国民政府成立后，推行了“提倡理工、限制文法”的教育政策，并且国立大学逐渐取代了教会大学在中国的位置，这些都促进了中国科技教育的进步。在这种全社会普遍重视的情况下，中国的理、工、农、医类院校逐步形成系统和规模。

当时各大学主要设置格致科教授理科学生，最早建立理学院系的有北京大学格致科的算学门、金陵大学的物理系、山东基督教大学的天文学系等。到20世纪30年代，全国范围内的理学院系得到大规模发展，一些国立大学如北京大学、清华大学、南开大学的学科建设更是齐全，成为民国时期高等理学教育的重要基地。

中国落后的经济状况，使国民政府最重视工学院校的建设。早在清末“同光新政”时期，以军工制造及相关实用技术为主的工学院校就开始陆续建立。民国时期，又有数十所工科院校相继建立，如上海交通大学、上海中法国立工学院、哈尔滨工学院、清华大学工学院、北京大学工学院等。工学院校中的土木工程学、水利学、建筑学、机械工程学、化学工程学、电机工程学、航空工程学等学科的逐步完善，为中国的工程技术教育奠定了基础。

相比而言，民国时期的高等农业科技教育没有受到重视，只有奉天农业大学、西北农学院、中山大学农学院、浙江大学农学院、中央大学农学院等为数不多的几所院校。抗战胜利后，国民政府开始重视农学院的建设，北京大学、清华大学等都受命设立了农学院。由于受到政府的支持，农学各科发展迅猛。1946年北京大学建立的农学院就涵盖了农艺学系、园艺学系、农业化学系、昆虫学系、植物病理学系、畜牧学系、兽医学系、森林学系、土壤肥料学系、农业经济系等农业科技教育的基本内容。

创办北平国立第一助产学校和提倡节制生育的杨崇瑞（左）与林巧稚（右）

中国医学院校的发展之初，有着深刻的时代印记，多为教会大学或军医学校。南京政府建立后，教育部成立了专门委员会，制定十年医学教育规划，并遵从哥本哈根大学费伯的意见，“在全国设立国立医学高等院校，在各省设立医校及护士、助产士学校”。因为受经济条件限制，一些省属医校未能建立，但医学院校的总体规模还是比原来扩大了，教学质量也得到了改善。抗日战争的爆发使民国医学教育受到打击，许多医学院不得不内迁或者合并。抗战胜利后，发展较快的是初级医校，医学院校的科系设置也达到了较高水平，如1946年北京大学医学院设置了三系——医学系、牙学系、药学系，各门学科如解剖学、生物化学、生理学、细菌学、寄生物学、内科学、外科学、妇产学、眼科学、耳鼻喉科学、小儿科学、皮肤花柳学、神经精神学、公共卫生学、药理学、医学史学，设置齐全，已具备了现代医学教育的基本模式。

北大、清华、南开南迁后在昆明合并成西南联合大学，这是校长梅贻琦一家于昆明合影

日本侵华对中国科技教育事业是一大打击，但国民政府本着“战时当作平时看”的办学方针，推行战时教育，发展自然科学。对于高等教育，在实行“建教合作”、鼓励高等院校与研究所合作的同时，狠抓教学水平的提高，不但在一些科研领域取得了丰硕的成果，也培养造就了一批知名专家。抗战结束后，国民政府对各级教育机构进行了整理完善，内迁的高等学校大都返回原址，因抗战停办的北洋大学、山东大学等也都恢复了办学，科技教育得到了一定程度的恢复和发展。但随着内战的全面爆发，国民党政府的统治愈来愈远离人民，国家经济面临崩溃，科研工作实际上处于停滞状态，全国出现了前所未有的文教危机，越来越多的知识分子对国民党失去信心，国民党退守台湾时，21所国立大学校长有14

1937年玻尔父子访华 其中有玻尔，玻尔之子，玻尔夫人，蒋梦麟，叶企孙，吴大猷，赵忠尧，萨本铁，饶毓泰，吴有训，萨本栋，张子高等

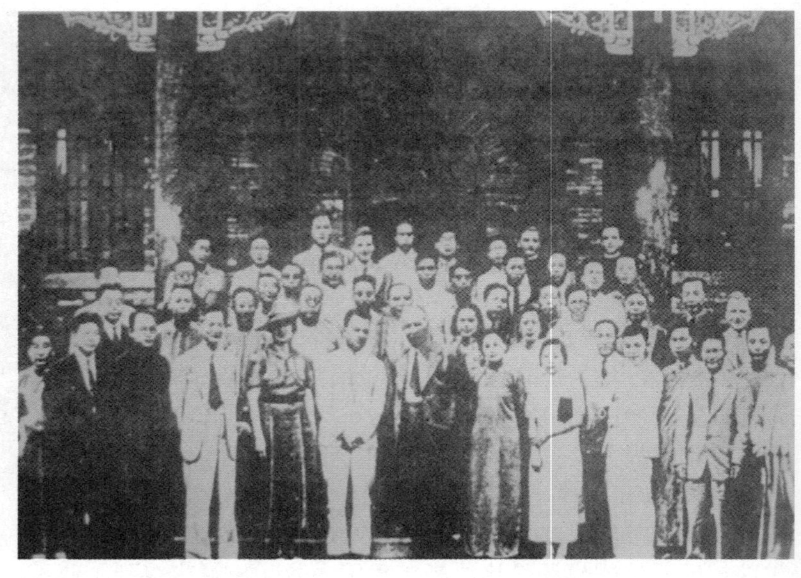

人留在大陆。至此国民党文教事业彻底破产。

而中国共产党历来重视教育问题，将教育工作看成是革命战线的一个重要方面。抗日战争初期，中共中央于1937年8月在《抗日救国十大纲领》中提出了“改变教育旧制度，实行以抗日救国为目标的新制度、新课程”的教育方针。抗战期间，中共根据抗战的需要，加快军队和地方干部的培养工作，开办和改造了大批干训学校。抗战胜利初期，解放区大量被国民党军攻占，解放区教育受到冲击，直到转入战略反攻以后，情况才逐步得到改善。为迎接即将到来的和平建设，各地政府开始采取措施，建立正规教育制度，教育质量有较大提高。到1949年底，解放区高等教育除原有的华北大学、延安大学、西北军政大学、东北大学等外，又拥有山东大学、齐鲁大学等专科以上的学校十余所，解放区特有的新民主主义教育制度由此走向全国。

1944年留美公费生揭晓榜

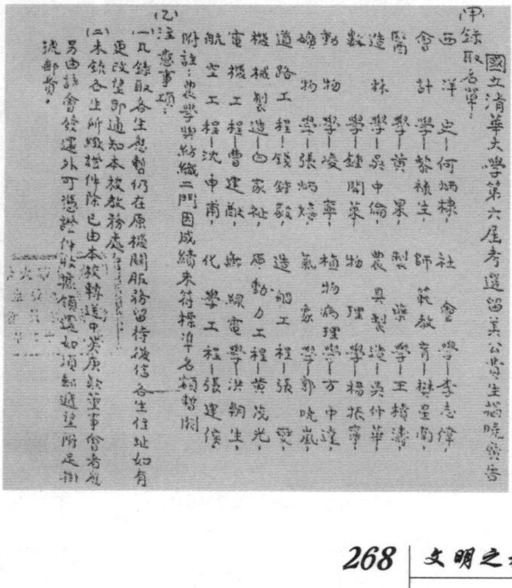

國立清華大學第六屆考選留美公費生揭曉通告
(甲)錄取名單：
西洋史—何炳棣，社會學—李志偉，
會計學—黎祿生，師範教育—樊星南，
醫學—黃量，製藥學—王積濤，
造林學—吳中倫，農具製造—吳仲華，
數學—鍾開萊，物理學—楊振寧，
動物學—凌寧，植物病理學—方中達，
礦物學—張炳熹，氣象學—郭曉嵐，
道路工程—錢鈞毅，造船工程—張燮，
機械製造—白家祉，原動力工程—黃茂光，
電機工程—曹建猷，無線電學—洪朝生，
航空工程—沈申甫，化學工程—張建侯，
附註：農學與紡織二門因成績未符標準名額暫闕
(乙)注意事項：
(一)凡錄取各生恕暫仍在原機關服務留待後信各生住址如有更改望即通知本校教務處
(二)未錄各生所繳證件除已由本校轉送中英庚款董事會者外另由該會發還外可憑該件收據領還如須郵遞望附足郵費。

需要指出的是，中国当时的教育体制已十分开放。一方面，有一大批外国学者来中国各大学任教。如美国的葛利普为中国的地质学教育和研究贡献了26年的心血，航空大师冯·卡门多次到中国来帮助中国的航空研发，美国数学家维纳于1935—1936年间曾在清华任教，量子论的创始人之一玻尔也曾来中国访问讲学。另一方面，国内也有许多优秀学子出国留学，接受国外名师指导，并崭露了杰出才华。如物理学家叶企孙1921年与杜安和帕尔默合作

测定了普郎克常数h的值；吴有训1925年在美国参与了康普顿主持的研究工作，并对康普顿效应的发现作出了贡献；王福山在海森堡的指导下取得了物理学博士学位；周培源师从海森堡、泡利、爱因斯坦学习；钱三强在居里实验室学习并获得了法国科学院的奖励;钱学森在冯·卡门指导下成为空气动力学方面的第一流专家。

二战结束后，钱学森与导师卡门（右）及后者老师普朗特师生三代在德国考察航空与火箭研究情况

四、数学领域中的探索

数学是一门研究事物数量关系和空间形式的科学，它的产生和发展始终围绕着“数”和“形”这两个基本概念。凡研究数量关系的可归入代数学范畴,凡研究空间形式的可归入几何学范畴,二者有内在的必然联系，并且有时相互交叉形成了许多新的数学分支。

中国古代数学的发展在宋元时期达到高峰,之后便停顿不前,甚至几近消失。中国现代数学的建立始于清末民初，归功于一批出国留学的青年才俊。较早出国学习数学的有冯祖荀（1903年留日)、郑之蕃(1908年留美)、胡明复(1910年留美)、赵元任(1910年留美)、姜立夫（1911年留美)、何鲁（1912年留法)、陈建功(1913年留日)、熊庆来（1913年留比、1915年留法)，苏步青(1919年留日）等。他们中的大多数回国后都成为著名的数学家和数学教育家，为中国现代数学发展作出了重要贡献。其中,胡明复1917年取得美国哈佛大学博士学位,是中国第一位获得数学博士学位者。30年代出国学习数学的人有江泽涵(1927)、陈省身

1932年德国布拉施克教授来北京大学讲学时合影 其中有熊庆来、姜立夫、江泽涵、杨武之、严济慈、陈省身、吴大任等

姜立夫像

1934 年清华大学算学会会员合影

(1934)、华罗庚(1936)、许宝(1936)等人，他们后来成为中国现代数学发展的骨干力量。与此同时，外国数学家也陆续来中国讲学，如英国的罗素(1920)，美国的伯克霍夫(1934)、奥斯古德(1934)、维纳(1935)，法国的阿达马(1936)等人。

随着留学人员的回国，各地大学的数学教育也渐渐开展起来。1912年，北京大学成立了中国最早的数学系。1920年姜立夫在天津南开大学、1921 年和 1926 年熊庆来分别在东南大学(今南京大学)和清华大学建立了数学系，随后武汉大学、齐鲁大学、浙江大学、中山大学也陆续设立了数学系。到1932年，全国各地已有32所大学设立了数学系或数理系。清华大学是国内最早招收数学研究生的学校，1930年熊庆来在清华大学创建数学研究部，并开始招收研究生，陈省身、吴大任便是其最早培养的数学研究生。

1933年，北京数学会成立，冯祖荀任会长。1935年中国数学会在上海成立，创建时的领导人有胡明复、冯祖荀、姜立夫、熊庆来、陈建功、苏步青、江泽涵、钱宝琮、傅种孙等。1936年，其会刊《中国数学会学报》和《数学杂志》相继问世，这些标志着中国现代数学研究开始步入正轨。

1960年的熊庆来夫妇(左)和杨武之夫妇

熊庆来(1893—1969)，是享有国际声誉的数学家，在函数论研究工作中作出了突出贡献。他出生于云南弥勒县的息宰村。1913年留学比利时，本打算学习采矿专业。然而1914年一战爆发，为避战火，熊庆来辗转来到巴黎，先后就读于格伦诺布尔大学、巴黎大学、蒙彼

1937年陈建功（前排左6）、苏步青（前排左5）与浙江大学数学系全体师生合影

里埃大学和马赛大学，深入学习了数学、力学、天文学、普通物理学等多门学科，并获理学硕士学位。1921年，28岁的熊庆来学成回国，携全家来到东南大学。在东南大学的5年时间里，他潜心于数学教学工作，并自己动手编写了《平面三角》、《球面三角》、《方程式论》、《解析函数》、《微分几何》、《微分方程》、《偏微分方程》、《力学》等十多种讲义。1926年，熊庆来又来到清华大学。1931年，熊庆来赴法国普旺加烈研究所从事函数论研究。经过两年努力，熊庆来的理论——“熊氏无穷级”，在函数论领域取得了非同凡响的地位。该理论在整函数方面超过了德国数学家布卢门塔尔，在表达形式的精确性上则赶上了法国数学家波莱尔，二位都是世界一流的数学家。1934年，熊庆来回清华继续任教，开拓了中国函数论研究的新领域，其突出贡献是建立了无穷级整函数与亚纯函数的一般理论，至今中国在这一领域的很多研究成果仍居世界先进水平，是与熊庆来的努力分不开的。

陈建功（1893—1971）生于浙江绍兴，1913年到1929年间，曾三次东渡日本求学。1929年获理学博士学位，是20世纪初留日学生中第一个获得理学博士学位的中国人，也是在日本获得这一荣誉的第一个外国科学家。这件事轰动了日本列岛，他的指导老师藤原激动地说：“我一生以教书为业，没什么成就。我的一个中国学生，名叫陈建功，是我一生的最大光荣。”当时，藤原苦于自己专业领域内缺少日文著作，便委托陈建功用日文写了一部《三角函数论》，该书既反映了当时国际上的最新成果，也包括了陈建功自己的研究心得。他在写书时首创的许多日文名词，至今还在使用，对日本后世之作影响深远。回国后，陈建功被聘为浙江大学数学教授，与著名数学家苏步青携手共建数学讨论班，对青年教师和大学生进行严格训练，培养他们的独立工作和科学研究能力，在全国范围内造成巨大影响，并逐渐形成了国内外著名的陈苏学派。

建国后陈建功、程民德、吴文俊（右起）一起参加罗马尼亚国际数学会议

苏步青（1902—2003），浙江平阳人，中国

江泽涵与德国数学家 Sperner 合影

微分几何学的创始人，国际上公认的几何学权威。1919 年，苏步青赴日留学，1927 年毕业于帝国大学数学系，随后进入该校研究院，1931 年获理学博士。同年回国后，苏步青到浙江大学任教。1952年，全国院系大调整，苏步青又到复旦大学任教。早在 20 世纪 20 年代，苏步青在仿射微分几何学和射影微分几何学方面就作出了突出贡献，许多成果以他的名字命名，如“苏锥面”、“苏链”等。他和陈建功共同把浙江大学和复旦大学数学系建成高水平的教学和科学研究基地，为国家培养了一大批优秀数学人才，被称为“苏步青效应”，形成了具有特色的微分几何研究集体。

江泽涵（1902—1994），安徽知旌县人，数学家、数学教育家。1922 年至 1926 年在南开大学学习，1927 年赴美国哈佛大学攻读博士学位，后在普林斯顿大学工作一年。1931 年回国，受聘于北京大学数学系任教授，1934年起任该系主任。1936年至1937年再次赴美，1947 年至 1949 年赴瑞士做研究工作。1949 年回国。江泽涵在数学上的主要贡献是在拓扑学方面，他最先将拓扑学的临界点理论直接应用到分析中。江泽涵是把拓扑学引进中国的第一人，1931 年江泽涵刚从美国回来，就开设研究生课，讲授拓扑学（当时称“形势几何学”），成为中国拓扑学的奠基人。中国另一位拓扑学的开拓者是吴文俊。他生于 1919 年，1940 年毕业于上海交通大学数学系，1946 年赴法国留学，钻研拓扑学，并完成了学位论文《论球丛结构的示性类》，获博士学位。回国后和他的同事一齐建立了中国拓扑学的研究基地。

华罗庚（1910—1985），江苏金坛人，自小就对数学感兴趣，左腿残疾后，他凭着顽强的精神和惊人的毅力，从一个只有初中文凭的青年成长为一代数学大师。当然，他的成长离不开熊庆来的栽培，正是熊庆来慧眼识英才，发现了华罗庚的才华，并破格把他从金坛小镇邀请到清华做助教，然后又推荐他到国外深造，从而使华罗庚踏上了攀登数学高峰的成功之路。1931年，华罗庚进入清华大学工作、学习，仅用一年半的时间便学完了数学系全部课程。1936 年夏，华罗庚到英国剑桥大学进修，两年中发表高质量论文十多篇，引起国际数学界关注。1938 年回国后，在西南联合大学任教。20 世纪 40 年代，华罗庚解决了高斯完整

1938 年华罗庚从英国回到联大任教时与家人合影

三角和的估计这一历史难题，得到了最佳误差阶估计，从而对华林问题及塔里问题的结果作了重大改进。当时，他在昆明郊外的一间小阁楼里完成了名著《堆垒素数论》，该书发表四十余年来，其主要结果仍居世界领先地位，先后被译成俄、匈、日、德、英文出版，成为20世纪经典数论著作之一。

南开时期的陈省身

陈省身（1911—2004），祖籍浙江嘉兴。11岁时在天津扶轮中学自学了一本高等代数，被数学史家钱宝琮看中。从扶轮中学毕业后，陈省身苦读三个星期，以优异成绩考入南开大学数学系，师从数学家孙光远学习微分几何。1934年获得硕士学位后，陈省身被选派到德国汉堡大学学习，随后到巴黎做博士后研究，成为当时世界微分几何学权威嘉当的入室弟子和得意门生。陈省身回国后在西南联大任教。杨振宁从1938年起，选修了陈省身的好几门高等数学课，包括嘉当的微分方程组理论。后来，陈省身在微分几何领域提出了“纤维丛”理论，杨振宁则在物理学领域提出了非阿贝尔规范场论，二者从一个共同点出发，却走向不同的方向，在数学和物理上都产生了巨大影响，被传诵为科学史上的一段佳话。陈省身于1944年发表了一篇论文，把微分几何和拓扑学引入新境界，纤维丛理论中的“陈氏级”也是从这篇文章推导出来的观念，它不仅是十分巧妙的构想，也是划时代的贡献。1948年底，陈省身应奥本海默之邀，受聘为芝加哥大学数学教授。陈省身在芝加哥大学任教十一年，使芝加哥大学成为一个几何和拓扑学的中心。在这期间，陈省身在几何学和拓扑学领域颇有建树，被公认为美国微分几何学派的领袖，“当代世界最大的几何学家”。

五、物理学领域中的探索

20世纪上半叶，中国虽内忧外患，灾难深重，但仍出现了许多有所作为的物理学家，他们在物理学领域作出的卓越贡献，不仅为祖国赢得了声誉，而且有力地促进了物理学和物理学教育在中国的发展。

清华大学物理系八级毕业合影 其中有王大珩、何泽慧、于光远、钱三强等

辛亥革命后，高等师范学堂设立了数理化部，建立了物理实验室，使物理学知识得到广泛传播。这一时期有许多出国留学者

1932年1月法国物理学家朗之万参观镭学研究所，访问期间他建议成立中国物理学会

如叶企孙、颜任光、丁燮林（即丁西林）、饶毓泰、吴有训、严济慈、周培源等是专攻物理学的，且大都对物理学前沿的基础研究有所建树，回国后他们大多数又从事教学工作。在他们的辛勤努力下，五四运动后中国物理学发展加快，物理学研究队伍逐渐形成。

1918年北京大学设立物理系，随后南京高等师范学校、清华大学、交通大学等也相继设立物理系。随着物理教学的逐步展开，物理学家们开始根据自己的教学经验，用中文编写教材，以代替英文教材。如萨本栋编著的《普通物理学》和《普通物理实验》，严济慈、李晓舫合编的《理论力学》等，作为中国历史上第一批物理学教科书，对物理学在中国的发展起了有益的作用。

中国最早的现代物理学研究机构创建于20年代后期。1928年11月，中央研究院在上海建立了物理研究所，丁燮林任所长。1929年9月，李书华在北平研究院创办了物理研究所，严济慈任所长，该院与中法大学合作建立的镭学研究所，仍由严济慈任所长。抗战期间，这两个物理研究所都迁至昆明，中央研究院物理研究所后又迁至桂林和北碚。在艰苦的条件下，物理学家们仍尽力进行研究，并取得一定的成果，同时培养了大批优秀的物理学人才。抗战胜利后，中央研究院物理所迁回上海，1948年又迁往南京，先后建立起金属物理、光学、原子核物理和无线电实验室以及恒温室和金工场。1948年，镭学研究所改组为结晶学实验室和原子能研究所，前者由陆学善主持，主要用X射线研究物质结构和与晶体结构有关的内容；后者由钱三强任所长，主要开展核物理和原子物理的研究。

20年代末，研究部开始在一些有条件的大学里出现。科研工作逐步开展起来。如清华大学1929年成立的研究部下设物理研究所，1935年又扩建为理科研究所，设有X射线、无线电、光学、磁学等研究室。吴有训于1930年9月发表在英国《自然》杂志上的《单原子气体所散射之X射线》一文就是在清华大学完成的，这是中国物理学家利用国内的研究设施把取得的研究成果最早发表在国外杂志上的论文之一。随后，燕京大学、北京大学、中山大

学、武汉大学等也相继设立了物理学研究部。1939年清华大学研究部又新开办了五个特种研究所，其中无线电、金属研究所是和物理有关的，分别由任之恭和吴有训担任所长，物理学研究工作进一步加强。

李书华像

30年代初，为了满足物理学专业的特殊要求，中国物理学会在北京成立，李书华任会长，颜任光任董事会董事。中国物理学会北京分会（后改称北京物理学会），于1947年成立，由杨肇燫发起并任理事长，朱光亚任秘书长。

叶企孙（1898—1977），上海人，先后就读于清华大学、美国芝加哥大学和哈佛大学，专攻物理学，获哈佛大学哲学博士学位。1921年与他人合作测定的普朗克常数沿用达16年之久。回国后，他创建了清华大学物理系和理学院，此后，一直是清华大学的领导核心人物之一。抗日战争爆发后，在昆明西南联大（清华、北大、南开三校合并而成）任教。

叶企孙像

叶企孙作为中国现代物理学的奠基人，为中国物理学研究和发展作出了杰出贡献，是中国物理学界真正的大师。他为中国的“两弹一星”事业培养了大批人才，在13位“两弹一星”功臣中，有6位是他的弟子。他们是：王淦昌（中国的‘奥本海默’，奥本海默是美国的原子弹之父）、赵九章（中国卫星第一功臣）、王大珩（我国光学技术及工程的开拓者）、陈芳允（中国卫星测控技术的奠基人）、彭桓武、钱三强。另外，钱骥作为赵九章最亲近的助手，跟叶企孙有着间接的师承关系。钱学森从学铁路工程到跟火箭打上交道，也与叶企孙有一定关系。周光召、邓稼先、朱光亚三位与叶企孙则是隔代的关系，周光召是彭桓武的研究生，邓稼先、朱光亚都毕业于西南联大物理系。于敏、程开甲二位虽不是清华毕业，但却是叶企孙学生的学生，于敏师从张宗燧和胡宁，程开甲师从王淦昌。

叶企孙铜像

叶企孙能够取得如此骄人的业绩，缘于他过人的魅力。他人格高尚，在清华工作期间，他始终把聘任第一流学者到清华任教列为头等大事。他先后聘请过熊庆来、吴有训、萨本栋、黄子卿、周培源、赵忠尧等一批年轻有为的科学家到清华理学院任教。清华理学院一时间名师荟萃、高徒云集。叶企孙为中国培养了千万英才，为民族树立了典范。

吴有训（1897—1977），江西高安人，物理学家、教育家，中国现代物理学奠基人之一。1920年毕业于南京高等师范学校。1926年获美国芝加哥大学物理学博士学位。1948年选聘为中央研究院院士。吴有训对物理学的重要贡献，主要是全面验证了康普

清华大学院校领导合影 左起：施嘉炀（工学院院长）、潘光旦（教务长）、陈岱孙（法学院院长）、梅贻琦（校长）、吴有训（理学院院长）、冯友兰（文学院院长）、叶企孙（特种研究委员会主席）

吴有训与清华大学物理系师生合影

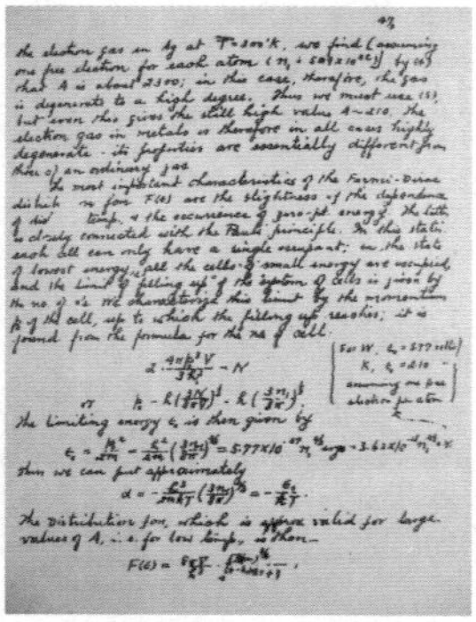

吴有训在西南联大任教时的上课笔记之一页

顿效应。为了证明这一效应的普遍性，吴有训在康普顿的指导下，广泛进行了X射线散射实验，证明了散射量子理论所预言的光谱位移的真实性。1925年，吴有训发表《康普顿效应与三次X辐射》一文，康普顿对吴有训的工作给予了很高的评价。吴有训不仅注重实验，也很重视基础课教学。他在讲授物理学时，特别注重引进新内容，介绍重要物理实验和所得结果的意义。他还经常讲一些大科学家的生平事迹，用以启发和开导学生，鼓舞和激励学生踏上科学征途。吴有训从事教育工作五十余年，学生遍布中外，为中国培养了几代物理学工作者。

严济慈（1901—1996），浙江东阳人，是中国现代物理学研究的开创人之一。1923年毕业于南京高等师范学校，成为东南大学首届毕业生。1927年，获法国巴黎大学博士学位。1948年当选为中央研究院首届院士。严济慈的物理成就主要有：发现了光双折射效应；系统研究了水晶圆柱体施加扭力起电现象，发现了水晶扭电定律；精确测定了居里压电效应“反现象”；深入研究了碱金属蒸汽等光谱，发现轴向对称的分子有效截面数值与费米——莱因斯伯格方程不符，并为原子物理学中的斯塔克效应提供了丰富的实验证明；研究了压力对照相乳胶

严济慈（左1）及同事们与朗之万在北平研究院物理研究所

感光性能的影响，发现压力能减弱乳胶的感光性能；精确测定了臭氧紫外吸收系数，被世界各国气象学家用于观测高空臭氧层厚度的变中达三十年之久；同时，还致力于应用光学的研究，在军用、医用光学仪器设备的研发中颇有建树。

1932年周培源与王蒂澂结婚照 证婚人梅贻琦校长在婚礼上幽默地说：呵呵，现在我宣布周培源女士和王蒂澂先生……

周培源（1902—1993）是我国理论物理与力学的重要创始人之一，是享誉中外的科学家、著名的教育学家。1919年11月，爱因斯坦的广义相对论关于光线在太阳引力场中沿曲线传播的预言得到证实，震动了世界科学界。正是在这一背景下，原本梦想“实业救国”的周培源，深受其影响，决定投身于科学。在1924年获准“庚款留美”时，报考了芝加哥大学，并选择了理论物理专业。周培源报考芝加哥大学是慕物理学家密立根之名而来的，不料此时密立根已去了加州理工学院。于是在取得学士、硕士学位后，他来到加州理工学院攻读博士学位，其博士论文《在爱因斯坦引力论中具有旋转对称物体的引力场》被授予最佳论文。周培源在留美期间还创造了一个奇迹：三年半时间就拿下学士、硕士、博士三个学位。

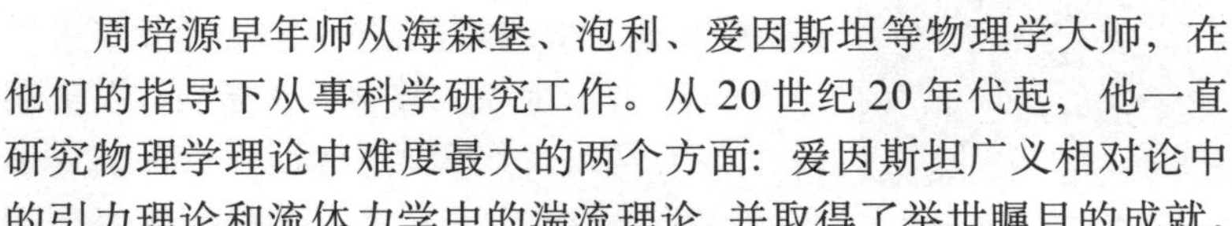

周培源早年师从海森堡、泡利、爱因斯坦等物理学大师，在他们的指导下从事科学研究工作。从20世纪20年代起，他一直研究物理学理论中难度最大的两个方面：爱因斯坦广义相对论中的引力理论和流体力学中的湍流理论，并取得了举世瞩目的成就。周培源不仅是一位卓越的科学家，同时是一位国内外知名的教育家。他从1929年担任清华教授起，就和其他中国物理学的奠基者一道，在长期的教学实践中摸索总结了比较完整的、富有启发性的课程讲授体系，培养造就了大批科学人才。周培源一生桃李满天下，王竹溪、张宗燧、彭桓武、林家翘、钱伟长、郭永怀、胡宁、张守廉、何泽慧、王大珩、于

1935年清华大学物理系部分师生在大礼堂前合影 前排左2起：周培源、赵忠尧、叶企孙、萨本栋、任之恭等，2排左起：杨龙生、彭桓武、钱三强、钱伟长、王大珩（后），3排左起：于光远等，4排右起：林家翘等

钱学森在加州理工学院讲授关于远程商用火箭作洲际飞行的问题

1949年担任喷气推进中心主任的钱学森与马勃等同事在一起

光远等都得到过他的栽培。作为中国物理学界的大师级人物，周培源常常鼓励他的学生要敢于超越，不要囿于老师的思想，并且身体力行。他敢于在爱因斯坦面前发表自己的见解，尽管他对爱因斯坦十分崇敬，但他不赞成爱因斯坦在广义相对论中关于坐标意义的见解，也不同意爱因斯坦的部分哲学观点。对于牛顿这位大物理学家，周培源也十分爱戴，但他指出，出于时代的局限，牛顿也有着这样或那样的缺点和不足。周培源的这些教育观点对后世产生了重要影响。

钱学森1911年生于上海，先后就读于北京女师大附小、北京师大附中、国立上海交通大学。1934年考取清华大学公费留学生，先在美国麻省理工学院获硕士学位，又去加州理工学院师从冯·卡门从事应用力学研究，并获航空、数学博士学位。在美期间，他与别人合作完成了《远程火箭的评论与初步分析》一文，奠定了导弹和探空火箭的理论基础，还与他人一起提出了高超音速流动理论，促进了空气动力学的发展。1946年，钱学森回到麻省理工学院任教，一年后便晋升为正教授。1949年，他出任加州理工学院喷气推进中心讲座教授。同年，当新的曙光照亮祖国大地时，钱学森毅然放弃了国外优越的生活待遇和理想的科研工作环境，决定回到祖国的怀抱。在准备回国的过程中，他遭到美国政府的无礼阻挠和迫害，在滞留期间，他写出了专著《物理力学》和《工程控制论》。作为国际知名的力学大师，钱学森的许多力学著作都堪称经典。他对空气动力学、固体力学、稀薄气体力学和飞行力学等力学分支进行了长期的研究，作出了杰出贡献，有力地促进了应用力学领域的发展。在研究过程中，他还开创了工程控制论、物理力学和喷气推进学等新的学科，使航空航天技术产生了飞跃式的大发展。

钱伟长1912年出生于江苏无锡，祖、父辈皆以教书为业。父亲病逝后，他随叔父、著名的国学大师钱穆到苏州中学读书。苏州中学悠久的历史、老师们精湛的讲艺，为他打下了坚实的文史功底。钱伟长在求学之初选择的并不是物理专业，而是中文。高

中毕业后，钱伟长只身前往上海，接连参加了清华大学、唐山交通大学、南京中央大学、武汉大学和厦门大学的升学考试，结果同时收到这五所大学的录取通知书。在叔父的建议下，钱伟长入清华大学中文系学习。在参加清华大学入学考试时，其中有一道题目，让写出二十四史的名称、卷数、作者和注疏者，很多考生都被难住了，钱伟长却得了满分，充分体现了他的文史专长。入学不久，“九一八”事变爆发，出于“科学救国”的志向，钱伟长改读物理。起初，他像学古文一样死记硬背物理典籍，但效果并不好。吴有训教导他说，书本上的东西不一定是对的，读书是要去发现它的不足。钱伟长茅塞顿开，在吴有训指导下，开始X光衍射研究，并逐渐形成了勇于创新的治学精神。1939年，钱伟长参加留英公费生考试，他选择的力学专业只有一个名额，而他和郭永怀、林家翘的考试成绩相同，招生委员会斟酌再三后将三人同时录取。留学期间，钱伟长主要从事弹道计算和各种飞弹的空气动力学设计，并完成了两篇重要论文：一篇是世界上第一篇关于奇异摄动理论的论文；一篇是在冯·卡门指导下共同研究薄壁构件扭转问题的“变扭的翅转”，冯·卡门给予这篇论文很高的评价，曾赞扬这篇论文是一篇经典式的力学论文。钱伟长还为二战中盟国的胜利作出了自己的贡献。二战时，伦敦遭受德国火箭袭击，丘吉尔向加州理工学院冯·卡门主持的喷气推进研究所求援，钱伟长此时正好在这个研究所工作。他对德军火箭的射程、射速进行了细致的研究，发现了德军火箭的最大射程。德军火箭发自欧洲西海岸，只能到达伦敦东区，所以他建议，只要在伦敦市中心造成多次被击中的假象，德军就会按原射程组织攻击，伦敦市区就可免受炸弹破坏。这一招果然非常灵验。几年后，丘吉尔忆起此事，还赞叹：“美国青年真厉害。”可惜直到最后，他也不知道，玩弄德军的这个“雕虫小技”竟出于中国青年——钱伟长之手。

1940年8月，第七届留英公费生在“俄国皇后号”邮船上

其中有钱伟长（前排左5）、郭永怀（后排右3）、林家翘（前排左1）、段学复、张龙翔等

钱三强（1913—1992），祖籍浙江吴兴，在其父著名语言学家钱玄同的教诲下，自幼聪明好学，志气不凡。为了提高英语水平，钱三强不惜多花费两年时间先入北大预科学习英文，然后进

1930年8月考入北京大学理科预科时的钱三强

钱三强离开巴黎回国前与约里奥·居里夫妇合影

入交通大学学习电机工程。上学期间，他广泛涉猎物理学知识，旁听过吴有训的现代物理、萨本栋的电磁学、李书华的波粒二重性等课程。尤其是吴有训的实验表演，激发了他对物理学科的浓厚兴趣。课余时，钱三强在图书馆又阅读了罗素的《原子新论》，书中对原子结构的简明描述，深深地吸引了他。于是他改变初衷，考入清华大学物理系，开始踏进了现代物理之门。1937年，钱三强来到法国巴黎大学居里实验室，真正进入到原子领域。在居里夫人的女儿、女婿约里奥·居里夫妇的指导下，钱三强专攻原子核物理并取得了显著成绩。二战后，钱三强又在约里奥·居里夫妇帮助下，同夫人何泽慧博士以及另两名法国研究生一起，研究铀的裂变现象，对原子核三分裂和四分裂机制作出了合理的解释，进一步深化了人类对核裂变的认识。1948年，他决定回国时，约里奥·居里夫妇怀着依依不舍的心情在自己得意门生的鉴定书上这样写道："我们可以毫不夸大地说，近十年来在我们指导下的这一代科研人员中，钱三强是最优秀的!"

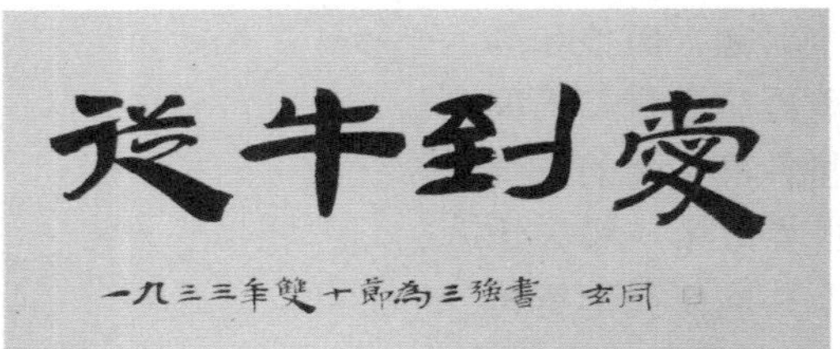

父亲钱玄同为儿子题字鼓励他要有牛劲，向牛顿和爱因斯坦学习

吴大猷（1907—2000）是国际知名物理学家，他生于广州，小学毕业后随大伯远赴天津，就读于南开中学。1925年，他以高二学历考入南开大学矿科，后转入物理系，毕业后留校任教两年。1931年，留学美国密西根大学物理系，获博士学位。1934年返国，开始了半个世纪的教学与研究生涯。他曾先后担任国立北京大学物理学教授、国立西南联合大学教授、美国密西根大学访问教授、哥伦比亚大学研究员、纽约州立大学教授兼物理系主任、中央研究院物理研究所所长、中央研究院院长等。吴大猷在物理学的"学"、"教"及"研究"上均取得了不凡的成就。1933年，他在美国《物理评论》上发表的第一篇论文"最重元素的低能态"，以及首次计算出多激发态的衰变，为奠定原子和分子结构理论基础作出了重要贡献。20世纪40—60年代，他发表了大量"多原子之结构振动光谱"及"散射量子理论"方面的文章，声名大噪，享誉国际。70年代，他又以中文写成《理论物理》专书六

吴大猷与其学生杨振宁及马仕俊摄于纽约

1947年朱光亚、张文裕、杨振宁、李政道（左起）摄于美国安阿堡

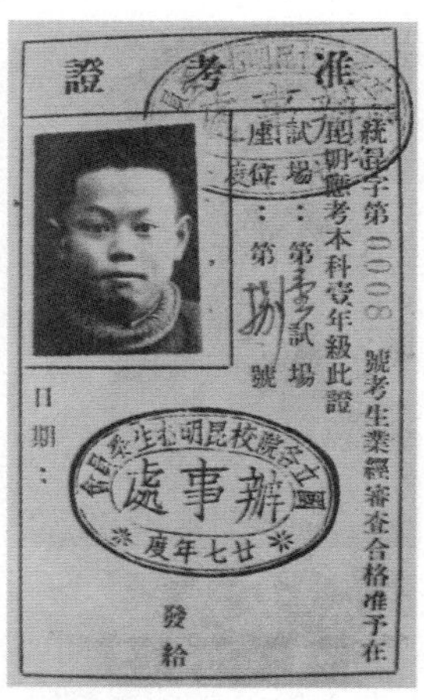

杨振宁报考大学时的准考证

册，成为今日海峡两岸物理学大学生及研究生的主要参考书。吴大猷一生治学严谨，致力于教学及科学教育改革工作，培育学生无数，其中不乏国际著名物理学家杨振宁、李政道、朱光亚、黄昆等人。

杨武之给杨振宁夫妇的题辞

杨振宁1922年生于安徽合肥，父亲杨武之是芝加哥大学的数学博士，回国后曾任清华大学、西南联合大学数学系主任多年。1942年杨振宁毕业于西南联合大学，两年后于该校研究生毕业。后于1945年考取公费，留学赴美，就读于芝加哥大学，取得博士学位。1949年，杨振宁进入普林斯顿高等研究院进行博士后研究工作，开始同李政道的合作。李政道1926年生于上海，父亲李骏康是金陵大学农化系首届毕业生。他曾先后在浙西联合中学、江西联合中学等校就读，1943年入贵州浙江大学，1944年转入西南联合大学学习，师从吴有训、赵忠尧、叶企孙、吴大猷等人。1946年同朱光亚一起跟随吴大猷赴美，留学芝加哥大学，师从费米、狄拉克、泰勒等人。1957年，李政道与杨振宁凭他们提出的弱相互作用中宇称不守恒理论共同获得了诺贝尔物理学奖，成为最早获得诺贝尔奖的中国人，为中华民族争了光。杨振宁在接受诺贝尔奖金的时候致辞说：“我深深察觉到一桩事实，这就是：在广义上说，我是中华文化和西方文化的产物，既是双方和谐的产物，又是双方冲突的产物，我愿意说我既以我的中国传统为骄傲，同样的，我又专心致力于现代科学。”

“黄散射”、“黄方程”、“黄—里斯因子”、“玻恩和黄”、“黄—朱模型”……翻开固体物理学发展史，一个显赫的中国人的名字会立即跃入我们眼帘，他就是黄昆。

黄昆（1919—2005）1919年出生于北京，在燕京大学物理系完成大学学业，1942年以优异成绩考入西南联大，师从中国现代物理学奠基人之一吴大猷教授。黄昆说：“我能有吴大猷这样

黄昆像

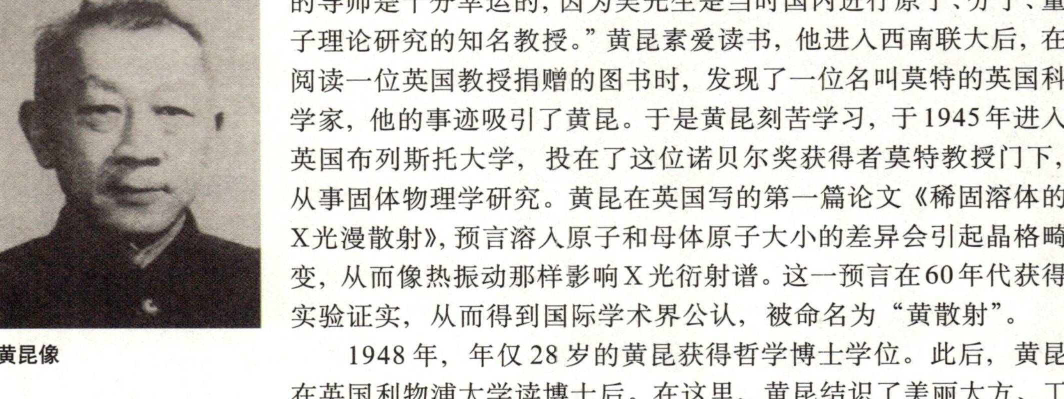

的导师是十分幸运的，因为吴先生是当时国内进行原子、分子、量子理论研究的知名教授。”黄昆素爱读书，他进入西南联大后，在阅读一位英国教授捐赠的图书时，发现了一位名叫莫特的英国科学家，他的事迹吸引了黄昆。于是黄昆刻苦学习，于1945年进入英国布列斯托大学，投在了这位诺贝尔奖获得者莫特教授门下，从事固体物理学研究。黄昆在英国写的第一篇论文《稀固溶体的X光漫散射》，预言溶入原子和母体原子大小的差异会引起晶格畸变，从而像热振动那样影响X光衍射谱。这一预言在60年代获得实验证实，从而得到国际学术界公认，被命名为“黄散射”。

1948年，年仅28岁的黄昆获得哲学博士学位。此后，黄昆在英国利物浦大学读博士后。在这里，黄昆结识了美丽大方、工作勤恳、专业知识精通的艾夫·里斯，二人一见钟情，喜结良缘。这对科学伉俪把感情更多地投入到科学中，合作完成了多声子跃迁理论，以“黄—里斯因子”著称于世，这一理论也被称为“黄—里斯理论”。这期间，黄昆的另一项开创性贡献是提出了描述晶体中光学位移、宏观电场与电极化三者关系的“黄方程”，及由此引申的电磁波与晶格振动的耦合。

“玻恩和黄”是德国物理学家玻恩（后来获得诺贝尔奖）与黄昆合著的《晶格动力理论》一书的简称。玻恩作为量子力学的创始人之一和晶体原子运动系统理论的开创者，早在二战时就开始构思一部“从量子力学最基本原理出发，运用演绎方法，认识晶体结构和性质”的专著，并已写完若干章节，但因种种原因而被搁置下来。1947年，黄昆在爱丁堡大学玻恩处短期工作，玻恩发现黄昆对这一领域很熟悉，且见解独到，便建议黄昆完成这部专著，黄昆欣然接受。从1948年开始，历时四年，黄昆完成了这部巨著。该书以严谨的论述和清晰的物理图像对固体物理学的基本领域进行了系统总结，并作了大量的创造性工作，发展和完善了这一领域，得到玻恩及同行的高度评价。此书于1954年由英国牛津大学出版社出版，一直被世界各地固体物理学研究者奉为经典。黄昆完成这部著作时，才32岁，可谓大器早成。黄昆在科学上的成就令人仰慕，在做人上更是令人崇敬。在新中国百废待兴之时，他毅然抛下国外的优裕生活，投身于祖国建设中。

1934年王淦昌在山东大学执教时留影

20世纪上半叶的几十年里，中国大地风雨飘摇，而先后几代中国物理学家怀着满腔的爱国热忱，勤奋钻研，勇于探索，为物理学的发展作出了卓越贡献，有的甚至在当时处于领先地位。除上述提到的物理学家的成就外，物理学史上还清晰地留下了下面这些中国人的名字：李耀邦——1914年以密立根方法利用固体球粒测定了e值；胡刚复——1918年关于X射线放射机制的研究对推测原子结构有重要意义；赵忠尧——20年代末对硬射线的反常吸收研究为正电子的发现做了有益工作；钱临照——对水晶压电现象进行了研究；任之恭——对微波进行了研究；饶毓泰——对原子和分子光谱进行了研究；王淦昌——提出了验证中微子存在的实验方案和任何粒子都有反粒子相对应的观点；张文裕——40年代发现了μ子并证明了μ子的弱作用，对研究原子核结构有重要启示；胡宁、朱洪元、周光召等——对基本粒子进行了研究；彭桓武——对介子理论以及用辐射阻尼理论对宇宙线进行了研究；萨本栋——对电路分析进行了研究；王竹溪、张宗燧——针对统计物理学进行了研究；葛庭燧——对金属物理尤其是内耗实验和理论进行了研究。

王竹溪像

六、化学领域中的探索

20世纪20年代是中国现代化学发展的起步阶段，这一时期，在欧美留学学习化学的中国留学生大都获得博士学位，并在化学领域取得了一定成就。

1920年，中国第一座制碱企业——永利碱厂由侯德榜（哥伦比亚大学博士）和民族实业家范旭东（碱业大王）在天津创办成功。1924年，吴宪（哈佛大学博士）开始从事蛋白质变性研究，他是国际上首次提出有关蛋白质变性学说的人，他的学说使蛋白质大分子的高级结构研究取得突破性进展。1928年，留美学者王守竞对氢气分子的变分函数进行了有效改进。1929年，傅鹰对著名的特劳贝规则进行了修补。吴宪、王守竞和傅鹰的研究工作受到当时国际学术界的普遍重视，在现代化学领域为中国争得了荣誉。但是，这一时期刚刚成长起来的中国现代化学家所进行的研究工作多在国外进行，且接触的当时前沿学科非常少，以致中国在化学前沿分支上没有取得多少成果。

20世纪三四十年代是中国现代化学艰难成长的阶段。这一时期内忧外患，战火不断，中国化学家在艰难环境中开展工作，虽取得了零星成果，但没有进行系统、深入的研究，中国现代化学在战火中艰难地成长着。

1932年8月，中国化学界第一个全国性的正规学术组织——中国化学会在南京成立，中国化学开始有了自己的团队。中国化学会的宗旨是团结组织全国化学工作者，促进中国化学科学和技

1956年毛泽东与侯德榜、吴有训、竺可桢在一起交谈

术的普及、推广和发展，为使中国化学学科跻身于国际先进行列而不懈努力。化学会的领导机构由民主选举产生，从学会成立至1949年为止，共产生过十六届理事会，陈裕光、曾昭抡、吴承洛、张洪沅、范旭东等人担任过会长、理事长，吴承洛、高济宇等人担任过书记、总干事。30年代中国初步形成国内化学研究队伍，这一时期较有影响的成果有：侯德榜的英文专著《纯碱制造》，庄长恭对甾族化合物所进行的研究，陈克恢关于麻黄碱的研究，孙承谔关于三原子体系H_2+H位能面的研究，梁树权关于铁原子量的测定等。

40年代连年的战火，使中国的科研工作进入了最为艰苦的阶段。中国化学家们面对着化学药品和仪器极端缺乏，生活环境动荡不安的境况，仍坚持开展研究工作，并取得了一定成就。如张青莲成功进行了重水热膨胀实验；李方训开展了离子水合热、水化熵、离子表观体积等方面的研究，引起国际化学界的关注；高济宇发现了四碳环衍生物的新合成法，成为当时有机化学领域的一个重要发现，推动了当时多环化合物合成化学的发展；汪猷分离出了一种新抗生素——桔霉素，并对桔霉素的结构、合成方法、生物作用、毒性进行了系统研究。

侯德榜（1890—1974），福建人，著名化工专家，中国现代化工工业奠基人，“侯氏制碱法”发明者。他在清华留学预备班时，以10门课满分1000分的成绩毕业，这个成绩是众多学生所望尘莫及的。1913年他公费去美国留学，先后就读于美国麻省理工学院、哥伦比亚大学，获博士学位。早在1862年，比利时的索尔维发明了氨碱法，并风靡整个制碱市场。1917年，因交通阻塞，纯碱奇缺，靠进口维生的中国民族工业处于灭顶之灾中。1921年，民族实业家范旭东准备筹建永利碱厂，聘请在制碱业已小有名气的侯德榜任总工程师。1924年，永利碱厂的纯碱正式投产。1938年在四川筹建永利碱厂时，针对四川井盐成本太高的新问题，侯德榜提出了“联合制碱工程”，又称“侯氏制碱法”，其特点是将制碱厂、合成氨厂、石灰厂联合起来，以降低成本，提高利用率，即在制碱的同时也生产化肥，这种制碱法对世界上原有的制碱工艺进行了重大突破，使制碱工业走上了一条新的发展之路。侯德榜将毕生精力都用在了科技工作和科学研究上，他为世界制碱业树立了一座不朽的丰碑。

庄长恭像

庄长恭（1894—1962），福建泉州人，中国有机化学研究的先驱者，有机微量分析的奠基人。1919年入美国芝加哥大学化学系，1924年获博士学位。1933年回国任国立中央大学理学院院长，1934年任中央研究院化学研究所所长。1948年当选为中央研究院首届院士，并任台湾大学校长。庄长恭主要从事麦角甾醇结构的研究。他在有机合成，特别是甾体化合物的合成与天然有机化合物的结构研究方面作出了卓越贡献，是当时国际上少数从事甾体全合成研究的知名化学家之一。他非常重视用中文命名有机化合物，现用的吲哚、吡咯等杂环化合物名称均为他所倡议。

傅鹰像

傅鹰（1902—1979），祖籍福建闽侯，出生于北京，物理化学家和化学教育家，中国胶体科学的主要奠基人，创建了中国胶体化学的第一个教研室，对发展表面化学基础理论和培养化学人才作出了贡献。他于1922年公费赴美留学，26岁获密执安大学博士学位。1928年，他婉言谢绝了美国一家化学公司以优厚待遇的聘请，毅然回到祖国。归国十余年内，他相继在东北大学、北京协和医学院、青岛大学任教，后又辗转到重庆大学、厦门大学。傅鹰深深体会到国家的贫穷和遭受外强侵略的悲惨，于是他把个人的一腔热血全部倾注到实验室里，把青春贡献给了中国的化学科研和化学教育事业。人们应用胶体的历史很长，但对它进行系统研究却是20世纪以后的事。傅鹰从20世纪20年代初到美国留学时，便加入到胶体和表面化学的开拓性研究中去，是中国最早一批从事该领域研究的人之一。1944年底，傅鹰再次到密执安大学深造时，与导师、著名胶体科学家巴特尔合作，连续发表了多篇相关论文，受到国际学术界的重视和好评。

七、天文学领域中的探索

天文学是研究天体和宇宙的一门学科，它通过对宇宙和天体的观测、严谨的理论分析和科学假想，来对天体的运动、物理性质、形成及演化规律进行研究。天文学是自然科学的基础学科之一，在自然科学的发展过程中起着先导作用，这不仅表现在天文学的每一个新发现都会给物理、数学带来新的挑战和发展机遇，

余青松像

张钰哲像

而且由于天文观测中高精度和准确度的需求也极大地推动了信息科学、空间技术、精密仪器等的发展。

中国现代天文学事业的发展，是与高鲁、余青松、王士魁、李珩、吴大猷、沈睿、周培源、张钰哲、程茂兰、戴文赛等留学归国人员的努力分不开的。他们引进西方现代天文学，使天文彻底摆脱了在中国古代被赋予的官方性、政治性和神秘性，成为现代科学体系中的一门分支学科。他们建立起中国自己的天文研究机构，创办天文学刊物，建立学术团体，为中国现代天文事业的发展奠定了基础，并扩大了中国天文学的社会影响和国际地位。

民国初年，中国的现代科研机构相继产生，天文学走在了前面。1873年，法国天主教会在上梅建立的徐家汇天文台是中国最早的近代天文机构，它主要开展天文、气象等综合性观测和研究工作，同时也为各国海运提供气象和时间等服务。1900年，又建立佘山天文台，配置了当时亚洲最大的40厘米折射望远镜。同年，德国在青岛也设立了气象天测所，从事天文、编历、行星、恒星、星云、宇宙构造等观测和研究工作。

1911年辛亥革命后，中国采用世界通用的公历。五四运动后，随着科学和民主思潮的发展，中国天文学界逐渐活跃起来。1922年10月，中国天文学会在北京成立，其宗旨是“求天文学进步及普及天文学”，设会所于北京古观象台，随后创立了《中国天文学会会报》。1924年中国政府接管了青岛气象天测所，将其改名为青岛观象台。1926年广州中山大学数学系扩充为数学天文系。1927年国民政府成立观象台筹备委员会，1928年成立天文研究所。首任所长高鲁选择紫金山作为天文台台址，天文所第二任所长余青松既通天文，又懂土木工程，他充分利用紫金山的地形，使各建筑物做到了错落有序，布局美观合理。其间，又将北京古观象台上一些重要的古代天文仪器如浑仪、简仪、圭表、漏壶等运至南京并安装在紫金山天文台上，使古代、现代天文仪器相得益彰，并和各建筑物交相辉映。1934年紫金山天文台正式建成后，他便派人前往日本北海道进行了中国第一次国外日全食观测。此后，余青松写成《中央研究院天文研究所》一文，并在美国的太平洋天文学会会刊上发表，此文向全世界展示了中国现代天文学所迈出的步伐。紫金山天文台是第一个真正由中国人独立创建的

天文台，紫金山天文台的建立标志着中国现代天文学研究的开始。

紫金山天文台

1932年，中国天文学会迁往南京，挂靠在中央研究院天文研究所。1935年中国天文学会成为国际天文学联合会（简称IAU）的会员单位，拥有296名国际天文学联合会会员。中国天文学会在解放前的历任会长是高鲁、蔡元培、秦汾、李书华、余青松、张钰哲等。

高鲁（1877—1947），福建长乐人，曾留学比利时，获工科博士学位。余青松（1897—1978），福建厦门人，1918年赴美留学，先学土木建筑，后攻天文学，获加利福尼亚文学哲学博士学位。回国后任教于厦门大学。1947年再度出国，先后在加拿大多伦多大学、美国哈佛大学天文台工作。1955年任美国胡德学院教授兼该院威廉斯天文台台长。张钰哲（1902—1986），福建闽侯人，1925年入芝加哥大学，1928年发现1125号小行星，命名为"中华"。回国后任教于中央大学物理系，新中国成立后任中国科学院紫金山天文台台长、名誉台长。张钰哲毕生致力于小行星和彗星的观测和轨道计算工作，发现了若干星历表上没有编号的小行星和以"紫金山"命名的三颗新彗星。

抗日战争时期，天文所（紫金山天文台）为了正常工作，在昆明新建凤凰山天文观测站，以维持太阳黑子观测等研究工作。其间由所长张钰哲带队从昆明长途跋涉至甘肃临洮进行了日全食观测，并拍摄了世界上第一部彩色日全食影片，在途中他们遭到了日本飞机的轰炸扫射。1943年，张钰哲撰写了《在日机轰炸阴影下的日食观测》一文，发表在全球著名的美国《大众天文学》期刊上，宣传了中国科学家的奋斗精神，严正控诉了日本侵略者的罪行，得到国际社会的广泛关注。抗战胜利后，天文所于1946年迁回南京，而此时的紫金山天文台已遍地荒芜，仪台破损。忙于内战的蒋政府只在外表上稍加修整，实则已成摆设。一直到1949年新中国成立，紫金山天文台才真正掀开了新的篇章。

八、地学领域中的探索

地学包括地质学、地理学、大气科学、海洋科学等研究地球的所有学科，是最早引入中国的现代科学之一。现代地学是20世纪初才从西方传入中国的，在相当长的一段时间内，主要由外国人对中国地学问题进行调查和研究，虽然在一定程度上促进了中国地学的发展，但中国地学的真正大发展，则是新中国成立以后的事情了。尽管中国地学的起步比较晚，且在很多方面都处于比较落后的状态，但是中国地学在全球地学中占有非常重要的地位。

1909年，地理学教师张相文和一批热心地理、地质的同仁们在天津成立了中国地学会，并在第二年创办了《地学杂志》期刊。中国地学会的成立标志着中国地理学由传统向现代地理学的迈进。1912年，学会迁至北京，其经费来源主要以募捐为主。1934年3月，翁文灏、竺可桢、张其昀三人在南京成立了中国地理学会，其学术刊物《地理学报》，是中国历史上创办最早的地理学术刊物。1950年会址由南京迁至北京。建国初期，中国地学会与中国地理学会合并为中国地理学会。

1922年1月，由中国地质学家及在华工作的外籍知名学者章鸿钊、翁文灏、王烈、丁文江、李四光、葛利普（美国）等26位学者发起，在北京成立了中国地质学会，章鸿钊任会长，谢家荣任书记。同年，学会创办了以英文为主，德文、法文为辅的《中国地质学会志》。1936年，学会又创办了中文期刊《地质论评》。北京地质学会成立于1936年3月，是全国第一个地方地质学会，原名中国地质学会北平分会，由谢家荣、金耀华、裴文中等发起组织。建立的原因是由于当时中国地质学会从北平向南京迁移，为了更有效地继续北平的地质研究活动，中国地质学会谢家荣等会员便组建了中国地质学会北平分会。

1928年北京大学地质系合影
左起：裴文中、李春显、朱森、李四光、黄汲清、赤懒安彦、杨曾威

翁文灏（1889—1971），著名的地质学家、地质教育家，生于浙江鄞县一个绅商家庭，自幼聪颖好学，13岁考中

秀才，年稍长后留学于比利时鲁凡大学，专攻地质。他的毕业论文《勒辛的石英玢岩》选择了该国最薄弱的岩浆岩岩石学为研究方向，为比利时的地质科学填补了空白，轰动了当时的比利时地质学界，被破格授予博士学位，从而成为中国历史上获得地质学博士学位的第一人，也是中国最年轻的地质学博士（23岁）。他同章鸿钊、丁文江一起执教于北洋政府农商部下属的地质研究所，培养了中国的第一代地质工作者。翁文灏对于中国的矿产资源和地震地质的研究都作出了卓越贡献。他曾于1916年担任农商部地质调查所的矿产股长，重点对矿产地质进行研究。他于1919年出版了《中国矿产志略》一书，该书对中国矿产资源分布进行了科学分类与系统总结，并且对矿物形成规律也进行了深入研究，为矿产资源寻找和开发奠定了基础。他还是第一位研究中国地震地质的学者，由他牵头，1930年在北平西山建立了中国第一个地震台及地震研究室。该室装备有中国第一批能检测并记录全球大地震的仪器，这标志着中国地震学研究逐渐步入了世界先进行列。

翁文灏像

章鸿钊像

李四光（1889—1971），中国地质力学创始人，原名仲揆，湖北黄冈人。1928—1949年任中央研究院地质所所长，1949年任中国地质部部长。早年受湖北省公费选派去日本大阪高等工业学校留学，学习造船机械。回国后，适逢武昌起义成功，他被选为湖北省实业司司长。辛亥革命失败后，李四光赴英国伯明翰大学继续深造，先学习采矿，后转入地质系，并先后获英国伯明翰大学硕士和博士学位。1920年，李四光回北京大学任地质系教授。1921年写成《中国北部之科》一书，该书成功地解决了中国北部含煤石炭纪地层划分的问题，其中的一些观点对北美石炭纪地层的划分产生了很大影响。1926年，他提出地球自转速度是由“大陆车阀”自动控制的学说以及“山”字型构造，并提出了“构造体系”概念。李四光于1934—1936年在伦敦、剑桥、牛津、伯明翰等八所名校讲授中国地质学，他把讲稿整理成《中国地质学》一书在伦敦正式出版，得到国外学术界很高的评价。

在日本读书时的李四光

李四光早年对蜓科化石及其地层分层意义有精湛的研究，并首次提出及论证了中国东部第四纪冰川的存在，1937年成书《冰期之庐山》，该书被视为第四纪冰川学研究的经典著作。李四光根据他多年的研究经验，将力学和地质学结合起来，用力学观点研究地壳运动及其矿产分布的规律，于1939年建立了新的边缘学科——地质力学，并著成其代表作《地质力学概论》。创立地质力学是李四光对地球科学的最大贡献。李四光提出新华夏构造体系三个沉降带有广阔找寻石油的远景，为大庆、胜利等油田的发现奠

1934年初李四光与家人于上海合影

定了理论基础。以他的地质力学理论为指导，中国先后发现了石油、铀、金刚石等宝贵矿藏。他还开创了活动构造研究与地应力观测相结合的预报地震途径。

由美国、奥地利科学家先后创立的“地槽—地台”地质构造理论，近百年来一直在地学领域占统治地位。但是，这一理论却受到了一位中国科学家的挑战，他就是陈国达。陈国达1912年生于广东新会，自小热爱自然，因父母早逝，家境清贫，15岁辍学当了小学教员。半年后，考取中山大学地质学专业。1934年进入北平研究院，师从翁文灏攻读研究生。陈国达重书本，更重实践，他曾数次到河北、山西、山东一带实地考察。他在考察研究中惊奇地发现，自中生代以来，岩浆活动和沉积地层并不是随时间的推移逐渐老化，而是有回春的现象，这一现象用“地槽—地台”学说是解释不通的。应该迷信书本和权威，还是正视现实？陈国达决心在实践中找答案，他于1936年徒步进入灵山震中灾区，观察地壳构造，并收集整理了大量资料。他根据灵山周围地震带密布并褶皱成列、广见断层的事实，指出“地槽—地台”学说所得到的中国东部从大兴安岭到海南岛地域已进入较稳定的“地台”阶段的说法与观察事实不符。

陈国达像

1937年，他借着和新婚妻子去衡山度蜜月的机会，进行地质考察。在考察中，他惊奇地发现：广东、湖南、江西境内的地壳构造基本相似，这对回答“地槽—地台”学说无法解释的现象极富代表性。于是他辞去中山大学教职，到江西地质调查所从事野外考察，在深山中一干就是十年。十年间，他写了大量论著，并对传统的地质构造理论提出了公开挑战。1938年，他写了《中国东南部红色岩层之划分》一文，对认为红层地质只存在于第三纪的学说提出质疑。但论文发表后竟多次遭人指责和讽刺。陈国达顶住嘲讽和压力，又在海岸地质研究方面有所发现。早在1869年，德国人李希霍芬在《中国》一书中，断言中国海岸以杭州湾为界，北属上升型岸线，南是下降型岸线。陈国达通过对东南沿海岸线的反复观察，认为中国南部岸线有升有降，是一种复式岸线，并于1948年写出《中国南部复式岸线成因》等文，再次对传统地质构造理论提出挑战。陈国达尊重科学事实、不迷信书本、勇于挑

战权威的精神值得后人学习。

竺可桢（1890—1974），浙江绍兴人，中国地理学界和气象学界的一代宗师，物候学的开创者。1910年赴美留学，1913年入美国哈佛大学攻读地学研究生，1918年获哈佛大学博士学位。他在博士论文《远东台风的新分类》中提出的以风速作为量度台风的单位，沿用至今。竺可桢先后在武昌高师（武汉大学前身）、东南大学（南京大学前身）任教，为中国地理学、气象研究培养了大量人才。

竺可桢像

1916年，竺可桢发表了第一篇气象论文《中国之雨量及风暴说》，开创了中国季风气候学研究领域。1920年，他在东南大学筹建之时，提出了在南京师范学校地理系的基础上，设立包含地理、气象、地质、矿物四个学科的地学系的合理建议。1928年，他主持创建了南京北极阁气象研究所，并任所长。该所在仪器设备、图书资料、技术水平以及国际影响等方面都超过了当时外国人在上海办的徐家汇观象台，是中国气象事业的重要基地和摇篮。竺可桢还开创了物候学研究。1931年，他在《记新月令》一文中认为，用物候安排农事比二十四节气更为适用，主张新的农历应建立在物候基础上，并主编了《物候学》。他出版的《中国新植物物候观测年报》为物候学研究提供了基本资料。竺可桢1936年到浙江大学任校长后，协同各方建立了政府系统的气象局，并在浙江大学开始培养气象专业的研究生。竺可桢在台风、季风、气候变迁、农业气候、物候、自然区划等方面做了大量开拓性工作和研究，不愧是中国地理学、气象学、物候学的一代宗师。

现代中国的海洋科学研究，始于20世纪初。1909年成立的中国地学会，通过《地学杂志》宣传海洋科学知识，并对海洋地理、海洋地质、海洋生物和海洋气象进行研究。1914年创办的中国科学社，对中国近代海洋科学的发展也曾作出过积极贡献。1931年7月在厦门大学成立了专门从事海洋生物学研究的中华海产生物学会。1922年，海军部设立海道测量局，开创了中国的海道测量工作。建于1928年的青岛观象台海洋科，是中国第一个海洋水文气象和生物观测研究机构，由中国科学社筹建的青岛水族馆也由该科管理。1937年下半年至40年代末，中国的海洋科学研究绝大部分陷于停顿。1941年，由马廷英、唐世凤等组成的福建东山海洋考察团，是抗日战争期间国内唯一的一次海洋考察。这一时期的研究多偏重于海洋生物、海洋地理、海洋地质和海洋水文气象方面，当时有两个研究中心，南方在厦门，北方在青岛。

综观20世纪前半叶的地学在中国的起步与成长，尽管在国际

上属于后起之列，但却以一批务实奋进的科技工作者的良好开端为中国在国际地学界争取到了不可小瞧的一席之地，并为下一时期中国地学的繁荣发展打下了坚实的基础。

九、生物学领域中的探索

生物学在中国源远流长，许多科学家曾著书立说，对生物学中的部分分支进行了研究。中国现代生物学的建立，是从第一批生物学留学生那里开始的。其中颇有建树的有：开创现代生物学的秉志，最早建立植物学的钟观光、胡先骕，深入开展动物学研究的王家辑，开创中国生理卫生学的蔡翘，创立中国实验胚胎学的童第周等。他们在生物学各领域进行了卓有成效的研究，为中国生物学的发展打下了坚实的基础。

秉志（1886—1965），河南开封人，著名动物学家、教育家，中国现代生物学的一代宗师。他18岁考入当时中国的最高学府——京师大学堂。在读书期间，涉猎了大量西方的科学书籍，其中对达尔文的进化论用功较深，这使他对生物学产生了极大的兴趣，从而立志进行有关生物学的研究。1909年，他考取了中国第一届官费留学生，先后学习、研究了昆虫学、解剖学、脊椎动物神经学，以优异成绩获博士学位。他是第一位获美国博士学位的中国留学生。

秉志像

早在1914年，还在美国的秉志就和同学们一起组织了中国科学社，这是中国最早的群众性的自然科学学术组织，并创办了中国最早的科学刊物《科学》，为科学知识和科学精神的传播开辟了一方阵地。1920年，34岁的秉志回国，在南京高等师范创建了中国第一个生物系。当时，人们对生物学这门科学还很陌生，学习生物的学生很少。为了普及生物知识，提高人们对生物学的认识和学习生物学的兴趣，秉志采用别开生面的教学方法，一时间吸引了许多其他专业的学生和好奇青年前来听讲。秉志丰富的生物知识，特有的授课方式，使他们由好奇转变为兴趣，以致许多学生放弃原来的专业改学生物学。1922年8月，在秉志的积极活动下，中国第一个生物研究所在南京成立。

1934年秉志与他人共同组织了中国动物学会。1945年任国立中央大学生物系教授。此后在脊椎动物形态学、神经生理学、动物区系分类学、古生物学等领域进行了大量开拓性研究。作为中国第一个生物系和第一个生物学研究机构的创办人，秉志被后世生物学家誉为中国现代生物学的奠基人。

钟观光像

钟观光（1868—1940），浙江镇海人，中国近现代植物学的开拓者，国内第一个用近现代科学方法进行植物采集调查的人。长期致力于生物学教学、植物调查和古代史籍中有关植物的考证工作，为推动中国近现代植物学研究和发展献出了毕生精力。

钟观光于1899年组织了“四明实学会”，1901年在上海设立“科学仪器馆”，并在馆内“传习所”教书，吸引了徐锡麟、章太炎、蔡元培、邹海滨等著名人士纷纷前来聆听他的讲授。1908年，钟观光积劳成疾，只得停教传习所。蔡元培得知后专门成立“钟门同学会”，为他筹资并劝其赴西湖疗养。在西子湖畔，他通读了李善兰与韦廉臣合译的《植物学》，掌握了近代植物学的基础理论知识和研究方法，而这里丰富的植物资源，诱发了他对植物学研究的浓厚兴趣，促使他后半生从事植物学研究。

1918年，蔡元培任北京大学校长，聘任钟观光专门负责植物标本的采集工作兼讲授植物学。钟观光历时四年，足迹遍布白山黑水、大江南北，写成10篇《旅途采集记》，发表在《地学杂志》上，为后人留下了一份极其珍贵的科学遗产。1924年，钟观光以自己所采集的标本为基础，主持创建了北大植物标本室。1927年，钟观光到浙江大学农学院开设植物分类学课程，并在这里建立了植物标本馆和植物园，园内每株植物都挂有中文、拉丁文学名和所属科名的标牌，有力地普及了植物分类知识，参观者莫不称道。植物园的建立为中国园林科学的发展起了有力的推动作用。1930年，年逾花甲的钟观光，又踏上了新的治学征程。他熟读《诗经》、《易经》、《尔雅》、《齐民要术》、《梦溪笔谈》、《植物名实图考》等古籍，对其中记述的植物进行了详细考证，写出了多种著作。

胡先骕像

胡先骕（1894—1968），生于江西新建，中国植物分类学的奠基人，他是继钟观光之后，进行大规模野外采集和调查的又一位学者。

1922年，胡先骕与秉志、钱崇澍等在南京筹建中国科学社生物研究所，该所的成立有力地推进了中国现代生物学的发展。同时，胡先骕编著了中国有史以来第一部专供大学生物系学生使用的中文版《高等植物学》，该书内容新颖，在教育界影响很大。1923年秋，胡先骕赴哈佛大学深造，他的博士论文《中国种子植物属志》立足于哈佛大学阿诺德森林植物园，深入考查了该园自1899年起从中国中、西部采集走的植物标本，并详细考证了国外期刊杂志中登载的有关中国植物的科属记录，具有较强的学术价值。1928年，胡先骕与秉志等人先后创办静生生物调查所、庐山森林植物园、云南农林植物研究所。为了中国植物学的进一步发展，在静生生物调查所经费不多的情况下，胡先骕仍支持秦仁昌到英国邱园（皇家植物园）精选18300余号中国植物标本拍成照片带回，为中国植物分类学研究保存了珍贵的资料。

为发展现代植物科学事业，普及植物学知识，由胡先骕、钱崇澍、陈焕镛等19名植物学家发起，于1933年8月在四川北碚成立了中国植物学会，并创办《中国植物学杂志》。除现代植物分类研究外，胡先骕长期致力于古植物学的研究和考证工作。1941年，胡先骕同郑万钧一起首次联合命名“水杉”，并建立了“水杉科”，引起全世界植物学家的震惊，这是胡先骕融会古今植物研究的一个重要贡献。

王家楫（1898—1976），江苏奉贤人，父亲王渭是清光绪五年的举人，是一个既严厉又和蔼的人。父亲的严谨作风和开明态度，对王家楫一生的成长都有很大影响。

1917年，王家楫考入南京高等师范专攻农学。1922年，任中国科学社生物研究所助理员，成为生物学泰斗秉志的弟子。1925年，王家楫公费赴美国宾夕法尼亚大学动物系深造，三年后获哲学博士学位。1929年回国后，王家楫被聘为生物研究所动物学部研究教授兼任中央大学生物系教授，讲授普通动物学、无脊椎动物学、组织学、胚胎学等课程，深受学生喜爱。1934年，国立中央研究院自然历史博物馆改名为国立中央研究院动植物研究所，王家楫任所长。同年，王家楫参与发起成立了中国动物学会。抗日战争爆发后，他率领动植物研究所人员辗转迁至四川北碚。1944年，动植物研究所分为动物、植物研究所，王家楫任动物研究所所长。1948年，他当选为中央研究院院士。

蔡翘（1897—1990），广东揭阳人，著名生理学家，中国医学教育事业的一代宗师。1919年起先后就读于美国加利福尼亚大学、印第安那大学、哥伦比亚大学、芝加哥大学，学习心理学、生理学和神经学。1925年以优秀论文《大白鼠的记忆曲线》获哲学博士学位。

1925年，蔡翘对美洲袋鼠的视神经路径和视中枢以及下行传感路径进行研究，其发现的脑中以小细胞为主的神经核区，引起了生物学家的广泛重视，被命名为“蔡氏核区”。1927年，蔡翘在上海吴淞中央大学医学院创建了生理学科，讲授生理学、组织学、胚胎学等课程。三四十年代，蔡翘对甲状旁腺的功能、感受

蔡翘与吴有训、潘菽、夏少华（左起）、杨武之（右1）在美国芝加哥大学合影

器的现象、肝糖元异生机制等课题进行了较深入的研究，取得了一些较有影响的成果。1948年，蔡翘当选为中央研究院首届院士，并任中央大学医学院代理院长。

童第周（1902—1979），祖籍浙江宁波，中国著名的生物学家、生物教育家。童第周幼时家贫，好读书，为生计14岁就代替父亲做私塾教师。后入效实中学读书，但由于基础太差，童第周第一学期的平均成绩只有45分。校方要他退学或留级，童第周非常难过，向校长保证一定能赶上。校长被他感动了，答应让他跟班试读。从此，童第周“闻鸡”晨读，晚上借路灯苦学。试读结束时，童第周平均成绩达到70分，几何还考了100分，总分居全班第一，最后以优异成绩考入复旦大学。

1930年，童第周远赴比利时留学，在比京大学实验室踏上了生物学的征程。在这里，童第周完成了别人多次都未能成功的去青蛙卵膜实验。以至于很多年后，有人问起童第周对什么事情印象最深时，他非常干脆地说：“一件是我在上中学时第一次得到100分。那件事使我知道，我并不比别人笨。别人能办到的事，我经过努力也能办到。另一件事，就是我在比利时第一次单独完成青蛙卵膜剥除术。那件事使我相信，中国人不比外国人笨。外国人认为很难办到的事我们照样能办。”就这样，童第周凭借自己的智慧和才能，赢得了导师达克的信任，也给李约瑟留下了深刻的印象。

1930—1934年，童第周证明了棕蛙卵子的对称面不完全决定于受精面，而是决定于卵子内部的两侧对称状态。1934年，他

1931 年童第周在比利时的实验室工作

证明海鞘的未受精卵子中已存在器官的形成物质，精子的进入对此没有决定性影响。他提出了胚胎发育的极性现象，对两栖类胚胎发育研究具有极重要的意义。他通过对文昌鱼胚胎发育机理的研究，证明了文昌鱼是介于无脊椎动物和脊椎动物之间的过渡类型。这些研究都具有开创性。1934 年，童第周怀着报国理想，与夫人叶毓芬一起到山东大学任教，为中国的生物学研究献出了毕生精力。

第十二章 新中国的科技事业和重大成就

1949年10月1日，中华人民共和国成立，揭开了中国历史新的一页。中国发生了天翻地覆的变化，面貌焕然一新，随着轰轰烈烈的经济建设的开展，也开始书写科学技术事业的新篇章。

新中国刚成立时，中国科技事业起点低、底子薄。全国科研机构不过三四十个，专门科研人员仅600余人。在这样的基础上，政府通过调整和兴建科研机构、发展教育事业、组织科技队伍来支持和推动科研工作，引导科技事业迅速走上了正轨。

1955年以后，随着苏联援助建设的156项重大工程的竣工投产和《1956—1967年科学技术发展远景规划》的制定与实施，中国科技随之出现新的发展局面。虽然在此期间及以后，中国科学技术事业遭受到多次严重挫折和伤害，如反右斗争、大跃进、苏联停止援助、十年动乱等，但中国科技工作者仍以满腔的热忱、高度的使命感和责任心、顽强的毅力、不懈的努力，取得了一系列令世界瞩目的成就，如大庆油田的顺利开发、第一颗原子弹的成功试爆、人工合成牛胰岛素等。

20世纪80年代以来，以信息、生物、新材料等为中心的新科技革命浪潮席卷全球，中国也开始调整发展战略，把高新技术发展列为国家重点目标，并为此制定了一系列高科技发展规划，如“863计划”、“火炬计划”、“攀登计划”等，中国科技事业再次呈现出蓬勃发展的态势。与此同时，中国在数学、物理学、化学、生物学、地质学、天文学等基础科学领域，也建立起一套较完整的研究体系。虽然基础科学研究总体水平落后于发达国家，但在某些领域也取得了突出成就，许多领域接近或处于世界领先水平。在技术科学和应用科学方面，中国不失时机地抓住了几个重点领域，如电子技术、计算机技术、核技术、航天技术、生物技术等，加以重点发展，并在这些领域取得了有目共睹的成就。

经过了五十多年风风雨雨的拍打锻炼，如今中国的科技事业蒸蒸日上，一日千里。科研机构遍布全国，高校千余所，科研人员上千万，重大科研成果万余项。“天高任鸟飞，海阔凭鱼跃。”更多的中国科技新成就，必将汇聚成一盏盏明灯，在新世纪发出更加耀眼的光辉！

一、中国科学院的建立与发展

中国科学院于1949年11月1日在北京正式成立，它是在延安自然科学院、原中央研究院(南京)、北平研究院（北京）基础上建立起来的，由郭沫若任院长，陈伯达、李四光、陶孟和、竺可桢任副院长。

建国之初，出于科学自由发展的考虑，对于是否建立中国科学院是有争议的。当时，中国的科技体制在很大程度上是效仿苏联模式的，而且由于社会主义制度本身所蕴含的计划性与中国传统文化所崇尚的集体性，以及中国落后的科技发展现状，都迫切要求国家来集中人力、物力，以形成综合研究的优势。

中科院建院之初所出现的科学发展格局大致是，北京是数理和社会科学的中心，上海是生物、化学和应用科学的中心，南京是地学、天文学的中心。全院共有近代史、考古、语言、社会、近代物理、应用物理、地球物理、物理化学、有机化学、生理学、实验生物、水生生物、植物分类等研究所，心理、地理、数学三所随后也建立起来，还有紫金山天文台、一个工程实验馆、一个地质陈列馆和一个古生物陈列馆。当时共有近300名科研人员。

随着全国经济建设的规模化，中科院各分院机构相继成立。1952年，中国科学院东北分院在原东北科学研究所的基础上建立，随后新疆分院、广州分院和西北分院相继建立，并在武汉、长沙、青海等地成立研究所。到1956年，中国科学院已发展成为大型学术机构，拥有2496名研究人员、44个研究单位。

中国科学院早期实行专家管理，由学术界一流专家经选聘组成专门委员会，进行研究计划的研讨和学术著作、科研成果的审查等。第一批聘任的专门委员有周培源、华罗庚、钱三强、严济慈、卢嘉锡、童第周、竺可桢、李四光、范文澜、郭沫若、马寅初、费孝通等知名学者。1954年1月，按照修订的中华人民共和国宪法和组织法，中国科学院不再是政府的行政机构，而是国务院领导下的国家最高学术机关。于是参照当时的苏联模式，中国科学院学部应运而生，四个学部于1955年6月成立，分别是物理学数学化学部、生物学地学部、技术科学部和哲学社会科学部。

郭沫若在学部成立大会上作报告

学部成立大会会场

1958年郭沫若、吴有训陪同毛泽东参观中国科学院技术成果展览

中国科学院制造的一台计算机正在进行负荷试验

为保证中国科学院力量，最初是从全国各高等院校抽调了大批著名专家学者，这使得高校师资力量明显下降。为弥补这一缺憾，中科院与教育部商定在一些大学设立科学实验室，并成立有关研究室。数学、化学、动力等研究室相继在北京大学、清华大学、复旦大学、南开大学、南京大学设立。这些研究室大多发展成为各高校的科研中心。

中国科学院历经五年的奠基和创业之后，迎来了1956—1966年的迅速发展时期。1956年中国制定了《1956—1967年全国科学技术发展远景规划纲要(草案)》，为此，一批尖端技术与新兴学科的研究机构得以在中国科学院建立。到1965年中国科学院已拥有106个研究机构，承担着全国主要的科研任务。然而，1966年开始的“十年动乱”，打断了蒸蒸日上的科研工作，使中国科学技术事业遭受到无法弥补的挫折和损失，但是广大科技人员仍怀着

强烈的责任感、事业心和追求科学真理的精神，在数学、高能物理、天体物理、生命科学、集成电路设计、计算机研制等方面取得了可喜的成果。

周光召与杨振宁在一起

中国科学院进入调整、恢复和新的发展阶段是在粉碎“四人帮”之后。1977年哲学社会科学部从中国科学院独立并升格为中国社会科学院。同时，中国科学院又迅速收回和重建了一大批科研机构。1979—1981年方毅出任院长，1981年卢嘉锡当选为院长，1987年周光召任院长，路甬祥为现任院长。

通过几代人的艰苦努力，中国科学院造就了一支对科技事业无限忠诚的科技工作者队伍，并建设了一批科研基地，初步形成了自己的科研特色和科学传统。中国科学院作出的重大贡献有：在自然科学基础研究领域取得了有巨大影响的科学成果，如数学中哥德巴赫猜想的突破性研究，物理学中反西格马负超子的发现，化学、生物学中结晶牛胰岛素的人工合成等；开创了一大批高新技术领域，如第一支晶体管、第一个激光器、第一台计算机、第一台加速器，以及“两弹一星”、基因工程中的许多关键技术和器件都是由中国科学院相关研究所完成的；中科院为维持国民经济持续稳定、协调发展，在资源综合考察、生态环境保护等方面为国家宏观决策的制定，提供了大量科学依据，使科研和教育相结合，为国家培养、造就了大批高级科技人才。此外，《科学通报》月刊和《中国科学》季刊等中国科学院主办的刊物，也成为报道国内外重大科技成就的刊物，是进行国内外交流的必要媒介。

自建院以来，中国科学院一直在努力探索办院规律。近十年来，中国科学院坚持“经济建设必须依靠科学技术，科学技术必须面向经济建设”的总方针，确立了“把主要力量投入到为国民经济建设服务的主战场，同时保持一支精干队伍从事基础研究和高技术创新”的办院思路。可以说，经过长期的探索和实践，中国科学院已经基本走出了一条有自己特色的发展道路。

1980年中国科学院新增补的中青年学部委员合影

50年代的华罗庚

二、归国潮和留苏潮

建国之初，百业待举，发展科技，急需人才，特别是国际一流的带头科学家。当时中国科学院和全国各项科技事业的首要任务，是动员海外学者和留学生回国。于是，留学生回国事务委员会在国务院的直接领导下成立，发布了《接济国外留学生回国旅费暂行办法》，新中国以崭新面貌通过一切途径向海外留学生介绍，鼓励已归国的留学生和留学生家属向在国外工作生活的留学生通信，或通过参加一些国际学术会议介绍新中国的情况，号召大家回国。

20世纪50年代初期，新中国出现了第一个回国潮。留居海外的绝大部分中国知识分子都有一份拳拳爱国之心和殷殷报国之志，得知新中国的情况后备感振奋，纷纷听从祖国召唤，踏上了归国之路，投入祖国的温暖怀抱。著名数学家华罗庚于1950年2月由美国转道香港期间，就曾发表致留学生的公开信，号召留美中国学生："为了国家民族，我们应当回去；为了为人民服务，我们应当回去；就是为了个人的出路，也应当早日回去，建立我们的工作基础。"在这一时期回国的有物理学家谢希德、程开甲、赵忠尧、邓稼先，数学家吴文俊，化学家唐敖庆、徐光宪，冶金专家叶渚沛等，他们很快就成为相应领域的学术带头人，投入到新中国的科技事业中。

留学归国人员不仅为新中国带来了大量先进学术思想，而且还带来了先进科研设备。钱学森是回国潮中的最优秀代表之一。钱学森在美国从事火箭研究设计工作，他的回国受到美方的百般刁难，美国海军次长金布尔曾叫嚣："我宁肯把他枪毙，也不让他回去。这个人无论到哪里，都抵得上五个师。"经多方努力，钱学森终于回到祖国，后主持了中国导弹、卫星的设计和实验工作，成为中国航天科技的元勋。1950年，物理学家赵忠尧，克服重重困难，终于从美国带回一些核物理实验器材和基本的电子设备，并在这些高能物理加速器的关键设备基础上，于1955年主持设计建成了中国第一台700千伏加速器。有人曾感慨地说："中国的加速器

1954年10月从美国归来的钱学森与家人合影

是赵忠尧背回来的。”

据统计，有3000余人在1949年至1957年间从海外回国，他们大都成为新中国科技事业的核心和中坚，不仅在科学研究、技术开发中创造了辉煌的业绩，其中许多人还担任了政治、经济、科技、教育等部门的重要领导职务。他们既是卓越的科学家又是杰出的领导者，以深厚的学术造诣和严谨的科研作风，为新中国科技事业的建立和发展，作出了不可磨灭的贡献。但是，1957年以整顿知识分子为主要目标的反右运动，严重打击了海内外知识分子的报国热情，使新中国的第一次留学生回国潮告一段落。

50年代赵忠尧与王淦昌在苏联杜布纳联合核子研究所

50年代在莫斯科大学教室里上课的中苏学生

建国初期，中国科技事业受苏联的影响很大。中国接受了苏联的科学技术援助，掀起了全面学习苏联科技的热潮。1949年底中国科学院院长郭沫若访问苏联科学院，了解苏联科学院的建制情况。1953年物理学家钱三强又率26名科学家到苏联学习先进的科学经验。当时国家培养科技人才的主要途经是公费选派优秀学生留学苏联。留苏学生早期以大学学习为主，以后逐渐改为攻读研究生，专业也从一般的文、理、工科转为国防工业的重点和尖端科技。统计数据表明，全国有一万余人在1950—1958年间被选派到苏联学习，其中绝大部分于60年代学成归国，活跃在社会主义建设的各个领域，其中就有李鹏、宋健、孙家栋、郝柏林、周光召等。

三、科技政策的变化

正如新中国经济建设和社会发展道路一样，新中国科技事业的建立和发展也经历了一个曲折的发展过程。建国之初，中国掀起了全面学习苏联科技的高潮。当时的苏联，科技发展与科技人才的培养都由国家统一规划，科学技术为国家建设服务。中国的

1950年2月，中苏两国政府在莫斯科签订《中苏友好同盟互助条约》

科技体制效仿苏联模式，但这一科技政策的弊端也很快显现出来。首先，科学研究局限于计划的框子，科研人员等待计划的下达，而其自主性和创造性得不到充分发挥，科技事业没有足够活力。其次，中国的学术思想也因苏联的一些错误学术思想而受到严重影响。尤其是生物学界，当时苏联盛行李森科学派，该学派宣扬米丘林生物学，批判和否定摩尔根遗传学。于是中国也全盘否定摩尔根遗传学，停止了原本很有意义的生物学科研工作，重新编写教材，学术刊物也只刊登李森科一派的观点，为此严重阻碍了生物学科的正常发展。

“向科学进军”的口号是在新的科技浪潮的推动下提出的。新的科技革命浪潮于1956年发端于美国，进而席卷全球。这次科技革命以原子能、电子计算机和空间技术的兴起为主要标志，这一科技潮流很快被新中国领导人觉察到，随后在北京召开了全国知识分子问题会议，强调知识分子在社会主义建设中的重要地位和作用，并提出了“向科学进军”的口号，号召尽一切可能迅速提

1956年国产喷气式歼击机试制成功

1956年长春第一汽车制造厂试制的第一批国产解放牌载货汽车出厂

高中国的科学文化水平。为此，还专门制定了《1956—1967年科学技术发展远景规划》。全国很快掀起了一股学科学、用科学、研究科学的热潮。这次会议可以说是中国共产党科技政策史上的一个里程碑。

1956年4月，毛泽东提出了“双百方针”，即“在艺术问题上百花齐放，学术问题上百家争鸣”。由于党对科学的尊重，广大科技工作者的积极性、主动性、创造性被大大调动起来，学术气氛迅速活跃。生物学界成为一个“百家争鸣”的典范。1956年中国科学院、教育部在青岛共同主持召开了遗传学会议，使压制已久的摩尔根学派重见天日，重新获得了自己应有的学术地位。令人遗憾的是，过度地大鸣大放导致新中国科技政策出现了偏差。1957年全国群众性的反右运动开展起来，科技界成为重灾区，很多知识分子被打成右派，被剥夺了科学研究的资格，科技界人人自危，刚刚掀起的科学热潮和学术气氛很快就消失殆尽。科技事业随之又受到“大跃进”的严重损害，严重脱离实际的浮夸之风在学术界盛行，并迅速蔓延到全国，当时水稻亩产一万斤的天方夜谭般的神话纷纷出笼。一直持续到1960年底的“大跃进”，使得“百家争鸣”方针遭到严重破坏，科技人员的积极性受到致命挫伤，科学研究规律被盲目地违背。在群众运动式急躁冒进的研究方式下，科学研究出现了无法弥补的损失。

光明日報

納賽尔总理將訪問我國

科学家教授談“百家爭鳴”

科技界谈论“百家争鸣”

中国摩尔根学派的代表人物之一谈家桢（前排右1）与钱学森等人在美国合影

1961年，党在八届九中全会上提出了“调整、巩固、充实、提高”的八字方针，随之调整了科技政策。分管科技工作的聂荣

大炼钢铁时的小土窑群

人民日報

ENMIN RIBAO

麻城建国一社出现天下第一田

早稻亩产三万六千九百多斤

福建海星社创花生亩产一万零五百多斤纪录

“人有多大胆 地有多大产”

向日葵异軍突起

“人有多大胆，地有多大产”

1963年1月26日，刘少奇、董必武、邓小平、彭真、李富春等领导人同100多名科学家一起过春节

臻主持起草了《关于自然科学研究机构当前工作的十四条意见》(简称《科研工作十四条》)，科研机构提供科学成果、培养科研人才的任务以及“百家争鸣”的学术方针得以重新确立。作为建国以来科技工作全面总结的《科研工作十四条》，既是中国科技事业的基本政策，又是广大科技人员眼中的“科技宪法”。随着《科研工作十四条》的进一步落实，科技工作又重新步入正确轨道。到1965年底，全国科技工作已取得了显著成就。这一时期科研的最大成果便是在1964年实现了第一颗原子弹的成功爆炸。

1966年，“史无前例”的“文化大革命”运动开始，批判“资产阶级反动学术权威”，批判哲学、社会科学和自然科学等理论战线上的“反动观点”，使知识分子受尽折磨。1969年，30万科技人员被下放到山区、牧场、农村从事重体力劳动，整个科技队伍被拆得七零八落。学术观点也被贴上政治标签，许多学术理论受到不应有的批判。由于停止了一切对外科技交流，进一步拉大了中国与世界先进科技水平的差距。

《科学院工作汇报提纲》是这一阶段对科技政策反思的重要报告，它是由在中国科学院主持工作的胡耀邦、李昌、王光伟等人于1975年8月联合起草的。该《汇报提纲》指出科技工作应重新贯彻“百家争鸣”的方针，并有针对性地批判了“左”倾科技政策，强调科学实验不能被生产实践所代替，纠正了对基础科学急功近利的做法，强调学习借鉴外国先进科学技术的重要性。《汇报提纲》的另一项重要论断，即“科学技术是生产力”，对中国以后科技政策的制定产生了积极的重大影响。只可惜，《汇报提纲》还未来得及下发全国，就在“四人帮”掀起的“批邓、反击右倾翻案风”运动中，作为“三株大毒草”之一，受到了严厉批判。“文革”十年，打击了大批科研人员，解散了大批科研机构。国防尖端科研事业是全国唯一在如此环境中取得丰硕成果的领域：1966年，中国成功进行了三次核爆炸，1967年6月17日，中国第一颗氢弹引爆成功。

1976年10月，粉碎“四人帮”，“文化大革命”正式结束。党和国家重新重视科学技术，恢复和制定了正确的科技政策。邓小

华罗庚与杨乐、张广厚、陈景润在全国科学大会上

平复出后，在其1977年著名的“八八讲话”中，提出对知识分子“要保证科研时间，使科学工作者能把最大的精力放到科研上去”的主张。对知识分子态度的这一积极转变，是中国新时期科技和教育政策发生转折的一个良好开端。随后中央于1978年在北京召开的全国科学大会上，明确指出：科学技术是生产力问题、知识分子是工人阶级一部分问题、党在科研中主要是政治上的领导问题，是影响中国科技政策的三个关键问题。这次大会的召开，扫除了十几年来压在知识分子头上的阴霾，许多科学家喜出望外，流下了激动的泪水。

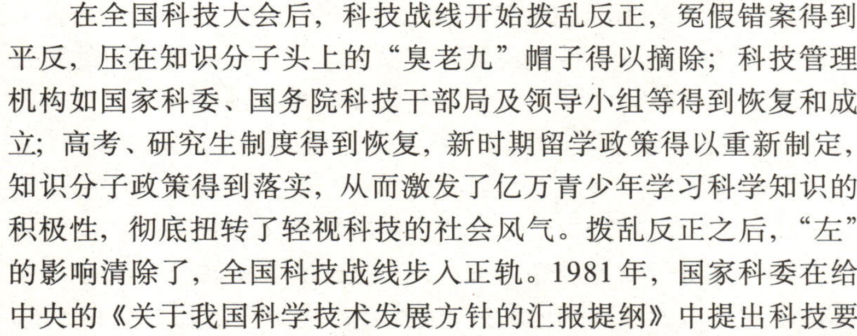

在全国科技大会后，科技战线开始拨乱反正，冤假错案得到平反，压在知识分子头上的“臭老九”帽子得以摘除；科技管理机构如国家科委、国务院科技干部局及领导小组等得到恢复和成立；高考、研究生制度得到恢复，新时期留学政策得以重新制定，知识分子政策得到落实，从而激发了亿万青少年学习科学知识的积极性，彻底扭转了轻视科技的社会风气。拨乱反正之后，“左”的影响清除了，全国科技战线步入正轨。1981年，国家科委在给中央的《关于我国科学技术发展方针的汇报提纲》中提出科技要为经济建设服务，强调科技与经济、社会的协调发展是新时期中国的科技发展方针。

李政道陪同邓小平等领导人接见北京正负电子对撞机工程建设者代表

1995年，国家科委在《关于加速科学技术进步的决定》中提出了科教兴国战略。同年召开的全国科技大会又明确提出，坚持科学技术是第一生产力的思想，科技工作必须面向经济建设，努力攀登科学技术高峰是中国科技工作的长期方针。由此，中国科技事业一步步走向健康发展的道路，并不断取得丰硕成果，为社会主义建设立下了汗马功劳。

四、科技规划和发展战略

建国以来，本着科技事业有计划发展的根本原则，中国在不同时期，都制定了相应的发展规划和发展战略。这些规划和战略对中国科技事业的发展起到了有力的推动作用，其中颇具代表性的有：

国家领导人接见编制科学技术发展远景规划的科学家

《十二年科技规划》(1956—1967)，全称是《1956—1967年全国科学技术发展远景规划》。“一五”计划的完成逐渐恢复了新中国的国民经济，科技事业也需要由国家统一领导，远景规划势在必行。中国科学院早在1954年就着手准备科技规划的制定。周恩来在1956年1月召开的知识分子工作会议上，正式提出了制订规划的任务，并亲自领导，先后从全国调集了600多位科学家和技术专家、近百名苏联专家参与讨论，1956年12月下旬，完成了《十二年科技规划》。“重点发展，迎头赶上”的科技发展基本方针就是在《十二年科技规划》中提出来的，即突出重点行业，在自力更生的基础上，学习和应用国外先进科学技术，赶上世界科学先进水平。《规划》全文600余万字，提出57项重要科技任务，确定616个中心研究课题，涵盖了国民经济、国防建设以及科学自身发展等各方面的基础、应用和发展研究。《十二年科技规划》于1957年开始在全国执行。科学规划委员会在1958年向中央递交的科技规划检查报告中提出，争取提前5年，即于1962年完成规划中的任务。1962年的全面检查结果是令人鼓舞的，绝大多数科研项目的确已经完成。在此期间科研机构从381个增加到1296个；科技人员由6.2万人增加到20万人；科技水平大体接近世界先进国家三四十年代的水平。可以说，《十二年科技规划》为新中国科技事业的创立和发展作出了不可磨灭的贡献，是解放后科学技术发展的第一个春天。

1956年中国最大的水电站——北满水电站

《十年规划》(1963—1972)，全称是《1963—1972年的十年科学技术规划》。当时苏联撕毁合同，苏联专家全部撤出中国，中国科学家独立地制定了这部新的科技发展规划。新的《十年规划》的指导思想是：“以‘自力更生，迎头赶上’为基本原则，经过艰苦奋斗，力争在一个不太长的时间内，把中国建设成一个具有现代工业、现代农业、现代科学技术和现代国防的社会主义强国。"这个指导思想是聂荣臻在1962年主持召开的广州会议上确定的。1963年6月，在国家科委的组织下，《十年规划》正式出台。全文共分六部分，77卷，包括重点实验项目374项，中心问题3205个，研究课题1.5万个，涵盖了国民经济、军事、医疗、教育等各个方面，强调对工农业，某些尖端问题的重点投入，强调专业性研究和群众性研究相结合。与《十二年科学规划》相比较，《十年规划》显得更为实际，使科研能更好地服务于生产。《十年规划》仅执行了三年，就被"文化大革命"无情地中断了。但就是在这三年中，中国科技事业取得了丰硕成果，人工牛胰岛素的合成、第一颗原子弹爆炸等一系列成就为世界所瞩目。另外，中国的科技事业也积累了不少经验，逐步走向制度化和正规化。

1963年陈永贵向前来参观者介绍玉米优良选种

《八年科学规划》(1978—1985)，是中央1978年10月转发的《1978—1985年全国科学技术发展规划纲要》、1979年1月和11月批转的中科院制定的《1978—1985年基础科学发展规划纲要》和国家科委制定的《1978—1985年全国技术科学发展规划纲要》的简称，是改革开放后的第一个科技发展规划。《八年科学规划》的指导方针是"全面安排，突出重点"，提出了科技工作的4个奋斗目标：部分重要科技领域接近或达到70年代世界先进水平，专业科研人员由36万达到80万，拥有一批现代化的科学实验基地，建成全国科技研究体系。有8个重点发展领域和108个重点研究项目在规划中确定。1982年，根据当时情况又将规划调整为38个攻关项目，以"六五"国家科技攻关计划的形式实施。中国科技事业在1978—1985年间得到迅猛发展，科技成果数量大幅度增加。仅1980—1985年间，就有重大科研成果37722项，平均每年6千多项，许多项目接近或达到世界先进水平，甚至处于领先水平。

北京天文台安装的中国当时最大的一台射电望远镜的抛物面天线

《1986—2000年科学技术发展规划》。1982年底，国务

院批准了由国家计委、科委制定的《关于编制十五年(1986—2000年)科技发展规划的报告》。在国家科委、计委、经委共同领导的“科技长期规划办公室”的组织下，由200多名专家和领导干部成立的19个专业规划组，于1983年2月开展规划的研究与编制工作。西德、日本、欧共体、美国等国家和组织的知名人士和工程技术专家也应邀出席了座谈。该规划的基本方针是“科学技术必须面向经济建设，经济建设必须依靠科学技术”，实事求是，发展具有中国特色的科学技术体系。该规划包括了1986—2000年全国科学技术发展规划纲要、全国科学技术发展计划纲要和12个领域的技术政策(1988年又增加了2个领域)，今后的发展方向、2000年要达到的目标以及主要技术路线和重点工作等也在规划中得到确定。后来，该规划的重大项目又陆续分解到“七五”、“八五”、“九五”三个五年计划中贯彻执行，并对国家科技活动的管理、科技资源的配置进行了有益的探索。

20世纪80年代以来，新的科技革命浪潮席卷全球，其核心是信息、生物、新材料等高新技术，许多国家把发展高新技术列为重要的国家发展战略。1983年，美国提出了“星球大战计划”，欧洲提出了“尤里卡计划”，日本提出了“科技振兴基本国策”等，世界高新技术取得了快速发展。中国也在80年代开始制定自己的高科技发展规划，并取得显著成绩。1986年3月3日，中国“两弹一星”功勋——王大珩、王淦昌、杨嘉墀、陈芳允提出《关于跟踪研究国外战略性高技术发展的建议》，受到中央高度重视。两天后，邓小平亲笔批示：此事宜速作决断。到8月间，国务院召开七次会议，组织大批专家进行研究论证。11月，与之相关的《高技术研究发展计划纲要》正式转发，又称“863计划”。“863计划”的指导方针是有限目标、突出重点，攻关重点是生物、航天、信息、激光、自动化、能源、新材料7大领域。国家科技领导小组根据新形势的需要于1996年又将海洋高技术作为第八个领域。目前，“863计划”共有8个领域、20个主题。“863计划”到2000年告一段落。回顾走过的15年，它对中国科学技术的发展产生了深刻而广泛的影响，不仅高技术研究开发实

王淦昌、陈芳允、王大珩、杨嘉墀向中央提出著名的“863计划”

力得到增强，在当今国际高技术领域占有一席之地，还培养和造就了新一代高技术研究开发队伍，为中国高技术的持续发展储备了人才。“863计划”的组织实施，还促进了中国科技体制改革和人们思想观念的转变。“863计划”实行经费随任务下达、专款专用、专家参与决策的管理体制和运行机制，是中国科技管理方面的一项成功的大胆尝试。“863计划”的顺利进展，再一次显示出“科学技术是第一生产力”思想的重要指导意义，加强了中国发展高技术的信心和决心。

位于济南高新科技开发区的火炬大厦

“火炬计划”是在“发展高科技，实现产业化”的主导思想下形成的，它按照“科教兴国”战略，以市场为导向，旨在促进高新技术成果的商品化、高新技术商品的产业化和高新技术产业的国际化。1988年8月，经国务院批准，由国家科委开始组织实施。此后，高校、科研院所和社会上的科技人才“下海”创办高新技术企业蔚然成风，其经费以社会集资为主，政府划拨少量启动经费为辅。列入计划的新产品项目，可优先得到银行贷款，并在一定时期内享受有关优惠政策。“火炬计划”主要分为三部分内容: 建立高新技术产业开发区是“火炬计划”的重要组成部分，依托密集的智力资源和开放的环境条件，依靠中国自己的科技和经济实力，最大限度地把科技成果转化为现实生产力。1988年中国第一个高新区——北京高新技术开发试验区由国务院批准成立，此后的十年间，全国已建立53个国家级高新区，基本形成了沿海、沿疆、沿边、内陆中心城市发展高新技术产业的合理布局。高新技术创业服务中心是高新技术产业发展支撑服务体系的重要组成部分，它结合中国国情，在吸取国外成功经验的基础上，为高新技术企业创业提供综合服务。“火炬计划”项目则是“火炬计划”的另一重要组成部分。它的重点发展领域是电子、信息、生物技术、新材料、光机电一体化、新能源、高效节能与环保，它以国内外市场需求为导向，依托国家、地方和行业的科技攻关计划和高新技术研究开发计划成果，择优评选并组织开发具有先进水平和较好经济效益的高科技项目作为自己的攻关课题。通过多年努力，“火炬计划”已成为中国发展高新技术产业的一面旗帜。到2000年，53个国家高新区已实现了7900亿元的工业总产值，185亿美元的出口创汇，吸纳了250万从业人员，充分显示了科教兴国战略的巨大威力。

“攀登计划”是一项国家基础性研究的重大项目计划，开始于1991年，共设立45个项目，包含A、B类两方面内容。A类主要以探索和认识自然界客观规律为目的，B类主要以社会进步、经济发展为目标。1991—1992年启动了30个攀登A类项目，1994年启动了15个攀登B类工程与技术科学重大基础研究项目。而“九五”期间，“攀登计划”则紧紧围绕基础研究，优先任务是解决国民经济和社会发展中的重大关键问题中的基础理论和技术基础。经过十年的努力，截至2000年，基础科学研究取得了较大进展，出现了一批学术造诣很深的学科带头人，形成一支高水平的研究队伍，在一些优势领域取得了重大突破，使中国在世界科技发展的激烈竞争中占据一席之地。

五、哥德巴赫猜想研究

被称为“数学皇冠上的明珠”的哥德巴赫猜想，曾吸引无数数学家为之付出艰苦的努力。虽然这一难题目前尚未获得彻底解决，但是在对这一难题进行求解的漫长过程中，却诞生了许许多多可以为解决其他数学问题提供有力帮助的数学方法。从这个角度来看，像其他数学难题的证明过程一样，哥德巴赫猜想的实际意义已经远远超过了证明这个数学命题本身。

这个猜想是由德国人哥德巴赫首先提出来的，他在1742年给大数学家欧拉的信中提出了两个问题：第一，是否每个大于4的偶数都能表示为两个奇质数之和？如6=3+3，14=3+11等。第二，是否每个大于7的奇数都能表示为3个奇质数之和?如9=3+3+3，15=3+5+7等。这就是著名的“哥德巴赫猜想”。

第二个问题的解法实际上可从第一个问题的正确解法中推出，因为每个大于7的奇数显然可以表示为一个大于4的偶数与3的和。苏联数学家维诺格拉多夫于1937年用他独创的“三角和”方法证明了每个充分大的奇数可以表示为3个奇质数之和，第二个问题基本上得到解决，但最根本的却是第一个问题。于是，数学家们开始研究较弱的命题：即每个充分大的偶数可以表示为质因数个数分别为m、n的两个自然数之和，简记为“m+n”。沿着这一思路，世界各国数学高手展开证明哥德巴赫猜想的竞赛：

华罗庚与他的高徒们 前排左起：潘承洞、陆启铿、华罗庚、陈景润、越民义
后面左起：李之杰、万哲先、陈德泉、吴方、陆洪文、龚昇、计雷、王元

1920年，挪威的布朗证明了“9+9”。

1924年，德国的特马赫尔证明了“7+7”。

1932年，英国的艾斯特曼证明了“6+6”。

1937年，意大利的雷西先后证明了“5+7”、“4+9”、“3+15”和“2+366”。

1938年，苏联的布赫夕太勃证明了“5+5”；1940年，他又证明了“4+4”。

1956年，中国的王元证明了“3+4”；1957年，他又先后证明了“3+3”、“2+3”。

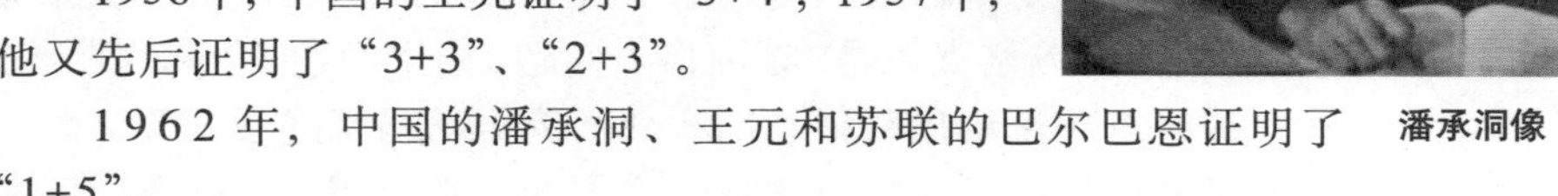

潘承洞像

1962年，中国的潘承洞、王元和苏联的巴尔巴恩证明了“1+5”。

1963年，潘承洞、王元证明了“1+4”。

1965年，苏联的布赫夕太勃和维诺格拉多夫及意大利波波里证明了“1+3”。

1966年，中国的陈景润证明了“1+2”。

王元(1930—　)，著名数学家，中科院院士，出生于浙江兰溪。1952年毕业于浙江大学数学系，同年分配到中科院数学所工作，在华罗庚指导下从事解析数论研究。王元于20世纪五六十年代首先用“筛法”研究哥德巴赫猜想，先后证明了命题{3，4}、{3，3)和{2，3}，这是中国学者首次在此研究领域跃居世界领先地位。另外，1973年他还与华罗庚合作提出多重积分近似计算的方法，被国际数学界誉为“华—王方法”。20世纪70年代后期，王元系统总结了数论在近似分析中的应用。80年代他又将施密特定理推广到任意代数数域，在丢番图不等式组等方面作出了贡献。

潘承洞(1934—1997)，数学家，中科院院士，江苏苏州人。1956年毕业于北京大学数学力学系，1961年该系研究生毕业。曾任山东大学校长兼数学研究所所长。在从事哥德巴赫猜想的研究中，他首先确定了命题{1，C)中C的具体数值，并证明了命题{1，5}和{1，4}，为后来命题{1，3}和{1，2}的证明打下了坚实基础。为了最终解决哥德巴赫猜想，他还提出了一个完全不同于经典“圆法”的新途径，使问题变得简单明确，便于处理。

华罗庚与陈景润在一起

在现代数学史上，陈景润(1933—1996)的名字总是与哥德巴赫猜想紧紧联系在一起的，有光辉成就之称的“陈氏定理”将哥德巴赫猜想的证明推进了一大步，使中国在这一

领域的研究又一次居世界领先地位。“陈氏定理”离最终结果“1+1”只有一步之遥。陈景润1953年毕业于厦门大学数学系，由于对数论中一系列问题的出色研究，受到华罗庚的重视，被调入中科院数学所工作。陈景润在非常艰苦的生活条件下，深居于仅有6平方米的小屋里，坚持研究哥德巴赫猜想，终于取得了震惊世界的成就。陈景润为此付出了常人难以想象的努力，光用掉的草稿纸就足足有几麻袋。陈景润也积劳成疾，但他从来也没有放弃对数学的热爱。陈景润对数论中其他著名问题也作出了重要贡献，如高斯圆内格点问题、球内格点问题、塔里问题、华林问题等。

最终解决哥德巴赫猜想的有效研究方法虽然还没发现，但一些可能取得哥德巴赫猜想突破性进展的潜在思想，却被勇于探索的人们在解决这一难题的过程中挖掘出来，从而为解决哥德巴赫猜想开拓出新途径，也为其他问题的解决开辟了有益的道路。

六、层子模型

19世纪末至20世纪30年代，原子物理学和原子核物理学得到了飞快的发展，科学家们认识到原子还有更深的层次，还可再分，质子和中子的发现使人们弄清了原子核的组成。科学家们曾将人们认识到的四种微观粒子：电子、质子、中子、光子称为“基本粒子”，它们被认为可能是物质结构的最小单位，意思是不能再分了。但是随着理论物理学和实验物理学的发展，人们发现基本粒子并不“基本”，科学家们发现的粒子越来越多，并且已显示出某些基本粒子肯定不能被看作点粒子，它们有一定的大小并有内部结构，也就是说这些基本粒子是可以再分的。现已发现的粒子约95%是强子，强子又可分为重子和介子，最常见的重子是质子和中子。

最早的强子结构模型是美国物理学家费米和美籍华人杨振宁于1949年提出的“费米—杨模型”，费米和杨振宁注意到π介子同核子(质子、中子)与反核子组成的核子对体系可以有相同的量子数这一现象，提出过π介子是核子与反核子的复合体的见解，费米—杨模型认为当时所有已知的原子核及介子都是由质子、中子和它们的反粒子构成。费米—杨模型虽然可以说明粒子的自旋和同位旋，却无法解释奇异粒子的奇异数来源。为了解决这一困难，1955年，日本物理学家坂田昌一又提出了强子结构的坂田模型。坂田提出质子、中子和超子作为强子的三个基础粒子，所有

强子都是由这三个坂田粒子和它们的反粒子组成的复合体。坂田模型成功解释了介子、重子的一些性质，并成功预言了新粒子的存在，对基本粒子的结构研究起到了推动作用，但是在对重子的分类、自旋、宇称等进行解释时却碰到了困难。于是，1964年美国物理学家盖尔曼又提出了夸克模型，认为质子、中子、超子不应当比其他重子更基本，所有强子都是由更基本的粒子夸克（quark）及其反粒子所组成，夸克共有三种，带有分数电荷。这个模型很好地解释了重子和介子的性质，正确预言了新粒子的存在，但并未对粒子的寿命、衰变宽度等性质予以解释。

层子模型是由中国物理学家朱洪元、张宗燧、戴元本、胡宁、何祚庥等人于1965年提出的。他们通过分析大量实验事实，根据物质无限可分的哲学观点，断定强子内部由“层子”构成，并阐明了强子的性质及其转化关系。层子模型是中国物理学家对世界粒子物理研究的重要贡献。

中国粒子物理学家们从1965年夏开始对强子问题展开大讨论，并逐渐达成共识。朱洪元最先完成的关于介子的两个衰变过程的数学分析，以及与他人合作引进的强子内部波函数的重叠积分，为层子模型打下了基础。1966年夏，物理学家们在北京开会讨论构成强子的结构单元及其名称确定问题，一致认为名称应能反映物质结构有无限层次的思想，最终将其命名为“阶层子”（简称层子）。这次会议还确定了层子的英文名称为Straton。至此，层子及层子模型的概念和内容都产生了。层子模型的主要思想是：物质结构有无限层次，强子有层子构成，但层子并不是物质最终的组成部分，层子也可能不止3种；在最终建立起层子间的动力学理论之前，可从表达层子在强子内部运动的波函数着手研究；由于强子是束缚态，不能作为点粒子处理，因此要发展含束缚态的矩阵元方法；层子在强子内部的运动可以作非相对论近似，但强子作为一个运动整体，必须具有相对论协变的性质；不同强子的动态性质，与对称

胡宁、周光召、钱三强、卢鹤绂、彭桓武、朱洪元（左2起）于1978年10月桂林微观物理学思想史讨论会后同游漓江合影

性及内部运动波函数有一定关系。

总之，层子模型的提出，是中国理论物理学家对强子结构研究做出的开创性工作，对于物质微观结构的探索具有重要意义。

七、生物大分子的人工合成

1965年9月17日，中国科学家用人工方法合成了结晶牛胰岛素。这是世界上第一次用人工方法合成的具有生物活力的结晶蛋白质、天然有机化合物。它的诞生使中国多肽化学在原有基础比较薄弱的情况下，迅速超过美国、西德而居于世界领先地位。

胰岛素是人和动物的胰脏中一种呈岛形的细胞所分泌的蛋白质激素，它的功能是调节和控制着生物体内的新陈代谢。如果缺少这种激素，糖的利用发生紊乱，血液里葡萄糖含量就会升高，从而导致糖尿病；如果这种激素过多，血糖过低，就会引起抽搐，严重的会导致死亡。胰岛素分子的结构最早由英国著名生物化学家桑格于1955年提出，共16种51个氨基酸排列成两条螺旋状长链，其中A链有21个氨基酸，B链有30个氨基酸，A、B两链通过2个二硫键连在一起，A链自身也有一个二硫键，从而使牛胰岛素分子具有特殊的空间结构。桑格由于在胰岛素结构方面的开创性工作，于1958年获得诺贝尔化学奖。

1965年中国首次人工合成结晶牛胰岛素

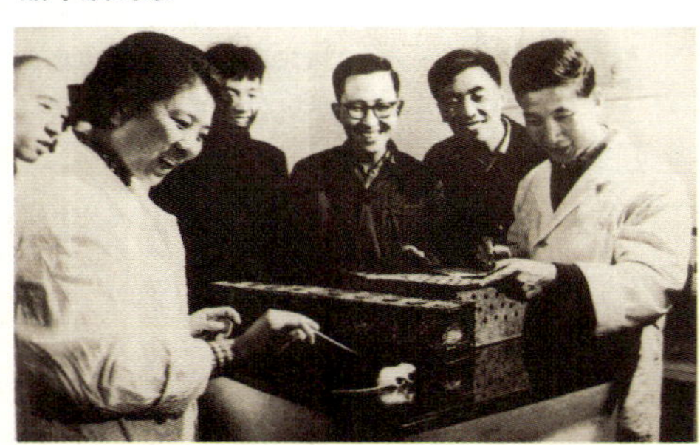

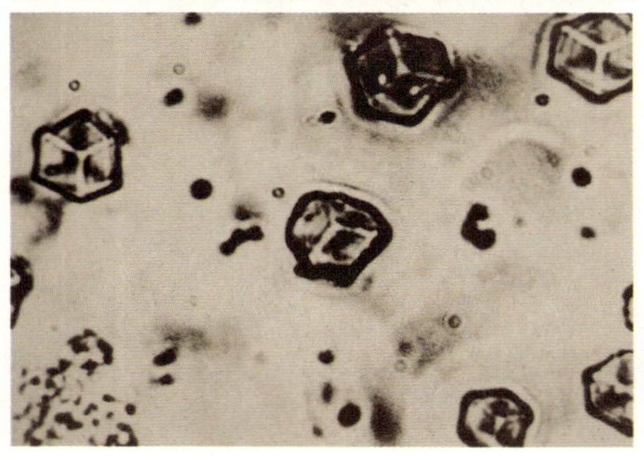

牛胰岛素的分子结构确定后，美国、西德等国家开始着手进行人工合成研究工作，但都没有实质性进展。1958年英国《自然》杂志断言："虽然已知胰岛素的分子结构，但人工合成胰岛素在相当长的时间内未必能够实现。"

1958年，中国科学家在客观地对人工合成牛胰岛素进行了可行性分析后，认为中国应该抓住这个机遇，迎接挑战，争取超越世界先进水平。这是一个史无前例的创举，更是一项十分艰巨复杂的工作。王应睐（1907—2001），生物化学家，曾任中科院上海生物化学所所长，于1958年底率领生化所的科研人员，首先进行了天然胰岛素的拆合工作，即将胰岛素中的3个二硫键拆开成分链后，再通过二硫键的接合，使之重新成为与天然胰岛素活力相同的分子。1959年，中国科学家经过无数次拆合尝试，率先获得了成功。科学家们

从中总结出了一条正确的牛胰岛素人工合成路线：先化整为零，再合零为整，即先完成A、B两条链的合成，再完成两链的连接，最终合成胰岛素。

随后，中科院上海生化所的王应睐、纽经义、邹承鲁、龚岳亭等，中科院上海有机化学所的汪猷、徐杰诚等，北京大学化学系的邢其毅、季爱雪等科学家共同组成协作组，全面开展用化学方法人工合成胰岛素的工作。其中，生化所承担B链的合成，有机所和北大负责A链的合成。1964年，生化所合成的B链与天然的A链相结合，有机所和北大合成的A链与天然的B链相结合，半合成都先后成功，这为全合成作了必要的准备。在经过600多次失败后，A、B两链的连接终于完成了，获得了与天然牛胰岛素完全一样的人工合成的结晶牛胰岛素。

人工制造生命是人类长期以来的梦想，这一梦想中的重要环节就是蛋白质的人工合成。1828年，人工合成尿素由德国化学家维勒完成，无机物变成了有机物，这是人类认识生命现象的第一次飞跃。中国科学家率先合成的牛胰岛素，突破了一般有机物与生物高分子的界限，这是人类认识生命现象的又一次飞跃，在为祖国争得荣誉的同时，也促进了生命科学的发展。

与蛋白质一样，核酸也是生命活动的基本物质。1979年12月27日，中国人工合成了核糖核酸半分子，它由41个核苷酸组成，为人工合成天然核糖核酸铺平了道路。20世纪80年代，中国人工合成酵母丙氨酸转移核糖核酸当属最为引人注目的成就。这项工作始于1968年，王应睐为主要组织者之一，以王德宝为首的187位生物化学家先后参与进来，他们分别来自中科院上海生物化学所、上海细胞所、上海有机所、生物物理所、北京大学和试制二厂。经过13年努力，世界上第一个人工合成的转移核糖核酸终于在1981年诞生了，从而使中国的生物大分子人工合成工作保持着世界领先水平。

八、长江三峡水利工程

1956年，毛泽东以饱满的情怀，对未来的三峡工程描绘道：

更立西江石壁，
截断巫山云雨，
高峡出平湖。

1944年萨凡奇在三峡考察

神女应无恙，
当惊世界殊。

三峡工程的建设可谓是曲折多磨。孙中山最早提出三峡工程设想，他在1919年制定的《治国方略之二》中明确指出："以闸堰其水，使舟得以溯流以行，而又可资其水利。"美国水坝设计者萨凡奇于1944年应国民党政府邀请来华，他用了10天时间考察三峡，提出了《扬子江三峡计划初步报告》。两年后，萨凡奇再度来华，勘察了南津关坝址后认为，长江三峡的自然条件在中国是唯一的，他一生中最得意的杰作将是三峡工程。但遗憾的是，这项工程没有受到国民党政府的真正重视，就这样三峡工程成了萨凡奇一生无法实现的梦想。

建国后，为解决长江防洪问题，党中央作出了《中共中央关于三峡水利枢纽和长江流域规划的意见》。随后，国家科委、中国科学院成立了三峡科研领导小组，制定了三峡工程的初步设计方案，准备于1961年破土动工。但就在这时，中国遭受了空前的自然灾害，苏联又背信弃义，单方面撕毁合作协议，撤走全部专家，三峡工程的建设也从此搁浅。

三峡工程的重新论证得益于邓小平1980年7月的三峡考察。他认为，建设三峡工程效益巨大。但三峡工程事关重大，一旦失误将后患无穷。关于"工程该不该上？什么时候上？怎么上？"等一系列问题，党和国家组织了两次大规模论证。在1980—1983年的首次论证中，选定湖北宜昌三斗坪为大坝坝址。第二次论证于1986年举行，论证经过412位专家五年不受任何干扰的辛勤工作得出：三峡工程技术上合理，经济上可行，建比不建好，早建比晚建好。在1992年4月3日举行的第七届全国人民代表大会第五次会议上，通过了《关于兴建长江三峡工程决议》，其中1767票赞成，177票反对，664票弃权，25人未按表决器。至此，历时近40年的规划、论证和审查，三峡工程终于进入实施阶段。

邓小平考察三峡

中国长江三峡开发总公司于1993年由国务

院批准成立，为保证三峡工程的顺利完成，实行了国际通行的招标承包制、建设监理制和合同管理制，为三峡工程的实施提供了保证。三峡工程分三期：一期工程以大江截流为标志；二期工程主要修建三峡大坝的泄洪坝段、左岸厂房坝段、永久船闸等，以2003年第一批机组发电为完成标志；三期工程要对二期已筑起的大坝和右岸之间的导流明渠截流，建右岸厂房坝段。二期和三期工程交叉进行。同时，还进行着三峡的移民和环保等工作。

三峡工程导流明渠截流

葛洲坝水利枢纽工程（简称葛洲坝工程）原本是三峡工程的一个配套工程，主要是将三峡工程中突出的30多公里险滩夷为平湖，使南津关下游的通航条件得以有效改善。当初在选择三峡大坝坝址时，经过对地质条件及施工难易的考虑，提出将坝址放在美人沱坝区的主张。其优点是地质条件好，河谷开阔，便于建筑物安置和施工，有利于保持坝体稳定；但缺点在于，坝址上移后就减少了水头，等于白白丢掉了一个近300万千瓦的水电站。所以，为了便于通航和充分利用巨大的水能资源，在葛洲坝修建一座电站的配套方案便应运而生。

本来葛洲坝工程应在三峡工程上马后实施或是与之同步进行，但由于各种原因，三峡工程迟迟不能上马。为了缓解华中地区用电紧张，提高荆江河段防洪水平，中央于20世纪60年代末决定，葛洲坝工程先实施，既为三峡工程建设积累经验，也能缓和防洪、供电的严峻局面。

葛洲坝水利工程

葛洲坝工程虽比三峡工程小，但也堪称中国水利水电工程史上空前的宏伟工程。只是最初由于不按科学规律办事，缺乏统一规划，统一指挥，工程开工不久便问题频出。先是发现葛洲坝地质有70多层风化夹层，这种“千层饼”是浇筑

大坝的致命隐患；其次是浇筑完成的混凝土到处是裂缝。周恩来总理虽已身患重病仍十分关心工程情况，在1972年11月听取了工作汇报后，再也忍耐不住，下令暂停主体工程，并当场指定曾反对葛洲坝工程提前上马的林一山出任工程技术委员会主任。林一山临危受命，时刻牢记周总理的重托，对工程建设中的许多重大技术问题，组织科研人员认真调查研究，彻底解决。新施工方案经过了22个月的反复拟订、审议后才出台，1974年10月葛洲坝工程重新开工。

葛洲坝一期工程于1981年胜利竣工，“大江截流”是二期工程的关键阶段，其成功与否，是二期工程乃至整个葛洲坝工程能否继续的关键。1981年1月3日上午，长江水道由2200多米缩小到210米，指挥部发出命令进行大江截流。1月4日下午，大江中水道还剩20多米，但就在这时，长江也显出了它的巨大威力，几千公斤重的巨石投下去，立即就被洪流冲得无影无踪。一次次倾倒，一次次冲走。直到从两岸同时将4个25吨重用钢筋捆在一起的混凝土块向江中倾倒，才终于成功实现了大江截流！大江截流成功后，余下的工作进行得十分顺利。5月23日开始下闸蓄水，6月27日三江航道正式通航，7月30日1号机组并网发电，1986年5月31日8号机组投产，1988年12月6日全部机组并网发电。1991年11月正式通过国家验收。

葛洲坝工程的设计和施工堪称世界一流。竣工以来，运转情况良好，效益特别显著。更重要的是，在兴建葛洲坝工程的过程中，工程人员对很多重大技术问题有了进一步的把握，如长江泥沙、深水围堰、大江截流、大规模机械化施工、大型船闸和大型机电设备等，为后来的三峡工程施工提供了极其宝贵的经验。

九、重大桥梁工程

在宽阔的长江上架桥是中国人千百年来的梦想。1955年9月武汉长江大桥正式动工兴建，经过两年多的建设，于1957年10月15日正式通车，实现了千百年的夙愿！

武汉长江大桥将武昌、汉阳和汉口三镇联成一体，“一桥飞架南北，天堑变通途”。武汉长江大桥全长1670.4米，由8个巨型桥墩矗立支撑，米字形桁架与菱格带副竖杆使巨大的钢梁透出一派清秀气象；两岸耸立的35米高的桥台，更为大桥增添了雄伟气势。晴川阁、龟山、莲花湖、蛇山、黄鹤楼连成一片，构成了美

丽动人的景点群。桥身分上下两层，上层为公路桥，两侧是人行道，中间可并行六辆汽车；下层为双轨铁路桥，南来北往的火车各行其道。武汉长江大桥打通了被长江隔断的京广线，中国人第一次跨越了长江天堑。

武汉长江大桥的构思独具匠心，设计精湛，在建设中又第一次采用了大型管柱基础和管柱钻孔的施工方法，这是中国建桥史上的一个伟大创举，为以后其他大桥的建设提供了可借鉴的经验。武汉长江大桥经过40多年风雨的洗礼，依然磐石般屹立于长江上，俨然是一座历史丰碑。

武汉长江大桥建成通车

南京长江大桥于1960年1月开始兴建，1968年9月铁路桥通车，同年12月公路桥通车。它位于南京西北的长江上，连通了市区与浦口区,是由中国自行设计建造的第一座双层式铁路、公路两用桥。

公路桥在上层，桥长4589米，有15米宽的行车道，可并行4辆大型汽车，两侧各有2米多宽的人行道;铁路桥位于下层，长6772米，宽14米，复线铁轨，两列火车可以同时对开。其中江面上的正桥长1577米，两边栏杆嵌有200幅铸铁浮雕，人行道旁有150对白玉兰花形的路灯；桥的南北两端各有两座桥头堡，堡高70米，堡内的电梯可通往铁路桥、公路桥及桥头堡上的瞭望台;桥头堡的前面还各有一座10余米高的工农兵雕塑，南面的桥头堡下则是一个风景秀丽的公园。大桥共有9个桥墩，最高的桥墩从基础到顶部高达85米，正桥的桥孔跨度达160米，可通行万吨巨轮。到了晚上，桥栏杆上的1048盏泛光灯齐放，桥墩上的540盏金属卤素灯、公路桥上的150对玉兰花灯齐明，再加上桥头堡和大型雕塑上的228盏钠灯，使大桥像一串夜明珠横跨江上。

南京长江大桥建成通车

南京长江大桥曾以“最长的公铁两用桥”入载《吉尼斯世界记录大全》，它的全面建成通车，连接了中国南北交通大动脉津浦线、沪宁线，连通了大江南北的公路，使长江南北交通畅通无阻，具有重大的政治、经济和战略意义。

1991年12月1日，总投资8.2亿元人民币的南浦大桥正式建成通车，这是在上海市区内修建的第一座跨越黄浦江的大桥，也是世界第三大叠合梁斜拉桥。大桥全长8346米，通航净高46米，5万吨级巨轮可安全通过。主桥全长846米，为双塔双索面叠合梁斜拉桥结构。主孔跨径423米，桥塔高150米，为折线H型钢筋混凝土结构。每座桥塔两侧各有22对钢拉索连结主梁，索面成扇形。主桥设6条机动车道，日通行能力可达4.5～5万辆。主桥两侧各有2米宽人行道供观光游览，桥面总宽度为30.35米。南浦大桥两岸引桥长7500米，其中浦西段引桥长3754米，采用复曲线螺旋形；浦东引桥长3746米，采用复曲线长圆形与浦东南路相连并直通杨高路。

南京长江第二大桥于1997年10月6日破土兴建，是国家“九五”重点建设工程。全桥由“两桥三路”——南汊桥、北汊桥、江中八卦洲公路以及南、北岸引线组成。2000年南京长江第二大桥全线贯通，2001年3月竣工通车，工期提前近7个月，节省投资3亿多元。它的建成通车是中国当代大跨径桥梁建设的代表，也使得南京长江大桥的交通压力得以大大缓解。

南京长江第二大桥位于南京长江大桥下游11公里处，全长21.197公里。其中，南汊桥南起尧化门，经江中的八卦洲到达江北的大厂区，桥长2938米，主跨628米，为钢箱梁斜拉结构，是国内第一大斜拉桥，仅次于日本的多多罗大桥和法国的诺曼底大桥，位居世界第三。北汊桥为钢筋混凝土预应力连续箱梁桥，桥长2172米，主跨径3×165米连续箱梁，在同类桥型中居国内领先水平。除南、北岸引线外，全桥还有4个互通立交、4座特大桥和6座大桥。全线是按双向六车道高速公路标准建设，桥面宽32米。全线设有如通讯、监控、收费、照明、动静态称重等功能系统，还设有南汊主桥景观照明，南、北汊桥公园和八卦洲服务区等。

南浦大桥

建设南京长江第二大桥的科学家和工程技术人员攻克了一系列施工难点，取得了10多项技术成果，南京长江第二大桥的工程质量和建设管理代表着中国公路基础设施建设的新水平，是中国桥梁史上的又一座丰碑。

十、大庆油田的开发

中国有着十分丰富的石油资源，在发现和利用石油的历史上曾走在世界的前列。但由于旧中国的石油工业基础极其薄弱，“美孚”、“壳牌”、“德士古”等外国石油公司垄断了中国的石油市场。为甩掉外国专家送给中国的“贫油”帽子，建国后，地质学家李四光、黄汲清、谢家荣等与石油工人一起，为中国的石油、天然气的勘探与开发作出了巨大贡献。50年代初发现并开发了西北地区的一批油井，如白杨河、石油沟、鸭儿峡、冷湖、克拉玛依、百口泉等，随后又开发了四川南充、蓬莱、桂花等油田和吉林的扶余油田。50年代中期，地质部长李四光根据陆相生油理论，认为在松辽这样的中生代白垩纪盆地找到石油的概率很大。地质部随即于1956年派地质队对全盆地进行了全面地质和重磁力普查，还请匈牙利地震队在大庆南部葡萄花地区作了地震剖面分析。1959年9月26日，在松辽平原一个人迹罕至的地方，松基3井喷油，相继又有“萨66”、“杏66”和“喇72”三口探井喷油，显示出了大油田的清晰轮廓，誉称“三钻定乾坤”。大油田的发现令全国人民欢欣鼓舞。由于这个油田是在共和国成立十周年前夕发现的，为了纪念这个重大发现，人们把它称为“大庆油田”。

1952年周恩来与李四光交谈

1964年李四光在地质力学研究所讲课

大庆油田是古代内陆湖泊沉积而成的一个油库，位于黑龙江西部，石油储藏量非常丰富。1960年在余秋里、康世恩、宋振明等人的率领下，聚集了全国石油战线几万名职工和一批转业军人在这里艰苦创业，进行大庆油田会战。提到大庆油田不能不提“铁人”王进喜，他曾喊出了惊天动地的口号：“宁可少活二十年，拼命也要拿下大油田。”王进喜率领职工于1960年3月从玉门来到大庆，当他得知萨55井的井位在马家窑附近的杨树林子以后，便领着全体职工步行20里来到井场，当晚就住在一间废弃的马厩里。三天后，钻机到了，但吊车没来，无法卸车。王进喜

1960年大庆油田会战指挥部在召开技术座谈会

二话不说，走到钻机旁，指挥大伙用撬杠、粗麻绳、木板、钢管，把钻机和其他设备经过七天七夜的"人拉驴扛"，搬进了井场。调试钻机时，附近缺水，王进喜又带领人们破冰取水。"萨55"井终于开钻了，王进喜和大家连续苦干，仅用了5天零4个小时便打完一口井，创下了当时的最高记录。有个老大娘见他没日没夜的工作，心痛极了，逢人便说："你们的王队长，真是个铁人呀！"

铁人王进喜正带领工人征服井喷

中国第一个特大油田——大庆油田最终于1963年建设成功。大庆油田的原油质量好，开发速度快。随着大庆油田的建成投产和石油开采量的增加，中国工农业生产和国防建设所需的石油产品，已于1963年底基本实现了自给，1965年实现了全部自给。从此，中国彻底结束了靠进口"洋油"搞生产建设的历史。

随着大庆油田的诞生，滔滔不绝的石油流出来了，艰苦创业的大庆精神、能打硬仗的大庆队伍和"三老四严"的大庆作风也培育出来了，具有世界先进水平的大庆油田的勘探开发理论和技术也形成了。经过几十年的建设和发展，大庆油田早已成为中国最大的石油生产基地，也成为世界上著名的大油田之一，昔日的荒原变成了今天名副其实的石油城。

十一、 原子弹、氢弹的研制

中国的原子弹和氢弹的研制于20世纪50年代就开始起步。尽管缺乏技术，缺乏设备，苏联又单方面取消援助，但中国科学家本着自力更生的方针，经过不懈探索，仍然制造出了原子弹和氢弹。两弹的成功不仅加强了国防，而且大大提高了中国的国际地位。

原子弹研制工作开始后，理论部在邓稼先的带领下，认真搜集、分析国外有关资料，进行总结和设计。赵忠尧、钱三强、王淦昌、程开甲、郭永怀、何泽慧、朱光亚、周光召、于敏等知名科学家都是这支队伍中的重要成员。在苏联援助下，于1958年建成

的第一座实验性反应堆开始运转。苏联专家撤走后，设计和组织制造原子弹的工作在1960年开始由国内核弹专家独立承担。1964年10月16日，经过大批核物理学家、核弹专家、工程技术人员、工人、军人在严格保密环境中的默默奋斗，中国西部的罗布泊上空终于升起了中国第一颗原子弹成功爆炸时的蘑菇云。

1946年钱三强与何泽慧在居里实验室做核三分裂实验

中国原子弹的诞生有着相当重要的意义，成员不多的核俱乐部又增加了世界上人口最多的中国，极大冲击了美、苏两个核武器大国。而且，中国拥有核武器这一事实，也会在同外国发生常规军事冲突和政治对抗中起到某种微妙的心理影响和威慑作用。

原子弹研制工作紧张进行的同时，氢弹的理论研究已经开始。中国“轻核理论小组”于20世纪60年代初在中科院原子能研究所成立，其领导者是中国第一座原子能反应堆的主要设计者黄祖洽。作为原子弹发展的高级阶段，氢弹的研制工作遇到了超乎想象的困难。数学家华罗庚在看了氢弹的计算材料后，感慨道：“真是集数学之大成啊!”于是，于敏率领一支队伍奔赴上海华东计算所，开始了氢弹的理论设计。1965年底，经多方面论证，中国第一颗氢弹的理论设计方案终于完成。正当氢弹研制工作进入关键时刻，“文化大革命”开始了。科技工作者们忍辱负重，在1966年末成功地进行了氢弹原理的核试验，并于1967年6月17日成功地进行了由飞机空投的300万吨级氢弹爆炸试验。

从原子弹到氢弹的飞跃绝不是一件简单的事。两弹的研制时

1959年邓以蜇与儿子邓稼先及家人合影

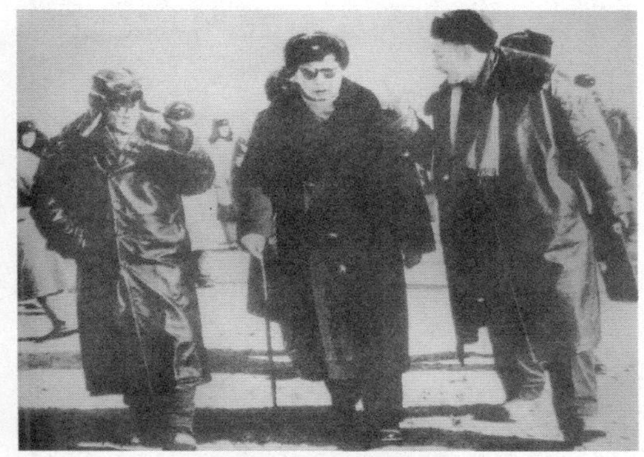

聂荣臻（中）、王淦昌（左）和朱光亚于第一颗原子弹爆炸前视察核试验基地

第一颗原子弹爆炸成功

第一颗氢弹爆炸成功

间差，美国是7年零3个月，苏联是4年，英国是5年零2个月，法国是8年多，而中国仅仅用了2年多。全世界惊呼，中国人创造了奇迹！钱三强对此娓娓道来；“我们在研究原子弹的时候，同时就有人进行氢弹的原理研究，等原子弹爆炸以后，两支队伍一合并，很快就爆炸了氢弹。”“中国人并不笨，外国人能做到的，中国人经过努力，也能够做到！”

十二、快速发展的航天科技

钱学森于1955年10月回国后，立即投入到国防建设中去。1956年，又出任国防部第五研究院院长，开始创建中国火箭、导弹和航天事业的第一个研究设计机构。1965年以后，他先后担任第七机械工业部副部长、国防科工委副主任长达22年之久，一直是领导中国航天事业的科学主帅，被誉为“中国航天之父”和“火箭之王”。

钱学森夫妇和郭永怀夫妇

中国的运载火箭技术是在20世纪50年代中后期经济、技术、工业基础都十分落后的情况下起步的。1960年2月成功发射了中国第一枚探空火箭，同年11月成功发射了第一枚自行研制的运载火箭，60年代后期又研制成功了中程和中远程运载火箭。把“东方红一号”人造卫星送入地球轨道的“长征一号”是“长征”家族中的第一名成员。之所以取名为“长征”系列，是因为长征开创了中国革命的新纪元，我们将开创一个中国航天事业的新纪元。

“长征一号”的诞生富有传奇色彩。当时负责运载火箭弹道设计的科学家是宋庆元，他几

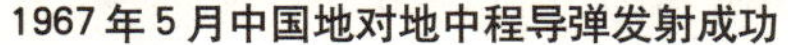

1967年5月中国地对地中程导弹发射成功

智慧之光 现代·孙永林

乎是在手工操作下完成了复杂的计算任务，就连零部件也是自己制造的。虽受“文化大革命”的干扰，科学家们也仅用四年时间就把运载火箭制造出来了，但由于经验不足和缺乏必要检测设备，1969年进行试验时失败了。经过两个多月的紧张检修，1970年“长征一号”终于发射成功。它的研制和发射成功，为中国多级火箭技术的发展奠定了基础。“长征一号”光荣地载入了中国航天史册。

从此以后，“长征”的家族成员迅猛增加。“长征二号”以远程弹道导弹为原型进行研制，于1975年11月26日首次成功发射了中国第一颗返回式遥感卫星，随后又连续进行了2颗返回式遥感卫星的成功发射。广大科技人员根据发射国内外航天器的需要，以“长征二号”为基础，进行了一系列的技术改进，成功研制了新型运载火箭如“长征二号”丙、“长征二号”E、“长征二号”丁

长征二号丙火箭

长征二号E火箭

长征三号乙火箭

和“长征二号”丙改进型等。迄今为止，“长征二号”系列火箭共进行了29次发射，只有“长征二号”E由于技术问题而在1992年3月中止发射，其余均获得成功。

“风暴一号”由上海航天基地研制成功，共进行了四次卫星的成功发射，两次飞行实验。在“风暴一号”的研制过程中，为实现一箭三星发射，中国科学家相继突破了多颗卫星引起的一系列结构动力学问题，掌握了一箭多星发射技术。

“长征三号”是为发射地球同步轨道通信卫星而研制的，是带有低温高能液氢液氧发动机的运载火箭。在“长征三号”的基础上，中国科学家们又研制成功了“长征三号”甲、“长征三号”乙，从而使中国运载火箭在地球同步转移轨道的运载能力由1500公斤增加到了5000公斤。在“长征三号”系列火箭所进行的19次卫星发射中，有15次获得成功。1990年4月7日，“长征三号”成功地将美国制造的“亚星一号”通信卫星送入了预定的地球同步转移轨道，标志着中国运载火箭国际商业发射服务的正式起步。

“长征四号”基本上是“长征三号”的“备份”，也是用于发射地球同步轨道卫星的。“长征四号”的改进型——“长征四号”甲于1982年在上海航天基地研制成功，用以发射太阳同步轨道试验气象卫星——“风云一号”，它具有1659公斤太阳同步轨道的运载能力。目前正进行“长征四号”甲的改进与提高，即进行“长征四号”乙的研制，将用它来发射“资源一号”等太阳同步轨道卫星。

1959年4月赵九章等人被邀至第16次最高国务会议谈人造卫星

中国航天人四十多年来，相继成功研制了12种运载火箭。在研制和发射实践中，中国运载火箭技术特别是多级火箭技术、一箭多星发射技术、以低温推进剂为动力的火箭技术，捆绑式火箭技术等，都已达到或超过世界先进水平。更令人鼓舞的是，中国的运载火箭已跻身于国际商业发射服务市场，将19颗外国卫星成功送入了预定轨道。中国的运载火箭在国际宇航界也赢得了良好信誉。

东方红一号卫星

世界上第一颗人造地球卫星于1957年10月4日在苏联发射成功。最初，人造卫星主要用于探测地球空间环境和进行各种空中试验。60年代中期，人造卫星才开始进入其他应用阶段。70年代起，各种新型专用卫星相继登场，性能不断提高。

1965年国家正式下达了研制人造卫星的任务。1968年组建了中国空间技术研究院。第一颗人造卫星——“东方红一号”，于1970年4月24日发射成功，中国由此成为世界上第五个独立研制和发射人造地球卫星的国家。“东方红一号”卫星重173公斤，绕地球一周共用114分钟，并播送着《东方红》乐曲，成为中国航天史上的第一个里程碑。

中国返回式遥感卫星和试验性通信卫星在1971—1984年间先后研制成功，中国也因此成为世界上第三个掌握卫星返回技术的国家。1975年11月26日发射的第一颗返回式人造卫星，于29日按预定计划返回地面。这是中国航天史上的第二个里程碑。1984年1月成功发射了一颗试验性通信卫星，同年4月8日又成功发射第一颗“东方红二号”地球静止轨道通信卫星。

1985年起至今，卫星工程的发展从技术试验逐步走向工程应用，在国土普查、资源勘测、铁路选线、天气预报、通信广播、电视传输等领域发挥了重要作用。

实践一号科学试验卫星

“神舟号”飞船是中国载人航天工程第一艘试验飞船，于1999年11月20日晨6时30分在中国酒泉卫星发射中心用“长征二号”F发射升空，在太空遨游21个小时之后，成功着陆于内蒙古中部预定地区。第一次载人航天工程飞行试验的成功，标志着中国航天事业迈出了重要一步。

所谓飞船，其外形并不像船，只

神舟号飞船与长征二号F火箭

是要在陆地与茫茫天海间飞来飞去，所以有了“飞船”之名。“神舟”号飞船的总体构型为“三舱一段”，其中三舱包括推进舱（飞船在太空运行和返回地面的动力装置）、返回舱（宇航员升空、返回和工作、生活的舱体）、轨道舱（宇航员在轨道上的工作场所），一段指附加段（为和其他航天飞行器对接而备用）。

太空环境非常恶劣，飞船靠“密封座舱”来保护宇航员安全，舱内的空气成分大致与地面相同，有关吃、喝、拉、撒、睡的各种设备都需要安置，温、湿度需要自动调节，汗液、粪便和废水也要自动处理，宇航员在舱内可只穿抗压服，不穿宇航服。此外，中国还研制了“航天服”，这是一个复杂的生命保障系统。飞船起飞时，穿上航天服便可减轻加速度引起的超重影响；飞船座舱受损时，航天服还可以作为紧急救生设备。此次飞行在飞船返回舱中放置了一个真人大小、身着太空服、身带感应器的模拟人，所记录的数据可为科学家研究真人上天提供宝贵资料。

“神舟二号”试验飞船于2001年1月10日由“长征二号”F火箭发射升空，按预定轨道绕地球108圈。1月16日，“神舟二号”飞临南大西洋海域上空时，接到了在那里游弋的“远望三号”测量船向其发出的返回指令，飞船当即转入返回状态，返回舱与轨道舱分离，制动发动机点火，开始返航。约半小时后，返回舱穿越大气层，在内蒙古自治区中部草原上安全着陆。“神舟二号”飞船的成功发射和返回，为实现载人太空飞行奠定了坚实基础，也表明离中国“长征二号”F火箭发射载人飞船上天的日子不远了。

“神舟三号”无人飞船于2002年3月25日22点15分在酒泉卫星发射中心成功发射。绕地球运行107圈后，于4月1日下午4时51分返回舱安全降落在内蒙古中部的预定区域，飞行试验获得圆满成功。这是神舟号飞船的第三次飞行试验。

“神舟四号”无人飞船于2002年12月30日0时40分由“长征二号”F火箭在酒泉卫星发射中心发射升空，并成功驶入预定轨道。飞船在完成了预定的空间科技试验后，于2003年1月5日

19时16分在内蒙古中部地区准确安全着陆。至此，中国载人航天工程的第四次飞行试验获得圆满成功。

中国首次载人航天飞行于2003年10月16日获得圆满成功。中国首位航天员杨利伟乘坐中国人自己研制的飞船——“神舟五号”，在太空中绕地球飞行14圈后，于内蒙古草原预定地点安全着陆。这是中国人迈向宇宙的历史性一步，是中国航天事业划时代的伟大里程碑。

十三、计算机的“三大巨头”

1970年以后，电子计算机的发展进入了大规模集成电路和超大规模集成电路的时代，其核心部件愈来愈趋向微型化，运算速度越来越快。信息存储量大、运算速度快的高性能计算机作为国家信息基础设施的中心设备，已成为衡量一个国家科技水平的指标之一。1980年以来，中国先后研制成功了银河、曙光、神威系列高端计算机，这“三大巨头”标志着中国计算机技术的发展水平已达到世界先进水平。

银河机是在慈云桂和周兴铭两位计算机专家的主持下研制成功的。慈云桂是中国计算机技术的奠基人之一，1958年便主持创建了全军第一个计算机专业。周兴铭毕业于哈军工计算机专业，23岁起就跟随慈云桂从事计算机技术的研究，是慈教授的得意门生和得力助手。1983年，在慈云桂的主持下，中国第一台运算速度达1亿次／秒的巨型计算机——“银河—I”在国防科技大学计算机所研制成功，银河—I是中国当时存储容量最大、运算速度最快、功能最强的巨型计算机，它在石油勘探、地震数据处理、战略武器研制、航天航空飞行器设计、数值天气预报等方面发挥了积极作用。

银河机

1990年慈云桂去世，周兴铭出任“银河—II”的总设计师兼工程师。他采用银河—II装备四个中央处理器的设计方案，使中国巨型机技术与世界先进水平的差距大大地缩小了。银河—II于1993年研制成功，峰值运算速度达10亿次／秒以上。周兴铭领导的研制组又于1997年6月推出运算速度达到100亿次／秒的“银河—Ⅲ”超级计算机，从而使中国成为世界上少数几个掌握巨型机技术的国家之一。“银河系列”巨型计算机的成功研制，在海内外引起广泛关注和强烈反响。高性能巨型机作为信息技术前沿领域的支撑者，对经济发展、科技进步和国家安全等方面的贡献是非同一般的。

1990年3月，国家智能计算机研发中心在中科院计算所成立。该中心在几年内陆续推出了曙光并行机系列产品，总体水平达到了当时国际先进水平，对中国高性能计算机的产业化进程起到促进作用。

1993年10月推出“曙光一号”，1995年该所又推出“曙光1000”，其升级产品“曙光1000A”被很多行业使用，并远销国外。1998年研制成功的“曙光2000—Ⅰ”超级服务器，其峰值运算速度达200亿次／秒。1999年9月面世的“曙光2000—Ⅱ”超级服务器，峰值速度达1117亿次／秒，该系统被安装在中科院的网络中心，成为中国科技网科学计算、海量数据库查询和信息服务的主服务器。新型的“曙光3000”是一种通用的超级并行计算机系统，其峰值运算速度为4032亿次／秒，内存总容量168GB，磁盘总容量3.63TB，由70个节点280个处理机组成。“曙光系列”计算机已渗透到各行各业，以其优良的性价比赢得了客户的信任。

神威高性能计算机是由国家并行计算机工程技术研究中心研制的，金怡濂院士是神威机的主要设计者。神威机是可扩展的大规模并行处理系统，系统软件功能齐全，用户界面友好。它的单元处理机384个，内存总容量48GB，磁盘总容量1.28TB，峰值运算速度达3840亿次／秒。神威机的性能可与国外高性能计算机相比美，它实现了中国巨型计算机的跨越式发展。金怡濂也因此荣获“2002年度国家最高科学技术奖”。

十四、汉字信息处理与印刷革命

随着社会的发展，电子计算机开始应用于信息管理、书刊排版等非数值性信息处理领域。而当初的电子计算机只能辨认英文、数码等符号，不能识别汉字，这一缺陷阻碍了电子计算机在中国的普及和推广。

汉字是一种方块字，且数量上比26个英文字母多得多，这就使得计算机的汉字输入成为一大难题。国内外许多计算机专家都曾投身于汉字输入方案的研发，虽然在最初几年提出了数百种方案，但真正有实用价值的并不多。于是，有人悲观地认为："中国如不废止古老的方块字，就不能进行现代文明。"而王永民研制的五笔字型汉字编码方案和王选首创的汉字激光照排系统对此作了强有力的回应。

王永民像

王永民，河南南阳人，1968年毕业于中国科技大学无线电电子学专业，毕业后分配到四川永川一个国防科研单位。刚工作一个月，他就患上亚急性肝坏死，且久治不愈，后回家乡科委当了一名科技管理干部。南阳某厂于1978年承接了"汉字校对照排机"项目，由王永民负责管理，在一次论证会上，他否定了厂总工程师提出的方案，并主动接过了这项艰巨任务。

研制"汉字校对照排机输入键盘"的关键是汉字编码问题。所谓汉字编码，就是提出一种科学可行的方法，为每一个汉字编制一个唯一的代码，以便于电子计算机辨认、接收和处理。无数个日日夜夜，王永民都在苦思冥想，以求解决汉字编码问题。他拿来所能收集到的汉语字典、词典，一个字、一个词的分解，为找到汉字和词组的结构规律而进行分析研究，光是抄录的卡片就有10多万张，摞起来有10米高。经过几年苦心钻研，王永民终于发现：现代汉语常用的汉字有1万多个，可用600种字根组成。于是，王永民在1982年公布了世界上第一个《汉字字根组字频度表》和《汉字字根实用频度表》。随后，他研制成功《六笔字型汉字编码方案》。又经过近一年的努力，王永民按照汉字横、竖、撇、点、折5种笔画，精选出120种字根，将汉字的构成区分为上下、左右、杂合3种字型和单、散、连、交4种结构，并将这些笔画、字根、字型、结构放在一起，进行科学的分区归位。最后，他竟神奇地将它们配置在25个键位上。

王永民首创的"五笔字型"汉字输入法终于在1983年1月问世了。这种输入法集汉字结构规律、信息处理科学和键盘设计原理为一体，简单、易学、高效，还可以任意造字、造词、联想输入，使汉字录入的速度在世界上首次突破了每分钟百字大关。

王永民在巨大的成功面前并没有止步，他不顾疾病缠身，仍然四处奔波，致力于"五笔字型"汉字输入法的普及、推广和提高。1988年他又首创了王码繁体汉字电脑系统，大大加快了中文电脑产品走向世界的步伐。1989年，北京王码电脑公司正式成立，王永民任总裁，该公司又围绕"五笔字型"输入法先后推出了一系列产品。

王选是另一位实现从火与铅到光与电转变的人。早在宋代毕昇就发明了活字印刷术，后逐渐发展成为以火熔铅、以铅铸字的排版印刷工艺，这一印刷工艺一直沿用了几百年。但随着电子计算机技术的不断发展，国外西文照排机已于20世纪70年代更新至第四代电子激光照排系统，而中国印刷业却长期处于停滞不前的状态。

王选与周培源合影

王选，江苏无锡人，1954年就读于北京大学数学力学系，主攻计算数学。大学毕业后，留校任教至今。王选在1974年接受精密汉字照排系统的研制任务，但研制汉字激光照排机谈何容易。古老的汉字多达6万，就是常用的汉字也成千上万，要把这么多的汉字一下子存入电子计算机是很困难的。王选靠着自己雄厚的数学功底，夜以继日地进行分析研究，终于研制出一套1∶500的高位率汉字字型信息复原方法，以及一种失真最小的汉字变倍技术，使汉字能在计算机中随心所欲地变化，以满足人们对各种字体、字号的需要，从而为研制汉字激光照排系统扫除了最大障碍。

1979年7月，北京大学研制成功汉字激光照排机主体工程，命名为“华光”。1980年夏，这台机器成功排印了《伍豪之剑》——一本歌颂周恩来的传记小说。经过不断改进和提高，华光Ⅱ、Ⅲ型系统相继问世，功能逐渐完善，稳定性和可靠性迅速提高。1985年春，新华社开始采用“华光”汉字激光照排系统，日排印14万字，这标志着中国印刷技术进入了一个新纪元。1987年5月，世界上第一张整页输出的中文报纸出现在《经济日报》社，它是由新型汉字激光照排系统印出的。1991年初，他们又推出新一代电子出版系统——“北大方正”，同年7月研制出网络化电子排版系统，使《科技日报》在世界上首次实现了照排网络管理、光盘存档、图文合一处理和版面远传。1992年1月，《澳门日报》用“北大方正”彩色报纸编排系统率先在世界上出版彩色中文报纸。

汉字信息处理技术的发展已经开始把古老的中国象形文字同电子计算机联成一体，标志着中华民族的古老文明正经受着现代科学技术的再塑造，同时也说明，中国人完全可以凭借自己的智慧携带着厚重的传统文化昂首跨入现代文明。

十五、杂交水稻

20世纪70年代初，袁隆平研制成功了“杂交水稻”，用事实向“水稻杂交没有优势”的经典理论提出了挑战，从而引发了新一轮波及世界的绿色革命，“杂交水稻”可称得上具有代表性的重大农业科技成果。

袁隆平，1930年出生于北平，1953年毕业于西南农学院农学系，1958年到湘西安江农业技术学校教遗传学，1971年调至湖南省农科院杂交水稻研究协作组，1984年到湖南农科院专门成立的湖南杂交水稻研究中心任主任至今，是中国著名的农学家，杂交水稻的创始人。

1964年，袁隆平在国内开创了水稻雄性不育研究，拟定了利用雄性不育性，培育出水稻不育系、保持系、恢复系，然后通过三系配套方法杂交水稻的方案。为了寻觅那种神奇的“不育”稻株，袁隆平从6月20日起，每天头顶烈日，脚踩烂泥，驼背弯腰地不懈寻找。到了第14天，他才发现了一株天然雄性不育株。功夫不负有心人，杂交水稻的研究终于迈出了可喜的第一步。

此后，袁隆平带领新婚妻子邓哲，继续在安江农校实习农场和附近生产队稻田里寻找不育株。他们从1964年6月到1965年7月先后找到6株天然雄性不育株。袁隆平视这些不育株为珍宝，移到实验室加以栽培观察，而后带到试验田进行培育，从而掌握了第一手资料。经过两年的实验观察后，他写了题为《水稻雄性不育性》的论文，预言了利用水稻的杂种优势，将给水稻生产带来大面积、大幅度增产的可能性。

袁隆平正在观察杂交水稻植株

十分可惜的是，袁隆平和他的杂交稻研究刚刚步入正轨，就遇到了“文化大革命”。他的不育秧苗几乎全部被毁。袁隆平只好将残存的秧苗藏进臭水沟里，不料不育秧苗的生命力十分顽强，竟能在臭水沟里生长。当袁隆平第一篇论文发表时，时任国家科委九局局长的赵石英便认为水稻雄性不育研究是国内一块未开垦的处女地，于是果断地向湖南科委与安江农校致函，支持袁隆平从事这项研究。凭着赵石英的这一纸便函，袁隆平和他的杂交水稻研究才幸免于难。虽然1968年在安江试验基地又遭遇过第二次人为毁苗事件和1970年在云南元江县试验时遭遇地震灾害，但丝毫都没有动摇袁隆平的决心。

袁隆平从1964年发现“天然雄性不育株”算起，花了六年时间，用了1000多个品种，做了3000多个杂交试验，也没能培育出不育系来。面对挫折，他没有放弃而是果断地调整了研究方案，提出了“用远缘的野生稻与栽培稻进行杂交”的新设想。1970年，袁隆平和助手李必湖不远万里来到海南岛进行考察，幸运地发现了一株雄花败育的天然野生稻，这株被命名为“野败”的野生稻，给杂交水稻研究带来了新的生机。1971年袁隆平无偿贡献出珍贵的“野败”，带动全国几十个科研单位协同研究。从此杂交水稻科学试验在全国范围内展开，成功地培育成了一批水稻品种的不育系和保持系。1973年，袁隆平和广西的张先程等又率先在东南亚找到一批优势强、花粉多、恢复度在90%以上的恢复系。同年10月，他在全国水稻科研会议上发表了题为《利用“野败”选育三系的进展》的论文，正式宣告籼型杂交稻“三系”配套成功。

杂交水稻这一科研成果，迅速转化为生产力后，取得了巨大的经济效益和社会效益。1976年他出版了专著《杂交水稻》，大大推动了杂交稻研究的进一步发展。面对20世纪80年代初期的世界性饥荒，袁隆平再次萌发了一个惊人设想——“杂交水稻超高产育种”。1985年，他在论文《杂交水稻超高产育种探讨》中，提出了利用籼粳杂种优势来创造“核质杂种”的设想。目前，袁隆平正在攻关“两系法杂交稻”和今后的“一系法杂交稻”。

国际水稻研究所所长、印度前农业部长斯瓦米纳森对于袁隆平的贡献曾高度评价道：“我们把袁隆平先生称为杂交水稻之父，因为他的成就不仅是中国的骄傲，也是世界的骄傲。他的成就给世界带来了福音！”

后记

《走进中国科技殿堂》是“中华文明之旅丛书”中的一部，它简明扼要，通俗易懂，生动有趣，图文并茂，体系完整。全书共分为十二章，大体上按照中国科技起源、发展和演变的顺序次第展开，力求对科学家及其思想和那些极富智慧的发明，进行深入浅出、重点突出而又系统全面的介绍。通过对该书以及该套丛书中其他图书的阅读和学习，将有助于全面了解中华民族悠久的历史传统，感知中华优秀传统文化的博大精深，体悟中华文明在世界文明史中的重要地位，增强民族文化自信和价值观自信，努力做中华优秀文化的传承者和弘扬者；将有助于读者开阔视野，优化知识结构，养成博大的学术胸怀，形成跨学科的贯通性思维，博采众长，勇于创新，更好地适应当今时代对人才全面发展的要求；将有助于公众理解中华优秀传统文化讲仁爱、重民本、守诚信、崇正义、尚和合、求大同的价值追求，增强国家认同，培养爱国情感，激发家国情怀，完善人格修养，树立远大志向，自觉把个人理想和国家梦想结合起来，为实现中华民族伟大复兴的中国梦而不懈奋斗。

这部具有较高品位、可读性很强的中华优秀文化通用素质教育读本，既可作为相关专业学生的入门读物，也可作为其他专业素质教育课或通识课的参考用书，同时也适合相关专业爱好者以及希望了解中国文化的公众阅读。

在本书的编写过程中，我们阅读参考了大量中国科技原著和国内外学者撰写的有关中国科技的著作，出于本书体例上的考虑，许多著作在书中未能一一注明。在此，我们向诸位作者深表感谢。为了配合和形象地说明书中的相应内容，我们选用了大量图片，凡能查到作者的均一一注明。但也有许多图片因所引出处未注明作者，一时难以查到而没有署名，对此，我们向这些图片的作者深表歉意。一些图片的原始出处和发表年代无法确定，或是无法与作者和版权拥有人取得联系，请在版权保护期内的图片的作者和版权拥有人及时与出版社联系，出版社将按有关规定向您支付稿酬。在此，我们向所有图片的作者深表感谢。

本丛书得到山东大学“国家大学生文化素质教育基地”经费资助。在此，我们深表感谢。

在该书的写作和出版过程中，我们得到了许多专家学者、同事、学友及学生的帮助，应该说本书是大家共同努力的结果。在此需要特别提及的是，山东大学出版社总编辑、博士生导师马新教授，山东大学出版社原社长、博士生导师孔令栋教授于百忙中对该书稿进行了修改和润色，并提出了许多很好的建议；刘旭东先生、牛钧先生、朱以青女士、王钧女士的出色工作也为该书增色不少。另外，牟杰、王宜凯、王刚、王凯、肖虹、武伟、王东生、宋芝业、李欣、高进、李传实参加了部分内容的撰写、查找资料和文稿校对。在此，我们对他们的支持和关心表示感谢。

因受时间和水平所限，尽管我们作了很大努力，书中的疏漏、错误和不妥之处在所难免，恳请广大读者批评指正，以便日后补充修正。

编著者

2014 年 6 月